U0524601

⊙ 中国社会科学院老学者文库 ⊙

认识拉丁美洲

UNDERSTANDING
LATIN AMERICA

江时学 ◎ 著

中国社会科学出版社

图书在版编目（CIP）数据

认识拉丁美洲/江时学著．—北京：中国社会科学出版社，2021.3
（中国社会科学院老学者文库）
ISBN 978-7-5203-7689-1

Ⅰ.①认⋯　Ⅱ.①江⋯　Ⅲ.①社会发展—拉丁美洲—文集
Ⅳ.①D773.069-53

中国版本图书馆 CIP 数据核字（2020）第 264218 号

出 版 人	赵剑英
责任编辑	张　林
特约编辑	凌金良
责任校对	韩海超
责任印制	戴　宽

出　　版	中国社会科学出版社
社　　址	北京鼓楼西大街甲 158 号
邮　　编	100720
网　　址	http://www.csspw.cn
发 行 部	010-84083685
门 市 部	010-84029450
经　　销	新华书店及其他书店
印　　刷	北京明恒达印务有限公司
装　　订	廊坊市广阳区广增装订厂
版　　次	2021 年 3 月第 1 版
印　　次	2021 年 3 月第 1 次印刷
开　　本	710×1000　1/16
印　　张	31.25
插　　页	2
字　　数	451 千字
定　　价	178.00 元

凡购买中国社会科学出版社图书，如有质量问题请与本社营销中心联系调换
电话：010-84083683
版权所有　侵权必究

永远怀念我的母亲

自　　序

1980年走出校门后，我被分配到中共中央对外联络部拉丁美洲研究所工作。研究所的领导要我研究加勒比海地区。其实，那时我根本不知道加勒比海地区在世界地图的什么位置。

翌年，拉丁美洲研究所与同属中共中央对外联络部的苏联东欧研究所、西亚非洲研究所一起，在建制上并入1977年成立的中国社会科学院，以加强该院的国际问题研究。

光阴似箭，日月如梭。如果从我向中共中央对外联络部拉丁美洲研究所报到的那一天开始算起，我已在拉美研究领域虚度了40个春秋。

过去40年的"爬格子"和"敲键盘"，委实换来为数不少的科研成果。成果的形式主要是以下几种：专著、论文、资政报告、通俗读物和译著。由于过去不重视科研成果的统计，直到今天我也不知道写了多少字，发表了多少篇论文。

本书收录了我的30篇论文。这些论文涉及拉美经济、政治、外交、社会和文化等领域。在这些论文中，有的是我承担的多个课题的阶段性成果，有的是期刊编辑部的约稿或是我自己的投稿。

应该指出的是，这些论文发表时间跨度较大，既有最近一两年的，也有二三十年前的。为了保留论文的"原汁原味"，我基本上没有对数据进行更新，一仍其旧。确实，许多数据和资料看起来是陈旧不堪的，但我认为，我的观点和结论基本上没有过时，是经得起时间检验的。

拉美有33个国家，分布在南美洲、中美洲、加勒比海地区和北美洲。这些国家的国情是大不相同的。我曾多次听到拉美学者对中国学者的批评，认为我们总是把拉美作为一个整体来看待。诚然，这一批评不无道理，但是，我们既要看到拉美国家的差异性，也要看到其共性。此外，在文字叙述方面，用"拉美"或"拉美国家"代表拉美的主要国家，完全是合理的。须知，国内外学者在研究亚洲、非洲和欧洲时，同样会为了发现和概述其共性而将其视为一个整体。这个问题实际上反映了树林与树木的关系。

拉美研究是区域和国别研究领域的重要组成部分。近几年，我国越来越重视区域和国别研究。这一研究领域在国外被称为 area studies（地区研究），其特点之一就是具有"跨学科"（interdisciplinary）的性质。因此，研究人员要尽可能地了解该地区（或对象国）的经济、政治、外交、社会、文化和历史。而且，我们还应该把视野扩大到整个世界，因为拉美与世界的关系越来越密切。拉美的发展进程对世界有或大或小的影响，世界形势对拉美的影响更是不容低估。由此可见，正确处理"渊"和"博"的关系，显然是一个不小的挑战。

我深知，受本人学术水平以及研究资料的限制，有些论文很难说是完美无缺的，有些观点甚至可能还有许多值得商榷之处。

回首往事，我要衷心感谢在学术道路上扶持我、帮助我、激励我的许多老同志、同龄人和年轻学者。我要感谢中国社会科学院对我的关心和培养，也要感谢上海大学为我提供一个发挥余热的良机。

在最近的一二十年，中国与拉美国家的关系快速发展。毫无疑问，面向未来，中国外交政策的制定和实施需要得到强有力的学术支撑。这为学者提供了难以估量的用武之地。但愿本书能为我国外交做出一点贡献，也能为我国的拉美研究学科建设添砖加瓦。

目 录

中国拉丁美洲研究的现状与未来发展 …………………………………（1）

拉美经济与社会发展

拉美 200 年发展进程中的五大难题 ……………………………………（27）
全球化与拉丁美洲经济 …………………………………………………（46）
拉美现代化研究中的若干问题 …………………………………………（61）
影响拉美现代化道路的若干种"主义" …………………………………（81）
"拉美化"是伪命题 ………………………………………………………（96）
"中等收入陷阱"：被"扩容"的概念 …………………………………（111）
新自由主义、"华盛顿共识"与拉美的改革 ……………………………（123）
论拉美国家的结构性改革 ………………………………………………（134）
拉美国家的经济治理刍议 ………………………………………………（151）
拉美为什么经常爆发金融危机 …………………………………………（163）
论拉美国家的社会问题 …………………………………………………（187）
拉美国家的收入分配为什么如此不公 …………………………………（203）
影响中美洲国家发展前景的若干因素 …………………………………（222）
中美洲国家的出口农业 …………………………………………………（237）

拉美政治

"第三波民主化浪潮"后拉美政治发展进程的特点 ……………………（251）

论拉美民族主义的兴衰 …………………………………… (269)
论拉美左派东山再起 …………………………………… (283)
从拉美和东亚的发展模式看政治与经济的关系 ………… (299)
中国特色社会主义与古巴特色社会主义之比较 ………… (312)
论"藤森现象" …………………………………………… (329)

拉美外交

基于"一带一路"倡议的中国—拉美命运共同体探究 …… (351)
如何反驳污蔑中拉关系的三种错误论调 ………………… (371)
中拉关系五问 …………………………………………… (390)
中国与拉美国家的关系并未进入"困难"时期 ………… (406)
对中国与巴西全面战略伙伴关系的认识 ………………… (415)
论美洲的毒品问题 ……………………………………… (427)
从南北关系的新变化看欧盟与拉美关系的特点 ………… (436)
加勒比国家与美国的关系 ……………………………… (457)
论《北美自由贸易协定》 ……………………………… (466)
美国与古巴改善关系的动因及其影响 …………………… (478)

后　记 …………………………………………………… (493)

中国拉丁美洲研究的现状与未来发展

《世界政治研究》编者按：中国改革开放以来，尤其是进入 21 世纪后，随着中拉关系的快速发展，我国拉美研究学科日臻完善，对拉美的研究越来越深入，研究成果的数量和质量都达到新的高度，对国际政治学的发展做出了一定的贡献。但是，与国际学术界相比，与中国特色大国外交的需求相比，我国拉美研究还有大力改进的余地。那么，我国拉美研究的发展进程如何？取得了哪些成就？国外的拉美研究的现状如何？中国的拉美研究面临哪些挑战？发展前景如何？为此，本刊特邀澳门城市大学葡萄牙语国家研究院博士研究生刘建华对上海大学特聘教授、上海大学全球问题研究院拉丁美洲研究中心主任江时学就上述问题进行采访。江时学教授长期从事拉丁美洲研究，著有《人类命运共同体研究》《拉美发展前景预测》《拉美发展模式研究》和《金融全球化与发展中国家的经济安全：拉美国家的经验教训》等。

一 中国拉美研究的缘起与发展

刘建华（以下简称"刘"）： 作为国际问题研究或区域和国别研究的重要组成部分，我国的拉美研究是如何发展起来的？

江时学（以下简称"江"）： 20 世纪 50 年代，中国的报纸和大众刊物有时也发表一些关于拉美的文章，但那些文章很难说是学术研究成果。

1959 年古巴革命的成功使世界上的许多无产阶级革命家欢欣鼓舞。

据中国社会科学院拉丁美洲研究所的一些老同志回忆，毛泽东曾在一次会议上指着世界地图上的拉美和非洲两个地区，对周恩来说，我们对这两个地区所知甚少，应该加强研究。于是，在周恩来的直接关心下，中国科学院哲学社会科学部于1961年7月4日成立拉丁美洲研究所。1964年，该研究所纳入中共中央对外联络部（以下简称"中联部"），成为党中央下属部门的一个智库。[①] 此外，古巴革命后，我国高校也开始重视拉美研究。例如，一些高校招收了拉美史专业的硕士研究生，编写了拉美史方面的教材。时至今日，中国人民大学李春辉教授在1983年出版的《拉丁美洲史稿》（上、下册）依然在中国学术界处于十分重要的地位。[②]

"文化大革命"期间，中国的学术研究基本中断，拉美研究也难逃厄运。1964年成立的南开大学拉丁美洲史研究室随南开大学"关门"而停止运转。中联部拉丁美洲研究所的大多数研究人员去了"五七干校"，从事农业生产劳动。直到1976年4月，该研究所才开始全面恢复工作。[③]

1979年，中联部拉丁美洲研究所开始出版季刊《拉丁美洲丛刊》（1982年改为双月刊，1986年更名为《拉丁美洲研究》）。这是中国出版的第一本研究拉美的学术刊物，也是迄今为止世界上唯一用中文出版的拉美研究期刊，为推动中国的拉美研究做出了巨大的贡献。

2004年8月25—29日，在第十次驻外使节会议上，时任中共中央总书记、国家主席胡锦涛提出新时代和新阶段中国外交工作的重点

[①] 李文举主编、姜成松副主编：《拉丁美洲研究所45年（1961—2006年）》，中国社会科学院拉丁美洲研究所2006年版。

[②] 1973年，李春辉教授在商务印书馆出版《拉丁美洲国家史稿》（上下册），当时是内部发行的，书名中有"国家"两个字；1993年，李春辉、苏振兴、徐世澄主编的《拉丁美洲史稿》（第三册）出版，该书论述的是第二次世界大战后的拉美史，与1983年出版的上下册构成了一部完整的拉美史。参见李春辉《拉丁美洲国家史稿》（上下册）（内部发行），商务印书馆1973年版；李春辉：《拉丁美洲史稿》（上下册），商务印书馆1983年版；李春辉、苏振兴、徐世澄主编：《拉丁美洲史稿》（第三卷），商务印书馆1993年版。

[③] 自1981年1月起，中共中央对外联络部拉丁美洲研究所的建制从中联部转移到中国社会科学院，同时转移到中国社会科学院的还有中联部下属的另外两个研究所，即苏联东欧研究所和西亚非洲研究所。

（即"六个要"），其中之一就是"要加强同发展中国家的团结和合作，在国际事务中支持发展中国家的正义要求和合理主张"①。自那时起，中拉关系进入了一个新阶段。在政治上，中国与拉美国家的高层往来开始增多，政党外交全面展开。在经济上，双边贸易快速增长，中国在拉美的投资也不断扩大。此外，人文交流也取得了前所未有的快速发展。中国甚至在2008年和2016年发表了两个《中国对拉美和加勒比政策文件》。②

随着中拉关系的发展，中国学者对拉美的研究也在稳步推进。最引人注目的就是高校的拉美研究机构如雨后春笋般地不断涌现。据不完全统计，截至2018年6月，中国的高校已建立了约60个拉美研究中心。③

刘：我国的拉美研究取得了哪些成就？

江：拉美研究是国际问题研究的一个重要组成部分。如将20世纪60年代当作我国拉美研究学科的起端，那么，迄今为止，这一学科已经历了半个多世纪的发展历程。就此而言，我国的拉美研究不能被说成是一门新兴学科。

---

① 其他五个工作重点是：要推动我国同主要大国关系稳定发展；要坚持与邻为善、以邻为伴的方针和睦邻、安邻、富邻的政策，把加强双边友好与加强区域合作结合起来；要在政治、经济、社会、裁军、军控等多边领域发挥我国的建设性作用，维护联合国宪章的宗旨和原则以及公认的国际关系基本准则，支持反映人类社会发展规律、符合各国共同利益的共识；要加强经济外交和文化外交，推动实施"引进来"和"走出去"相结合的对外开放战略，深入开展对外宣传和对外文化交流；要增强我国海外利益保护能力，完善相关法律法规，健全预警和快速反应机制，改进工作作风，满腔热情地为在国外的我国公民和法人服务。参见《第十次驻外使节会议在京举行》，《人民日报》2004年8月30日第1版。

② 《中国对拉丁美洲和加勒比政策文件》（2008年11月5日），参见外交部网站 https://www.fmprc.gov.cn/web/ziliao_674904/tytj_674911/zcwj_674915/t521016.shtml，2019 – 12 – 06；《中国对拉美和加勒比政策文件》（2016年11月24日），参见外交部网站 https://www.fmprc.gov.cn/web/ziliao_674904/tytj_674911/zcwj_674915/t1418250.shtml，2019 – 12 – 06。迄今为止，中国仅对拉美、非洲和欧盟发表了政策文件。

③ Margaret Myers, Ricardo Barrios, and Guo Cunha, "Learning Latin America: China's Strategy for Area Studies Development", https://www.thedialogue.org/wp – content/uploads/2018/06/Dialogue – Area – Studies – Report.pdf, 2019 – 12 – 01.

我认为，无论在国外还是在国内，拉美研究有狭义和广义之分。狭义的拉美研究学科仅仅关注该地区的政治、经济和外交；广义的拉美研究包括与拉美有关的所有领域，如政治、经济、外交、历史、社会、文化、文学、民族、教育、地理、音乐和舞蹈等。

改革开放以来，尤其是进入 21 世纪以来，我国的拉美研究取得了一些可喜的变化和进步：

一是紧跟拉美形势的发展。这一特点与以下两个因素有关：一是我国外交工作的需要。众所周知，我国与拉美国家的关系日益密切，不断发展，这就需要我们对拉美形势的变化做出快速反应；二是获取信息的手段越来越便捷。如在二三十年前，即电脑和互联网进入学术领域之前，资料来源主要是新华社出版的内部刊物《参考资料》，从国外进口的学术期刊、专著为数不多，而且在时间上经常滞后。现在，互联网资料唾手可得，从国外进口的外文文献（包括纸质书籍和纸质杂志以及电子书和电子杂志）越来越多，而且很快。

二是为中国外交政策提供学术支撑的主观能动性和能力在增强。一方面，我国外交部门对学术界（包括研究机构智库）的研究成果需求强烈；另一方面，从事国际问题研究的学者越来越多。为了向国家建言献策，同时也为了在激烈的学术竞争中胜出，绝大多数学者很愿意撰写直接为外交决策服务的研究报告。

三是学术机构与企业的联系越来越密切。中拉关系的动力是经贸关系。中国企业在进入拉美市场以前，很希望了解那里的投资环境和市场条件，以规避多种多样的"国家风险"（country risks）。这就为学者提供了千载难逢的良机和用武之地。

四是拉美研究学界与国际学术界的交往日益频繁。中国的对外开放是全方位的，既有市场开放，也有学术领域的开放。除邀请拉美学者和其他国家的拉美研究者来访外，出国进修、参加国际会议或实地考察的中国学者也越来越多。这种双向交流在过去是难以想象的。此外，大量外国专著被译成中文。据有学者统计，除多卷本《剑桥拉丁美洲史》

以外，① 还有100多本关于拉美的政治、经济、外交、社会、历史和文化等专著被译成中文。毫无疑问，这些译著对推动中国的拉美研究做出了重要贡献。

五是学者为公众提供了大量关于拉美的知识。公众获得国际知识的途径大多来自媒体及学者的研究成果。前者是时事新闻，后者则凝聚了学者的思考和分析，因而能使公众获得更多的信息和知识。毫无疑问，每当大洋彼岸的拉美发生重大事件，中国的拉美研究学者都会在第一时间进行解读或做出评论。

刘：21世纪以来，中国的拉美研究取得了哪些成果？

江： 如同国际问题研究领域的其他学者，我国拉美研究领域的学者在确定其研究课题时，常常考虑以下两个因素：一是各种类型的课题指南；② 二是个人的学术兴趣。这两个因素决定了选题的广泛性、多样性、时效性和实用性。研究重点涵盖拉美的政治、经济、社会、历史等领域。

以1999年查韦斯就任委内瑞拉总统为标志，拉美左派东山再起，成为拉美政治舞台上的一道靓丽的"风景线"。我国学术界对拉美左翼及其推崇的"社会主义"进行了深入的研究，有大量成果问世。③ 在这些成果中，比较有代表性的是中国社会科学院拉丁美洲研究所研究员徐世澄主

---

① 该套丛书由英国历史学家莱斯利·贝瑟尔（Leslie Bethell）主编。参见［英］莱斯利·贝瑟尔主编《剑桥拉丁美洲史：殖民地时期的拉丁美洲一》第1卷，林无畏等译，经济管理出版社1995年版；《剑桥拉丁美洲史：殖民地时期的拉丁美洲二》第2卷，李道揆等译，社会科学文献出版社1997年版；《剑桥拉丁美洲史：从独立至1870年左右》第3卷，徐守源等译，社会科学文献出版社1994年版；《剑桥拉丁美洲史：从1870年左右至1930年一》第4卷，涂光楠等译，社会科学文献出版社1991年版；《剑桥拉丁美洲史：从1870年左右至1930年二》第5卷，胡毓鼎等译，当代世界出版社1992年版；《剑桥拉丁美洲史：1930年以来的拉丁美洲一》第6卷（上），胡毓鼎等译，当代世界出版社2001年版；《剑桥拉丁美洲史：1930年以来的拉丁美洲二》第6卷（下），林无畏等译，当代世界出版社2001年版；《剑桥拉丁美洲史：1930年以来的拉丁美洲》第7卷，江时学等译，经济管理出版社1996年版；《剑桥拉丁美洲史：1930年以来的拉丁美洲三》第8卷，徐壮飞等译，当代世界出版社1998年版；《剑桥拉丁美洲史：1930年以来的巴西》第9卷，吴洪英等译，当代中国出版社2013年版；《剑桥拉丁美洲史：1930年以来的拉丁美洲》第10卷，童一秀等译，当代中国出版社2003年版。

② 国家社科基金、教育部人文社科基金、各省社科联、各级社会科学院及绝大多数高校，都会经常性地发布课题指南。

③ 应该指出的是，拉美左翼领导人提出的"社会主义"，与马克思的科学社会主义相去甚远。

编的《拉美左翼和社会主义理论》。① 该书介绍了拉美左翼和社会主义理论的起源及其发展进程，探讨了圣保罗论坛、世界社会论坛、委内瑞拉的"21世纪社会主义"、厄瓜多尔的"21世纪社会主义"、玻利维亚的"社群社会主义"和巴西的"劳工社会主义"产生的背景、内涵及实践的效果，以及近年来拉美政治生态的新趋势。

在拉美政治研究方面，代表性成果是中国社会科学院拉丁美洲研究所研究员张凡的《当代拉丁美洲政治研究》一书。② 该书选择20世纪70年代末至21世纪初的近30年间拉美政治生活中最为突出的若干问题，以民主化进程的启动、进展、挫折和困境分析为主线，深入探讨了政治发展（从现代化到民主化）、民主质量（民主化的进展与难题）、政治权力分配模式（法团主义与新民众主义）、可治理性（非正式制度与政治文化）、政治结构（国家、政党与其他政治行为体）、政治制度（总统制安排）、左派（政治钟摆与左派崛起）和经济改革（改革的政治分析）等问题。

中国与拉美相距遥远，但中国学者不忘从拉美的发展中总结其经验教训。例如，如何推进国家治理体系和治理能力的现代化，是任何一个国家都应该应对的重大问题。拉美在这方面有着丰富的经验和痛苦的教训。中国社会科学院拉丁美洲研究所研究员袁东振主编的《拉美国家的可治理性问题研究》，以拉美国家的"可治理性"为研究对象，探讨了拉美国家在治理国家方面存在的问题及形成这一问题的历史条件、表现形式及其危害性。该书认为，几乎所有拉美国家都面临着不同程度的"可治理性"问题。这一问题不仅表现在体制方面，而且还与制度设计、政策的制定、执政能力、公民的经济和社会权利等因素息息相关。③

拉美经济研究是我国拉美研究学者感兴趣的一个重要领域。国家图书馆的"问津"搜索显示，进入21世纪以来，中国学者共出版了十多本

---

① 徐世澄主编：《拉美左翼和社会主义理论》，中国社会科学出版社2017年版。
② 张凡：《当代拉丁美洲政治研究》，当代世界出版社2009年版。
③ 袁东振主编：《拉美国家的可治理性问题研究》，当代世界出版社2010年版。

论述拉美经济的专著。① 在这些专著中，有的论述拉美经济概况；有的分析拉美经济中的某一领域；有的是各类课题的最终成果；有的是在博士学位论文的基础上修改和增加内容后形成的专著。毫无疑问，这些研究代表了中国学者研究拉美经济的水平。

中国学者对拉美社会问题也进行了卓有成效的研究。在为数不少的成果中，富有代表性的是中国社会科学院拉丁美洲研究所研究员苏振兴主编的《拉美国家社会转型期的困惑》。② 该书考察了20世纪中叶至21世纪初期拉美经济发展、社会变迁和政治发展三者之间的关系，探讨了国内外学术界关注的一系列问题，如经济增长与社会发展的关系、发展模式与社会变迁的关系、收入分配不公的根源、教育事业对社会进步的影响、劳动力市场与就业政策的演变、社会保障制度改革的来龙去脉以及社会治安不断恶化的根源。

进入21世纪以来，尤其是2004年第十次驻外使节会议以后，随着中拉关系的快速发展，研究中拉关系的学者越来越多。除了一般意义上的中拉关系以外，许多学者还对中拉经贸关系进行了较为深入的研究。应

---

① 苏振兴：《拉丁美洲的经济发展》，经济管理出版社2000年版；江时学：《拉美与东亚发展模式比较研究》，世界知识出版社2001年版；冯秀文：《拉丁美洲农业的发展》，社会科学文献出版社2002年版；吴国平：《21世纪拉丁美洲经济发展大趋势》，世界知识出版社2002年版；江时学：《金融全球化与发展中国家的经济安全：拉美国家的经验教训》，社会科学文献出版社2004年版；王萍：《走向开放的地区主义》，人民出版社2005年版；陈芝芸：《拉丁美洲对外经济关系》，社会科学文献出版社2007年版；苏振兴：《拉丁美洲国家经济发展战略研究》，经济管理出版社2007年版；陈平：《新自由主义的兴起与衰落：拉丁美洲经济结构改革（1973—2003年）》，世界知识出版社2008年版；张勇：《拉美劳动力流动与就业研究》，当代世界出版社2010年版；赵雪梅：《拉丁美洲经济概论》，对外经济贸易大学出版社2010年版；赵丽红：《"资源诅咒"与拉美国家初级产品出口型发展模式》，当代世界出版社2010年版；江时学：《拉美发展前景预测》，中国社会科学出版社2011年版；韩琦：《跨国公司与墨西哥的经济发展》，人民出版社2011年版；黄志龙：《资本项目开放与金融稳定：拉美国家的经验与启示》，中国经济出版社2012年版；许维力：《经济全球化条件下拉美地区经济一体化》，对外经济贸易大学出版社2014年版；李罡：《制度变迁与经济发展：拉美国家经济发展模式与改革的制度分析》，时事出版社2015年版；陈涛涛：《拉美区位优势与竞争环境》，清华大学出版社2014年版；谢文泽：《墨西哥农业改革开放研究》，中国社会科学出版社2015年版；陈涛涛：《拉美基础设施PPP模式与中国企业投资能力》，清华大学出版社2016年版；郭洁：《中国与拉丁美洲的农业合作》，中国社会科学出版社2017年版。

② 苏振兴主编：《拉美国家社会转型期的困惑》，中国社会科学出版社2010年版。

该注意到,我国对中拉关系的研究正在从一般意义上的泛泛而谈向精细化的部门合作过渡。例如,北京大学国际关系学院副教授郭洁的《中国与拉丁美洲的农业合作》一书从中国的粮食安全问题出发,分析了中拉农业贸易关系、中国在拉美的农业投资、中拉农业科技合作等领域的现状及存在的问题,并就如何进一步推动中拉农业合作提出了一些有益的政策建议。[①]

在历史研究领域,中国社会科学院拉丁美洲研究所研究员贺双荣主编的《中国与拉丁美洲和加勒比国家关系史》以中国对外战略的调整为背景,以国际关系格局的演变和拉美国家内政外交的变化为断代标志,将中国和拉美国家的关系的发展历程分成七个阶段,并归纳了各阶段的特征。[②] 与中国社会科学院拉丁美洲研究所研究员沙丁等学者合著的《中国和拉丁美洲关系简史》相比,本书使用了更多的档案资料,并将时间段延长到2014年。[③]

历史是永恒的,历史研究也是永恒的。一方面,中国的拉美研究是从拉美史研究起步的;另一方面,李春辉的《拉丁美洲史稿》在1983年再版后,由于大量史料被发现,重新修正了一些内容。[④] 因此,中国学者有必要站在前人的肩膀上,撰写一本体现国内外拉美史学界最新学术成就的专著,2010年,北京大学历史学系林被甸、董经胜的《拉丁美洲史》出版。[⑤] 该书将拉美史分为五个时期:古代时期、殖民统治时期、早期发展时期、探索自主性发展道路时期、20世纪80年代后的调整和改革时期。正如中国社会科学院拉丁美洲研究所研究员曾昭耀所说的那样,这

[①] 郭洁:《中国与拉丁美洲的农业合作》,中国社会科学出版社2017年版。
[②] 贺双荣主编:《中国与拉丁美洲和加勒比国家关系史》,中国社会科学出版社2016年版。中拉关系的七个发展阶段是:中国与拉丁美洲的早期关系(1949年以前);中拉民间外交时期(1949年10月—1958年);中拉关系的突破与曲折发展(1959—1969年);中拉建交高潮时期(1970—1978年);平等互利、共同发展的阶段(1978年12月—1989年6月);中拉关系在各领域长足发展的时期(1989—2000年);中拉关系跨越式发展阶段(2000—2014年)。
[③] 沙丁、杨典求、焦震衡、孙桂荣:《中国和拉丁美洲关系简史》,河南人民出版社1986年版。
[④] 李春辉:《拉丁美洲史稿》(上下册),商务印书馆1983年版。
[⑤] 林被甸、董经胜:《拉丁美洲史》,人民出版社2010年版。

一划分将现代化视为拉美独立后历史发展的主旋律，从而改变了长期以来国外史学界单纯以独立运动和五大革命为拉美近现代史的主线的做法。①

刘：您如何评价我国拉美研究的国际影响力？

江：拉美始终被美国视为其"后院"。因此，美国的拉美研究起步早，研究人员多，研究成果也很多，在国际学术界的影响很大。但是，我国拉美研究不断发展，在一定程度上有利于打破美国学者一统天下的局面，有利于丰富全球范围内拉美研究的多样性，当然也是有利于国际学术界的百花齐放和百家争鸣的。尤其在中拉关系等研究领域，中国学者的观点和成果越来越受到国际学术界的重视。甚至美国学者也在关注中国在这些问题上的看法。例如，许多中国学者曾应邀赴美参加有关中拉关系的研讨会或在国外发表论文和文章，以中国视角诠释中国对拉美的政策，驳斥美国学者的一些错误观点。我自己做的一件事情或许能说明这一点。

2004年11月12日，中国国家主席胡锦涛在巴西国会发表了题为《携手共创中拉友好新局面》的重要演讲。他说，通过中拉双方的共同努力，中拉关系在不远的将来能够实现三个目标：政治上相互支持，成为可信赖的全天候朋友；经济上优势互补，成为在新的起点上互利共赢的合作伙伴；文化上密切交流，成为不同文明积极对话的典范。在谈到经贸合作这一目标时，胡锦涛主席说："双方采取积极行动，争取双边贸易额在现有基础上到2010年再翻一番半，突破1000亿美元，同时力争在投资方面取得较大进展，实现总量翻番，相互成为更重要的投资对象。"②胡锦涛主席的这一讲话在中国外交部的网站、新华网和人民网等网站上都能找到。然而，就在他演讲结束后不久，一些国际媒体就错误地做出这样的报道：至2010年，中国在拉美的投资要达到1000亿美元。也就是说，这些记者错误地把1000亿美元的双边贸易额说成中国在拉美的投资额。

---

① 曾昭耀：《中国拉美史研究的重要里程碑：评林被甸、董经胜著〈拉丁美洲史〉》，《史学月刊》2013年第2期。

② 胡锦涛：《携手共创中拉友好新局面》，人民网，2004年11月15日，http://www.people.com.cn/GB/paper39/13395/1200443.html，2019-12-01。

我无法查证哪个外国记者在何时发出这个错误的报道，但这个错误的报道的传播范围很广，对中国产生的负面影响很大。为了避免以讹传讹，我利用在国外参加学术会议或为国外写文章的机会，纠正了这一错误。2007年冬，我应邀为美国约翰·霍普金斯大学尼采国际问题高级研究院的两位学者里奥登·罗伊特和瓜达鲁佩·帕斯主编的《中国进入西半球：对拉美和美国的影响》一书撰写一章。我在文章中写道："胡锦涛主席在巴西国会的演讲中没有承诺要在2010年以前向拉美投资1000亿美元。他说的1000亿美元是指中拉双边贸易额，不是投资额。"①

该书是在2008年4月出版的，是国际上较早论述中拉关系的一本专著，因而在国际学术界有一定影响力。该书出版后，美国布鲁金斯学会在2008年4月30日为该书举办讨论会。该智库的东北亚研究项目主任卜睿哲（Richard C. Bush Ⅲ）在评论该书时说："我们能从本书中学到一些知识。这方面的一个例子就是关于胡锦涛主席在2004年访问巴西时许诺的在拉美投资1000亿美元这一令人好奇的数据。一些严肃的学者也多次重复地引用胡锦涛主席说的这个数字。有些观察家甚至据此而把中国描绘成掠夺者的形象。其他一些分析人士（包括本书的一些作者）指出，中国在拉美的投资步履缓慢，因此中国可能会食言。但江时学在本书中明确地写道，这个1000亿美元不是投资额，而是预计要在2010年达到的双边贸易额，即增长2.5倍。就投资而言，仅仅是总量翻番。所以说，我们要感谢江时学纠正了这一巨大的误解。"②

2009年初，我应邀为美国的智库詹姆斯敦基金会（The Jamestown Foundation）撰写一篇关于中国与巴西关系的文章。我在这一文章中说："有些巴西人对中国在拉美的投资感到失望。他们认为，北京的许诺是'烟多火少'，因为他们认为胡锦涛主席在2004年11月访问巴西时曾表示要在拉美投资1000亿美元。其实，胡锦涛主席说的1000亿美元是中拉贸易额，而非投资额。"

---

① Riordan Roett and Guadalupe Paz, eds., *China's Expansion into the Western Hemisphere: Implications for Latin America and the United States*, Brookings Institution Press: Washington, D. C., 2008.

② http://www.brookings.edu/~/media/events/2008/4/30%20china%20latin%20america/20080430_china, 2019 – 08 – 26.

詹姆斯敦基金会在国际上也是有一定声望的，因此，我的文章引起了一些人的关注。例如，一个名叫"中非关系的真实故事"的网站在2010年1月18日发表了网民戴勃拉·布劳蒂盖姆（Deborah Brautigam）的一个帖子。这个网民说："本周我发现，网上有一个关于中国接触拉美的不正确的消息，2004年11月，胡锦涛主席在巴西国会发表演说时表示，中国要在未来几年中向拉美投资1000亿美元。天哪，这一数字太大了，我心里在想。于是我在谷歌上搜索了一下，发现有数十个关于这一所谓许诺的条目。然后，我在中国的英文网站上进行了核实。《中国日报》刊载了胡锦涛讲话的全文。从中可以看到，胡锦涛承诺的是把中拉贸易扩大到1000亿美元，而非投资额。甚至美国国会的研究服务部也在其一个报告中引用了这一投资1000亿美元的数据。美国国会山上居然也流传着这样的'事实'，难怪美国（担心中国）的警铃会出声。"在这个帖子的评论栏目中，我看到了一个名叫凯瑟琳（Kathleen）的网民在2010年5月21日发表的评论："我也遇到过这个问题……你会高兴地看到江时学发表在詹姆斯敦基金会网站上的文章，题为'大熊猫拥抱大嘴鸟：中国与巴西的关系'。他在这篇文章中纠正了这一错误。"[1]

二 国外的拉美研究概况

刘：请您介绍一下国外的拉美研究。

江：应该说，许多国家都有学者在研究拉美。国际上还有一个国际拉美研究协会（Federación Internacional de Estudios de América Latina y el Caribe，FIEALC），总部设在墨西哥的国立自治大学（UNAM），每两年召开一次双年会。

2003年，亚洲和大洋洲的一些拉美研究人员在日本聚集，决定成立亚洲和大洋洲拉美研究理事会（Latin American Studies Council of Asia and

---

[1] http://www.chinaafricarealstory.com/2010/01/100-billion-dollar-myth.html. http://www.brookings.edu/~/media/events/2008/4/30% 20china% 20latin% 20america/20080430_china, 2019-08-26.

Oceania, Consejo de Estudios Latinoamericanos de Asia y de Oceanía, CELAO），我作为中国学者代表，参加了该理事会的筹备工作。迄今为止，亚洲和大洋洲拉美研究理事会已召开八届双年会，第九届双年会将于2020年在上海大学举行。

相比之下，就研究的深度、广度及研究人员的规模而言，美国的拉美研究领先其他国家。美国的许多大学都成立了拉美研究中心，并招收攻读硕士学位和博士学位的研究生。美国的拉美研究协会（Latin American Studies Association, LASA）在世界上非常有名，其知名度超过国际拉美研究协会，因此，每次年会都能吸引大量来自世界各地的拉美研究学者。

美国有多本专门发表拉美研究成果的期刊，如《西班牙属美洲历史评论》（*Hispanic American Historical Review*，1918年创刊）、《拉丁美洲研究评论》（*Latin American Research Review*，1965年创刊）、《拉美透视》（*Latin American Perspectives*，1974年创刊）、《拉美政治与社会》（*Latin American Politics and Society*，2001年创刊）。① 这些刊物发表的绝大多数论文都有较高的学术水平，在一定程度上可以代表国际拉美研究的学术前沿。

美国的拉美研究领先于世界上的其他国家的原因，与美拉关系的密切程度有关。众所周知，美国始终将拉美视为其"后院"；而且，在政治、经济和安全等领域，美国在该地区的传统势力范围根深蒂固。这也能说明为什么近几年美国对中国在拉美的存在十分警觉。

应该注意到，近些年来，国际上越来越多的学者开始研究中国与拉美国家的关系，并已推出了大量研究成果。

刘：国外的拉美研究有什么特点？

江：不同的国家有不同的特点。我曾在美国加州大学（圣迭戈）和加拿大约克大学做过拉美研究专业的访问学者。此外，我还短期访问过美加两国的一些拉美研究机构，与美加两国的不少拉美研究学者有过接

---

① 《拉美政治与社会》原名为《泛美研究与世界事务杂志》（*Journal of Interamerican Studies and World Affairs*）。

触。在我看来，美国和加拿大的拉美研究有以下几个特点：一是研究领域和范围很广，既有现实问题，也有历史问题；既有较为宏观的，也有非常微观的。二是研究方法多种多样，既有定性的，也有定量的；既有比较研究，也有理论研究和对策研究。三是极为重视研究生的培养，从而消除了研究人员青黄不接的后顾之忧。四是研究人员既从事研究工作，又经常性地开设与拉美有关的课程。五是智库在拉美研究领域十分活跃，经常举办各种会议，经常推出各种研究成果。六是学术界与拉美同行保持着非常密切的关系。

近几年，上述特点中的一些特点在中国的拉美学术界也存在。因此，我们可以说，中外拉美研究学术界的趋同性越来越显著。

三 中国拉美研究面临的问题与挑战

刘：我国学者在研究拉美时主要关注哪些议题？

江：中国的拉美研究学者的学术兴趣很广，关注的问题数不胜数。南开大学教授韩琦曾对《拉丁美洲研究》杂志创刊以来发表的3000多篇论文进行过很好的梳理，并从中归纳出10个方面的研究领域：拉美国家的社会性质、对西蒙·玻利瓦尔的评价、对哥伦布的评价、南北美洲发展道路的比较、拉美和东亚发展模式的比较、对拉美新自由主义改革的评价、关于"拉美化"的争论、关于"中等收入陷阱"问题的争论、对拉美左派崛起和"21世纪社会主义"的看法、对拉美现代化道路的评价。[①] 除《拉丁美洲研究》以外，我国出版的其他一些国际问题研究刊物也发表一些与拉美有关的论文，涉及拉美研究的各个领域。2016年毕业于南开大学拉丁美洲研究中心的安梁在2019年5月做过统计，1949年中华人民共和国成立以来，中国共出版了约500本关于拉美的书籍（不包括翻译成汉语的拉美文学作品）。这应该是一个了不起的数字。

---

① 韩琦：《中国学术界对拉丁美洲的认知：以〈拉丁美洲研究〉为例的学术史梳理》，《四川大学学报》（哲学社会科学版）2015年第6期。

刘：中国学者主要运用哪些研究方法研究拉美？

江：顾名思义，研究方法是指开展研究工作的方式和方法，用一句通俗的话来说就是如何写书、写论文。事实上，不论你使用什么方法，只要把问题讲清楚，提出一些原创性的、颇有新意的观点，就能证明你的研究方法是正确的。在一定程度上，没有方法也是一种方法，不必刻意地追求某一种研究方法。

有些学者在申报不同种类的课题时常说他会使用这样那样的研究方法。几乎每一个博士研究生和硕士研究生都会在其毕业论文的第一章里介绍一下他的"研究方法"。其实，从他们的最终科研成果中，我们未必能发现其使用了什么高超的研究方法。绝大多数研究成果都是在阅读国外文献资料或时事新闻的基础上完成的。

还应该指出，与世界经济研究不同，中国的国际关系研究很少使用定量分析。在拉美研究领域，即便研究拉美经济的学者，也很少使用定量分析。这或许与他们缺乏计量经济学知识或统计学知识有关。

关于我国拉美研究学科使用的研究方法，似乎有这样一种现象：研究拉美现实问题的学者与研究拉美历史的学者对研究方法的认识不尽相同。前者认为后者的学术成果缺乏现实意义，不能为中国外交的现实服务；而后者认为，前者的研究成果常常是就事论事，缺乏历史的厚度，显得很"浅薄"。但愿双方能求同存异，消除歧见，相互学习，携手共进。

如同国别和区域研究的其他领域，中国的拉美研究主要依赖于两类学者，即"学外语出身的"和"学专业出身的"。前者的外语基础好，因而更容易获得国外的文献和书刊资料，更容易了解到国外学术界的动态；后者拥有丰富的专业知识，但因外语水平有限而在获得国外的文献和书刊资料时则未必得心应手。这两类学者各有千秋，难分伯仲。因此，他们既要发挥自己的比较优势，也要努力取长补短。当然，近几年来，有一个可喜的现象："学专业出身的"能熟练使用一种或两种外语，"学外语出身的"也能对某一专业的知识驾轻就熟。

刘：我国的拉美研究是否注重理论分析？

江：中国的拉美研究当然也注重理论，因为理论能使我们看清楚许多问题的本质及来龙去脉。但是，在我国学术界，也有这样一种不好的现象，越是看不懂的文字，越是被认为理论水平高。

关于理论，我认为，中国的拉美研究学者的兴趣点主要是在以下三方面：一是用拉美的本土理论研究拉美；二是研究拉美的本土理论；三是用非本土理论研究拉美。前两个问题可以合二为一，亦即拉美本土理论的精髓是什么，对拉美产生了什么影响。必须承认，拉美是一个思想活跃的地区，多位拉美学者提出了富有拉美特色的理论，如"中心—外围"论、发展主义论及外围现实主义论等。[①]"依附论"虽然不完全是拉美学者提出的，但拉美学者为"依附论"的问世做出了重大贡献。

拉美学者提出的理论对拉美的发展进程产生了重大的影响。例如，阿根廷经济学家劳尔·普雷维什的"中心—外围"论（又名发展主义论）认为，拉美和其他发展中国家出口的原料和初级产品在世界市场上的价格总是呈现出不断下降的趋势，而它们进口的工业制成品的价格则不断上升。为改变这一不利的贸易条件，它们必须发展自己的进口替代工业。由于进口替代工业是"幼稚工业"，无法与发达国家竞争，因此，拉美必须强化国家干预，为本国制造业提供必要的保护。此外，由于不少拉美国家的国内市场规模较小，规模经济效益无法发挥作用，因此，它们成立了多种多样的区域经济一体化组织。

如果我们能理解"中心—外围"论的来龙去脉及其政策主张，那么，我们就能理解为什么拉美会在20世纪30—80年代期间实施内向发展模式，为什么拉美是发展中地区实施区域经济一体化的"先驱"，为什么拉美与东亚的发展模式及其业绩是有差异的。

也有一些学者试图用西方理论来研究拉美。例如，中国拉丁美洲史研究会曾主办过多次关于拉美现代化道路的研讨会。在会上，一些学者在分析拉美现代化道路的成败得失时自觉或不自觉地借用西方的现代化

[①] 徐世澄在其主编的《拉丁美洲现代思潮》总结了20世纪以来出现在拉美的各种理论或思潮，涉及拉美政治、经济、社会、文化和外交等领域。参见徐世澄主编《拉丁美洲现代思潮》，当代世界出版社2010年版。

理论。当然，也有人否定现代化理论对拉美研究的有效性。①

刘：中国学界常说国际政治研究要与国际"接轨"，我国拉美研究在这方面做得如何？

江：一方面，我们经常说，中国要构建具有中国特色的国际关系学科；另一方面，我们却希望我国国际关系研究与国际"接轨"。我认为，构建中国特色国际关系学科的努力与"接轨"的想法是矛盾的，很难两全其美。因此，能否使我国国际关系研究与国际学术界"接轨"，在一定程度上是一个伪命题。同理，能否使我国拉美研究与国际"接轨"或如何实现这一"接轨"，同样是伪命题。当然，否认"接轨"的必要性和可行性，并不意味着我国拉美研究要与国际学术界"脱钩"，从而自立门户、孤芳自赏。事实上，"接轨"的含义有多种多样的理解。如果"接轨"是指中外学者之间的学术交流或取长补短，那么，这样的"接轨"是大有必要的。这样的"接轨"既能使我国学者了解国际学术界的前沿，也能使外国学者知晓我们的观点。

其实，如何"接轨"是一个次要问题。重要的是我们在与国际学术界交往时能否避免拾人牙慧，不要鹦鹉学舌，不要曲解国际上的一些提法和术语的定义。以"中等收入陷阱"（middle income trap）这个概念为例，这个概念是世界银行首先提出的。② 虽然世界银行没有给出明确的定义，但从其发表的四个研究报告中可以看出，这一提法的含义是：一个国家在进入中等收入国家的行列后，随着人均收入的提高，劳动力成本会上升，而它的产业结构及科技创新却未出现显著的改善或进步。其结果是，它既不能与劳动力成本更低的其他发展中国家竞争，也无法与发达国家竞争，从而陷入一种进退两难的境地。

---

① 孙若彦：《现代化理论的演进及拉美现代化道路研究的主要问题》，《拉丁美洲研究》2003年第2期。

② World Bank, *East Asia Update*: *Managing Through a Global Downturn*, November 2006; Indermit Gill and HomiKharas, *An East Asian Renaissance*: *Ideas for Economic Growth*, The World Bank, 2007; World Bank, *East Asia and Pacific Economic Update*: *Robust Recovery*, *Rising Risks*, Vol. 2, 2010; World Bank and Development Research Center of the State Council, PRC, *China 2030*: *Building a Modern*, *Harmonious*, *and Creative Society*, 2013.

由此可见，世界银行所说的"中等收入陷阱"不是指一个发展中国家在发展道路上遇到的一切问题，而是指劳动力成本上升后遇到的一种"进退两难"的境况。然而，在国内学术界，"中等收入陷阱"的定义却常常被曲解为一个"筐"，拉美在发展道路上遇到的一切问题似乎都可以"往里装"。还有一些中国学者甚至将其视为"数字游戏"，把世界银行确定的高收入国家的人均收入当作判断一个国家是否陷入"中等收入陷阱"的指标。① 按照这一标准，中国的人均国民生产总值尚未达到高收入国家的标准，因此，中国尚未跳出"中等收入陷阱"。由此可见，这一"数字游戏"是可笑的。习近平主席在多个场合说过，中国不会陷入"中等收入陷阱。"②

此外，在与国际学术界交流时，一些专有名词的翻译是一个大问题。例如，在汉语中，"民粹主义"与"民众主义"的含义不尽相同。在我国学者的笔下，"民粹主义"适用于欧洲政治，"民众主义"适用于拉美。但在外语中，这两个术语是同一个单词：Populism（英语）、Populismo（西班牙语）、Populisme（法语）、Populismo（葡萄牙语）。这一词语翻译中的问题显然会引起歧义。

欧洲的民粹主义反对欧洲一体化，反对欧元，反对全球化，反对外来移民；而拉美的民众主义似乎并不反对拉美一体化，并不反对全球化（至少反全球化的人为数不多），并不反对外来移民。因此，我主张将民粹主义和民众主义区别开来为好。

刘：有人认为我们应该构建具有中国特色的"拉美学"，您如何看待这一提议？

江：需要先明确一下"拉美"的定义。在汉语中，"拉美"就是

---

① 世界银行以人均国民总收入确定高收入国家的指标是不断变化的：例如，2016 年为 12476 美元；2017 年为 12235 美元，2018 年为 12055 美元。2016 年引自 https：//blogs. worldbank. org/opendata/new - country - classifications - 2016；2017 年引自 https：//blogs. worldbank. org/opendata/new - country - classifications - income - level - 2017 - 2018；2018 年引自 https：//blogs. worldbank. org/opendata/new - country - classifications - income - level - 2018 - 2019.

② 《习近平会见21 世纪理事会北京会议外方代表》，《人民日报》2013 年 11 月 3 日，http：//epc. people. com. cn/n/2013/1103/c64094 - 23413755. html, 2019 - 12 - 06.

"拉丁美洲"的简称。众所周知,西半球共有35个国家。除美国和加拿大以外,剩下的33个国家,分布在南美洲、中美洲、北美洲和加勒比地区。但在国际上,拉美国家与加勒比国家不是相提并论的。例如,世界银行将世界分为六个地区,其中之一是拉美和加勒比。① 联合国有一个关注拉美经济发展的机构,名为联合国拉美和加勒比经济委员会。但是,它最初是没有"加勒比"的,仅仅是"联合国拉美经济委员会"。无怪乎中国学者经常将该委员会简化为"联合国拉美经委会"或"拉美经委会"。

当年我在中国社会科学院拉丁美洲研究所工作时,曾听到一些加勒比国家的驻华大使说,在历史、文化传统、发展水平和地理因素等方面,加勒比国家与南美洲国家有着很大的差异,因此,他们建议中国社会科学院拉丁美洲研究所应该改名为"中国社会科学院拉丁美洲和加勒比研究所"。言下之意是我们不重视加勒比国家。确实,拉美的33个国家有很大差异性。例如,就经济总量而言,巴西的国内生产总值已超过2万亿美元,人口也超过2亿;而加勒比国家圣基茨和尼维斯的国内生产总值不足10亿美元,人口只有5.7万人。

我曾不止一次听到拉美学者说,中国学者常常把拉美视为一个整体,将一个国家的特点视为整个拉美和加勒比地区的共同特点。事实并非如此,例如,韩琦认为:"中国学者从一开始就注意到了拉美的差异性和多样性,如对拉美社会性质的判断问题。因为只有认识到拉美的差异性和多样性,才能更加贴近一个真实的拉丁美洲。"② 我在研究拉美时,力求避免以偏概全,最大限度地发现拉美的共性和差异性。

关于你提到的"拉美学",应该承认,这是一个美好的愿望。在我看来,除了"拉美学"以外,我们还能听到"欧洲学""非洲学""美国学""日本学""澳门学"等提法。以国家或地区作为"××学"的定语是欠妥的。所谓"××学",应该是指某一学科(discipline),而非对某

---

① 其他五个地区是:非洲、东亚和太平洋、欧洲与中亚、中东与北非、南亚,参见 https://www.worldbank.org/。

② 韩琦:《中国学术界对拉丁美洲的认知:以〈拉丁美洲研究〉为例的学术史梳理》,《四川大学学报》(哲学社会科学版)2015年第6期。

一国家或地区的研究（study）。毫无疑问，"学科"是不同于"研究"的。因此，我们可以说"经济学""政治学""社会学"，而不能说"拉美学""欧洲学""非洲学""美国学""日本学""澳门学"等，后者只能说是"美国研究""日本研究"或"拉美研究"。退而言之，如果"拉美学"等提法是成立的，那么，我们能否说"巴西学""智利学""特立尼达和多巴哥学""巴拉圭学""牙买加学"或"圣基茨和尼维斯学"呢？

有人可能会说，我们对拉美的小国很少有系统性研究，因此不能冠以"××学"。那么，对一个国家或地区的研究达到什么程度后才能被冠以"××学"？事实上，拉美研究就是国际上常见的区域研究（area studies）的组成部分，也是我国近几年不断发展的国别和区域研究的重要组成部分。与其说是创造"拉美学"这样的新名词，还不如脚踏实地，进一步做好拉美研究。用吸引眼球的新名词推动学术研究的用心良苦，但实际效果未必是令人满意的。

刘：当前，中国拉美研究面临着哪些挑战？

江： 我认为，以下几点可能比较突出：

一是研究力量不足。在我国，真正意义上的拉美研究学者大概有50人。我所说的"真正意义上的拉美研究学者"是指那些经常性地发表科研成果（专著和论文）的学者。这一规模显然是不敷需求的。研究力量的不足必然会使许多重大问题得不到足够的重视。例如，我在筹备拉美政治文化研讨会、中国与拉美在全球治理中的合作研讨会，以及拉美的投资环境研讨会等会议时发现，对这些问题有深入研究的学者并不多。又如，中美洲地区和加勒比地区的国家都是一些小国家，是台湾地区拓展其"国际空间"的"重镇"。但坚持对这两个地区进行跟踪研究的学者连屈指可数都说不上。

二是边缘化的特点难以改变。在我国的学科分类中，国际问题研究不是一级学科，但在国家社科基金每年公布的课题指南中，国际问题研究的定位等同于一级学科。因此，作为国际问题研究的组成部分之一，拉美研究可以被视为国际问题研究中的二级学科，拉美经济、拉美政治、拉美外交（或国际关系）及拉美文学等可被视为三级学科。令人遗憾的是，我国高校开设的以"拉美"冠名的课程不多，传授拉美知识的教材寥寥无几。此外，虽然许多高校招收的将拉美作为研究方向的硕士研究生和博士研究生在数量上越来越多，但总的说来，拉美研究在我国依然是一门边缘化的学科。而且，改变这一地位的过程是艰难的，绝非一蹴而就。

　　三是实地考察的机会少。国别和区域研究需要实地考察。如前所述，中国学者与国际学术界的交往日益频繁，但总的说来，中国学者在拉美进行实地考察的深度和广度是不够的。这意味着绝大多数研究还是必须依赖于网络资料、学术著述及书刊报纸。

　　四是"旋转门"很小。我认识的一些研究拉美的日本学者和韩国学者，都有在其驻外使馆工作的经历。因此，他们在研究拉美时，常将理论与其在拉美获得的感受结合在一起。这样的研究成果不是闭门造车，不是凭空臆想。在中国的学术机构和高校，不能说没有"旋转门"。近几年，一些有条件的学者能在中国驻拉美的使馆工作，一些高校的老师能在其设在拉美大学的孔子学院工作。但是，无论如何，这样的中国学者为数不多。应该注意到这样一个可喜的现象，近几年，一些退休的外交官"退而不休"，或被聘为特邀研究员，或经常性地应邀赴学术机构或高校参加学术会议或做学术报告，这对推进我国的拉美研究是极为有用的。

　　五是缺乏学术争鸣。众所周知，学术研究离不开百家争鸣。但是，如同国际问题研究的其他领域，拉美研究领域的学术争鸣极少。这或许与怕伤面子、怕得罪人的忧虑有关。

　　六是我国学界在如何改进研究方法这一重大问题上尚未达成共识。研究方法的定义含糊不清，因此学者有时会故弄玄虚。但是，无论如何，学者在从事学术研究的过程中，会自觉或不自觉地使用某一种方法。我国的拉美研究学者一直在谈论改进研究方法的重要性和必要性，但是，迄今为止，究竟应该如何改进，却是一个悬而未决的问题。

四　中国拉美研究学科的前景

　　刘：如何认识我国拉美研究的未来发展趋势？

　　江：在实施中国特色大国外交的过程中，我们既要重视大国关系，也要重视发展中国家。拉美地区的国民生产总值达 5.8 万亿美元，人口为 6.4 亿。[①] 因此，拉美在中国特色大国外交中地位将与日俱增。请注意 2016 年 11 月 24 日中国政府发表的《中国对拉美和加勒比政策文件》的如下表述："中国的发展离不开包括拉美和加勒比在内广大发展中国家的共同发展……拉美和加勒比地区是新兴经济体和发展中国家的重要组成部分，是维护世界和平与发展的重要力量。"毫无疑问，随着中拉关系的稳步推进，我国学术界对拉美政治、经济、外交、社会、历史和文学的研究也会不断地向纵深发展。这是我国拉美研究学科面临的千载难逢的有利时机。

刘：在您看来，当前及未来一段时期内，我国学术界应该关注拉美研究领域中的哪些问题？

江：拉美的历史、文化或文学等研究领域，时效性似乎不强，因此很难找到当前或近期内必须要尽快研究的重大问题。我的这一判断并不意味着拉美的历史、文化或文学不重要。在我看来，拉美政治、经济、社会和外交等领域中的以下几个问题有显而易见的时效性，必须在当前或近期内抓紧研究。

关于拉美政治。关于拉美政治最重要的课题是拉美政治发展进程的规律。第二次世界大战以来，在相隔二三十年的时间内，拉美政治发展进程总会出现"忽左忽右"的现象，可以将这一"钟摆"现象视为拉美政治发展进程的一个规律。近几年，拉美政治显然是在向右转，拉美的左翼似乎风光不再。我们需要研究这一"钟摆"现象的起因及其影响。当然，在研究这一问题时，还应该对拉美的"左"和"右"做出令人信服的界定。拉美政治研究领域中的另一个课题就是如何评估查韦斯上台以来拉美左翼东山再起的影响。这是一个争议颇多的问题。在国内外学术界，有人将委内瑞拉当前的政治危机、经济危机、社会危机和外交危机归咎于查韦斯及其接班人马杜罗，也有人将拉美的左翼政权奉行的内政外交视为其对拉美发展道路的探索；还有人认为，虽然左翼政权治理国家的能力不强，但其重视社会发展、以人为本的理念则是值得倡导的。

---

① https：//data. worldbank. org/region/latin‑america‑and‑caribbean，2019‑08‑10.

关于拉美经济。拉美经济最值得我们关注的研究领域是如何判断其发展前景。长期以来，拉美经济增长不时呈现出大起大落的特点。在可预见的将来，全球化不断发展和科技革命日新月异等外部因素将对拉美经济增长的大趋势产生什么影响？如何判断拉美在未来世界经济版图中的地位？拉美经济发展的前景将对中拉经贸关系产生什么影响。

关于拉美社会问题。拉美的社会问题根深蒂固，危害性不容低估。因此，认真研究拉美社会问题的根源，既能把握拉美社会的发展方向，也能使我们在应对社会问题时汲取一些经验教训。

关于拉美的对外关系。我认为，拉美对外关系中需要引起特别重视的是拉美与美国的关系。毫无疑问，拉美与美国的关系是不断变化的，这一变化既与白宫主人的变化有关，也与拉美政治的"钟摆"现象有关。例如，特朗普入主白宫后，对奥巴马时期美国对一些拉美国家的政策进行了调整；博索纳罗就任巴西总统后，也在调整巴西与美国的关系。拉美是美国的后院，从地缘政治意义上讲，这一定位难以改变。虽然拉美外交的自主性和独立性在增强，但美国在其"后院"的势力范围在可以见得将来是不会衰落的。

关于中拉关系。中拉关系中需要研究的问题很多，但以下几个问题比较值得关注：

第一，如何进一步提升中拉关系。目前的中拉关系正处于1492年哥伦布"发现"美洲以来的最佳时期。当然，百尺竿头，有必要更上一层楼。如要进一步提升中拉关系，必须知道目前中拉关系面临什么样的挑战或障碍。据我所知，中国学者的答案是多种多样的。我认为，当前中拉关系面临的主要挑战已不再是贸易摩擦，而是"美国因素"的干扰及拉美形势的千变万化所产生的不确定性。

第二，如何使拉美从"一带一路"倡议中受益。拉美已被确定为"21世纪海上丝绸之路"的自然延伸，这一延伸有利于提升"一带一路"倡议的国际声望，有利于推动中拉关系。但是，如何使拉美从中受益，则是一个有待回答的重大问题。"一带一路"倡议的核心内容是政策沟通、设施联通、贸易畅通、资金融通和民心相通。如何与拉美实现上述"五通"，需要我们提出一些实实在在的、可操作性强的政策建议。

第三，如何推动构建中拉命运共同体。2014年，习近平主席提出了中拉双方努力构建携手共进的命运共同体的设想。这一设想是中国大外交战略的重要组成部分，也是中方在国际上呼吁的共同推进构建人类命运共同体伟大进程的重大步骤之一。当然，中拉命运共同体的构建任重道远，并非一蹴而就。中国学者应该为这一命运共同体提供更为有力的学术支撑。

（原载《世界政治研究》2019年第6期）

拉美经济与社会发展

拉美 200 年发展进程中的五大难题

自 1810 年爆发拉美独立战争以来,已有整整 200 年。在这 200 年的发展进程中,拉美国家在政治、经济、社会和外交等领域取得了不容低估的发展。今天,巴西等国已建立了较为齐全的工业体系,农业现代化程度不断提高,第三产业快速发展。据联合国拉美和加勒比经济委员会(以下简称拉美经委会)统计,2007 年整个拉美地区的人均国内生产总值(GDP)已达 6437 美元,智利和墨西哥的人均 GDP 已分别高达 9872 美元和 9576 美元。[①] 美洲开发银行在 2000 年出版的题为《影响发展的非经济因素》一书中指出,在过去的 40 年中,如以联合国确定的"人类发展指数"(Human Development Index)来衡量,拉美社会进步取得了了不起的成就。拉美这一指数仅次于发达国家,与东亚和东欧相当接近。20 世纪 60 年代,拉美 33 个国家的平均指数为 0.47,发达国家为 0.79;在进入 21 世纪时,拉美为 0.76,发达国家为 0.92。拉美人的预期寿命从 20 世纪 50 年代的 55 岁上升到 90 年代的约 71 岁。婴儿死亡率从同期的 106‰ 下降到 31‰。[②]

但是拉美的发展道路并非一帆风顺。美国历史学家 E. 布拉德福德·伯恩斯在其 1986 年出版的《简明拉丁美洲史》一书中指出:"独立后的新国家所面临的许多问题是难以解决的。经过一个半世纪的努力之后,

---

[①] 感谢曾昭耀研究员、袁东振研究员、董经胜教授为本文提出了许多宝贵意见。United Nation Economic Commission for Latin America and the Caribbean (ECLAC), *Statistical Yearbook for Latin America and the Caribbean*, 2008, p. 90.

[②] The World Bank, *Reducing HIV//AIDS Vulnerability in Central America*, December 2006.

没有一个（拉美）国家能够成功地解决所有问题。"① 确实，在独立战争以来的两个世纪中，拉美国家的许多问题都没有得到很好的解决，其中最突出的有以下五大难题：如何维系政治稳定、如何在发挥比较优势的同时提升产业结构、如何为政府与市场的作用定位、如何缓解贫富悬殊、如何减少对外国资本的依赖。

一　如何维系政治稳定

许多历史学家都认为，在拉美，"19 世纪前半叶是以政治变动和不稳定为特征的"。② 而政局动荡的主要根源在于"考迪罗"（Caudillo）。

"考迪罗"最初是在独立战争期间自行组织武装力量、称雄一方的非正规军首领。他们曾为拉美的独立运动做出过一定的贡献。但是，"考迪罗"并没有随独立战争的结束而退出历史舞台。相反，一方面，在中央掌权的"考迪罗"试图巩固和集中手中的权力，以实现自身利益的最大化；另一方面，地方上的"考迪罗"则强调本地区的特殊性，以反对中央集权为由，拒绝将一部分权力转移到政府。因此，在独立后的数十年时间内，在许多拉美国家，中央与地方的考迪罗之间、不同地区的考迪罗之间，经常发生武装冲突。

墨西哥是拉美独立战争后最不稳定的拉美国家之一。在 1824—1848 年期间，墨西哥发生过 200 多次军事政变，更换了 31 个总统。军事独裁者桑塔·安纳在 1833—1855 年期间 6 次成为墨西哥总统。持续近半个世纪的流血冲突使国民经济陷入了停滞不前的困境。

19 世纪后期，随着"考迪罗"的隐退和经济的发展，拉美国家的政局渐趋稳定。与此同时，拉美的政党政治开始起步，中产阶级开始在政治舞台上发挥更大的作用。这些重要变化为拉美国家在 20 世纪 30 年代后实施工业化战略创造了有利的政治条件。

---

① ［美］E. 布拉德福德·伯恩斯：《简明拉丁美洲史》（中文版），王宁坤译，涂光楠校，湖南教育出版社 1989 年版，第 170 页。

② 同上。

工业化战略的实施使拉美在 20 世纪六七十年代进入了经济增长的"黄金时期"。然而，就在这样一个时期，拉美却出现了军人干政的高潮。[①] 1964 年巴西发生的军事政变被认为是近代拉美军人干政的"前奏曲"。[②] 在此后的 20 年时间中，一个又一个将军成为许多拉美国家的掌权者。

直到 80 年代，拉美才实现了以军人"还政于民"为主要内容的民主化。自那时以来，拉美的民主化进程稳步发展。虽然选举并不等同于民主的全部，但大部分选举都能在较为公正、公开和民主的框架内进行。即便是墨西哥民主革命党候选人洛佩斯·奥夫拉多尔这样的人，也只能被迫接受选举结果。

但是，严酷的事实表明，即使是在实现民主化之后，拉美的政局稳定依然面临着各种各样的风险。例如，1991 年 9 月 29 日，海地武装部队总司令拉塞德拉斯却发动军事政变，推翻了阿里斯蒂德政府，并将他驱逐出境。后在以美国为首的多国部队干预之下，阿里斯蒂德才返回海地重新执政。2002 年 4 月 12 日，委内瑞拉发生政变，查韦斯被迫离开总统府，两天后才被军方释放，重返总统府。2009 年 6 月 28 日，洪都拉斯发生军事政变，塞拉亚总统在军人挟持下被迫离境并遭罢免。虽然大多数拉美国家和美国都谴责这一政变，美洲国家组织也进行了有力的斡旋和

[①] 拉美的军人为什么要干政？迄今为止，国内外学术界有以下几种看法：第一，文人政治家被军人视为"无能的政客"。如在 1964 年，巴西宣布无力偿付外债，与此同时，民众因不满日益恶化的经济形势而走上街头。军人认为自己有义务拯救国家，于是就发动了政变。第二，军队的既得利益受到损害。如在巴拿马，由于阿里亚斯总统于 1968 年 10 月上台后不久就立即整顿国民警卫队，撤销其司令的职务，并将 15 名高级军官降职，因此大为不满的军人在上校军官托里霍斯的领导下发动政变，夺取了政权。第三，军事政变具有"传染效应"。当一个国家发生军事政变后，其他国家的军人会仿而效之。第四，一些军官有政治野心。

[②] 托马斯·E. 斯基德莫尔和彼得·H. 史密斯等在《现代拉丁美洲》（1992 年）一书中写道：在巴西，"自从帝国被推翻以来，军官一直具有干预政治的悠久传统。先是 1891—1894 年的弗洛里亚诺·佩肖托军政权；后来，在 1910—1914 年间，军人干预了国家政治；此后又有 1922 年和 1924 年的低级军官的暴动。1930 年，军人结束了旧共和国，把权力交给了瓦加斯；1937 年，他们通过政变使瓦加斯继续掌权，直到 1945 年才废黜他。正是军人的宣言，才使得瓦加斯于 1954 年自杀；正是 1955 年'先发制人'的政变，才使库比契克获得总统职位。最后，军人领导了反对 1961 年执政的古拉特德斗争，并于 1964 年促成了他下台。人们都把军官视作巴西政治中的重要角色"。

干预，但塞拉亚总统仍然未能回到总统府。哥伦比亚、哥斯达黎加、巴拿马和秘鲁已接受了2009年11月29日洪都拉斯大选的结果，但巴西、阿根廷、委内瑞拉、玻利维亚、智利、厄瓜多尔和尼加拉瓜等国则拒绝承认。

自20世纪80年代以来，共有15位总统因多种原因而无法完成宪法规定的总统任期。由此可见，拉美的政治民主仍然处在巩固阶段。在这样一个阶段，如何维系政局稳定仍然是拉美国家面临的紧迫任务之一。

拉美国家难以保持政局稳定的因素是多方面的。首先，军队尚未成为真正的捍卫民主的"稳定器"。[①] 在欧美，文人政治家能有效地控制军队。但在拉美，军队能控制文人政治家，能左右国家的命运。其次，社会问题长期得不到解决，从而使民众与政府的关系处于一种对峙的状态。多个拉美国家的总统是在民众的大规模的示威游行中下台的。最后，执政党和政府官员的腐败行为为反对派和民众的攻击提供了"炮弹"[②]。

二　如何在发挥比较优势的同时提升产业结构

任何一个国家在追求经济发展时必须发挥自身的比较优势。拉美的比较优势在于其丰富的自然资源。该地区拥有世界上40%的动植物和27%的水资源。全地区47%的土地被森林覆盖。南美洲的森林面积达920万平方千米，占世界森林总面积的23%。世界上最大的、保存最完整的亚马孙热带雨林就在南美洲。墨西哥和委内瑞拉是世界上的石油生产大国。巴西的铁矿储藏量名列世界第六，智利和秘鲁的铜矿储藏量分别居世界第二位和第四位。墨西哥的银和硫黄、智利的硝石、古巴的镍以及哥伦比亚的绿宝石等矿产品的储藏量，在世界上也是名列前茅的。此外，

[①] 与历史相比，在绝大多数拉美国家，军事政变的"温床"不复存在，军队的职业化程度不断提高。此外，在利益分配的过程中，文人政府能更好地照顾到军人的利益。这些重要变化能遏制拉美军人干政的冲动。

[②] 根据国际透明组织的"腐败指数"排行榜（CPI），排在世界前30名的较为"清廉"的国家寥寥无几，而排在第100名之后的"非常腐败"的国家则为数不少。海地的排名在世界上倒数第二，成为拉美最腐败的国家。

拉美还拥有良好的农业生产条件。

独立后，拉美实施了初级产品出口型发展模式，在当时的国际分工格局中扮演了一个原料供应基地的角色。① 根据美国政府于 1890 年发表的一份报告，在 1870—1884 年期间，拉美的对外贸易额增长了 43%，而同期英国的贸易额仅扩大了 27.3%。② 1913 年，阿根廷、巴西、智利、哥伦比亚、古巴、墨西哥、秘鲁、乌拉圭和委内瑞拉 9 国的人均出口额平均达 31.9 美元，仅比 6 个发达国家（法国、德国、日本、荷兰、英国和美国）的平均数少 5.4 美元，但大大高于中国和印度的 0.7 美元和 2.6 美元，阿根廷、古巴和乌拉圭甚至远远高于美国和英国。③ 在被西班牙学者称作全球化浪潮"第一波"的 1870—1920 年，阿根廷、巴西、智利和乌拉圭等南美洲国家的经济增长率高于世界平均水平，比 12 个主要欧洲国家高出 6 倍。④

阿根廷的经济业绩尤为引人注目。至 20 世纪初，阿根廷因出口大量粮食和牛肉而被誉为"世界的粮仓和肉库"，它的首都布宜诺斯艾利斯则被视作"南美洲的巴黎"。在欧洲的许多城市，当人们形容某人腰缠万贯时，常说"他像阿根廷人一样富有"。1900 年，阿根廷的人均国内生产总值分别为美国、英国和澳大利亚的一半，是日本的一倍，略高于芬兰和挪威，接近意大利和瑞典。1913 年，阿根廷的人均收入为 3797 美元，高于法国的 3485 美元和德国的 3648 美元。⑤ 1950 年，阿根廷的富裕程度仍

---

① 在初级产品出口型发展模式加速运转的过程中，拉美国家逐渐分化为三类：(1) 温带农产品出口国，主要包括拥有大片肥沃土地和先进耕作技术的阿根廷和乌拉圭等国。(2) 热带农产品出口国，如巴西、哥伦比亚、厄瓜多尔、中美洲和加勒比地区。(3) 矿产品出口国，主要是智利、秘鲁、玻利维亚和墨西哥（墨西哥的一些地区也生产热带农产品）。

② ［美］E. 布拉德福德·伯恩斯：《简明拉丁美洲史》，王宁坤译，涂光楠校，湖南人民出版社 1989 年版，第 179 页。

③ Miguel Urrutia (ed.), *Long – Term Trends in Latin American Economic Development*, Inter – American Development Bank, 1991, p. 2.

④ Luis Bértola, Cecilia Castelnovo, Javier Rodríguez y Henry Willebald, "Income Distribution in the Latin American Southern Cone During the First Globalization Boom, ca: 1870 – 1920", Universidad Carlos III de Madrid, Working Papers in Economic History (WP 08 – 05), April 2008. (http：//e – archivo. uc3m. es/dspace/bitstream/10016/2500/1/wp_08 – 05. pdf)

⑤ 以 1990 年美元的不变价格计算。

然领先于日本，与意大利、奥地利和德国大致相等。①

但在 20 世纪下半叶，拉美被认为是"失败"的，东亚被认为是"成功"的。原来较为贫穷落后的一些东亚国家（地区），在短短的 30 年时间内就跻身于新兴工业化经济的行列。确实，在 50 年代初，如果有人要预测此后 30 年哪些国家和地区的经济会取得快速发展，"只有占卜者才会选择韩国、新加坡、中国台湾或中国香港。它们都缺乏自然资源。它们的可耕地与人口的比率如此低，以至于满足基本需求都成问题"②。相比之下，在大洋彼岸，拉美国家的经济虽也曾取得较快的发展，但总的说来显然不及东亚。③ 尤其是在 80 年代，拉美因债务危机而陷入了"失去的十年"，而东亚则因经济快速增长而越益令人瞩目，甚至被认为是创造了"奇迹"的地区。

据联合国拉美经委会统计，2005 年，16 个主要拉美国家的农、林、渔、矿产品的出口收入为 2519 亿美元，占商品出口收入的 44%。④ 而拉美所需的许多工业制成品却依赖进口。正如哥斯达黎加总统阿里亚斯曾所说的那样："我们生产我们不消费的产品，消费那些我们不生产的产品。"⑤

自然资源丰富固然是大自然的"恩赐"，但有时也会成为一种"诅咒"，甚至会导致"荷兰病"。⑥ 曾在创建石油输出国组织的过程中发挥过重要作用的委内瑞拉前石油部部长胡安·巴勃罗·佩雷斯·阿方索在

---

① Lawrence Harrison, *The Pan-American Dream*, Westview, 1997, pp. 105 – 106; *International Herald Tribune*, January 18, 2002.

② Danny M. Leipziger (ed.), *Lessons from East Asia*, The University of Michigan Press, 1997, p. 5.

③ 20 世纪 50 年代中期，巴西和墨西哥早已进入其进口替代工业化的第二阶段，远远领先于韩国和中国台湾地区。

④ ECLAC, *Statistical Yearbook for Latin America and the Caribbean*, 2006, pp. 218 – 219.

⑤ 转引自 *The Miami Herald*, April 20, 2006.

⑥ 20 世纪 60 年代，荷兰发现了蕴藏量丰富的天然气。随着开采量和出口量的上升，天然气出口收入快速增长。但是，天然气带来的不仅仅是源源不断的财富，而且有一系列不利于国民经济结构正常运转的副作用：天然气出口收入的急剧增长提高了荷兰货币（盾）的汇率，从而使制造业部门在面对外部竞争时处于不利的地位，而工业生产的下降又导致失业率上升。这种由初级产品出口收入的剧增所导致的不良后果被称为"荷兰病"。

1970年说过,"十年后,二十年后,你会看到,石油带给我们的是(经济上的)毁灭……石油是魔鬼的兴奋"。① 确实,资源丰富的委内瑞拉和阿根廷等国的经济发展业绩不如资源匮乏的东亚国家(地区)。美国学者杰弗里·萨克斯等人发现,在 1970—1990 年期间,高度依赖自然资源出口的国家的经济增长率较低。②

美国经济学家 M. 吉利斯说过,"从 20 世纪 50 年代起,除石油以外,其他初级产品的出口都不足以导致一个国家走上经济发展的道路"。③ 但在最近几年,由于国际市场上初级产品价格处于较高的水平,拉美经济受益匪浅。据联合国拉美经委会统计,2004—2008 年拉美经济联系 5 年保持 5% 左右的高增长率。这在过去 40 年中是绝无仅有的。④

然而,这一高增长率是否具有可持续性却是令人担忧的,因为拉美经济的高增长是以国际市场上较高的初级产品价格为基础的。换言之,一旦这一价格下跌,拉美经济增长的动力将减弱甚至不复存在。因此,调整产业结构是拉美的当务之急。2009 年,由于受到国际金融危机的影响,发达国家的需求不振,国际市场上初级产品价格明显下降,拉美国家的出口收入急剧减少。

林毅夫通过对比发展中国家所走过的不同发展道路及其发展绩效,提出了这样的观点:长期实行"赶超"战略或进口替代战略的国家,都没能实现最初的发展目标,而在那些没有选择或较少采取"赶超"战略或进口替代战略的国家(地区)中,有些却实现了经济的快速增长。东亚"四小龙"就是典型的代表。⑤ 他进而指出,第一类国家之所以未能实现最初的发展目标,是因为其奉行的"赶超"战略或进口替代战略与自己的资源禀赋结构不相符合,从而违背了自己的比较优势,第二类国家

---

① Jerry Useem, "The Devil's Excrement", *Fortune*, February 3, 2003.
② Jeffrey D. Sachs and Andrew M. Warner, *Natural Resource Abundance and Economic Growth*, Center for International Development and Harvard Institute for International Development, Harvard University, 1997.
③ [美] M. 吉利斯等:《发展经济学》,李荣昌、胡和立译,经济科学出版社 1989 年版,第 543 页。
④ 20 世纪 60 年代末,拉美经济曾连续 7 年增长。
⑤ http://jlin.ccer.edu.cn/lyf2.asp.

之所以取得了较好的发展业绩，是因为他们在经济发展的每一个阶段都执行了与自己的比较优势相符合的经济发展战略。

　　林毅夫还将阿根廷与澳大利亚作对比。他认为，这两个国家在19世纪末都是世界上较为富有的国家，都拥有丰富的自然资源。澳大利亚选择了发展自然资源产业的道路，而阿根廷选择了发展制造业的道路。"这就是现在前者仍然是世界最富有的国家之一，而后者落入中等收入国家的原因。"①

　　且不论这一判断是否属实，阿根廷的发展道路充分说明，任何一个国家都应该发挥自己的比较优势，但同时也应该通过大力发展制造业来提升产业结构，努力扩大制成品出口。② 拉美国家之所以应该扩大制成品出口，主要是因为：（1）世界市场对初级产品的需求呈长期下降趋势；（2）世界市场上初级产品的价格波动幅度大，而且相对于工业制成品的价格而言总是呈持续疲软之势；（3）初级产品具有供给弹性低及需求弹性低的特点；（4）初级产品出口收入出现波动的频率和幅度较大。

三　如何为政府与市场的作用定位

　　自由主义传入拉美的时间早于传入其他经济落后地区的时间。这在很大程度上是因为拉美的上层分子与欧洲大陆保持着密切的联系。他们中的许多人掌握了法语、英语或德语，可以直接阅读旧大陆的出版物。他们还经常到欧洲旅行，因而不仅亲自体验到了那里的物质进步，而且还十分了解那里的思想理论界的动态。尽管"他们回到了新大陆上比较安静的首都，但仍念念不忘巴黎，遏制不住地渴望并模仿他们在欧洲所见到的一切……上层分子对欧洲的学术思潮也同样是熟悉的。实际上，他们对埃米尔·左拉或古斯塔夫·福拜楼的小说比对毫尔赫·伊沙克斯或马沙多·德阿西斯的小说更为熟悉。他们会停下来赞赏欧洲画家的油

---

① 林毅夫：《论积极发展战略》，北京大学出版社2005年版，第13—17页。
② 拉美的制成品出口占出口总额的比重，1995年为49.9%，2000年上升到58.2%，但2005年又下降到50%。（参见 ECLAC, *Statistical Yearbook for Latin America and the Caribbean*, 2006, p.187）

画,却忽视了他们自己同胞的油画"。① 因此,尽管新旧大陆之间的国情有着很大的差异,但他们仍然竭力照搬在欧洲流行的各种思潮。

欧洲的自由主义是在工业资产阶级反对封建主义和重商主义的斗争中产生的。在拉美,当时虽然还没有工业资产阶级,而地主阶级却在拉美社会中占据着相当重要的地位。为了从教会、政府和土著人那里获得更多的土地,以生产更多的面向世界市场的初级产品,地主阶级迫切需要自由主义这种理论武器。此外,他们还希望政府减少对经济的干预,降低对国内市场的保护,通过进口较为廉价的外国产品(相对于本国产品而言)来开发市场和提高生活水平。

第二次世界大战后,在凯恩斯主义和联合国拉美经委会的"发展主义"的影响下,拉美国家政府的作用发生了重大变化。因此,在推动进口替代工业化的过程中,政府扮演了一个十分重要的角色。这一作用主要体现在以下几个方面:

一是由政府进行大规模的投资。在这一方面,墨西哥(1934年)、秘鲁(1936年)、委内瑞拉(1937年)、智利(1939年)、哥伦比亚(1940年)、阿根廷(1944年)和巴西(1952年)等国政府建立的投资开发公司发挥了积极的推动作用。② 以智利的生产开发公司为例,在20世纪30年代末至50年代初期间,它的投资额相当于全国固定资产投资总额的1/3或全国投资总额的1/4。投资领域不仅包括制造业,而且还有农业和基础设施部门。此外,这些投资开发公司还为私人制造业企业提供资金、技术装备或可行性研究。

二是由政府兴建国有企业。为了推动制造业的发展,拉美国家直接动用国家资本的力量,兴建了为数不少的制造业企业。这些企业或生产面向国内市场的消费品,或生产提供给"幼稚工业"所需的多种中间产品和简单的机械设备。例如,为了发展钢铁工业,墨西哥政府于1943年拨出巨款,建立了高炉公司;为了发展机器制造业,政府又分别于1952

---

① [美]E. 布拉德福德·伯恩斯:《简明拉丁美洲史》,王宁坤译,涂光楠校,湖南人民出版社1989年版,第185页。

② 这些机构在不同的国家有不同的名称,如工业银行、开发公司、咨询公司和制造业发展署等。

年和 1954 年出资兴建了国营火车车辆制造厂和国营柴油机厂。据统计，在 1940—1975 年期间，墨西哥的公共投资在投资总额中的比重接近 40%，1973 年曾高达 45.6%。其中一半以上的投资进入工业和基础设施。①

三是对价格体系、金融体系、汇率和劳动力市场进行有力的干预。例如，在几乎所有拉美国家，企业和商店在确定多种商品的价格时必须服从政府的行政命令。银行的利率以及信贷的流向也必须听从政府的安排，从而使所谓"金融压抑"现象变得司空见惯。汇率的波动不是取决于市场的供求状况，而是由政府操控。劳动力市场也因政府干预而呈现出较强的刚性。

自 20 世纪 90 年代起，在新自由主义理论和"华盛顿共识"的影响下，拉美国家从一个极端走向了另一个极端。通过实施国有企业私有化，政府在国民经济中的"生产者"作用被大大削弱。不仅如此，一些拉美国家的政府还为了改善公共财政状况而减少在社会发展领域的投资，从而使社会问题变得更加严重。

然而，私有化不会自然而然地创造出一个高效而廉洁的好政府，而"良好的政府不是奢侈品。它是发展所必需的……如果没有一个有效的政府，经济和社会的可持续发展是不可能的。有效的政府（而不是小政府），是经济和社会发展的关键，这已越来越成为人们的共识。政府的作用是补充市场，而不是替代市场"。② 美国经济学家曼昆认为，"一个社会的兴衰在某种程度上取决于其政府所选择的公共政策"。③ 墨西哥前外交部部长卡斯塔涅达将拉美国家的政府说成"没有责任心""缺乏民主""无能"。④ 这一评价显然言过其实。但是不容否认，在过去的两个世纪

---

① *Journal of Inter-American Studies and World Affairs*, Summer 1986, p. 46.

② 世界银行：《1997 年世界发展报告》（中文版），中国财政经济出版社 1997 年版，第 15—18 页。

③ [美] N. 格里高利·曼昆：《经济学原理》（中文版），梁小民译，生活·读书·新知三联书店 1999 年版，第 5 页。

④ Jorge G. Castaneda, *La utopia desarmada*, Mexico: J. Mortiz/Planeta, 1993, 转引自 Menno Vellinga, *The Changing Role of the State in Latin America*, Westview Press, 1998, p. 5.

中，拉美国家在处理"看得见的手"与"看不见的手"的关系时，经常是从一个极端走向另一个极端。

可喜的是，越来越多的拉美国家的决策者认识到以下几点：第一，在提供基础教育、医疗保健以及经济活动所必需的基础设施方面，政府应该发挥更大的作用，不能单纯地为了削减财政开支而压缩用于社会发展方面的经费。第二，政府干预与市场调节不是一种替代关系。第三，私有化不是解决拉美经济中一切问题的"灵丹妙药"，亚当·斯密推崇的"看不见的手"有时也会成为"看不见的拳头"，使社会中的弱势群体和私人资本受害匪浅。

四　如何缓解贫富悬殊

拉美是世界上收入分配最不公平的地区。国际上许多学者的研究结果充分证实了这一论断。世界银行的研究报告《拉美的不公正：与历史决裂？》认为，拉美的不公平很严重，即便是该地区相对而言比较公平的国家（如乌拉圭和哥斯达黎加），也比经济合作与发展组织中的任何一个成员国或任何一个东欧国家更不公平。该报告提供的数据表明，巴西和危地马拉的基尼系数接近0.6，在世界上"名列前茅"。在大多数拉美国家，占总人口10%的富人获得的收入占国民总收入的40%—47%，而占总人口20%的穷人所占的比重仅为2%—4%。联合国拉美经委会的年度报告《2004年拉美社会概览》认为，就收入分配而言，拉美是地球上最落后的地区，因为许多拉美国家的基尼系数在0.5以上，巴西则超过0.62。美洲开发银行的研究报告《经济发展与社会公正》也指出，拉美国家的收入分配差距之大在世界上是少有的。例如，20世纪90年代世界各国的平均基尼系数为0.4，而在拉美，除牙买加（0.38）以外，其他拉美国家均高于世界平均数，其中11个拉美国家高达0.5。在拉美，占总人口30%的穷人仅获得国民总收入的7.5%。这一比重在世界上是最低的（其他地区平均为10%）。而在拉美收入分配的另一端，占总人口5%的富人获得了国民总收入的25%，占总人口10%的富人占有国民总收入的40%。这样的收入分配不公情况只有在人均收入水平只及拉美一半的若干个非洲国家才会出现。

联合国拉美经委会认为，在任何一个国家，收入分配状况都与历史上形成的一系列文化因素、政治因素和经济因素有关，因为这些因素对导致收入分配不公的制度框架产生了重要的影响。[1] 这一判断是十分正确的。

历史上，宗主国西班牙和葡萄牙在拉美实施了印第安人奴隶制、委托监护制、劳役分派制、债役农制以及大地产制。这些制度使殖民主义者获得了大量财富，而印第安人和来自非洲的黑人则处于社会的最底层。

相比之下，大地产制对拉美独立以来长期得不到解决的贫富悬殊问题的影响最大。西班牙殖民主义者在当地总人口中的比重虽然不大（仅占20%），但他们却能利用手中的政治权力和财富，剥削印第安人，大肆掠夺其土地，从而使土地所有权进一步集中。

19世纪初的拉美独立战争并没有触动大地产制，相反，由于多方面的原因，在19世纪并入大地产的土地为前3个世纪并入大地产的土地的总和。[2] 联合国粮农组织和国际劳工局在题为《土地改革的成就与问题》的研究报告中指出，"拉丁美洲仍然被视为世界上土地所有权最为集中的地区"。[3] 美国学者费希罗说："土地改革是影响（拉美）收入分配的一个最为有力的因素。"他还指出："当代拉美严重的收入分配不公，是19世纪或更早时期遗留下来的土地所有制集中化的结果。"[4]

在促使拉美大地产制发展的原因中，拉美国家奉行的初级产品出口型发展模式尤为重要。为了提高初级产品生产的规模经济效益，大庄园主竞相扩大自己的土地。其结果是，土地作为财富的主要来源，越来越为少数人控制。如在阿根廷，布宜诺斯艾利斯的一位富人从1818年起投

---

[1] United Nations Economic Commission for Latin America, *Income Distribution in Latin America*, New York, 1971, p. 26.

[2] ［美］威廉·福斯特：《美国政治史纲》，冯明方译，人民出版社1956年版，第314页。转引自韩琦《论拉丁美洲殖民制度的遗产》，《历史研究》2000年第6期。

[3] 转引自 Inter‐American Development Bank, *Economic and Social Progress in Latin America, 1986 Report*, Johns Hopkins University Press, 1986, p. 129.

[4] Albert Fishlow, "Latin American the XXI Century", in Louis Emmerij (ed.), *Economic and Social Development into the XXI Century*, Inter‐American Development Bank, 1997, p. 412.

资牧场，40年后他成了全国最大的地主，拥有160万英亩（约合65万公顷）最肥沃的土地。在20世纪初的墨西哥，95%的农民无地耕种，而200个大庄园主却拥有全国1/4的土地。① 就整个拉美地区而言，在第一次世界大战前后，约占农户1.5%的大地主拥有的耕地面积超过全地区耕地总面积的1/2以上。②

在20世纪，绝大多数拉美国家为解决土地问题开展了不同规模的土地改革。应该指出的是，土改使不少无地农民获得了土地，并在一定程度上削弱了土地所有权的高度集中。但是，土改并未从根本上改善农村的收入分配结构。这主要是因为：（1）一些拉美国家的土改法没有顾及无地农民的根本利益。例如，哥伦比亚政府在制定土改法时，没有请无地农民的代表参加，却让大地主的代表出谋划策。③ 可以想象，这样的土改法是很难改变不合理的土地所有制的。（2）失去土地的大地主从政府手中获得了相应的补偿金。此外，为了保护自己的财产，大地主千方百计地钻土改法的一些"空子"。例如，针对土改法关于"闲置土地应被没收"的规定，大地主常常于土改前在闲置多年的土地上随意撒些种子，以造成土地未被闲置的假象。但他们不进行任何田间管理，因为他们根本不考虑是否有收成。可见，从经济角度而言，土改并未使大地主蒙受损失。（3）土改后，许多农民因缺乏必要的财力和物力而难以独立从事生产活动。因此，不少农民最后不得不出卖土地，再次沦为无地农民。（4）土改只使大地主失去一小部分土地。据估计，在拉美，再分配的土地仅占应被充公土地的15%左右，受惠的农民只占应受惠农民总数的22%。④

除了土地所有制以外，以下几个因素也是导致贫富悬殊和收入分配

---

① ［美］E. 布拉德福德·伯恩斯：《简明拉丁美洲史》，王宁坤译，涂光楠校，湖南教育出版社1989年版，第149、239页。

② 李春辉：《拉丁美洲史稿》（上册），商务印书馆1983年版，第249页。

③ Gabriel Kolko, *Confronting the Third World: United States Foreign Policy 1945–1980*, Pantheon Books, 1988.

④ Inter-American Development Bank, *Economic and Social Progress in Latin America, 1986 Report*, Johns Hopkins University Press, 1986, p. 120.

不公的主要原因：

一是拉美的工业化模式具有资本密集型和技术密集型的特点。2001年全球就业论坛上有人提出："工作是人们生活的核心，不仅是因为世界上很多人依靠工作而生存，它还是人们融入社会、实现自我以及为后代带来希望的手段。这使得工作成为社会稳定和政治稳定的一个关键因素。"① 就业是民生之本，也是安国之策。但拉美的工业化模式却没有在创造就业机会方面发挥更大的作用，因为拉美国家的进口替代工业化进程明显具有资本密集型的特点。如在1960—1966年间，拉美的资本—产出比率为4∶1，即为了使产值增长1比索，需要投入4比索。② 毫无疑问，资本密集型工业化模式必然会减少对劳动力的需求。与此相反，东亚追求的劳动力密集型外向发展模式则需要足够的劳动力。因此，东亚的就业增长速度明显快于拉美。据统计，就制造业部门中就业的年均增长率而言，韩国为18.67%（1970—1990年），印度尼西亚为14.35%（1974—1989年），新加坡为11.3%（1970—1990年），而委内瑞拉只有4.27%（1970—1984年）。③ 可见，东亚在改善收入分配方面取得的成效，不是仅仅通过提高经济增长率这种"溢出效应"，而是通过扩大就业机会，使穷人直接参与生产过程，直接成为"做蛋糕"的人。

二是拉美的税收制度不合理。"赋税是政府机器的经济的基础，而不是其他任何东西的经济的基础。"④ "国家存在的经济体现就是捐税。"⑤ 最近几十年，尽管拉美的税收在上升，但与发达国家相比，拉美的税收

---

① 转引自 http://www.lm.gov.cn/gb/reading/2005-05/10/content_72822.htm.

② Bela Balassa, Gerardo Bruno, Pedro-Pablo Kuczynski and Mario Henrique Simonsen, *Toward Renewed Economic Growth in Latin America*, Washington, D. C., Institute for International Economics, 1986, p. 60.

③ Nancy Birdsall et al, "Education, Growth and Inequality", in Nancy Birdsall and Frederick Jaspersen (eds), *Pathways to Growth: Comparing East Asia and Latin America*, Inter-American Development Bank, 1997, p. 102.

④ 马克思：《哥达纲领批判》，载《马克思恩格斯选集》第3卷，人民出版社1995年版，第315页。

⑤ 马克思：《道德化的批判和批判化的道德》，载《马克思恩格斯选集》第1卷，人民出版社1972年版，第181页。

在国民经济中的比重仍然不大。拉美国家的所得税相当于 GDP 的比重是比较低的。这主要是因为个人所得税很低（不足 1%）。相比之下，发达国家的个人所得税高达 7.1%。此外，拉美的增值税和销售税也比较低。美洲开发银行的经济学家认为，根据拉美的发展水平，所得税和财产税相当于 GDP 的比重应该从目前的 4.5% 提高到 8%。他们还认为，拉美的所得税率是世界上最低的。只有巴巴多斯、伯利兹和智利等国的个人所得税率达到 40% 或更高。①

三是受教育的机会不均。受教育程度的高低不仅影响劳动力素质，而且还影响其工资收入。在绝大多数拉美国家，工资收入是普通劳动者的主要收入来源，一般占全部收入的 80%。② 在任何一个国家，由于劳动者所掌握的技能不同以及他们所从事的工作不同，其工资收入有明显的差距。例如，具有一技之长的工人或管理人员总比那些文化水平低或无技术的体力劳动者获得较高的工资。如在 20 世纪 60 年代，墨西哥高级管理人员的工资约为非技术工人工资的 10 倍。③

拉美的工资收入差距不仅存在于技术工人与非技术工人之间，而且体现在城乡之间以及正规部门与非正规部门之间。例如，有关研究表明，在拉美，农村劳动者比城市劳动者的工资水平平均低 28%，有些国家（如墨西哥和巴西）的差距在 40% 以上。④ 而正规部门中的劳动者不仅比非正规部门中的劳动者得到较高的收入，而且还能享受更为稳定的工作保障和多方面的优惠或福利。

形成工资差距的主要原因之一是受教育水平不同。统计调查的结果表明，在拉美，与文盲劳动者相比，一个受过 6 年教育的劳动者在从事第一份工作时得到的工资收入要高出 50%；一个受过 12 年教育（相当于

---

① Inter-American Development Bank, *Economic and Social Progress in Latin America, 1998–1999 Report*, Johns Hopkins University Press, 1998, p. 209.

② David de Ferranti, Guillermo Perry, Francisco H. G. Ferreira and Michael Walton, *Inequality in Latin America and the Caribbean: Breaking with History?* World Bank, Washington, D. C., 2004, p. 57.

③ 与其他拉美国家相比，圭亚那和加勒比地区英语国家的教育分配相对而言比较公平。其原因之一是它们的教育体系明显受到英国模式的影响，普及面比较广，小学辍学率较低。

④ Inter-American Development Bank, *Economic and Social Progress in Latin America, 1998–1999 Report*, Johns Hopkins University Press, 1998, p. 40.

中学毕业）的劳动者则高出120%；受过17年教育（相当于大学毕业）的劳动者则超过200%。[1] 根据2001年的统计，在阿根廷，一个受过小学教育的劳动力比文盲劳动力的工资收入高出22%，受过中学教育的劳动力的工资则比小学文化的劳动力高出40%，而大学毕业生的工资则高出70%。[2]

五 如何减少对外国资本的依赖

罗伯特·索洛、华尔特·惠特曼·罗斯托、阿瑟·刘易和霍利·钱纳利等经济学家早已证明，扩大投资是推动经济发展的必要手段之一，而投资的多少与国内资本积累能力的强弱密切相关。

在拉美独立后的半个多世纪中，动荡不安的政局影响了经济发展，同时也极大地损害了国内资本积累能力。虽然殖民地时期遗留的税收体系被新的税收体系取而代之，但专业人才的缺乏和法律的不健全使新体系无法发挥其应有的作用。此外，资本外逃现象十分严重。因此，在国内资本积累能力极为有限的条件下，为了满足新独立国家对资本的巨大需求，拉美只能在国际资本上发行公债，同时引进来自欧洲国家的资本。

19世纪后期，政局的渐趋稳定、经济的快速发展和出口贸易的扩大等积极因素为拉美国家提升其国内资本积累能力创造了条件，但这一能力依然无法满足经济和社会发展对资金的巨大需求，因此拉美国家只能继续引进大量外资，这一状况一直延续到今天。

在任何一个国家，储蓄率的高低与国内资本积累能力的强弱成正比。换言之，拉美的国内资本积累能力弱，在很大程度上是储蓄率低下。而低储蓄率是由多种因素导致的。第一，拉美的文化不是倡导勤俭节约，

---

[1] Inter‑American Development Bank, *Economic and Social Progress in Latin America, 1998‑1999 Report*, Johns Hopkins University Press, 1998, p. 39.

[2] David de Ferranti, Guillermo Perry, Francisco H. G. Ferreira and Michael Walton, *Inequality in Latin America and the Caribbean: Breaking with History?* World Bank, Washington, D. C., 2004, p. 60.

而是鼓励消费。① 这与儒家文化形成了鲜明的对照。有人认为，阿根廷拥有第三世界国家的经济结构，但其社会福利却是欧洲式的。② 第二，高通货膨胀率打击了人们扩大储蓄的积极性。众所周知，20世纪90年代以前，拉美国家的通货膨胀率较高，存款利率实际上是负数，因此人们不愿意储蓄。第三，经济增长乏力。经济增长与扩大储蓄是相辅相成、互为因果的。增加储蓄有利于经济增长，而经济增长能增加劳动者的收入，从而为增加储蓄创造了条件。拉美国家的经济增长很难说是快速的。这就影响了劳动者收入的增加，最终导致储蓄率得不到提高。在一定程度上，储蓄率与经济增长率陷入了一种恶性循环。第四，金融市场不完善，缺乏鼓励人们储蓄的机制。第五，对金融危机的恐惧心理损害了民众的储蓄愿望。例如，2001年阿根廷爆发金融危机后，政府规定，每人从银行提取的现金每周不得超过250比索。第六，拉美人口的年龄不是处于高储蓄阶段。③

如果资本能在国际范围内自由流动，那么A国的储蓄能变为B国的投资。可见，在一个开放经济中，有限的国内储蓄未必影响国内投资的

---

① 在墨西哥进行过长期研究的美国学者奥斯卡·刘易斯在其颇有影响的《桑切斯的子女：一个墨西哥家庭的自传》（1963年）一书中，生动地描写了墨西哥人的生活方式。书中的主人公曼纽尔·桑切斯说道："……如果我马上要死了，我就应该在活着的时候享受一下。我怎么知道自己在下一辈子会是什么样？如果我现在口袋里有10个比索，想吃个冰激凌，那我就买一个，即使干不了别的事也要买一个。这样我就不会口馋了。我不愿意拒绝自己任何要求。我常常问我自己：人生一世，图的是什么？图的是积累起来的一样一样东西，还是满足自己的要求所带来的那种经历？我觉得人的经历更有价值。我劳动了一辈子，因此，现在我想去哪里，就坐出租车去。我不愿意挤公共汽车。如果我去饭店吃饭，我不要豆子，而是要一块烤牛排和几个鸡蛋。如果我想坐下，我就坐下。如果我早晨不想起床，我就睡觉。我留下的最好的遗产就是教我的子女如何生活。我不想让他们成为傻瓜——我敢对我妈发誓。我不想让子女成为普通劳动者。"（奥斯卡·刘易斯：《桑切斯的子女：一个墨西哥家庭的自传》（Oscar Lewis: *Children of Sanchez: Autobiography of a Mexican Family*, Vintage Books, 1963, p. 349.

② *Time*, January 14, 2002.

③ 美洲开发银行的经济学家认为，一个人在青年时期因收入低下而很少储蓄或不储蓄，只有在壮年时期才具备较强的储蓄能力。在那些人口年轻的国家（例如非洲和南亚的许多国家），人口平均年龄恰好处于储蓄率较低的阶段。拉美人口的平均年龄为27岁，比非洲高5岁。因此，与非洲相比，拉美拥有更多的壮年劳动力和更高的储蓄率。东亚人口的平均年龄比拉美约高出7岁，正好处于储蓄率较高的阶段。（Inter‐American Development Bank, *Economic and Social Progress in Latin America*, *2000 Report*, Johns Hopkins University Press, 2000）

扩大。① 但是，不容否认，用外资弥补国内储蓄的不足并非上策。

20世纪中叶至70年代，拉美国家实施进口替代工业化的过程中大力奉行"负债发展"战略。虽然这一战略弥补了国内资本不足的缺陷，并使国民经济取得了较快的发展，但日益沉重的债务负担终于使该地区在80年代初陷入了举世瞩目的债务危机。

除举借外国商业银行的信贷以外，拉美国家还引进了大量投机性很强的短期资本。当拉美国家的国内政治经济形势发生不利的变化后，这种外资就会溜之大吉，从而加大了维系宏观经济形势稳定的难度。1994年的墨西哥金融危机、1999年的巴西金融危机和2001年的阿根廷金融危机，都与大量短期资本出逃密切相关。诺贝尔经济学奖获得者、美国经济学奖获得者保罗·克鲁格曼在其《萧条经济学的回归》一书中写道：让我们玩这样一种文字游戏，一个人说出一个词或短语，另一个人把他听到后头脑中的第一个反应回答出来。如果你对一个见识广的国际银行家、金融官员或经济学家说"金融危机"，他肯定会回答："拉美。"②

与外债相比，外国直接投资具有下列优势：有利于技术转让；有利于促进国内市场上的竞争；有利于促进企业的技术培训，进而加快东道国的人力资源开发；有利于东道国增加税收。但过度依赖外国直接投资的弊端也是显而易见的。在许多拉美国家，一些重要的经济部门都已被跨国公司控制。根据联合国拉美经委会的统计，在2008年美国次贷危机爆发以前，跨国公司的销售额在拉美制造业中的比重高达42%，在服务业中的比重为31%。在该地区500家最大的非金融业公司的销售额中，跨国公司占29%。③ 此外，过度依赖外资则容易损害国家的经济安全。

---

① Sebastian Edwards, "Why are Latin America's Savings Rates so Low? An International Comparative Analysis", *Journal of Development Economics*, Vol. 51 (1996), pp. 5–44.

② Paul Krugman, *The Return of Depression Economics*, W. W. Norton & Company, 2000.

③ ECLAC, *Foreign Investment in Latin America and the Caribbean: 2008 Report*, July 2009, p. 28.

六　结束语

拉美在其200年发展进程中面临着多方面的挑战，而上述五大难题最为突出。这些难题既与历史因素有关，也与政治制度的变化、经济的发展和社会的转型密切相连，甚至还与不同时期的外部因素不无关系。

在一定程度上，拉美面临的上述难题也是其他发展中国家面临的长期性的挑战。而且，这些难题的解决并不能一蹴而就。可喜的是，拉美已认识到破解这些难题的重要性和必要性。就此而言，拉美的发展前景是美好的。

（原载《世界历史》2011年第1期）

全球化与拉丁美洲经济

马克思和恩格斯早在一个多世纪以前就说过,"资产阶级,由于开拓了世界市场,使一切国家的生产和消费都成为世界性的了……新的工业的建立已经成为一切文明民族的生命攸关的问题;这些工业所加工的,已经不是本地的原料,而是来自极其遥远的地区的原料;它们的产品不仅供本国消费,而且同时供世界各地消费。旧的、靠本国产品来满足的需要,被新的、要靠极其遥远的国家和地带的产品来满足的需要所代替了。过去那种地方的和民族的自给自足和闭关自守状态,被各民族的各方面的互相往来和各方面的互相依赖所代替了。物质的生产是如此,精神的生产也是如此。各民族的精神产品成了公共的财产。民族的片面性和局限性日益成为不可能……"① 最近几十年,马克思和恩格斯描述的那种"世界性",在某种程度上亦即今天人们所说的全球化,越来越成为一股不可抗拒的潮流。

如何认识全球化的概念?全球化对第三世界的影响是什么?拉美国家是如何顺应全球化趋势的?本文力图对上述问题作一初步探讨。

一 全球化的概念

"全球化"一词最早是由莱维(Theodre Levitt)于 1985 年发明的。他在其题为《市场的全球化》一文中,用"全球化"这个词来形容此前

---

① 《共产党宣言》,《马克思恩格斯选集》第一卷,人民出版社 1972 年版,第 254—255 页。

20年期间国际经济发生的巨大变化,即"商品、服务、资本和技术在世界性生产、消费和投资领域中的扩散"。①

"全球化"一词的概念似乎尚无定论。确实,这是一个可以从多角度辨识、探讨和认知的概念,不存在唯一的正确说法。而且,包括经济学家、政治学家、社会学家和历史学家在内的各种各样的人都在用"全球化"这个词来表示世界上发生的巨大变化。② 但在大多数情况下,"全球化"的含义应该是指经济现象。

然而,即使在"全球化"之前加上"经济"这样的限定词,其含义仍然是广泛的。例如,有人认为,经济全球化实际上是指欧盟、北美自由贸易协定和亚太经合组织等组织先后问世这样一种经济一体化趋势;有人则认为,经济全球化意味着南—北之间或发达国家之间相互依存的加深;还有人认为,经济全球化是指跨国公司的活动在全球范围内进一步活跃这一事实。美国《NACLA报道》杂志(1996年1—2月合刊)所载的一幅漫画就是这样描述经济全球化的。一位跨国公司老板说:"我的办公室在纽约,我的工厂在墨西哥、洪都拉斯和海地,我的钱存在瑞士银行,我需要的技术来自日本,而我现在生活在巴黎。"③

一些马来西亚学者对"全球化"概念提出的观点颇有见地。例如,马来西亚"第三世界网络"驻日内瓦代表C.拉贾文认为,在世界经济领域,"全球化"的含义很广。它指一种新出现的不对称的国际劳动分工。在这一分工中,生产活动的扩散由跨国公司的战略性计划操纵,而不是由政府的计划决定。他进而指出,"全球化"似乎还被用来描述当前的世界形势,即战后美国垄断世界经济的能力因西欧、日本竞争力的上升以及地区性势力范围的出现而受到削弱。从中央计划经济垮台和资本主义体制控制大部分世界这个角度看,"全球化"这个词还被用来描述资本主义在全球范围内的扩展。此外,它也被当作"自由化"和"更大的经济

---

① Theodre Levitt, "Globalization of Markets", in A. M. Kantrow (ed.), *Sunrise…Sunset: Challenging the Myth of Industrial Obsolescence*, John Wiley & Sons, 1985, pp. 53 – 68.
② 王逸舟:《当代国际政治析论》,上海人民出版社1995年版,第9页。
③ *NACLA's Report on the Americas*, January/February, 1996, p. 2.

开放"的同义词。①

拉贾文还认为，如同跨国公司这一叫法掩盖了跨国公司的本质那样，"全球化"一词也未能反映出当前跨国公司的活动所处阶段的本质。这一本质就是，跨国公司试图使世界实现跨国公司化，尤其要使发展中国家实现跨国公司化。因此，如何将发展中国家纳入世界经济这个问题，实际上就是指跨国公司如何在发展中国家扩展其活动。②

综上所述，全球化应该是指这样一种趋势，在这一趋势中，国际分工中的垂直分工越来越让位于水平分工，资本、商品、技术和信息在国际间的流动越来越迅速，资源的配置越来越超出民族国家的范围，不同国家之间的相互依存度越来越高，区域经济一体化进程越来越快。

除了"全球化"这一说法以外，我们还能见到"国际化"和"跨国化"等提法。美国杜克大学教授G. 吉利弗等人认为，"国际化"是指经济活动在地理上穿越国境线的现象。就此而言，"国际化"不是一种新现象，至少从17世纪起，它就是世界经济中的一个显著特点。那时，殖民帝国为寻找自然资源和制成品出口市场而瓜分世界。他们认为，"全球化"较之"国际化"而言是一种新出现的现象。它是指分散在国际上的各种经济活动之间的功能性整合。"全球化"需要三种国际资本的活动：(1) 工业资本，即垂直型一体化的跨国公司通过其海外子公司的活动建立了国际性的生产和贸易网络。(2) 商业资本，即总部设在发达国家的大型零售商、名牌商品的销售商和贸易公司，建立并控制了全球性的商品交换网络。它们在半外围地点（即新兴工业化经济）协调这一网络的运转，使商品的生产则集中在劳动力价格较低的外围。(3) 金融资本，即商业银行、官方多边机构（如世界银行和国际货币基金组织）以及间接投资者为全球化生产和贸易提供短期资本。③

---

① *Third World Resurgence*, October 1996, pp. 11–14.
② Ibid..
③ Gary Gereffi and Lynn Hempel, "Latin America in the Global Economy: Running Faster to Stay in Place", *NACLA's Report on the Americas*, January/February, 1996, p. 19.

二　全球化对第三世界的影响

全球化对第三世界的影响是什么？这是一个必须要回答的问题。马来西亚"第三世界网络"主任许国平认为，全球化与发展的关系十分复杂，涉及政治、经济以及社会发展各个领域。构成这种关系的主体就是不平等。这一不平等体现在许多方面：建立世界经济和国际贸易体系的方式是不平等的；贸易条件、金融、投资和技术转移是不平等的；全球化带来的利益和损失的分配也是不平等的，即强国受益最多，其他国家受益不多或根本得不到什么好处。他还认为，全球化是形成殖民主义统治的一个主要因素。在后殖民主义世界，全球化趋势越来越快。由于全球经济结构中存在着不平等，北方国家通过贸易、放债和投资等形式，每年从南方国家那里获取成千上万亿美元的资金。这是发展中国家缺少资金的主要原因之一。[1]

许国平进而指出，全球化的另一方面是发展中国家民族经济的全球化。首先，发展中国家越来越受到世界市场经济引力的影响。其次，原来由发展中国家政府自己控制的决策进程，不断受到外国政府或国际金融机构的制约。例如，发达国家用世界银行和国际货币基金组织来控制世界经济体系，使发展中国家处于十分不利的地位。在当前的"自由贸易协定"时代，这种经济主权的丧失必将进一步加快。因此发展中国家必须认识到这一问题的严重性，并团结起来，为建立一个国际经济新秩序而斗争。[2]

马来西亚学者的上述观点有力地指出了经济全球化的负面影响，对发达国家利用经济全球化来迫使第三世界国家开放市场这一做法进行了有力的回击。但是，这种观点忽视了经济全球化的积极影响，因此其片面性也是显而易见的。

应该指出，作为国际分工的产物，经济全球化能在一定程度上优化

---

[1] *Third World Resurgence*, October 1996, pp. 15–21.

[2] Ibid..

世界各国生产要素的组合和资源的配置，并使第三世界国家获得更多的资本、市场份额和技术。因此，第三世界国家应该积极利用经济全球化创造的机遇，以推动自身的工业化建设和现代化进程。

事实上，东亚的"经济奇迹"，已在一定程度上说明，积极参与经济全球化是有益于经济发展的。而世界银行发表的题为《1996年全球经济展望与发展中国家》的研究报告，则以翔实的数据说明全球经济一体化与发展中国家经济增长之间有着十分密切的关系。[①] 该报告认为，所谓全球经济一体化，主要是指贸易和金融领域中国际联系的扩大和深化。在过去的10年中，全球经济一体化的发展速度不断加快。如在1985—1994年，世界贸易额在全球国内生产总值中所占比重的增长幅度，比此前10年高出3倍，比20世纪60年代高出2倍。此外，在1985—1994年，外国直接投资在世界国内生产总值中的比重扩大了一倍。

该报告指出，在上述增长趋势中，发展中国家占有重要的一席之地。就整体而言，发展中国家的对外贸易在国内生产总值中所占比重的增长幅度，大于工业国的这一增长幅度；它们在全球外国直接投资中的比重已从1/5上升到2/5。但是该报告指出，发展中国家参与一体化的程度各不相同。该报告根据20世纪80年代初期至90年代初期发展中国家的4个指标（即贸易额相当于国内生产总值的比重、外国直接投资额相当于国内生产总值的比重、投资者资信的等级以及制成品出口在出口总额中的比重）的变化，列出了"参与一体化的指数"。根据这一指数，该报告将发展中国家分为4个组别。大多数东亚国家、阿根廷、智利、墨西哥、摩洛哥、加纳、毛里求斯、捷克、匈牙利、波兰和土耳其属于"快速参与一体化"的国家；撒哈拉以南非洲的大多数低收入国家和拉美的许多中、低收入国家被列入"慢速参与一体化"这一组。

该报告认为，高收入发展中国家对全球经济开放的程度大于低收入发展中国家的开放度，前者的外贸额和外资流入量的增长速度也快于后者。例如，在发展中国家获得的外国直接投资中，约2/3集中在8个高收入发展中国家，而一半左右的发展中国家（主要是低收入国家）却获得

[①] 这里所说的全球经济一体化，显然是指经济全球化。

很少或根本没有获得。可以预料，这一趋势将继续发展下去，开放的国家与封闭的国家之间的差距也将进一步扩大。

世界银行的这个报告还指出，一方面，参与一体化有利于经济增长，因为它有助于配置资源、扩大竞争、加快技术转移和获得外部资金。另一方面，经济增长反过来又能促进这个国家更好地参与一体化。这一点在东亚和非洲能得到最好的证明。前者获得了较快的增长，因而能更好地参与一体化；而后者因缺乏增长而在世界的商品市场和资本市场上越来越趋向边缘化。

总之，第三世界国家只有扬长避短，趋利避害，以积极的姿态迎合全球化，才能在这一大潮中为自己找到适当的位置，在参与全球化趋势的过程中增强自身的竞争力。

不可否认，经济全球化并非十全十美。"对于我们这些活在今天的世界上而且被'裹挟'进入'加速全球化'（以区别于过去五百年间慢吞吞地进入全球化）时代的人来说，全球化过程带来的绝不仅仅是愉快欢乐，而是还要带来许多的烦恼痛苦，因为它不但会带来融合与和谐，还会带来摩擦与冲突，在许多情况下，甚至是血与火的斗争，是生与死的抉择……"[1]

还应该指出的是，正如马来西亚学者所言，由于第三世界国家和发达国家在经济全球化趋势中所处的地位不同，两者从经济全球化中获得的利益和好处也是不均等的。此外，即使在第三世界内部，由于发展水平参差不齐，不同国家从经济全球化中受益的程度也是不均衡的。例如，自第二次世界大战以来，在整个世界范围内，出口在生产中所占比重获得了大幅度的增长，但是发展中国家的出口增长主要集中在东亚国家以及巴西和墨西哥等拉美国家。进入第三世界的外国资本，也是主要集中在少数几个新兴工业化国家（地区）。据统计，在1990—1993年期间，墨西哥、中国、阿根廷、韩国和印度尼西亚五国获得的外资占流入所有发展中国家的外资的将近一半；在拉美，有5个国家（墨西哥、阿根廷、巴西、委内瑞拉和智利）跻身于20个获得外资最多的发展中国家的行

---

[1] 李慎之：《全球化与中国文化》，《太平洋学报》1994年第2期。

列。1992年，这5个国家加上哥伦比亚，占拉美国家引进外资总量的95％。[①] 因此，可以断言，全球化扩大了第三世界国家之间的差距。一般说来，巴西、墨西哥、阿根廷和智利等工业化水平较高的国家，在全球化大潮中受益较多。相比之下，中美洲和加勒比地区的小国家受益很少。

同样不容忽视的是，由于全球化使竞争变得更加激烈，许多企业为了提高劳动生产率和降低成本而不得不解雇工人。其结果是，在发达国家，"有增长、无就业"的问题越来越严重；在包括拉美在内的许多发展中国家，失业问题同样变得日益严重。

如何才能最大限度地扩大全球化的积极影响和减少其消极影响？美国波士顿大学教授P. 斯特里滕认为：第一，应组建跨国性的机构，以实施全球性的反托拉斯和反卡特尔法律；第二，发达国家要实施培训和教育机会，为低收入工人提供帮助，并制定出有助于扩大就业机会的税收政策；第三，发展中国家要改变那种抬高劳动力价格、压低资本价格和高估汇率的政策；第四，为了扩大发展中国家在全球财富分配中的份额，必须增强发展中国家与跨国公司讨价还价的地位，使前者从后者那里获得更多的利润，用于消除贫困和增加在人力资本开发中的投资。[②]

三　拉美国家是如何顺应全球化趋势的

从理论上说，全球化为第三世界提供的机遇基本上是相同的。但是，由于发展水平参差不齐以及参与全球化的方式不同，第三世界各国从中获得的好处以及受其影响的程度有着很大的差别。

美国学者G. 吉里弗等人将第三世界国家对全球化的"反应"（或曰参与经济全球化的方式）归纳为三种：（1）民族工业国际化，即本国工业企业有力地拓展国际市场，以获取更大的世界市场份额；（2）生产国际化，即利用跨国公司在资金和技术等方面的优势，将跨国公司纳入本

[①] *NACLA's Report on the Americas*, January/February, 1996, p. 14.

[②] Ibid., pp. 6 – 7.

国生产体系，以推动本国工业化进程；（3）闭关自守。①

拉美显然没有选择闭关自守。但是，与东亚相比，20世纪80年代以前拉美参与全球化的力度是有限的，参与的方式也不尽相同。尤其在六七十年代，两者的差异尤为明显。例如，当东亚有力地拓展海外市场时，拉美却依然在"出口悲观主义"阴影的笼罩下，奉行一种内向发展模式。其结果是，在70年代，东亚的出口额年均增长率为9%，而拉美只有0.9%。②

总之，正如G.吉里弗等人所说的那样，"拉美仅仅利用了全球化提供的一部分机遇，因此，该地区向全球生产结构所具有的高附加值的顶端过渡的能力受到了限制"。③ 我们似乎可以这样说：拉美与东亚在这一方面的差异，也是80年代期间拉美、东亚在经济发展业绩方面存在的巨大差距的原因之一。

可喜的是，拉美国家的决策者已深刻地认识到，该地区未来的命运取决于能否提高自身的国际竞争力以及能否进一步介入全球化进程。因此，80年代后期起，随着经济改革的深化，拉美参与经济全球化的力度不断增强。

第一，通过调整产业结构和强化出口能力，拉美国家开始有力地介入市场国际化。虽然与进口的增长幅度相比，出口的增长幅度是不够的，但是我们不得不看到，自80年代后期以来，拉美国家的出口获得了引人注目的发展。就整个拉美地区而言，出口额已从1986年的874亿美元上升到1995年的约2270亿美元。④

在扩大出口方面，不少拉美国家越来越注重非传统出口部门的发展。如在智利，尽管铜依然是主要的传统出口产品（约占出口总额的1/3），但三大类非传统出口产品（水果、鱼产品和木材制品）的比重迅速上升，目前已在30%以上（其中水果从70年代中期的1%扩大到目前的10%左

---

① *NACLA's Report on the Americas*, January/February, 1996, p. 25.
② Ibid., p. 20.
③ Ibid., p. 19.
④ Inter-American Development Bank, *Economic and Social Progress in Latin America: 2006 Report*, p. 382.

右)。哥斯达黎加在发展非传统出口方面也取得了显著的成就。1984年，非传统出口在出口总额中占12%，90年代初期已接近50%。①

第二，开放市场。参与经济全球化并不仅仅是扩大出口。相反，开放市场，通过引进外国商品的竞争来激励本国企业提高效益，也是对全球化的一种积极反应。自80年代后期以来，拉美国家在开放市场方面作出了巨大的努力。美洲开发银行认为，"尽管世界各地都在进行（贸易）自由化，但就改革的深度和保护的水平而言，不同地区之间仍有显著的差别。而拉美则是自由化进程最快的地区之一"。该地区的平均最高关税从1985—1990年的83.7%下降到1990—1993年的41%。在改革前，半数以上的拉美国家的最高关税超过100%；目前，只有两个国家对少数进口商品实施100%以上的关税。②

第三，进一步放松对外资的限制，为了吸引更多的外国资本，许多拉美国家先后修改了宪法、外资法或外资条例，删除了一些限制性的规定。因此，在一些国家，外资不得入内的"禁区"已基本上不复存在或很少。如在阿根廷，除大众媒体以外，外资基本上可以进入所有部门，包括国防工业。在秘鲁，1993年通过的宪法则允许外国资本进入所有部门。在墨西哥，虽然尚有17个部门不准外资涉足，但1989年制订的外资政策已经允许外资在其他部门中拥有100%的股权。此外，在行政审批、利润汇出和股权分配比例等方面，外国资本也能获得不少刺激性优惠。拉美经委会指出，目前拉美对外国投资的政策比以往任何时候都宽松。其结果是，至90年代初，进入拉美地区的间接投资和直接投资已超过国际商业银行提供给拉美的信贷，成为拉美引进的外资的主要形式。

第四，重振区域经济一体化。区域经济一体化既是全球化的一个组成部分，也是各国参与全球化趋势的一种方式。80年代后期以来拉美区域经济一体化得以复兴的原因是多方面的，其中之一就是拉美国家参与全球化的愿望在增强。例如，构成南方共同市场法律基础的《亚松森条

---

① *NACLA's Report on the Americas*, January/February, 1996, p. 21.

② Inter-American Development Bank, *Economic and Social Progress in Latin America: 2006 Report*, p. 98.

约》明确指出，建立南方共同市场是缔约国对"国际事态的变化"，尤其是对"大经济区的加强"所作的"合适反应"，也是它们"适当地加入到国际社会中去"的体现。阿根廷总统梅内姆则认为，南方共同市场能使其成员国团结起来，在新的全球市场上展开竞争，因为在这个全球市场上，贸易集团的力量已变得比单个国家的力量更为强大。

必须指出的是，拉美国家在参与经济全球化方面也面临着一些不利之处。例如，拉美国家的技术密集型出口在世界市场上的比重很低，因为大部分拉美国家的出口依然以初级产品和传统的劳动力密集型制成品为主。只有墨西哥、巴西和阿根廷的汽车工业和电脑工业在世界市场上拥有有限的一席之地。[①] 相比之下，东亚的初级产品出口在出口总额中的比重则从1970年的90%减少到1995年的25%。这也在一定程度上说明，为什么拉美在世界出口中的比重呈现出下降的趋势：50年代为12.5%，1990年下降到3.5%，为一个世纪以来的最低点。此后几年虽有上升，但尚未超过70年代后期的5%。[②]

此外，拉美的国际竞争力有待进一步增强。国际竞争力与科技发展水平的关系越来越密切。虽然拉美国家开始重视科学技术在提高国际竞争力中的重要作用，但是，在一些国家，用于研究和开发的费用依然不多。以巴西为例，1991年，用于基础科研的费用只有人均0.8美元（发达国家为45美元），国家科技发展基金的预算从1976年的1.5亿美元减少到1991年的2000万美元。另一项统计表明，80年代中期，巴西用于研究和开发的费用占国内生产总值的0.7%，而7个主要发达国家的这一比重是2.7%。[③]

[①] 墨西哥出口的汽车从1980年的1.8万辆（占总产量的4%）扩大到1993年47万辆（占总产量的44%）。巴西的出口从同期的15.7万辆（占总产量的13%）上升到33万辆（占总产量的24%）。阿根廷则从同期的3600辆（占总产量的1%）增加到3万辆（占总产量的9%）。转引自 *NACLA's Report on the Americas*, January/February, 1996, p. 25.

[②] Moisés Naím, "Latin America the Morning After: Euphoric Perceptions, Fragile Realities", *Foreign Affairs*, July/August 1995, p. 57.

[③] Werner Baer and Melissa H. Birch (eds.), *Privatization in Latin America: New Roles for the Public and Private Sectors*, Praeger, 1994, p. 17.

四　余论

在探讨全球化对拉美经济的影响时，必须注意以下几点：

一、全球化趋势对经济民族主义提出了强有力的挑战。肖夏娜·B. 坦塞在其《拉丁美洲的经济民族主义》一书中指出："那些尚未取得'现代化'或'发达'地位的国家，对于控制本国自然资源和经济命运越来越警觉，并认识到这种必要性。这一现象的特点就是'经济民族主义'，它直接反映了这些国家经常抱怨的那种看法：它们虽然取得了政治主权与独立，但是在经济上仍然是殖民地。"[①] 战后，尤其在六七十年代，拉美的经济民族主义呈现出十分强劲的势头。国有化运动的全面展开，就是一个有力的证明。

经济民族主义在维护民族经济权益等方面的历史地位是不容忽视的。正如美国学者 B. 伯恩斯所说的那样，"在 20 世纪的拉丁美洲，民族主义也许比任何其他一支力量都更能推动变革……20 世纪的目标中的两个是现代化和经济独立。民族主义者一直站在鼓励拉丁美洲迅速发展的最前列，因而他们起了推动变革的积极作用"[②]。然而，拉美的民族主义却遇到了全球化趋势的强有力的挑战。这是因为，经济民族主义的目标是减少依附性和增加独立性，而全球化趋势不断加强的结果则是各国的相互依存日益密切。可见，正确处理维护经济民族主义和参与全球化趋势两者之间的关系，是摆在拉美国家面前的一个难题。

必须指出的是，发展中国家不应该，而且不可能以维护经济民族主义为由，拒全球化于门外。相反，发展中国家应面对现实，对民族主义加以扬弃，积极地投身于全球化趋势之中。古巴思想家何塞·马蒂曾说过，经济上受奴役但政治上获得自由的人民终究会失去所有的自由；而经济上获得自由的人则可以继续赢得政治上的独立。

---

① ［美］肖夏娜·B. 坦塞：《拉丁美洲的经济民族主义》，涂光楠等译，商务印书馆1980年版，第8页。

② ［美］E. 布拉德福德·伯恩斯：《简明拉丁美洲史》，王宁坤译，涂光楠校，湖南教育出版社1989年版，第260页。

二、重新认识依附论。依附论是20世纪六七十年代期间在拉美学术界最为流行的思潮之一。它认为，包括拉美在内的第三世界国家之所以难以摆脱贫穷落后，就是因为它们严重依附于发达国家的资本、技术和市场。一些依附论者甚至认为，拉美的工业部门与跨国公司的生产国际化进程结合得越密切，那么拉美的对外依附性就越严重。其结果是，被外资控制的进口替代工业化进程不仅没有增强拉美的经济独立性，反而加剧了对发达国家的依附性。为了摆脱这种依附性，发展中国家必须与发达国家"脱钩"。

一个值得人们思考的问题是，为什么依附论能在拉美产生并在那里盛极一时？这一问题的答案显然与该地区高涨的民族主义情感不无关系，因为依附论的观点与经济民族主义的主张是一脉相承的。正如英国学者 C. 凯所指出的那样，"民族主义情感对依附论分析有吸引力；这种情感将不发达（尤其是拉美工业化的缺陷）的一部分原因归咎于外国资本"[1]。无怪乎拉美的依附论者也被视为民族主义者。

如同民族主义那样，依附论固然有其可取的一面。例如，它指出了南北关系的本质（即发达国家剥削发展中国家），从而为后者建立国际经济新秩序的主张提供了有力的理论依据。但是，依附论过分强调发展中国家贫穷落后的外部根源，并提出了脱离现实和不合历史潮流的"脱钩"。尤其在全球化趋势汹涌而来之时，"脱钩"更是一种幼稚的想法。事实上，"90年代的拉美已演变到这样一个地步：它与外部世界的关系是如此复杂和多元化，以至于'依附'这个术语的含义必须被重新界定。……现在，'依附'这个词在拉美不再是一个肮脏的字眼，因为政府、企业、职业人员组织和行业组织以及普通公民都认为，增长与富庶是与工业化国家保持更密切关系的结果"[2]。

值得注意的是，依附论的鼻祖安德烈·岗德·弗兰克也承认："事实已迫使我改变我提出的观点。我将不再说'脱钩'是一个解决问题的方

---

[1] Cristobal Kay, *Latin American Theories of Development and Underdevelopment*, Routledge, 1989, p. 14.

[2] Michael Kryzanek, *Latin America: Change and Challenge*, Harper Collins, 1995, p. 172.

法。对于拉美来说，摆脱依附是困难的，或者说是不可能的。"①

三、外国资本的双重影响不容忽视。全球化趋势不断加快的标志之一，就是国际资本越来越活跃。国际资本的活跃为发展中国家利用外部资金扩大了机会。事实上，对于国内储蓄率较低的拉美来说，经济增长的快慢在一定程度上取决于外资流入量的大小。如在1976—1982年，外资净流入量相当于国内生产总值的4.7%，同期国内生产总值的增长率为3.7%。债务危机爆发后，外资流入量大幅度减少。在1983—1990年，外资相当于国内生产总值的比重降低到1%，其结果是，国内生产总值的增长率也降低到1.5%。在1991—1994年，外资再次"青睐"拉美。外资流入量相当于国内生产总值的比重提高到5.1%，国内生产总值的增长率也增长到3.5%。② 最近几年的情况亦非例外。墨西哥金融危机后，大量外资逃离拉美，因此1995年整个拉美地区的国内生产总值增长率只有0.4%。1996年，拉美国家获得的外资从1995年的224亿美元扩大到500亿美元左右。其结果是，国内生产总值增长率接近3%。③

但是，应该指出，外资的流入也会带来不容忽视的副作用。对此，包括拉美在内的发展中国家应有足够的清醒认识。

第一，跨国公司在东道国国民经济中的地位在上升。国际资本的活动方式不外乎采用直接投资和间接投资两种形式。直接投资的载体是跨国公司。据统计，截至20世纪90年代初，全世界共有3.7万家跨国公司，拥有2万亿美元的直接投资。④ 如前所述，最近几年，随着改革和开放的深入展开，进入拉美的跨国公司越来越多。跨国公司无疑为拉美国家带来了资本和较为先进的技术以及管理经验。但是，跨国公司在拉美国民经济中的地位也在上升。如在墨西哥，90年代初跨国公司在墨西哥制成品出口中的比重为2/3，在汽车出口中的比重则高达90%。巴西的六大汽车装配厂几乎全部为美国、德国、意大利和瑞典的跨国公司所拥有，而在750家汽车配件生产厂中，尽管3/4为本国资本所有，但其他工厂则

---

① Florida International University, *LACC News*, Autumn, 1993.
② *Foreign Affairs*, July/August, 1995, p. 51.
③ ECLAC, *Economic Survey of Latin America and the Caribbean*, 1996.
④ *NACLA's Report on the Americas*, January/February, 1996, p. 13.

为设备和技术更为先进的跨国公司所有。

第二，跨国公司也从拉美获取了大量利润。以美国对外直接投资为例。1994年，它在整个世界范围内获得的利润率是10.6%，在西欧、日本和加拿大的利润率分别为9.6%、7.8%和6.8%，在拉美则是14%，在巴西和墨西哥甚至高达25%和16%。[①]

第三，投机性资本的活动增加了发展中国家利用外资的风险。据估计，在纽约、东京和伦敦这三个国际金融中心，24小时的外汇交易量高达6500亿美元。其中只有18%是国际贸易或国际投资所需，另外的82%与投机活动有关，因而其流动性极强。对于这种所谓"飞燕式"的资本，发展中国家如不加提防，很有可能酿成大祸。墨西哥金融危机就是一个颇有说服力的例子。这一危机至少说明：第一，"并非所有的钱都是好钱"；第二，要对外资（尤其是间接投资）的流向及流量加以适时的宏观调控。

第四，必须正确处理开放与保护。如前所述，对外开放是拉美参与全球化趋势的主要途径之一。然而，在这一过程中，拉美的民族工业也面临着跨国公司或进口商品的激烈竞争。几乎在所有拉美国家，尤其在开放度较大的墨西哥等国，民族企业因不敌外来竞争而陷入困境或倒闭的事例屡见不鲜。这就向决策者提出了一个如何处理开放与保护两者之间的关系的问题。

这个问题的答案可谓仁者见仁，智者见智。但以下几点似乎是不应该引起争议的。首先，在不同的国家，由于产业政策不同以及民族工业中各个部门的竞争力不同，对民族工业如何保护以及保护的程度，很难提出一个"放之四海而皆准"的定式。其次，参与全球化的过程，实际上就是参与国际竞争的过程。在这一过程中，缺乏竞争力的民族企业必然会陷入困境。这是不足为怪的。因此，对于任何一个国家的决策者来说，保护民族工业的最佳方法不是拒外来竞争于门外，而是想方设法地提高自身竞争力。再次，发展民族经济是维护国家主权和巩固政治独立的需要。这是任何一个发展中国家的决策者必须牢记的大目标。参与全

[①] *NACLA's Report on the Americas*, January/February, 1996, p. 15.

球化趋势是为了更好地实现这个大目标，而适当的保护则有利于参与全球化趋势，因而也是有利于发展民族经济这个大目标的。可见，开放与保护并不矛盾。最后，保护民族工业不等于保护落后。当然，在不同的发展阶段，对于不同的部门，必须采取不同的保护措施。而且，这种保护不应该是无限制的绝对保护，而应该是在面临外来竞争的压力之下实施的一种适度的相对保护。

应该指出，最近几年拉美国家对民族工业的保护，与它们在实施进口替代工业化发展模式时采纳的保护，有着本质上的不同。第一，过去的保护"无论从任何意义上来说都是过度的，而且，除了试图向任何一个希望得到保护的部门提供保护以外，毫无经济上的合理性可言"。[1] 现在的保护程度则大大降低。第二，过去的保护涉及面广，在不少国家，几乎整个民族工业都得到保护。而现在的保护则是有重点的选择性保护。

综观最近几年拉美国家对民族经济的保护，我们似乎可以看出以下几个特点：（1）对本国已具有一定竞争力的部门以及技术密集型部门给予较少的保护。（2）鼓励外资与民族资本兴建合资企业，以便利用外资在资本和技术上的优势带动民族企业的升级。（3）对一些外资企业（尤其是拥有100%股权的外资独资企业）采用"市场保留"政策。根据该政策，外资企业必须将东道国的一部分市场"保留"给民族企业。换言之，外资企业不能将自己的所有产品全部在东道国市场销售。（4）利用关税的调节作用，控制进口商品的流入量。在必要时，甚至对一些进口商品课以反倾销税。

（原载《拉丁美洲研究》1997 年第 4 期）

---

[1] *CEPAL Review*, August 1993, p. 70.

拉美现代化研究中的若干问题

拉美现代化研究是一个重大课题。长期以来，国内外学术界对其进行了深入的研究。但是，有些问题还需要进行更加深入的探讨和争鸣。本文试图对以下5个问题提出一些肤浅的看法：如何认识各种理论对拉美现代化进程的影响，如何认识外部环境对拉美现代化进程的影响，如何认识拉美现代化进程中的文化因素，如何认识拉美现代化道路上的"中等收入陷阱"，如何认识拉美现代化进程的经验教训。

一 如何认识各种理论对拉美现代化进程的影响？

拉美的现代化进程受到了多种理论的影响。这些理论包括：自由主义、实证主义、职团主义、民众主义、结构主义（又称发展主义）、官僚威权主义、经济民族主义以及新自由主义等。① 毋庸置疑，理论源于实践，同时又指导实践。两者之间有着密切的、不可分割的联系。但是，如何评判这些理论对拉美现代化进程产生的影响却是异常困难的，这主要是因为：

第一，缺乏一种公认的评判标准。诚然，能否推动现代化进程或能否促进生产力的发展可以成为这样的评判标准，但在现实中，如何确定某种理论是否推动了现代化进程或是否促进了生产力的发展，并非易事。

第二，不同理论对拉美现代化进程产生影响的程度、范围及持续时

---

① 江时学：《影响拉美现代化进程的若干种"主义"》，《拉丁美洲研究》2003年第4期。

间是各不相同的。换言之,有些理论的影响昙花一现,而有些理论的影响则是长期性的。例如,官僚威权主义曾在20世纪六七十年代风靡拉美,但它在80年代军政府实现"还政于民"后就风光不再。相比之下,民众主义、经济民族主义和结构主义对拉美的影响则是长期而持久的。

第三,有些理论对拉美现代化进程的影响是双重性的,既有积极影响,又有消极影响,委实难以将其区分。例如,工业化是现代化的核心,所以,结构主义大力倡导进口替代工业化。为了加快发展制造业,结构主义主张政府在经济生活中发挥主导作用,并对本国"幼稚工业"加以保护。但是,政府干预的结果却遏制了市场机制作用的发挥,而过度的市场保护则导致本国企业无法提高效益。

第四,同一种理论在不同的国家产生的影响不能相提并论,即使在同一个国家,其影响亦非一成不变。例如,经济民族主义对萨利纳斯总统当政时墨西哥的影响与对查韦斯领导的委内瑞拉的影响是大不相同的,新自由主义对"后皮诺切特"时期智利的影响与对梅内姆当政时期阿根廷的影响也有显著的差异。

第五,对理论的正确性(亦即积极影响或消极影响)的评判具有很强的主观性。评判者自身的价值观、政治倾向、对各种信息的掌握程度或数据的不同来源,都会影响评判的结果和成效。例如,有人认为,2001—2002年阿根廷金融危机的根源是梅内姆政府实施了"华盛顿共识"的10个政策建议;但也有人认为,阿根廷金融危机的根源不是"华盛顿共识",因为梅内姆政府并没有像"华盛顿共识"推崇的那样去严格遵守财政纪律,从而使政府的财政赤字达到不可持续的程度。他们认为,如果梅内姆政府能严格控制财政赤字,阿根廷金融危机或许是可以避免的,至少危机的"杀伤力"可能会有所减少。

就理论渊源而言,影响拉美现代化进程的各种理论可被归纳为外生和内生两大类。外生的理论主要来自西方发达国家,内生的则来自拉美。① 在外生的理论中,有些带有西方发达国家的烙印,或是以西方发达国家的现代化进程为基础的,并不适用于今天发展中国家现代

---

① 普雷维什倡导的发展主义理论和依附论可被视为拉美人自己创造的理论。

化所面临的独特国情与内外环境。但有些外生的理论经过了发达国家或发展中国家的实践,具有一定的合理性。因此,全盘否定外生理论是欠妥的。

在评判各种理论对拉美现代化进程的影响时,不能忽视人的因素,因为正确的理论还应该得到正确的实践。换言之,如果国家领导人不能将理论与本国实际相结合,而是在教条主义的桎梏下盲目地照搬理论,那么,再好的理论也只能纸上谈兵。

普雷维什在鼓励拉美国家实施进口替代工业化战略时,并没有要求拉美国家不顾一切地高筑贸易壁垒,更没有要求拉美国家以牺牲企业效益来抵御进口商品的竞争。他认为,"关税保护本身并不能提高劳动生产率;相反,如果保护变得过度,那么它就会减弱发展生产的刺激性"。[①]他还指出:"以非常严厉的进口限制(或禁止进口)为形式的保护主义政策已适得其反。"因此,降低或取消关税"将恢复竞争精神,并极大地有助于工业政策"。他认为,"拉美经济中的一个自相矛盾之处就是:试图通过工业化来减少脆弱性的(拉美)国家已发现自己陷入了一种新的脆弱。这完全是因为这样一个事实:(进口)替代政策是在一个滴水不漏的密封箱中实施的。在拉丁美洲的最发达国家,进口替代已达到这样的地步:进口被缩小到仅仅能维持经济活动的水平。因此,当出口收入的波动削弱了进口能力以后,由于能被限制进口的消费品所剩无几,能被限制的进口只能是那些必要的产品……在过去,经济在需求这一方是脆弱的;现在,供给这一方变得脆弱了"[②]。1964年普雷维什在担任联合国贸易和发展会议秘书长工作后,更为积极地鼓励拉美国家扩大工业制成品出口。他认为,"以进口替代为基础的工业化无疑能极大地有助于提高发展中国家的收入。但是,由于它们没有采取一种将进口替代与工业品出口明智地结合起来的政策,因此,进口替代远未发挥其积极作用……过度保护使本国市场与外部竞争隔离开,从而削弱、甚至丧失了对提高质

[①] 转引自 *CEPAL Review*, August 1993, p. 28.

[②] 转引自 Economic Commission for Latin America and the Caribbean (ECLAC), *The Latin American Common Market*, E/CN. 12/531, Mexico City, July 1959.

量和降低生产成本来说必不可少的积极性"①。

由此可见，由于实践出现了人为的偏差，有些理论中的合理成分无法发挥作用，有些理论的缺陷会被放大。而一种理论的正确性之所以会在实践中出现偏差，与人这一重要因素密不可分。哥斯达黎加前总统阿里亚斯认为，"拉美地区的政治领导人很少有耐心或技能来引导他们的人民走完改革进程。在一个民主国家中，领导人应该像校长那样，善意地回答各种疑问和问题，解释清楚为什么要增加一门新的课程，增加这一课程的好处在哪里。但在拉美，领导人常用这样一句话来证明自己是正确的：'因为我就是这样说的'"②。

最后应该指出的是，无论是外生的理论还是内生的理论，没有一种是完美无缺的。例如，依附论过于强调外部因素的副作用，将拉美国家遇到的所有问题都归咎于跨国公司的剥削和不合理的国际经济秩序。发展主义片面地倡导政府干预，从而制约了市场机制的作用；而新自由主义则错误地认为市场是万能的，鼓吹政府的作用应该处于边缘化的地位。

二　如何认识外部环境对拉美现代化进程的影响？

任何一个国家的现代化进程必然会受到外部环境的影响。拉美国家亦然。

外部环境既有全球化趋势、世界范围内的科技进步、国际经济秩序的变化等中长期因素，也有国际金融危机、国际市场上初级产品价格的涨跌、外资流入量的增减等短期因素；既有与生产、贸易、资金有关的多方面的经济因素，也有一系列非经济因素，如多极世界格局的形成、冷战的结束、美国的"反恐"战略、大国关系的"溢出效应"等。由此可见，有些外部环境是有利的；有些是不利的；有些则是时好时坏。

拉美国家对世界经济的依赖性很强，因此，外部环境的变化对拉美

---

① Raul Prebisch, *Towards a New Trade Policy for Development*, United Nations, 1964. 转引自 *CEPAL Review*, August 1993.

② Oscar Arias, "Culture Matters", *Foreign Affairs*, January – February 2011, pp. 2 – 6.

现代化进程的影响是不容忽视的。应该指出的是，面对同样的外部环境，不同的国家会作出不同的反应，因此它们在现代化道路上取得的业绩也是各不相同的。例如，在20世纪60—80年代期间，世界经济快速增长，国际市场不断扩大，这为发展中国家增加出口提供了千载难逢的机遇。但是，拉美国家却长期恪守内向发展模式，未能扩大其在国际市场上的份额。而东亚国家和地区则充分利用世界市场不断扩大的有利条件，积极发挥自身的比较优势，大力奉行外向经济发展模式，创造了举世公认的"东亚奇迹"，在现代化道路上超过了拉美。

20世纪中期以来，世界范围的科技进步一日千里，使世界各国生产力、生产方式、生活方式和经济社会发展观发生了前所未有的深刻变革，也引起全球生产要素流动和产业转移加快，经济格局、利益格局和安全格局发生了前所未有的重大变化。在这一过程中，许多国家都把强化科技创新作为国家战略，把科技投资作为战略性投资，大幅度增加科技投入，并超前部署和发展前沿技术及战略产业，实施重大科技计划，以增强国家创新能力和国际竞争力。

在追赶科技潮流的过程中，拉美国家似乎落伍了。拉美用于研究与开发的经费并不多。根据美洲开发银行的计算，虽然这一经费从1995年的95亿美元上升到2002年的110亿美元，但仍然少于韩国。而且，拉美的这一经费主要集中在巴西、阿根廷和墨西哥三国（占整个拉美地区总额的73%，巴西为42%，阿根廷和墨西哥分别为20%和11%）。[1]

有人还注意到这样一个现象，在拉美，律师、经济学家和医生比工程师多。这意味着，拉美人更重视人文社会科学，较少关注自然科学的重要作用。此外，在世界上200所最佳高等院校中，拉美只有3所。[2] 所有这一切都是不利于提高拉美竞争力的。根据世界经济论坛的计算，在133个国家中，竞争力排名前50位的拉美国家只有智利和巴巴多斯两个

---

[1] Inter‐American Development Bank, *Education, Science and Technology in Latin America and the Caribbean: A Statistical Compendium of Indicators*, 2006, p.38.

[2] http://web.worldbank.org/WBSITE/EXTERNAL/NEWS/0, contentMDK: 21700239 ~ pagePK: 64257043 ~ piPK: 437376 ~ theSitePK: 4607, 00.html.

国家，巴西、阿根廷和墨西哥等拉美大国的排名均在 50 位之后。[1]

除研究与开发的投入不足以外，拉美国家还面临着人才外流的问题。由于受到国内政治和经济因素的影响，每年都有为数不少的受过高等教育的人到海外谋生。有人认为，在移居国外的拉美人中，约 18% 的移民拥有高等学历。[2] 据估计，在 1990—2005 年期间，约 150 万受过高等教育的拉美人离开拉美。虽然美国向拉美人发放的 H1 – B 类签证的数额已减少了 80%，但其他发达国家则依然在努力吸引那些拉美人。[3]

但拉美国家在应对外部环境的变化时也有成功之处。例如，进入 20 世纪 90 年代后，随着全球化趋势的日益发展，拉美国家及时降低贸易壁垒，开放市场，有效地利用了生产全球化、贸易全球化和金融全球化提供的各种机遇，使拉美经济与国际经济的结合更加密切。这种积极参与全球化的努力与其他改革措施结合在一起，终于使拉美国家走出了"失去的十年"的阴影。

进入 21 世纪后不久，国际市场上初级产品价格快速上升。不少拉美国家利用这一不可多得的有利条件，扩大了初级产品的生产规模，获取了大量外汇收入。拉美经济之所以在 2003—2008 年期间能连续 6 年保持较高的增长率，与这一有利的外部环境不无关系。

2008 年国际金融危机爆发后，许多拉美国家采取了一系列的反危机措施来应对外部环境的不利变化。这些反危机措施主要包括：（1）在货币与金融政策领域，通过直接提供资金或回购票据和债券等形式向国民经济注资；降低利率；限制资金外流；使央行在接管或拯救陷入困境的银行时拥有更大的权力；降低法定存款准备金。（2）在财政政策领域，为企业减税或向其提供补贴；在基础设施部门和社会发展领域扩大公共开支。（3）在外贸和外汇领域，实施灵活的汇率政策；在鼓励出口的同时限制进口。（4）在劳动力市场和社会政策领域，扩大失业保险的覆盖

---

[1] World Economic Forum, *The Global Competitiveness Report 2009 – 2010*, 2009.

[2] Çaglar Özden, *Brain Drain in Latin America*, United Nations Secretariat, UN/POP/EGM – MIG/2005/10, 5 February 2006.

[3] Jerry Haar and John Price, *Can Latin America Compete? Confronting the Challenges of Globalization*, Palgrave Macmillan, 2008, p. 7.

面；提高最低工资；对低收入阶层购买的生活必需品提供价格补贴；向企业提供资金援助，鼓励其雇用更多的工人；为失业工人提供技术培训。(5) 积极寻求国际金融机构的援助。[①]

关于外部环境对拉美现代化进程的影响，哥斯达黎加前总统阿里亚斯的观点是颇为引人深思的。2009年4月19日，美洲国家首脑会议在加勒比海国家特立尼达和多巴哥举行。会议的议程之一是与会者发言。这也是拉美国家的领导人与奥巴马总统第一次在正式场合见面。在阿里亚斯发言之前，委内瑞拉总统查韦斯、玻利维亚总统莫拉莱斯、尼加拉瓜总统奥尔特加、阿根廷总统费尔南德斯和厄瓜多尔总统科雷亚已作了或长或短的发言。他们在讲话中都提到了美国，并将拉美独立以来的近两个世纪中遇到的各种问题归咎于美国。在哥斯达黎加总统阿里亚斯发言时，他说："我有这样一个印象：每次拉美和加勒比国家的领导人与美国总统会面时，我们总是把我们在过去、现在和将来遇到的问题归咎于美国。我认为这样做是不公正的。"他说："哈佛大学和威廉玛丽学院是美国最早创建的大学。我们不能忘记，早在美国建立这两所大学以前，拉美就已经有了大学。我们也不能忘记，在1750年以前，美洲大陆上的每一个人都是一样的：都很贫穷。"他说："工业革命出现在英国时，德国、法国、美国、加拿大、澳大利亚和新西兰等国都搭上了这列火车。但工业革命像流星一样掠过了拉美，我们甚至都没有注意到它。我们肯定失去了一个机会。"

阿里亚斯总统说："50年前，墨西哥比葡萄牙富有。1950年，巴西的人均收入比韩国高。60年前，洪都拉斯的人均收入高于新加坡……我们拉美人肯定做错了什么。我们错在什么地方？"他的回答是：拉美人的受教育时间平均只有7年，拉美的征税率是世界上最低的，而拉美的军费开支则高达每年500亿美元。他说："这些错误不是人家的错误，而是我们自己的错误……我经常问我自己：谁是我们的敌人？正如科雷亚总统刚才所说的那样，我们的敌人是不公正，是缺少教育，是文盲，是我

[①] ECLAC, "*The Reactions of Latin American and Caribbean Governments to the International Crisis: an Overview of Policy Measures up to 20 February 2009*", February 2009.

们没有把钱花在人民的健康上。"①

阿里亚斯的话有一定的片面性,但他对影响拉美发展进程的外因与内因的分析,是有道理的。

综上所述,我们可以得出这样几个结论:第一,外部环境对拉美现代化进程的影响是双重的,既有积极的,也有消极的,因此我们不应该笼而统之地说外部环境对拉美现代化进程产生了有利或不利的影响。第二,因为外因是变化的条件,内因是变化的根据,外因通过内因而起作用,所以,能否正确应对外部环境的变化,与拉美国家采取的政策有关。第三,拉美现代化进程的发展趋势将继续受到外部环境的影响,而应对外部环境的最佳方法之一就是努力提高自身的国际竞争力。

三 如何认识拉美现代化进程中的文化因素?

文化因素对现代化进程的影响不容低估。文化之所以如此重要,是因为它能影响政府领导人和企业家的思维和行为(尤其是创新能力),也能影响民众的消费行为及其对工作的态度。此外,作为一个国家的历史传统的反映,文化体现了民众的价值取向、观念、信仰和风俗习惯。而一定的经济体制和发展模式总是建立在一定的文化基础之上,人的行为又必然与他所处的文化环境密切相关。生于圣卢西亚的诺贝尔经济学家获得者阿瑟·刘易斯在其《经济增长理论》(1955 年)一书中指出,文化的影响与企业家精神有关,与经济增长所需的更为广泛的社会问题和政治问题有关,与文化密切相连的储蓄习惯、对待风险的态度、诚实度和理性等因素,也会对经济发展产生影响。他认为,"经济增长取决于人们对工作、财富、节俭、生儿育女、发明、陌生人以及风险等方面的姿态。所有这些姿态都来自人的心灵深处"。② 另一位诺贝尔经济学奖获得者、瑞典经济学家冈纳·缪尔达尔在其《亚洲戏剧:探寻贫穷国家的根源》(1968)一书中指出,落后的文化因素是现代化的主要障碍,因为它

---

① http://www.miamiherald.com/news/columnists/andres-oppenheimer/story/1029921.html.
② W. A. Lewis, *The Theory of Economic Growth*, Richard D. Irwin, Inc., 1955, p. 14.

不仅影响了企业家的活动，而且渗入和主宰了整个国家的政治、经济和社会制度，并使其变得僵化。此外，文化因素甚至还制约着人们的精神面貌以及他们生活的社区。①

许多人将拉美国家面临的各种问题归咎于文化。例如，美国学者劳伦斯·哈里森在其《欠发达是一种精神状态》（1985）一书中，他指出，拉美文化的特点是"反民主、反社会、反进步、反创新以及反劳动（反劳动这一特点至少在上层社会中是可以找到的）"。② 在《谁繁荣？文化价值是如何决定经济和政治成就的》（1992）一书中，哈里森再次指出，正是文化，才能解释为什么拉美国家长期存在着不稳定和不公正。他说他在拉美工作和生活的多年使他体会到，拉美文化是该地区不能实现多元化、社会公正和经济繁荣的根源。③ 在《泛美之梦——拉美文化是如何使它难以与美国和加拿大建立一种真正的伙伴关系的？》（1997年）一书中，哈里森分析了同为欧洲殖民地的美国和加拿大早已成为发达国家，而拉美却仍然是第三世界的原因。他认为，尽管资源禀赋、气候、政策、体制、历史、甚至运气，都是南、北美洲差异的根源，但最为重要的根源则与文化的差异有关，即与两种文化对工作、节俭、教育、功绩、社区和公正性的不同态度有关。在哈里森看来，深受伊比利亚天主教文化影响的拉美人轻视上述价值观。拉美决策者制定的错误政策以及采纳的软弱体制，也与伊比利亚天主教文化的影响有关。拉美文化仅仅着眼于过去和现在，甘愿牺牲未来。因此，这样的文化鄙视劳动，轻视创造力，忽视储蓄。"正是拉美文化，才能说明为什么当我们接近20世纪末的时候拉美大大落后于美国和加拿大。而美国和加拿大的成功则主要是因为盎格鲁新教文化有着与拉美文化不同的价值观、立场和体制。"他问道，墨西哥和加拿大都是美国的邻国，而且都拥有丰富的自然资源，但墨西

---

① Gunnar Myrdal, *Asian Drama: An Inquiry into the Poverty of Nations*, The Twentieth Century Fund, 1968, pp. 7, 93, 103.

② Lawrence Harrison, *Underdevelopment is a State of Mind*, University Press of America, 1985, p. 165.

③ Lawrence Harrison, *Who Prosper? How Cultural Values Shape Economic and Political Success*, Basic Books, 1992, p. 1.

哥的发展为什么不如加拿大？他的答案依然是文化因素。①

但也有人认为，除了厄尔尼诺现象以外，哈利森把所有不好的东西都归咎于文化，这种"文化决定论"是不足取的。②

我们认为，任何一种文化都是双重性的，既有积极面，也有消极面。因此，将拉美文化贬为一无是处显然是不应该的。

拉美是一个由印第安人、欧洲人、非洲人和亚洲人组成的"民族熔炉"。这一熔炉练就的拉美文化具有多元性和多源性特点。在这一文化的熏陶下，拉美人具有一种勤于思考、敢于接受新思想的特点。尤其是拉美的知识分子，更是具有这一特点。这在一定程度上说明，为什么拉美学者提出了依附论和发展主义理论，为什么自由主义和新自由主义等"舶来品"在拉美很有市场。此外，拉美文化的这一特点还为拉美作家的文学创作提供了动力。无怪乎有多位拉美作家获得了诺贝尔文学奖。③

拉美文化崇尚助人为乐，鼓励人们交际。这或许与历史上欧洲人为在陌生的新大陆尽快获得谋生之道而需要相互帮助的传统有关。拉美文化的这一特点在当代国际关系中的体现就是拉美国家成了发展中国家开展区域经济一体化和加强南南合作的先驱。发展中国家最早成立的区域经济一体化组织就是成立于20世纪60年代初的中美洲共同市场。

拉美人崇拜"克里斯玛型"领袖，因此庇隆和查韦斯等人以超强的个人魅力构筑了坚实的群众基础。但拉美人也厌恶强势，反对霸权，敢于向权威挑战。无怪乎反美情绪在拉美始终十分高涨。

拉美文化倡导"今日有酒今日醉"。这种重消费、轻储蓄的价值观念固然能刺激内需，但同时也导致拉美国家的储蓄率得不到提高，资本积累能力无法增强。为克服资本短缺的"瓶颈"作用，拉美国家只能依赖外资（包括投机性极强的短期资本），从而增加了国民经济的脆弱性。无

---

① Lawrence Harrison, *The Pan-American Dream—Do Latin America's Cultural Values Discourage True Partnership with the US and Canada*, Basic Books, 1997, p. 4.

② IMF and the World Bank, *Finance and Development*, September 1997.

③ 劳尔·普雷维什、莱奥波尔多·塞亚等理论家享誉全球，或许也与拉美文化的这一特点有关。

怪乎拉美国家经常爆发债务危机和金融危机。

拉美文化崇尚勤奋,但也鼓励人们享受眼前的安逸和快乐。这种短期效应与长期战略目标是格格不入的。这或许能说明,为什么拉美国家较少对教育和基础设施等领域进行大规模的投资。而这一缺陷已对拉美的现代化进程产生了严重的不利影响。

拉美文化中的时间观念较为淡薄,因此,办事拖拉或不守时的现象十分普遍。秘鲁总统加西亚说,秘鲁人习以为常的"秘鲁时间"(hora peruana)不仅影响了生产率的提高,而且引起了许多外国投资者的抱怨。[1] 为此,秘鲁政府在2007年3月开展了一个名为"遵守时间"(la hora sin demora)的运动,要求政府、企业、学校和其他一些组织机构抛弃"秘鲁时间",强化时间观念。

哥斯达黎加前总统阿里亚斯在发表于美国《外交》杂志上的题为《文化是至关重要的》一文中指出,1820年,拉美的人均GDP比美国高出12.5%;今天,拉美的人均GDP只有美国的29%。他认为,拉美文化中的4个特征是阻碍拉美现代化进程的障碍:抵制改革、缺乏信心、民主准则脆弱、崇尚军事实力。他说,为了构建一种充满自由和进步的文化,拉美人应该抛弃政治上的僵化,对公民的要求作出积极的回应,并通过对富人征税来扩大政府财政收入的来源。作为一个没有军队的国家的政治家,阿里亚斯对拉美国家的军费开支不断增加尤为关切。他在这一文章中写道,"军事主义"是一种倒退的、具有破坏性的力量,应该被"和平文化"(a culture of peace)取而代之。[2]

综上所述,我们反对"文化决定论",但在考察拉美的现代化进程时,不能忽视文化因素的影响,尽管这一影响大大小于经济政策的影响。

---

[1] 英国广播公司的一篇报道认为,"秘鲁时间"通常比正常时间晚1小时。该文章还写道,在拉美,"明天"并不意味着真正意义上的明天,而是无限期的未来。(http://news.bbc.co.uk/2/hi/6405379.stm)

[2] Oscar Arias, "Culture Matters", *Foreign Affairs*, Jan./Feb. 2011, Vol. 90, Issue 1, pp. 2–6.

四 如何认识拉美现代化道路上的"中等收入陷阱"?

没有一个国家的现代化道路是一帆风顺的。令人遗憾的是,拉美似乎经常被视为现代化道路上不成功的"反面教材"。多年前,当中国的人均 GDP 超过 1000 美元时,有人就指出,根据他国经验,人均年收入达到 1000 美元后,国家的发展趋势可分化为两类:一类国家(如新加坡和韩国)会继续发展,另一类国家(主要是拉美国家)则停滞不前,因为它们的比较优势降低了。不仅如此,拉美国家还在人均 GDP 达到 1000 美元后遇到了社会矛盾突出、两极分化加剧和社会震荡不断等困境。[①]

但是,上述判断与事实不符。大多数拉美国家是在 20 世纪中叶至 70 年代期间达到或超过人均收入 1000 美元的。统计资料表明,拉美国家在人均收入超过 1000 美元后,似乎并没有出现经济停滞不前的局面。只是在进入 80 年代后,由于受到债务危机和经济危机的影响,拉美才陷入了"失去的十年",但人均 GDP 超过 1000 美元不是导致"失去的十年"的直接原因。

近几年,中国的人均 GDP 超过了 3000 美元。国内的一些学者和媒体借用世界银行提出的"中等收入陷阱"这一概念,再次将拉美视为不成功的"榜样"。

何谓"中等收入陷阱"?有人认为,"历史经验证明,不少新兴市场国家人均 GDP 突破 1000 美元的'贫困陷阱'之后,很快就会奔向人均 GDP 为 1000 美元至 3000 美元的'起飞阶段'。但是,人均 GDP 接近 3000 美元时,快速发展中积聚的矛盾将集中爆发,经济长期停滞不前,贫富分化严重,腐败多发,陷入所谓的'中等收入陷阱'。巴西、阿根廷、墨西哥、智利和马来西亚等国在 20 世纪 70 年代均进入了中等收入国家行列。直到 2007 年,这些国家仍然挣扎在人均 GDP 为 3000 美元至

---

① http://www.china.com.cn/chinese/OP-c/476251.htm; http://china.rednet.cn/c/2004/03/08/534574.htm.

5000美元的'发展阶段'。在同一时期，只有日本、韩国和新加坡等少数国家和地区跳出了'中等收入陷阱'"①。

还有人认为，"我们谈'中等收入陷阱'经常以拉美国家为例，它们在经历20世纪六七十年代的快速发展之后，出现了长达三十多年的经济停滞。当时，这些国家主要是走进口替代的工业化战略，着重发展大型企业，城市化进程过快，贫富不均现象非常严重。而经济高速增长使得民众的期望值提升的速度比经济的增长速度还要快，这给政府的社会保障带来巨大压力，最终导致外债和财政赤字居高不下，通货膨胀严重，金融危机迭起，给经济发展带来重创"②。

2010年，《人民论坛》杂志在征求了50位国内专家、学者的意见后，列出了陷入"中等收入陷阱"的国家的10个特征：经济增长回落或停滞、民主乱象、贫富分化、腐败多发、过度城市化、社会公共服务短缺、就业困难、社会动荡、信仰缺失、金融体系脆弱。③ 该杂志发表的多篇文章认为，拉美国家已进入"中等收入陷阱"④。

其实，世界银行为"中等收入陷阱"给出的定义也是模糊不清的。如在题为《东亚复兴：经济增长的思想》的研究报告中，世界银行的经济学家认为，"由于缺乏规模经济，东亚的中等收入国家不得不努力保持其前所未有的高增长率。以生产要素的积累为基础的战略可能会导致持续恶化的后果。这一后果必然会出现，因为资本的边际生产率会下降。在长达几十年的时间内，拉美和中东是中等收入地区，但它们无法走出这一陷阱"⑤。在题为《有力的增长与不断增加的风险》的研究报告中，世界银行的经济学家认为，"在长达几十年的时间内，拉美和中东的许多经济体陷入了中等收入陷阱。在这一陷阱中，作为高产、低成本的生产国，它们力图在工资成本不断上升的情况下保持自身的竞争力，但无法

---

① http://jingji.cntv.cn/20110124/103023_2.shtml.
② http://www.21cbh.com/HTML/2010-10-29/yNMDAwMDIwMzUyNA.html.
③ http://www.rmlt.com.cn/News/201101/201101131049511724.html.
④ 《人民论坛》2010年第17期。
⑤ Indermit Gill and Homi Kharas, *An East Asian Renaissance: Ideas for Economic Growth*, The World Bank, 2007, pp.17–18.

提升其价值链,也无法进入正在不断扩大的、以知识和创新为基础的产品和服务市场"。①

相比之下,世界银行行长佐利克给出的定义似乎较为明确。2010年9月13日,他在北京参加中国与世界银行合作30周年座谈会上表示,目前摆在中国面前的新问题是"中等收入陷阱",即从中等收入过渡到高收入比从低收入过渡到中等收入更难。但他又认为,"中国已开始在研究产生新的增长源的各种方式,尤其是通过城市化、人力资本形成、创新政策等,避免落入这个陷阱。中国从中低收入经济转向高收入社会的经验,可供其他中等收入经济体借鉴"。②

然而,将长期不能进入高收入国家的行列视为"中等收入陷阱"是令人误入歧途的。众所周知,一个国家是否能跻身于发达国家行列,不能仅以人均收入作为衡量标准。中东的产油国和加勒比海的一些国家的人均GDP早就超过1万美元,它们是真正意义上的发达国家吗?

此外,人口大国的人均GDP要达到发达国家的水平,可能是非常困难的。(中国的人口超过13亿)根据世界银行的统计数字,人均国民收入超过12196美元为高收入。③这意味着中国的经济总量只有在超过16万亿美元以后才能成为高收入国家。2010年中国的经济总量不足5万亿美元。从5万亿美元增加到16万亿美元,将是一个漫长的过程,且不论高收入的指标是会"水涨船高"的。这是否意味着中国将长期陷于"中等收入陷阱"中而不能自拔?

"中等收入陷阱"的假设忽视了发展的艰难性。美国经济学家W. W. 罗斯托认为,世界各国经济发展要经历5个不同的发展阶段,即传统社会、为"起飞"创造前提的阶段、"起飞"阶段、向"成熟"发展的阶段、民众的高消费阶段。他认为,从"起飞"阶段到"成熟"发展阶段

---

① *Robust Recovery*, *Rising Risks*, World Bank East Asia and Pacific Economic Update 2010, Volume 2, 2010.

② http://news.xinhuanet.com/2010-09/13/c_13492852.htm.

③ http://siteresources.worldbank.org/DATASTATISTICS/Resources/GNIPC.pdf.

的过程大约要经过 60 年。① 由此可见，发展中国家从中等收入阶段向高收入阶段跨越的时间是漫长的。

世界经济的发展史表明，在世界上的 100 多个发展中国家中，能够脱颖而出的毕竟是少数国家。很难想象 100 多个发展中国家能在较短时间内从中等收入国家的行列跻身于高收入国家的行列。须知，发展中国家的人均 GDP 在提高时，发达国家的人均 GDP 也在不断提高，高收入的"门槛"也会随之提高。更为重要的是，中等收入和高收入是相对而言的。没有中等收入国家，也就不会有高收入国家。因此，在一定程度上，世界上总会有一些国家永远处于追赶他国的不利地位。

令人担忧的是，因为"中等收入陷阱"强调的是人均收入的高低，因此它可能会鼓励我们去玩无聊的数字游戏。例如，世界银行将 12196 美元作为中等收入和高收入的分界线，如果一个国家的人均收入为 12196 美元，这个国家算是跳出了"中等收入陷阱"还是仍然在这个陷阱中？

如将人均收入引入"中等收入陷阱"这一概念，或许还能闹出天大的笑话。我们假设一个国家的人均收入因种种原因而长期无法跻身于高收入国家的行列，只能在"中等收入陷阱"中徘徊。然而，天有不测风云。这个国家某天遇到了一次极大的地震或其他自然灾害，无数人失去了生命。毋庸置疑，由于这个国家的人口大量减少，其人均 GDP 也就随之快速上升，达到或超过了高收入国家的标准线，因此它就会跳出"中等收入陷阱"。一个自然灾害居然会使一个国家跳出"中等收入陷阱"，委实不可思议。

还应该指出的是，将拉美作为"中等收入陷阱"的"标本"是值得商榷的。首先，贫困、腐败和收入分配不公等问题，不仅是拉美国家面临的主要问题，而且是其他发展中国家难以消除的痼疾，甚至在一些高收入国家也不难找到。其次，大多数拉美国家在进入中等收入国家的行列后，其经济并非长期停滞不前。诚然，20 世纪 80 年代，由于受到债务危机和经济危机的打击，拉美国家的经济增长率很低，有些年份甚至是

---

① W. W. Rostow, *The Stages of Economic Growth: A Non-Communist Manifesto*, Cambridge University Press, 1960, pp. 4–16.

负增长。但所谓"停滞不前"的持续时间不足 10 年。在进入 90 年代后，拉美经济重新走上了复苏之路。智利的人均 GDP 甚至已超过 1 万美元。

由此可见，"中等收入陷阱"实际上又是一个伪命题。当然，我们抛弃以人均收入为基础的所谓"中等收入陷阱"并不意味着我们应该无视拉美国家和其他发展中国家在发展道路上面临的种种挑战。拉美国家的经历表明，随着人均收入的提高，民众的消费模式会发生重大变化，环境面临的压力会上升，收入分配会更加不公，社会问题会以不同的面目出现，参政意识会不断强化，政府治理的难度会增加，与外部世界接轨的程度会提高，等等。因此，在一定程度上，"中等收入陷阱"这一概念的唯一可取之处是：它指出了加快发展的紧迫性和必要性。换言之，随着人均收入的上升，发展中国家不能沾沾自喜，而是要及时调整发展模式，积极应对内外条件的变化，大力推动社会发展。

综上所述，"中等收入陷阱"实际上又是一个伪命题。

五　如何认识拉美现代化进程的经验教训？

拉美现代化进程的经验教训是多方面的，以下几点尤为重要：

第一，必须确保政局稳定。政局稳定的重要性和必要性不言而喻。很难想象外国投资者会进入政局动荡不安的国家，本国资本也会千方百计地外逃。此外，政府的政策也无法在缺乏政局稳定的条件下得到有效的实施。

联合国在 2004 年发表的一个研究报告认为，"在拉美独立以来的 200 年中，拉美一直有民主，但也多次被中断。虽然民主被写进了宪法，但在现实中它经常被破坏……在全球范围内，拉美是一个在过去 200 年中经常声称在捍卫民主的地区，尽管它有时也剥夺民主，而后又重新恢复民主"。[①] 确实，长期以来，虽然军事政变、弹劾、罢免或总统在大规模的民众抗议中被迫辞职之类的政治事件时有发生，但绝大多数拉美国家能

[①] United Nations Development Program (UNDP), *Democracy in Latin America: Towards a Citizens' Democracy*, 2004, p. 36.

保持其政局的基本稳定。事实上,即便在军政府统治时期,政局稳定也能得到保障,尽管这种保障是军政府用牺牲人权的代价实现的。

有人认为,政治上实行专制的国家是难以实现经济的稳步增长的,因为这样的政府不能提高政府的声望,因而不利于保护私人财产,也无法调动劳动者的积极性。由于民主政权能更好地赢得公众对改革的支持,民主政权同样能顺利地开展经济改革,也能加快经济发展。阻碍经济发展的障碍就是阻碍民主的障碍,因此,民主与经济发展密切相关。这意味着,国家越富裕,它保持民主的机会就越多。但也有人认为,与民主政权相比,威权主义政权在推动经济改革方面更为成功,因为威权主义领导人不必担心自己是否会在选举中失去选民的支持。此外,威权主义政权在推行各种政策时具有至高无上的权力,因而不会受到各种利益集团的"掣肘"。政治上专制的政府能压制工会活动和降低工资水平,甚至还能控制消费者的需求,因而能促进投资和推动经济的增长,尽管这些措施很不得人心。与此相反,民主政府为了最大限度地延长在位时间,常常千方百计地满足选民提出的各种要求,其中包括经济上的要求,如增加政府开支和扩大消费,等等。其结果是,国内资本积累受到很大影响,经济的快速增长也就难以成为现实。①

上述论点与拉美的情况并非完全吻合。20世纪六七十年代,拉美经济在进口替代工业化的刺激下,取得了快速的发展。然而,就是在那时,拉美的军事政变却接连不断,民主化进程出现了倒退。80年代,拉美陷入了前所未有的债务危机和经济危机。但是,就在这个"失去的十年",拉美却迎来了民主化的高潮。由此可见,政治民主化与现代化的关系是一个见仁见智的问题,两者之间并无直接而必然的正相关关系。

---

① Larry Diamond and Marc Plattner, *The Global Resurgence of Democracy*, The Johns Hopkins University Press, 1993; Seymour Martin Lipset, "Some Social Requisites of Democracy: Economic Development and Political Legitimacy", *The American Political Science Review*, March 1959; Jeffrey D. Sachs, *Social Conflict and Populist Policies in Latin America*, National Bureau of Economic Research Working Paper 2897, 1989; James Kurth, "Industrial Change and Political Change: A European Perspective", in David Collier, *The New Authoritarianism in Latin America*, Princeton University Press, 1979; J. Benson Durham, "Economic Growth and Political Regimes", *Journal of Economic Growth*, March 1999; Yung - Myung Kim, " 'Asian-Style Democracy': A Critique from East Asia", *Challenge*, No. 3 - 4, 1998.

拉美国家能否在未来的现代化道路上继续保持政局稳定,将取决于能否减缓社会问题的严重性,能否使军队成为拉美政治发展进程的"稳定器",能否遏制腐败问题的恶化,能否确保外部因素对拉美民主化进程的约束力。[1] 在可预见的将来,拉美政局将继续保持整体稳定而局部动荡的态势。

第二,必须减少现代化进程的社会成本。在推动现代化的过程中,拉美国家在社会发展领域取得了不容忽视的成就。联合国开发计划署公布的2010年人类发展指数(Human Development Index)排行榜中将世界上所有国家的人类发展指数划分成四个类别:极高、高、中等和低。巴巴多斯已跻身于"极高"的行列,另有15个国家的指数为"高"。[2] 拉美人的预期寿命从1960年的56岁提高到1975年的62岁,2007年已高达73.4岁,与发达国家的差距从1960年的13岁缩短为2007年的6.7岁。[3] 联合国拉美和加勒比经济委员会的数据也表明,所有拉美国家的文盲率和婴儿死亡率都在显著下降。[4] 拉美国家实现"千年目标"的进展虽然不是非常乐观,但也不是很悲观。[5] 盖洛普咨询公司在2006年和2007年对一些拉美国家的"生活质量满意度"进行的民意调查结果表明,在一个0—10分的分值中,拉美的平均分值为5.8,略高于世界的平均水平。

但是,拉美国家的社会问题也非常严重。在墨西哥和巴西等国,严重的社会治安问题已使人民的生命和财产蒙受了巨大的损失。在其他一些拉美国家,社会问题甚至对政局稳定构成了威胁。因此,拉美国家在推动现代化的过程中,必须重视社会发展。

---

[1] 在西半球事务中,美洲国家组织历来发挥着重要的作用。诚然,美国对该组织的控制非常有力,有时甚至利用它来干涉拉美国家的内政。但是,总的说来,该组织在推动拉美的民主化进程方面功不可没。

[2] 这15个国家是:巴哈马、智利、阿根廷、乌拉圭、巴拿马、墨西哥、特立尼达和多巴哥、哥斯达黎加、秘鲁、巴西、委内瑞拉、厄瓜多尔、伯利兹、哥伦比亚和牙买加。(http://hdr.undp.org/en/statistics/)

[3] UNDP, *Human Development Report*, 1991; UNDP, *Human Development Report*, 2009.

[4] ECLAC, *Statistical yearbook for Latin America and the Caribbean*, 2000; ECLAC, *Statistical yearbook for Latin America and the Caribbean*, 2009.

[5] ECLAC, *Achieving the Millennium Development Goals with equality in Latin America and the Caribbean: Progress and Challenges*, August 2010.

拉美国家的社会问题既受制于经济发展水平，也取决于收入分配状况，既与政府的发展理念有关，也与社会发展政策密切相连。因此，未来拉美国家在推动现代化的过程中能否正确地应对其严重的社会问题，在一定程度上将取决于下述因素：能否使经济保持稳定而较快的发展，能否树立一种有利于推动社会发展的理念，能否制定和实施有效的社会发展政策，能否改善收入分配，能否将经济改革的社会成本降低到最低限度。

第三，必须正确处理发挥比较优势与提升产业结构之间的关系。比较优势就是一国利用自身有利条件形成的竞争优势。在全球化时代，比较优势的重要性尤为突出。

拉美地大物博，自然资源丰富。这是拉美的比较优势。这一优势使拉美获得了大量出口收入，但其出口贸易却严重依赖初级产品。世界银行的有关数据表明，初级产品占拉美出口总额的比重高达将近50%。而且，自1995年以来，这一比重还在上升。[1]

自然资源丰富固然是一种"恩赐"（blessing），但有时也会成为一种"诅咒"（cursing），甚至会导致"荷兰病"。[2] 曾在创建石油输出国组织的过程中发挥过重要作用的委内瑞拉前石油部长在1970年说过，"十年后，二十年后，你会看到，石油带给我们的是（经济上的）毁灭"。[3]

林毅夫认为，"从工业角度讲，阿根廷的工业比澳大利亚强，但按比较优势讲，澳大利亚比阿根廷好，所以现在，澳大利亚是发达国家，阿根廷变成发展中国家"。[4] 且不论这一判断是否属实，可以肯定的是，一方面，拉美国家必须发挥自身的比较优势；另一方面，拉美国家还必须大力推动工业化，因为工业化是现代化的重要组成部分。因此，如何正确处理发挥比较优势和提升产业结构两者之间的关系，是拉美国家面临

---

[1] The World Bank, *World Development Indicator*, 2010.

[2] Rabah Arezki and Frederick van der Ploeg, *Can the Natural Resource Curse Be Turned into a Blessing? The Role of Trade Policies and Institutions*, EUI Working Paper, European University Institute, 2007/35.

[3] 转引自Jerry Useem, "The Devil's Excrement", *Fortune*, February 3, 2003.

[4] 林毅夫：《后发优势与后发劣势》（http://view.news.qq.com/a/20080222/000026.htm）。

的难题。可喜的是，巴西、墨西哥和阿根廷等国在提升产业结构、发展制造业方面取得了令人瞩目的成就，而委内瑞拉等国则过度依赖其丰富的石油资源，因此"荷兰病"症状较为明显。

第四，必须重视农业发展。在拉美，虽然农业在GDP中的比重仅为7%，而且城市化程度很高，但农业仍然是国民经济的基础。农业不仅为不断增长的人口提供了食品，而且还吸纳了大量劳动力，从而缓解了"城市化病"。此外，农业还创造了大量外汇收入。

长期以来，拉美的农业发展始终遇到以下几个严重的问题：一是政府在推动进口替代工业化的过程中制定的价格政策、信贷政策、投资政策和汇率政策，在客观上是歧视农业发展的。二是农业基础设施落后，电力供应不足，道路不畅，运输设备缺乏，农业机械陈旧，灌溉体系老化，仓储设施匮乏。其结果是，农业劳动生产率长期处于较低的水平，即使在丰收年份，农民的收入并不能得到大幅度的提升。三是农产品价格波动幅度较大，而且偏低，从而打击了农民的生产积极性。中美洲国家和加勒比国家的农业严重依赖少数几种农产品，因此价格波动的危害性更为明显。四是土地所有制不合理。少数大地主拥有万顷良田，农业机械化水平较高，耕作技术较为先进；而大量小农则只能在极为有限的土地上用落后的生产方式从事自给自足的农业生产活动。

毫无疑问，如果上述问题得不到解决，拉美的农业就无法得到长足的发展，现代化进程也无法加快。

（原载《拉丁美洲研究》2011年第4期）

影响拉美现代化道路的若干种"主义"

任何一个国家或地区的现代化进程都会受到各种理论思潮和意识形态的影响。对拉美现代化进程产生影响的"主义"主要有以下几种。

一 自由主义

自由主义早在18世纪后期就出现在欧洲了。这一学说脱胎于亚当·斯密的思想。它认为，（1）分工出自人类要求交换的"天性"，是提高社会生产力和增进社会福利的主要途径。分工的规模受交换（即市场）的范围限制，因此任何限制自由贸易的政策也必然妨碍分工。（2）世界上各地区的要素禀赋有别，其互补性有益于世界经济的发展；因此，地域分工应成为国际贸易的基础，任何国家和地区都应积极参与国际分工，以发挥各自的优势。（3）经济活动只能受自由市场机制的调节，不能被其他力量限制和束缚。[①]

自由主义传入拉美的时间早于传入其他经济落后地区的时间。这是因为，拉美的上层分子与欧洲大陆保持着密切的联系。他们中的许多人掌握了法语、英语或德语，可以直接阅读旧大陆的出版物。他们还经常到欧洲旅行，因而不仅亲自体验到了那里的物质进步，而且十分了解那里的思想理论界的动态。尽管"他们回到了新大陆上比较安静的首都，但仍念念不忘巴黎，扼制不住地渴望并模仿他们在欧洲所见到的一

---

① Joeseph L. Love and Nils Jacobsen (eds.), *Guiding the Invisible Hand: Economic Liberalism and the State in Latin American History*, Praeger, 1988, pp. 118 – 119.

切。……上层分子对欧洲的学术思潮也同样是熟悉的。实际上,他们对埃米尔·左拉或古斯塔夫·福楼拜的小说比对毫尔赫·伊沙克斯或马沙多·德阿西斯的小说更为熟悉。他们会停下来赞赏欧洲画家的油画,却忽视了他们自己同胞的油画"。① 因此,尽管新旧大陆之间的国情有着很大的差异,但他们仍然竭力照搬在欧洲流行的各种思潮。

欧洲的自由主义是在工业资产阶级反对封建主义和重商主义的斗争中产生的。在拉美,当时虽然还没有工业资产阶级,而地主阶级却在拉美社会中占据着相当重要的地位。为了从教会、政府和土著人那里获得更多的土地,以生产更多的面向世界市场的初级产品,地主阶级迫切需要自由主义这种理论武器。此外,他们还希望政府减少对经济的干预,降低对国内市场的保护水平,通过进口较为廉价的外国产品(相对于本国产品而言)来开发市场和提高生活水平。

19世纪拉美人所说的"进步",就是今天人们所说的"现代化"。在自由主义的影响下,拉美国家把扩大初级产品出口视为获取财富和求得"进步"的有效手段。巴西财政部长若阿金·穆尔蒂纽(1898—1902年)曾说过:"一个国家的经济目标不应该是少进口,而是应多出口、多进口。"② 又如,哥伦比亚政治家弗洛伦蒂诺·冈萨雷斯(1847年任财政部长)于1846年从欧洲返回拉美后,在报纸上多次撰文,大力宣传自由主义思想。他认为,哥伦比亚所处的地理位置及要素禀赋决定了它的出路在于出口热带产品。因此,传统的小手工业者不能得到保护,因为他们应从事劳动生产率更高的热带农业生产活动。他还指出,高关税率只能使少数人受益;相反,如果降低关税率,更多的欧洲产品能进入本国市场,政府就能从中获得更多的关税。不仅如此,更多的进口还能使更多的出口成为可能。③

总之,自由主义在拉美找到了肥沃的土壤。而且,"自由主义构成了

---

① E. 布拉德福德·伯恩斯:《简明拉丁美洲史》,王宁坤译,湖南人民出版社1989年版,第185页。

② Joeseph L. Love and Nils Jacobsen (eds.), *Guiding the Invisible Hand: Economic Liberalism and the State in Latin American History*, Praeger, 1988, p. 119.

③ Ibid., p. 55.

为建立和巩固各国政府以及改革各国社会所需要的纲领和理论的基础"。① 事实上，自由主义也是拉美各国上层社会的精英在追求"进步"时高举的理论旗帜。

自由主义对拉美现代化道路的最大影响是它加快了初级产品出口型发展模式的运转。尽管许多拉美人当时并不能深刻地理解李嘉图的比较优势原则，但他们对拉美经济纳入北大西洋经济体系的必然性和必要性则深信不疑。不仅如此，阿根廷总统 D. F. 萨米恩托（1868—1874 年）等人甚至把这一结合视为把拉美社会从"野蛮"转为"文明"的必要途径。然而，以自由主义为理论基础的初级产品出口型发展模式并没有使拉美国家摆脱对欧洲先进国家的依赖，也没有解决贫富差距不断扩大等一系列社会问题，更没有缓和政治舞台上自由派和保守派之间的激烈斗争。

二　实证主义

一方面，自由主义在拉美新独立国家的"试验"似乎并没有使当权者和上层社会的"精英"感到满意；另一方面，19 世纪中叶，大多数拉美国家进入了一个新的历史发展时期。在政治上，政府控制局势的能力得到强化，基本上实现了社会和政局的稳定，政教关系开始向比较和谐的方向发展。在经济领域，新开垦的土地和人口都在不断增加，基础设施在完善，金融机构不断问世，外资流入量在增长，经济发展速度开始加快。此外，一些拉美国家之间的边界问题也开始得到解决。上述因素都为自由主义被新思想取而代之创造了有利的条件。

19 世纪下半叶对拉美产生重大影响的思潮是来自欧洲的实证主义。有人认为，实证主义对拉美的影响比它对美国的影响还要大。② 如在巴西的国旗中，至今仍然可以看到这样的词语："秩序和进步。"

---

① ［美］莱斯利·贝瑟尔主编：《剑桥拉丁美洲史：从 1870 年左右至 1930 年》第四卷，涂光楠等译，社会科学文献出版社 1991 年版，第 365 页。

② Howard J. Wiarda, *Non–Western Theories of Development*, Harcourt Brace, 1999, p. 68.

实证主义的核心是整合社会各阶层的不同利益。美国学者黑尔认为，实证主义这个名词并无公认的定义，但就其哲学意义而言，它是一种认识论。它认为，科学的方法是人类唯一的认识手段，其要素是：(1) 强调观察和实验，因而否认一切先验的知识。(2) 探求各种现象的规律或它们之间的关系。① 实证主义主张通过"科学的"组织和社会及政治的理性化来实现国家的发展目标。它要求政府最大限度地集中社会的力量来实现现代化目标。根据实证主义者的主张，社会应该是有秩序和等级差别的，应该由受过良好教育的精英来领导。可见，虽然实证主义也主张"变革"和"进步"，但希望在一个有序的框架下进行，而非通过革命来实现。

自由主义要求政府为各个利益集团充当"裁判者"的角色。而实证主义除了这一要求以外，还希望政府本身成为一种能够构建政治体制的主要力量。可见，实证主义不同于自由主义。实证主义也不同于极权主义（totalitarianism），因为前者并不需要动员整个社会，也不想使整个社会政治化。②

在19世纪末20世纪初的拉美，实证主义进入了它的全盛时期。实证主义对20世纪拉美现代化道路的影响主要在于以下几个方面：(1) 倡导拉美国家大力发展教育事业。实证主义者认为，为了加快现代化事业的发展和造就一个高效率的政府，必须使政府领导人掌握现代科学知识，而传统的学校已难以满足这一要求。在这一思想的影响下，不少拉美国家对教育制度进行了改革，新建了一些高等学府。毫无疑问，这一阶段拉美教育事业的发展为20世纪初拉美工业部门的发展提供了必要的人才。(2) 倡导拉美国家大力推动工业化。在实证主义者看来，工业化是"进步"的象征，因此政府必须通过吸引外国资本和建设基础设施等途径来发展工业部门。他们还认为，衡量"进步"的标准就是看一个国家有多少工厂、蒸汽发动机、铁路和煤气灯。有些拉美人甚至认为，一个国

---

① 《剑桥拉丁美洲史：从1870年左右至1930年》第四卷，社会科学文献出版社1986年版，第381页。

② Howard J. Wiarda, *Introduction to Comparative Politics: Concepts and Processes*, Harcourt Brace, 2000, p. 86.

家的"进步"还取决于这个国家的首都的建筑在多大程度上与巴黎相似。且不论他们的认识是多么狭隘，不容否认的是，19世纪末拉美工业部门的发展为20世纪该地区走上进口替代工业化道路奠定了基础。

三 职团主义

职团主义于19世纪中叶出现在欧洲，20世纪初传入拉美。第一次世界大战后，尤其在二三十年代，职团主义在拉美获得了引人注目的发展，成为当时影响拉美现代化道路的一种最为重要的政治理论。[①]

职团主义同样主张变革，但它强调的是这种变革应该在国家和精英人物的领导下进行。

与马克思主义阶级斗争学说不同的是，职团主义希望把工商界与工人阶级都纳入政治发展进程之中，使劳方和资方处在一种和谐的关系之中。因此，它推崇既非马克思主义、亦非自由主义的"第三条道路"。

第二次世界大战后，由于欧洲国家的职团主义与法西斯主义联系在一起，它的名声每况愈下，因此一般情况下人们很少再提及它。但是，由于拉美国家没有参与第二次世界大战，职团主义的影响没有减弱。庇隆时期的阿根廷（1946—1955年）、瓦加斯时期的巴西（1930—1945年）以及其他一些拉美国家仍然在推行职团主义政策。

20世纪50年代末60年代初，随着庇隆、巴蒂斯塔和特鲁希略的下台，拉美政治发展进程中似乎出现了一线曙光。民主化的发展使职团主义在拉美的影响有所下降。但在进入60年代后，军人干政的浪潮开始席卷拉美，[②] 职团主义再次兴起。

职团主义对拉美现代化道路的影响主要体现在政治方面，对经济层面的影响是间接的。20世纪30年代后，随着拉美工业化的推进，工人阶

---

① 职团主义（corporatism）有时也被译成"社团主义""合作主义""统合主义""法团主义"。

② 至70年代中期，在20个主要国家中，14个国家由军政府领导，另有3个国家名义上是文人掌权，但军人在决策过程中发挥着很大的作用。

级队伍不断壮大，中产阶级也作为一支新生力量登上了政治舞台，甚至农民的觉悟也在提升。各国当权者力图将现代化进程引上一条有序的道路，以避免世界上其他国家在现代化道路上经常遇到的那种经济发展与政治民主不合拍的问题。

可见，30 年代后拉美的职团主义政权追求的目标是如何在加速发展工业的同时，使工会、农民组织、学生组织、工商界团体、各种利益集团和其他一些政治力量牢牢地控制在国家机器之下，以便为现代化进程创造一种稳定、和谐和有序的环境。正如美国学者维阿达所指出的那样，职团主义使"拉美的经济发展时而受到现实中多元化带来的破坏性趋势的影响"。[1] 就此而言，职团主义的这一消极影响不容忽视。

必须指出的是，虽然有些职团主义政府（如多米尼加的特鲁希略政府）在追求这一目标时采用了高压手段，但大多数则是比较"善良"的。在委内瑞拉和秘鲁，职团主义政府甚至将一些群众组织纳入政党政治的框架内。

四 民众主义

民众主义自 20 世纪 20 年代起出现在拉美，60 年代后因军人不断干政而消亡。拉美的民众主义具有以下几个显著的特点：

第一，最大限度地将民众纳入政治参与进程。因此，在民众主义国家举行的大选中，投票率一般都比较高。如在阿根廷，1910 年的投票率只有 9%，1936 年上升到 48%，1950 年高达 78%。在巴西，1934—1945 年期间的投票率增长了 11 倍。[2]

第二，民众主义具有"多阶级"的特点。换言之，被动员起来的民众既有城市工人，也有中产阶级成员、知识分子和学生。但农民常常被"冷落"。民众主义的基础之所以在城市，主要是因为，随着工业化的推

---

[1] Howard J. Wiarda, *Corporatism and Comparative Politics: The Other Great "ism"*, M/E. Sharpe, 1997, p. 79.

[2] Robert Wesson, *Democracy in Latin America: Promise and Problems*, Praeger, 1982, p. 139.

进，城市化程度不断上升，政治家的选民基础随之转移到城市。

第三，将民众动员起来的政治家具有非凡的个人魅力。因此，在许多情况下，与其说是民众支持某一个政党，还不如说是他们在支持某一个政治家。阿根廷是一个最有说服力的例子。庇隆的个人魅力如此之大，以至于正义党常被称作"庇隆主义党"。庇隆夫人艾维塔"在她的雄伟的大理石宫殿里亲自分发现金和其他恩惠，因而很快地赢得了一批狂热而忠诚的追随者。她的超凡魅力加强了她丈夫的魅力。他们两人成功地建造了一台给人以深刻印象的政治机器，指挥着一个通过选举产生的政府"[1]。艾维塔去世后，阿根廷总工会要求其会员哀悼一个月。在她的遗体从总统官邸运到劳工部（在那里供人凭吊）的过程中，哀悼者如此之多，以致于有8人被挤死。在此后的24小时内，有2000多人因拥挤而受伤。有人甚至立即为她设计了一个纪念堂，其高度超过纽约的自由女神。由此不难看出庇隆夫妇在民众中的巨大威望。

第四，为赢得民众的广泛支持，民众主义政府惯用的手法就是扩大就业、增加工资或提高社会福利，有时甚至人为地压低粮食和其他农产品的价格，以便维系城市工人的购买力。一位美国学者是这样描述庇隆的民众主义政策的："工人无条件地忠诚拥护庇隆及其夫人埃娃。作为回报，工人得到了工作、加薪和医疗、教育和福利等方面的大量好处。埃娃的使命是（为穷人）奉献一份爱心，向他们分发食品、衣服、玩具和其他日用品。"[2]

在政治上，民众主义适应工业化进程加快和城市化程度上升的大趋势，将政治觉悟不断提高的民众纳入政治参与轨道，从而为民主化进程的发展创造了有利条件。但在经济上，民众主义的消极影响是不容忽视的。首先，由于民众主义政府总是动用国库收入来满足民众在经济上提出的要求，政府的财政收支常常得不到平衡。而政府弥补财政赤字的手段是开动印钞票的机器，扩大货币发行量。其结果是，通货膨胀的压力

---

[1] T. Skidmore and P. Smith: *Modern Latin America*, Oxford University Press, 1997, p. 88.

[2] Ernest W. Sweeney, "Argentina: The Current Crisis in Perspective", *America*, February 11, 2002.

不断上升。毫无疑问，拉美国家的通货膨胀率居高不下的原因与民众主义政策是密切相关的。其次，由于民众主义政府将城市作为其政治基础，忽视农民的利益，因此农村发展相对而言就比较缓慢。因此，民众主义政策在一定程度上扩大了城乡差别。最后，为了获得民众的支持，民众主义政府常常通过扩大政府部门的规模和新建国有企业等措施来增加就业机会，从而使资源得不到有效的配置。

总之，民众主义政策至少在经济上是没法持续的。一旦民众得不到期望中的好处，民众主义政治家就会失去其支持。无怪乎拉美的许多民众主义政府最后都被军政府取而代之。

五　结构主义

结构主义（又称发展主义）是对拉美现代化进程影响时间最长、最深刻的理论。由于大多数结构主义论者在联合国拉丁美洲经济委员会工作，因此，结构主义论也可以被看作拉美经委会的发展理论。

结构主义论对古典学派和新古典学派的国际贸易理论提出了有力的挑战。以亚当·斯密的国际分工学说和大卫·李嘉图的比较利益学说为基础的古典国际贸易理论认为，贸易之所以产生，是因为不同的国家具有不同的劳动生产率。新古典学派的国际贸易理论把产生贸易的原因归结为各国拥有不同的生产要素。尽管两派理论在这一点上有着分歧，但是它们都认为，贸易是经济增长的引擎，贸易能使一切国家受益。对于落后国家来说，它们应该充分利用劳动力资源和土地资源相对丰富的比较优势，用初级产品交换发达国家"最适宜"生产的工业制成品，以便实现资源的优化配置，进而提高其国民收入。

然而，在经历了20世纪30年代的大萧条这一外部冲击以后，拉美国家的决策者和学者认识到，以比较优势为基础的初级产品出口型发展模式并不能使拉美国家走上现代化道路。这一认识还使他们滋生了一种所谓"出口悲观主义"（export pessimism）的观念。"出口悲观主义"的含义是：由于初级产品的出口价格呈持续下降的趋势，而工业制成品的价格因其需要较多的技术而呈不断上升的趋势，因此，拉美只是处于一种被动的地位,只能用外国资本来弥补本国的资本短缺和技术落后。

结构主义论主要包括以下内容。(1)"中心—外围论"。世界经济体系由"中心"和"外围"两部分组成。首先被资本主义生产技术渗透的这一部分是"中心",在生产、技术和组织等方面处于落后地位的这一部分则是"外围"。"中心"国家利用新技术建立起了资本业生产部门,并将得到改善的技术传播到其他部门,从而使国民经济实现了一体化。其次,与此相反,"外围"国家在世界范围内的技术传播过程中只能处于边缘地位;它们所需的新技术基本上全部依赖于进口,而且主要在初级产品的生产和出口部门中使用。这使得"外围"的生产结构出现高度专业化。(2)不平等交换与贸易条件恶化。技术进步使"中心"国家的工业部门受益匪浅,但工业制成品的价格并未降低。而在"外围"国家,初级产品生产部门的技术进步微乎其微,因此,"中心"和"外围"不能从技术进步中获得相同份额的成果。此外,由于"外围"国家面对着贸易条件不断恶化的长期趋势,国际交换的不平等性质会永远存在下去。(3)开展进口替代工业化。为了改变自己在国际分工中的不利地位,"外围"国家必须从以扩大初级产品出口为基础的外向发展模式转向以增加本国工业生产为基础的内向发展模式。即使本国生产的工业产品的价格高于国际价格,"外围"国家仍然有必要生产这种产品;否则,一部分生产要素会被用来生产初级产品,从而使"外围"的贸易条件进一步恶化。(4)由于国内市场狭小,拉美的工业部门难以利用规模经济效应带来的好处,从而使效益得不到提高。消除这一障碍的出路在于拉美国家共同努力,实现区域经济一体化。(5)强化政府的作用。政府应该在进口替代工业化进程中发挥重要的作用。由于拉美的"幼稚工业"生产的产品难以与外国产品展开竞争,政府必须对本国市场加以有力的保护。保护的最重要的手段之一就是限制进口。除了保护本国市场以外,政府还应该在其他方面对经济生活进行有力的干预,并通过引进外资(尤其是外国贷款)来弥补国内资本积累的不足。

结构主义论的积极意义和贡献是显而易见的。(1)结构主义论开创了第三世界的经济学家从第三世界角度分析第三世界发展问题的先河。在它问世以前,主宰经济学界的理论基本上全部来自发达国家,研究发展问题的经济学家也主要来自发达国家。这些来自"中心"的国家理论和经济学家常常从发达国家的历史经验出发，而不是从第三世界角度来探讨发展问题，因而缺乏对第三世界的适用性。结构主义论摆脱了上述局限性。它站在第三世界的立场上，完全从第三世界角度探讨发展的道路。因此，结构主义论可以被看作经济学界的一次"革命"。（2）结构主义论深刻地分析了拉美国家和其他第三世界国家面临的不公正的国际经济关系。它的分析不仅为第三世界国家要求建立国际经济新秩序的呼声提供了理论依据，而且还促成了依附论和新结构主义论的问世。（3）结构主义论对来自"北方"的正统理论提出了挑战，积极鼓励第三世界国家通过工业化道路来求得发展。事实表明，结构主义论的这一主张是正确的。巴西、阿根廷和墨西哥等拉美国家以及众所周知的东亚"四小龙"，都已经通过工业化道路取得了引人注目的发展。（4）结构主义论强调了第三世界发展道路的特殊性，否定了发达国家的发展模式的普遍适用性，认为今天的资本主义不同于昨天的资本主义，今天的贫穷落后不同于昨天的贫穷落后，因此，变化了的国内外条件是第三世界在选择发展道路时必须要考虑的重要因素。这一论断无疑是正确的。

但是，结构主义论也有以下几点局限性：例如，它过分强调外部因素的重要性。事实上，第三世界的贫穷落后是一个内外因素共同发生作用的结果。在较多情况下，内因的作用更加重要。又如，它片面地看待国家干预经济的重要性和市场的局限性。换言之，它相信国家能做市场不能做的一切，但轻视了国家并非无所不能这一点。再如，它强调的所谓"出口悲观主义"在很大程度上助长了不少第三世界国家的内向发展。众所周知，那些有力地介入世界市场的第三世界国家成功地获得了世界市场的较大份额，而那些消极地把"出口悲观主义"作为出口战略的基础的第三世界国家则难以打入世界市场。

六　官僚威权主义

如前所述，20 世纪 60 年代后，军人当政风靡拉美。由于这些军政权不同于历史上的"考迪罗"统治,① 因此阿根廷学者奥唐奈将前者称为官僚威权主义政权。

官僚威权主义政权具有以下特点:第一,将政府部门的职位交给具有技术专长的文人;第二,在政治上排斥民众;第三,抑制或完全取消政治活动;第四,积极谋求与国际经济机构(如世界银行和国际货币基金组织)以及欧美的银行和跨国公司改善关系,以振兴国民经济,提高自己的合法性地位。②

威权主义政府确实能在一定的时期内、在一定的条件下,利用手中的权力人为地创造出经济发展所必需的秩序和稳定,但这种统治也使各种矛盾不断积累。因此,从表面上看,社会是稳定的,但这种稳定是脆弱的。换言之,威权主义的高压统治并非能永远消除各种不安定因素,相反,它甚至会制造出一些不安定因素。

巴西和智利是最为典型的官僚威权主义国家。在巴西,军人掌权的时间长达20多年。军政府基本上都是由军官、有一技之长的行政管理人员和老资格政治家组成的联盟构成。一方面,巴西的军政权强调政治稳定,用高压手段压制民主;另一方面,军政权把稳定经济、控制通货膨胀和改善国际收支视为自己的首要任务,并为此而启用了一些文人担任经济部门的要职。例如,在布兰科将军当政时期,经济学家和外交家罗伯特·坎波斯被任命为计划部长,成为巴西政府经济决策中的关键人物。坎波斯拥有美国华盛顿大学的经济学硕士学位,在巴西的银行部门担任过重要的职务,甚至还做过大学教授。他上台后对银行体系进行了改组,修改了劳工法,简化了出口贸易的有关规则,并使股票市场和政府债券市场变得进一步体制化。

在智利,皮诺切特于1973年9月上台后,立即在智利推行官僚威权主义政体。军政府解散了国会,废除了宪法,并实施"党禁"和加强对

---

① 不同之处在于:"考迪罗"统治时期的统治者常常是一个人,而在近代军政府统治时期,统治者不是一个人,而是一种制度化的军人体制或是军人与文人结合而成的联盟。

② T. Skidmore and P. Smith: *Modern Latin America*, Oxford University Press, 1997, p.57.

新闻媒体的控制,甚至还命令军人接管大学。① 但是,皮诺切特也大胆地使用一批在美国芝加哥大学受过教育的技术专家(即芝加哥弟子),从而使智利成为拉美经济改革的"先驱"。

官僚威权主义对拉美现代化道路的影响是深远的。第一,它对拉美民主化进程带来了颠覆性的破坏。直到今天,军政府践踏民主和人权的"后遗症"尚未彻底消失。第二,为了确立军人统治的合法性,绝大多数军政府十分强调经济发展。如在皮诺切特当政时期,尽管80年代初曾遇到过严重的经济危机,但是,总的说来,智利的经济增长是令人瞩目的。第三,绝大多数军政府采取了限制外国资本的活动范围和保护本国市场等一系列具有强烈民族主义倾向的政策。② 毋庸置疑,拉美的国有化运动之所以出现在六七十年代,与这一时期拉美军人积极参政不无关系。

七 经济民族主义

美国学者肖夏娜·B. 坦塞在其《拉丁美洲的经济民族主义》一书中指出,"那些尚未取得'现代化'或'发达'地位的国家,对于控制本国自然资源和经济命运越来越警觉,并认识到这种必要性。这一现象的特点就是'经济民族主义',它直接反映了这些国家经常抱怨的那种看法:它们虽然取得了政治主权与独立,但是在经济上仍然是殖民地"。③"二战"后,尤其在20世纪六七十年代,拉美的经济民族主义呈现出十分强劲的势头。

---

① 由于智利军政权严重违反人权,镇压了大量左翼人士,其中包括旅居智利的西班牙人。1998年10月16日,英国警方应西班牙政府的引渡请求,将正在英国治病的皮诺切特拘留。这一"引渡"风波直到2000年3月才得以解决。

② 毫无疑问,并非每一个拉美国家的军人在任何时候都是坚强的和十足的民族主义者。如在巴西,布兰科将军上台后,"摒弃了50年代中期以来政府那种狭隘的经济民族主义观点和政策……实行对外开放,采取种种措施,努力恢复和改善同国外私人投资者和国际金融机构的关系,并积极争取其投资和技术援助"。(谭融:《巴西军政权和巴西经济发展》,载《拉丁美洲研究》1992年第5期。)

③ [美]肖夏娜·B. 坦塞:《拉丁美洲的经济民族主义》,涂光楠等译,商务印书馆1980年版,第8页。

拉美的经济发展严重依赖于自然资源。即使在实施进口替代工业化发展模式的过程中，拉美国家也仍然依靠出口初级产品来获取进口资本及中间产品所必需的硬通货。但在相当长的时间内，拉美国家难以掌握本国的自然资源。如在50年代末，美国公司控制了拉美地区矿业生产的80%和石油产量的75%。中美洲的水果生产和蔗糖业则基本上全部为外国资本所垄断。[1] 被称作"绿色魔鬼"的美国联合果品公司在拉美拥有250万公顷的土地，并自设军警和自订法律。

拉美的民族主义者不仅要求从跨国公司手中收回自然资源的控制权，而且还主张管制跨国公司在其他领域中的活动。他们认为，外国投资与东道国的关系并不是西方发展经济学家所说的那种"互利关系"，而是一种冲突的关系，因此，东道国政府应充分发挥自身的干预作用，有效地限制外国资本的活动范围。正是在民族主义思想的影响下，不少拉美国家在六七十年代修改了外国投资法，对外资提出了较为严格的要求。

与此同时，拉美国家还开展了声势浩大的国有化运动。据联合国跨国公司中心统计，在1960—1976年期间，将近200家外国企业被收归国有。[2] 这些企业分布在采矿业、石油业、农业、制造业和服务业等国民经济的各个部门。

还应该指出的是，拉美的经济民族主义受到了依附论的影响。面对日益不公正的国际经济秩序，一些拉美学者和其他地区的一些具有左派倾向的学者（如非洲的 S. 阿明和欧洲的 A. G. 弗兰克）提出了依附论。这一理论思潮认为，包括拉美在内的第三世界国家之所以难以摆脱贫穷落后，就是因为它们严重依附于发达国家的资本、技术和市场。一些依附论者甚至认为，拉美的工业部门与跨国公司的生产国际化进程结合得愈密切，那么拉美的对外依附性就越强。其结果是，被外资控制的进口替代工业化进程不仅没有增强拉美的经济独立性，反而加剧了对发达国家的依附性。为了摆脱这种依附性，发展中国家必须与发达国家"脱钩"

---

[1] 关达等编著：《第二次世界大战后拉丁美洲政治》，中国社会科学出版社1987年版，第248页。

[2] 联合国跨国公司中心：《再论世界发展中的跨国公司》，商务印书馆1982年版，第284页。

(de‐link)。

70年代后，一些依附论者提出了"依附性发展"的观点，例如，卡多佐认为，在某种程度上，跨国公司的利益变得与依附性国家内部的繁荣相吻合了。就此而言，跨国公司促进了东道国的发展。但卡多佐同时也指出，外围的发展充满了矛盾，因为它没有"自主性的技术"，也没有一个"得到充分发展的资本货部门"[1]。可见，尽管依附论者承认发展中国家能够取得一些"依附性发展"，但从本质上说，依附论的基本立场没有发生变化。

依附论固然有其可取的一面。例如，它指出了南北关系的本质（即发达国家剥削发展中国家），从而为后者建立国际经济新秩序的主张提供了有力的理论依据。但是，依附论过分强调发展中国家贫穷落后的外部根源，并提出了脱离现实和不合历史潮流的"脱钩"。尤其在全球化趋势汹涌而来之时，"脱钩"更是一种幼稚的想法。东亚"奇迹"的出现和其他一些发展中国家取得的经济业绩也表明，扩大与发达国家的经济联系并不仅仅导致"依附"，而是有利于消除发展中国家在经济发展过程中面临的资本匮乏和技术落后等"瓶颈"现象。

八 新自由主义

进入20世纪70年代后，由于西方发达国家的经济增长乏力，加之福利国家的政策实践不尽人意，凯恩斯主义受到越来越多的批评。1974年，《通往奴役之路》一书的作者哈耶克获得诺贝尔经济学奖。从此以后，新自由主义学说开始在全世界范围内流行。

美国学者S. 乔治在《新自由主义简史》一文中指出，新自由主义学说之所以能从一个"小小的胚胎"发展为后来几乎要统治世界的理论，完全是因为哈耶克及其学生弗里德曼等人坚信这样一个"信条"："如果

---

[1] Cardoso, Fernando Henrique and Enzo Faletto: *Dependency and Development in Latin America*, translated by Marjory Mattingly Urquidi, University of California Press, 1979; Peter Evans: *Dependent Development: The Alliance of Multinational, State, and Local Capital in Brazil*, : Princeton University Press, 1979.

你能占领人们的头脑,那么他们的心和手就会听从头脑的指挥。"为了实现这一目标,新自由主义者不惜花费巨资,在世界各地推行其理论。①

在发展中国家,新自由主义学说的最为重要的"试验地"是拉美。在拉美,最早进行这一"试验"的国家是智利。通过政变于1973年上台的皮诺切特将军,依靠政府部门中的一大批通晓西方市场经济学理论的"芝加哥弟子",在贸易、金融、社会保障和劳工等重要领域开展了重大的新自由主义改革。其声势之大、规模之大,曾被称作智利的"经济政变"。

以新自由主义为理论基础的经济改革在一定程度上使拉美国家走出了80年代债务危机和经济危机的"阴影"。90年代,该地区的经济年均增长率超过3%,通货膨胀率大幅度下降,财政状况也有所改善。然而,新自由主义"试验"的负面影响也不容忽视。尽管拉美经济走上了复苏之路,但社会问题却越来越严重,收入分配更为不公,贫困问题也日益突出。

此外,新自由主义在强调市场机制的作用时,低估了国家干预的必要性;在强调开放经济的同时,低估了循序渐进的重要性。它甚至敌视社会主义制度,认为计划经济是"乌托邦",其后果必然是极权主义,必然是"通向奴役的道路",而市场化和私有化则是万能的"灵丹妙药"。新自由主义的这些论断显然是错误的。

与十多年前相比,新自由主义受到越来越多的人的批判。因此,对于新自由主义的前途,现在已经有一些学者提出了究竟是"历史的终结",还是"新自由主义的终结"的问题。2001年2月阿根廷危机爆发后,拉美的新自由主义改革再次引起人们的关注。但是,我们应该指出,新自由主义既不是解决拉美问题的"灵丹妙药",也不应该成为阿根廷危机的"替罪羊"。

(原载《拉丁美洲研究》2003年第4期)

---

① Susan George: A Short History of Neoliberalism, http://www.globalpolicy.org/globaliz/econ/histneol.htm.

"拉美化"是伪命题

拉美国家和中国都是发展中国家，因此拉美在发展道路上遇到的各种问题和教训很值得我们重视和借鉴。出于这一可贵的动机，许多人提出，我们应该提防"拉美化""拉美病"或"拉美现象"。然而，"拉美化""拉美病""拉美现象"这些提法缺乏明确的定义，毫无科学性可言。

下文首先描述"拉美化""拉美病""拉美现象"的五花八门的定义，然后再作出两个假设，以证明这些伪命题的缺陷。最后，我们将从"以人为本"的科学发展观出发，总结出一些有益的启示。

一 何谓"拉美化""拉美病""拉美现象"

曾经有一段时间，国内媒体上大量出现"拉美化""拉美病"的提法。那么究竟什么是"拉美化"？以下是笔者在因特网上随意找到的"拉美化"的定义：

（1）所谓"拉美化"，是指拉美国家在20世纪90年代，由于选择"外资主导型"开放道路，虽然经济获得了阶段性的快速发展，但由于丧失对本国经济、资源的控制权，从而引发了严重的经济危机和社会动荡，至今在一些领域造成的阴影还挥之不去。[1]

（2）中国公司在走向"拉美化"，即逐步沦为跨国企业的代工厂和附

---

[1] http：//www.nfcmag.com/news/newsdisp.php3？NewsId=511&mod=．

庸，失去独立发展的可能性。①

（3）许多人一提到"拉美化"就想到贫富两极分化，事实上，贫富分化是"拉美化"现象的后果，而不是原因。"拉美化"的病源在于民粹主义。②

（4）所谓"拉美化"是指拉美国家在发展过程中出现的以经济危机、政权更迭和社会失范为特征的整体性危机。③

某杂志刊载的一篇文章虽然没有明确给出"拉美化"的定义，但在文章末尾提出了"拉美化"的三个特点。首先，国际垄断资本控制受资国经济，形成大量的利润转移。其次，对外资的依赖造成长期困扰发展中国家的严重的债务危机。最后，外资主导型的开放经济不利于受资国消化、吸收国外先进技术，不利于发展中国家产业的技术升级。④

某报发表的一篇文章则以《中国大豆"拉美化"悄然露头》为题，提出了"拉美化"之忧。这一文章指出，"一旦中国的民族大豆加工业被消灭，外资掌控中国大豆市场，'自己做主，别人当家'的拉美现象将首先在中国大豆产业身上上演"⑤。

令人啼笑皆非的是，还有人在评论一场足球赛的文章使用了这样的标题：《中超球场拉美化，"暴力事件"令球员狂呼救命》，⑥《球场粗暴开始向拉美化转行，中超俱乐部矛头直指足协》。⑦

有些文章的作者在题目中使用了"拉美化"的提法，但在正文中却没有给出明确的定义。应该指出的是，这些文章的题目委实非常引人注目。例如，有一篇文章的题目是：《反思拉美金融动荡：中国会拉美化

---

① http：//info.news.hc360.com/HTML/001/002/003/013/34210.htm.
② http：//www.chinaelections.org/readnews.asp? newsid = %7B073E50B3 - 5E71 - 47B8 - A4A2 - B0D6607D51C7%7D.
③ http：//hn.rednet.com.cn/Articles/2004/05/563100.HTM.
④ http：//finance.sina.com.cn/g/20040113/1030601178.shtml.
⑤ http：//www.chinajilin.com.cn/2002nongye/2004 - 07 - 05/9678.htm.
⑥ http：//sports.sohu.com/2004/06/04/76/news220387621.shtml.
⑦ http：//sports.sina.com.cn/j/2004 - 06 - 04/1048919645.shtml.

吗?》,① 另一篇关于中国利用外资的文章用了这样的题目：《外资引进"拉美化"，威胁可持续发展目标》。② 还有一篇讨论中国汽车工业的文章则以《中国汽车飞奔在"巴西道路"上，"拉美化"日渐突出》为题。③ 令人遗憾的是，读者无法从这些文章中得知"拉美化"的确切含义是什么。

与"拉美化"相提并论的还有"拉美病""拉美现象"。但这些提法的定义同样是模糊不清的：

（1）由于软政权化与分利集团化相互作用而形成的现代化的两重陷阱，这样的社会无疑是一种缺乏"体内自动平衡机制"的有重大缺陷的社会，是一个失去自我警报系统的社会。长此以往，它无疑隐含着某种类似"拉美病"的危机。④

（2）中国也可以得上"拉美病"：两极分化的城市社会、不断激化的城市矛盾和落空的经济承诺。⑤

（3）人们通常从经济学角度对"拉美病"进行解释，但这实际上是一个政治问题。拉美国家与欧美国家最大的区别在于：欧美国家经济发展的结果是实现了全社会的共同富裕，而拉美国家经济发展的结果却是造成了近一半人口的贫困化。⑥

（4）以法律的形式约束、窒息经济的发展，是坏的市场经济的一大原因。在其他发展中国家早已发生了这种情况，非常值得我们借鉴和警惕，比如所谓"拉美病"和"印度病"。⑦

（5）若清醒地观察中国问题，就会发现中国社会已出现"拉美病"的五大症状：第一，政府的高度软政权化。第二，农业经济陷入破产半

---

① http：//www.china-review.com/execute.asp?path=/content_files/zhongwei-zxzp-152.htm20020829/zhongwei-zxzp-152.htm&luntantitle.

② http：//news.gutx.com/2004-7-9/9029.htm.

③ http：//www.chinanews.com.cn/n/2004-02-24/26/405625.html.

④ http：//xueshu.newyouth.beida-online.com/data/data.php3?db=xueshu&id=houquan-neng-3.

⑤ http：//www.sifl.org.cn/zhengwen_1.asp?table=yanjiulingyu_text&id=115.

⑥ http：//www.lntax.cn/StatuteLib_statuteDetail.asp?StatuteId=6451.

⑦ http：//news.blcu.edu.cn/detail.asp?id=4182.

破产境地，大量无地农民涌入城市，附着在城市边缘，成为犯罪群体的后备军。第三，地下经济勃兴，黑社会组织泛滥成灾，并与政府官员合流。第四，贫富差距继续拉大，极少数人占有社会总财富的绝大部分。第五，政治利益集团、经济利益集团与一些外商相结合，联合统治广大中下层人民。①

（6）中国在人均GDP超过1000美元以后，存在着两种可能：一种可能就是能够抓住机遇，经济实现平稳较快发展，不丧失发展的黄金时期，最终实现现代化；另一种可能是出现所谓的"拉美现象"，登上这个台阶以后，经济在一段时间内停滞不前，社会矛盾突出，甚至加剧两极分化和社会震荡。②

（7）自改革开放以来，中国已经形成了不同的利益团体，它们有着不同的利益诉求，如果我们的体制不能使这些不同的利益和声音能够在一种正常的宪政体制里表达出来，通过互相的冲突和交流形成某种决策的话，就会促使它们采取体制外的方式表达自己的呼声，造成社会与政治冲突，从而出现"拉美现象"。③

从上述引文中我们可以发现，所谓"拉美化"的定义是五花八门的。真可谓"拉美化"是一个筐，拉美的什么问题都可以往里装。这无疑是不科学的。

二　外资与拉美的发展

"拉美化"是在许多学者和民营企业家讨论中国利用外资时提出来的，其用意和落脚点无疑是担心中国经济被外资控制。这一忧国忧民之心当然是值得肯定的。

现在，让我们假设，"拉美化"的概念不是别的含义，而是指外资控制东道国的国民经济。在作出这一假设以后，我们再来看看外资对拉美

---

① http://www.univillage.org/view/a440.htm.
② http://www.cbt.com.cn/cbtnews/frontend/news.asp?ID=65669.
③ http://www.gmw.cn/01wzb/2004-03/21/content_6953.htm.

产生了什么影响。

　　经济学家已从理论上充分证明了资本积累在经济发展进程中的重要作用。例如，诺贝尔经济学奖获得者 A. 刘易斯早在20世纪50年代就指出，历史上，一个国家的经济起飞总是伴随着储蓄的大幅度增长。因此，经济发展的关键问题是如何提高储蓄率。[①] H. 钱纳理和 A. 斯特劳特在60年代也指出，发展中国家始终面临着不利于经济发展的"双缺口"，即"储蓄缺口"和"外汇缺口"；弥补"双缺口"的有效途径之一就是利用外资。

　　在历史上，依靠外资来加快经济发展的事例不胜枚举。今天的发达国家在其经济发展进程的初期，曾得益于外资。包括一些拉美国家在内的许多发展中国家，也曾通过引进外资来提升产业结构，加快经济发展。

　　拉美主要国家在19世纪初取得民族独立后就开始利用外资，尽管这种利用在当时完全是一种被动的行为。在实施初级产品出口型发展模式的过程中，外资帮助拉美国家建设了港口，铺设了铁路，引进了移民，还办起了种植园。外资还使拉美国家融入了世界经济体系。毫无疑问，19世纪末20世纪初，拉美经济和社会发展的"引擎"之一就是外资。

　　20世纪30年代后，尤其在第二次世界大战后，拉美国家从初级产品出口型发展模式向进口替代发展模式转换。发展模式的这一转换同样得益于外资的作用。巴西、墨西哥、阿根廷和智利等主要拉美国家的汽车工业和其他一些资本密集型产业及技术密集型产业都是依靠外资发展起来的。外资在第一产业和第三产业中的作用同样不容忽视。

　　20世纪70年代初的石油危机爆发后，东亚的石油进口国（地区）没有盲目地举借大量外债，而是通过扩大出口来弥补石油价格上涨带来的损失。因此东亚没有遇到债务危机。[②] 而拉美则利用国际资本市场上资金充裕的良机，举借了大量外债。1970—1980年，拉美的外债总额从270

---

① Arthur Lewis, *The Theory of Economic Growth*, Homewood, 1955.
② 在东亚，遇到债务危机的唯一国家是菲律宾。

亿美元上升到 2310 亿美元。一方面，拉美国家的还本付息额每年高达 180 亿美元（阿根廷、巴西和墨西哥的还本付息额相当于 GDP 的 5%）；另一方面，国际市场上初级产品价格在下跌，利率则在上升。1982 年 8 月，墨西哥宣布无力偿还外债。一场震惊全球的拉美债务危机终于爆发。

债务危机诱发的经济危机使 80 年代成为拉美"失去的十年"。但在 90 年代，拉美国家摆脱了 80 年代"双重危机"的阴影。根据联合国拉美经委会的统计，90 年代以来，拉美经济的增长率为 2.4%。这一绩效的根源无疑是多方面的，而大量外资的流入功不可没。

总之，外资的流入为拉美国家的经济发展和工业化建设做出了重大的贡献。这一贡献主要体现在：（1）弥补资金不足的缺陷；（2）外资企业的建立伴随着大量先进技术的引进；（3）提升产业结构；（4）创造大量就业机会；（5）扩大工业制成品出口。

事实上，在拉美，外资流入量与经济增长率的关系十分密切。70 年代后期，外资流入量较多，经济增长率比较高。而在外资流入量大幅度减少的 80 年代，经济增长率则极低。90 年代的这一规律似乎更加明显。[①] 正如拉美经委会所指出的那样，"得出以下结论是有把握的：资本流入有助于提高拉美的增长率，而外资流入量的急剧减少和逆转则对该地区的经济带来严重的消极影响，尤其是在这些变化导致危机的情况下，消极影响会更大"。[②]

在拉美，外资流入量的变化对经济增长率的影响还体现在以下两个方面：其一，大量的资本流入使扩大进口成为可能，从而使生产能力得到较好的利用和发挥；其二，外资流入的增加扩大了投资。相反，外资流入量减少后，不仅要压缩进口，而且还要减少投资。

当然，外资对拉美经济的负面影响也是显而易见的。例如，跨国公司在拉美获得了巨额利润。联合国拉美经委会的研究报告指出，在过去 10 多年中，有些年份的外国直接投资流入量没有增加，但利润汇出却有

---

① CEPAL and UNEP, *The Sustainability of Development in Latin America and the Caribbean: Challenges and Opportunities*, Santiago, Chile, July 2002, p. 35.

② Barbara Stallings and Wislon Peres, *Growth, Employment and Equity: The Impact of the Economic Reforms in Latin America and the Caribbean*, ECLAC and Brookings Institution Press, 2000, P. 28.

增无减。这一事实无疑为反全球化人士提供了"炮弹"。又如，跨国公司不愿意将关键技术转让给东道国。跨国公司进入拉美的目的有三：利用拉美的廉价劳动力；开发丰富的自然资源；占领东道国的市场。

在进口替代工业化时期，拉美制造业所需的技术和装备几乎全部依赖进口。因此，这种工业化有时也被叫作"改锥工业化"，即外资对拉美国家的贡献仅仅是使得工人会使用手中的改锥，而国家的科技水平并没有得到长足的发展。

诚然，外资在拉美经济中的介入程度是很高的。例如，1990 年，跨国公司的销售额占拉美 500 家大公司销售额的 25%；至 1999 年，这一比重上升到 43%。1999 年以来，由于外资流入量有所减少，这一比重也相应地下降，但仍然高达 36%。其他数据也显示了跨国公司的重要性。1990—1994 年，跨国公司的出口额占拉美 200 家大公司的 25%。目前，这一比重已上升到 42%。[1] 但是，上述比重是否意味着跨国公司控制了拉美国家的国民经济？换言之，跨国公司在某一领域中的比重达到什么样的程度才能说是"拉美化"？

再就中国而言，我们可以断言，利用外资不会使中国出现"拉美化"。拉美经济稳定性差的根源在于过度举债，而非利用外国直接投资。统计数据表明，在进入拉美的外资中，外国直接投资的数量明显少于外债。[2] 而我国利用外资的主要形式是外国直接投资，不是外债，此为其一。其二，在进入拉美的外国直接投资中，"绿地投资"较少，用于"并购"的较多。我国的情况则相反，"绿地投资"较多，"并购"较少。[3]

综上所述，即便"拉美化"的提法是成立的，其定义是明确的（即外资控制东道国经济），那么我们仍然应该指出，所谓"拉美化"的后果不会出现在中国。

---

[1] ECLAC, *Foreign Investment in Latin America and the Caribbean: 2003 Report*, May 2004.
[2] 拉美的外债总额已高达 8000 亿美元左右，而每年进入该地区的外国直接投资则仅为 300 亿—500 亿美元。
[3] 这一观点得益于胡祖六在一场讨论会上的发言。

三 人均 GDP 超过 1000 美元后的拉美

在讨论"拉美化"时我们经常听到的另一个说法是,拉美国家在人均 GDP 达到 1000 美元后,经济增长失去了动力,开始走"下坡路"。这一现象就是"拉美化"或"拉美现象"。

现在让我们再次假设,"拉美化""拉美现象"既不是指跨国公司控制拉美经济,也不是指其他问题,而是仅仅指拉美人均 GDP 超过 1000 美元后国民经济陷入停滞不前的状态。

为了讨论这一问题,我们必须要回答两个问题:一是拉美国家的人均 GDP 在何时达到 1000 美元;二是拉美经济在人均 GDP 达到 1000 美元后是否出现了"停滞不前,社会矛盾突出,甚至加剧两极分化和社会震荡"的局面。

根据美洲开发银行的统计,以 1988 年美元价格计算,1960 年,人均 GDP 超过 1000 美元的国家是巴西(1013 美元)、危地马拉(1100 美元)、圭亚那(1008 美元)、尼加拉瓜(1055 美元)、巴拿马(1264 美元)、秘鲁(1233 美元),拉美的平均数为 1374 美元。阿根廷、智利、墨西哥、乌拉圭和委内瑞拉均已超过 1000 美元。至 1970 年,哥伦比亚和萨尔瓦多超过 1000 美元,分别为 1157 美元和 1032 美元,多米尼加接近 1000 美元(为 987 美元)。1980 年,玻利维亚接近 1000 美元(为 983 美元)。[①]

根据 B. 巴拉萨的《实现拉美的经济复苏》一书提供的 9 个拉美主要国家的数据,以 1955 年价格计算,没有一个国家超过 1000 美元。以 1975 年价格计算,在 1950 年,阿根廷、智利、墨西哥、乌拉圭和委内瑞拉早已超过 1000 美元,哥伦比亚和秘鲁接近 1000 美元,分别为 949 美元和 953 美元。1966 年,巴西达到 985 美元,厄瓜多尔达到 1190 美元。[②]

根据 V. 布尔默—托马斯的《独立以来的拉美经济史》一书引用的资

---

① IDB, *Economic and Social Progress in Latin America*, Washington, 1989, p. 463.
② Bela Balassa et al, *Toward Renewed Economic Growth in Latin America*, Institute for International Economics, 1986, pp. 52 – 53.

料，以1970年美元价格计算，在1970年，只有阿根廷超过1000美元（为1055美元），其次为委内瑞拉（为942美元），名列第三和第四的是智利和乌拉圭，分别为829美元和828美元，海地只有84美元，20个主要拉美国家的平均数也仅为513美元。[1]

但是，同样是以1970年美元价格计算，R. 索普的《进步、贫困与排斥：20世纪拉美经济史》一书则认为，在1970年，只有委内瑞拉超过1000美元（为1023美元），其次为阿根廷（883美元）和乌拉圭（786美元）。[2]

可见，由于计算方法不同，不同拉美国家人均收入超过1000美元的时间各不相同。但根据W. 罗斯托的"经济增长阶段论"，大多数国家是在20世纪六七十年代实现"经济起飞"的。因此我们可以把这一时期作为考察拉美经济在人均GDP超过1000美元后是否陷入停滞不前的对象。

统计资料显示，拉美经济在六七十年代并没有出现停滞不前（见下表）。相反，这一阶段正是拉美经济增长的"黄金时期"。只是在进入80年代后，由于受到债务危机的影响，拉美才陷入了"失去的十年"。但人均收入的提高并不是导致"失去的十年"的直接原因。因此，将拉美人均收入超过1000美元后国民经济陷入停滞不前的状态说成"拉美化"或"拉美现象"同样是值得商榷的。

还应该指出的是，在讨论人均GDP超过1000美元后产生的影响时，我们必须考虑到全球化趋势和科技进步等外部因素的重要作用和影响。毫无疑问，尽管内因是决定因素，但外因的变化是不能忽视的。

就全球化趋势而言，且不论其起始时间是500多年前（哥伦布"发现"美洲），还是在20世纪上半叶，可以肯定的是，在20世纪80年代以来的20多年时间内，全球化趋势的发展速度是历史上任何一个时期都无法比拟的。全球化趋势的加快使发展中国家获得了更多的发展机遇和

---

[1] V. Bulmer‐Thomas, *The Economic History of Latin America Since Independence*, Cambridge University Press, 1994, p. 309.

[2] R. Thorp, *Progress, Poverty and Exclusion: An Economic History of Latin America in the 20th Century*, IDB, 1998, p. 317.

挑战。换言之，由于全球化产生的影响不同，因此六七十年代一些发展中国家的人均GDP超过1000美元时遇到的机遇和挑战，与最近一二十年人均GDP超过1000美元的发展中国家（甚至包括中国在内）遇到的机遇和挑战是完全不同的。

再就科技革命而言，由于电脑、信息技术、交通运输工具、新材料和生物技术出现了日新月异的飞跃，不同的发展中国家在不同时期面临的机遇和挑战同样是不一样的，因此我们很难将几十年前人均GDP超过1000美元的发展中国家与最近才超过1000美元的发展中国家（包括中国在内）相提并论。

表1　　　　　　　拉美主要国家的经济增长率（%）

国别	1945—1972	1973—1981
阿根廷	3.8	2.5
玻利维亚	2.5	3.8
巴西	6.9	6.6
智利	4.1	3.6
哥伦比亚	5.1	5.0
哥斯达黎加	6.9	4.8
多米尼加	5.9	5.3
厄瓜多尔	5.3	7.0
萨尔瓦多	5.4	2.3
危地马拉	4.9	5.1
海地	1.2	3.8
洪都拉斯	4.2	4.4
墨西哥	6.5	5.5
尼加拉瓜	6.2	-0.3
巴拿马	5.8	4.2
巴拉圭	3.4	9.3
秘鲁	5.3	3.4
乌拉圭	1.7	3.5
委内瑞拉	5.7	4.7

资料来源：R. Thorp, *Progress, Poverty and Exclusion: An Economic History of Latin America in the 20th Century*, IDB, 1998, p. 318.

当然，我们并不否认人均收入的提高对拉美的经济、政治和社会发展进程产生了多方面的影响。概而言之，拉美国家人均收入的提高在经济上的产生的影响主要包括：

（1）扩大了消费者对耐用消费品的需求。为了顺应这一趋势，拉美国家将进口替代工业化的重点从一般消费品生产转向耐用消费品生产，因此汽车工业和家电工业获得了较快的发展。

一方面，为了生产耐用消费品，拉美国家必须进口国内无法生产的机械设备、技术和一部分中间产品；另一方面，为了满足市场需求，拉美国家还扩大了耐用消费品的进口。其结果是，许多拉美国家在平衡经常项目时面临巨大的压力。① 为了平衡国际收支，拉美国家不得不举借外债。

必须指出的是，在消费者对耐用消费品的需求不断扩大的过程中，模仿消费发挥了很大的作用。模仿消费是指消费者（尤其是高收入阶层的消费者）为体现自己的富有而竞相购买高档消费品。20世纪六七十年代拉美通货膨胀率居高不下与模仿消费的盛行不无关系。

（2）对资源需求和生态环境的压力增大。毋庸置疑，人均收入的提高是经济增长速度加快的结果。为了维系较高的增长率和满足消费者不断上升的需求，各种资源的投入必须增加。以能源为例，根据世界银行的统计，在20世纪60年代中期至80年代中期，拉美主要国家的人均能源消费量（以千公斤油当量为单位）明显上升。例如，巴西从286增加到753，墨西哥从622扩大到1308，阿根廷从975提高到1460。②

面对资源需求和生态环境面临的压力，许多拉美国家采取了重经济增长、轻环境保护的政策。其结果是，生态环境的破坏比较严重。在过去的30年中，几乎所有拉美国家都遇到过一次以上严重的自然灾害，损失惨重。

（3）对文化、教育和医疗卫生的需求不断上升。在解决温饱问题后，消费者必然会对文化、教育和医疗卫生提出更高的需求。20世纪六七十

---

① 江时学：《拉美发展模式研究》，经济管理出版社1996年版，第77—78页。
② 世界银行：《1986年世界发展报告》，中国财政经济出版社1986年版，第195页。

年代，拉美的文化事业获得了快速的发展，学校、图书馆、电影院、剧院、博物馆和医院大量出现，甚至从国外进口的图书、电影和其他一些文化产品的数量也大幅度增加。

虽然许多拉美国家为发展教育事业而增加了资金投入量，但投资的重点不是在初等教育和中等教育，而是高等教育。但能够进入大学深造的一般以富家子弟为主，因此，低收入阶层的子女受教育的机会并没有大量增加。

在政治上，人均收入的提高为中产阶级队伍的扩大创造了条件。拉美中产阶级的扩大与工业化进程的加快、产业结构的变化和城市化程度的提高有着密切的关系，但人均收入的提高无疑也是一个主要因素。由于统计上的难度，我们很难确定中产阶级队伍的确切规模。但许多研究成果表明，20世纪六七十年代，拉美的中产阶级队伍明显壮大。美国学者邓肯认为，至20世纪70年代中期，阿根廷、智利和乌拉圭等国的中产阶级人数占全国人口的比重已超过50%。[1]

综上所述，拉美国家的人均收入超过1000美元后，国民经济并没有停滞不前。当然，收入的增加对经济和政治产生了或多或少的影响。但我们不能将这些影响视为"拉美化"。

四 伪命题带来的真思考

抛弃"拉美化"、"拉美病"和"拉美现象"这样的提法并不意味着我们无视拉美国家在发展道路上遇到的各种问题和困难。事实上，拉美国家遇到的问题和困难是比较多的。作为发展中国家，中国应该借鉴拉美的各种经验教训。

从科学发展观的角度出发，我们可以得出这样的结论：拉美国家在追求经济增长时，未能足够重视"以人为本"。

马克思认为，人是一切社会关系的总和。"以人为本"体现了马克思的思想。"以人为本"也是时代发展的要求，是历史进步的前提。"民惟

---

[1] W. Raymond Duncan, *Latin American Politics*, Praeger, 1976.

邦本,本固君宁""民为贵,社稷次之,君为轻"强调"以人为本",就是对人在社会发展进程中的主体作用和地位的肯定。

医疗卫生和文化教育领域的进步是衡量一个国家是否体现"以人为本"的最佳指标之一。毋庸置疑,拉美在卫生领域取得了显著的进步。20世纪中期以来,由于发展中国家的卫生条件得到很大的改善,它们与发达国家之间的差距在缩小。因此,在过去的半个世纪中,发达国家的预期寿命增加了8岁,亚洲和中东增加了20岁,拉美增加了16岁。①

预期寿命的增加在很大程度上反映了婴儿死亡率的下降。20世纪50年代,发展中国家的婴儿死亡率平均为135‰。此后几十年,由于多方面的原因,这一平均数在90年代跌落到54‰。拉美从50年代的106‰下降到90年代的31‰。对拉美来说,这是非常了不起的成就,但下降幅度不如东亚和中东国家。因此,"在卫生领域,如同在经济领域那样,尽管最近几十年拉美取得了很大的成就,但拉美奇迹没有出现"。②

在教育领域,拉美国家同样取得了一些进步。例如,拉美的儿童入学率已接近100%,与欧美发达国家、东亚和东欧无多大差别。但是,拉美的进步大大小于世界上其他地区,而且教育的质量也不如其他地区。例如,拉美的15岁以上人口的识字率从60年代的72%上升到90年代的87%。虽然发达国家的识字率在60年代就已达到较高的水平(80%),但它上升的速度却仍然快于拉美。因此,至90年代,发达国家的识字率已达到93%。除东欧以外,世界上所有发展中地区识字率的上升速度都比拉美快。③ 60年代,25岁以上的拉美人受教育的年限只有3.2年,90年代提高到5年。而东南亚国家则从4.3年上升到7.2年,中欧国家从2年提高到4.6年,东欧国家从6年增加到8.7年。只有非洲的增长慢于拉美。④

---

① IDB, *Economic and Social Progress in Latin America*, Johns Hopkins University Press, 2000, pp. 1 – 30.
② Ibid..
③ 东欧的识字率在60年代就已超过90%。
④ IDB, *Economic and Social Progress in Latin America*, Johns Hopkins University Press, 2000, pp. 1 – 30.

与东亚相比，拉美在教育领域取得的成就更少。就大学生在总人口中的比重而言，拉美高于东亚。但是完成（或部分完成）中学学业的人在总人口中的比重，拉美却比东亚小。从另一角度说，虽然拉美人容易进入小学，但辍学的人很多，因此能够进入中学的人不多。正如美洲开发银行所指出的那样，"拉美的不足是在中学教育。在这一方面，拉美大大不如欧美发达国家、东欧和东亚，仅仅高于其他亚洲国家和非洲。……拉美人有理由相信，教育是该地区面临的最严重的问题之一。虽然拉美与更多的国家相比问题不太明显，但我们得出的结论不会改变：拉美教育事业的发展速度并不快。拉美问题的根源既不在于文盲率，也不在于初等教育的受教育年限，因为该地区在这两个方面处于世界模式的领先地位，而是在于这样一个事实：较高的入学率并不能使儿童完成学业，更不用说进入中学了。因此，受教育的平均年限低于世界水平"。[①]

在拉美社会发展的其他领域，"以人为本"同样没有得到很好的体现。例如，是否体现"以人为本"的另一衡量标准是一个社会能在多大程度上确保人身安全。最近几十年，拉美的犯罪率上升很快。虽然发达国家和发展中国家的犯罪率都在增加，但拉美和非洲是世界上犯罪率上升最快的两个地区。20世纪70年代，拉美国家的谋杀率一般为万分之八，这在当时是世界上最高的。至90年代，这一比率已上升到万分之十三，是除了非洲国家以外的其他所有国家的4倍。拉美的富人可以雇用保镖，而穷人则只能生活在缺乏人身安全的社会中。

"以人为本"的缺失还体现在收入分配领域。美洲开发银行的一个专题研究报告显示，占总人口30%的穷人仅获得国民收入的7.5%。这一比重为世界之最低（其他地区平均为10%）。在拉美收入分配的另一端，占总人口5%的富人获得了国民收入的25%，而占总人口10%的富人则拥有国民收入的40%。这样的收入分配不公情况只有在人均收入水平只及拉美一半的若干个非洲国家才能看到。如用基尼系数来衡量收入分配的

---

① IDB, *Economic and Social Progress in Latin America*, Johns Hopkins University Press, 2000, pp. 1–30.

差距，同样可以发现，拉美的贫富悬殊非常严重。一些欧洲国家的基尼系数在 0.25—0.30，而一些拉美国家则高达 0.6。

总而言之，我们不要盲目地使用"拉美化"、"拉美病"或"拉美现象"等提法，因为这些提法缺乏明确的、公认的含义。此外，"拉美病"等词语毕竟是很难听的贬义词。可以想象，拉美人不会反对我们指出其发展道路上遇到的问题，拉美国家的政府官员、学者和普通百姓也经常讨论这些问题。但把各种问题贴上"拉美化""拉美病"的标签，容易伤害拉美人的感情，不利于我们与拉美人的交往。

（原载《拉丁美洲研究》2005 年第 1 期）

"中等收入陷阱"：被"扩容"的概念

近几年，国内学术界极为关注"中等收入陷阱"。然而，在研究这一课题时，许多学者曲解了这一概念的含义，因而提出了一些不正确的观点。本文力图从"中等收入陷阱"的定义入手，指出国内学术界在理解这一概念时出现的偏差，并回答拉美和中国是否已经陷入"中等收入陷阱"这个至关重要的问题。

一 何谓"中等收入陷阱"

关于"中等收入陷阱"这一概念的由来，国内外学术界有这样一种共识：它最初是由世界银行提出的。通过检索因特网，我们发现，世界银行在2006年11月出版过一个关于东亚如何应对全球经济疲软的报告。在这一报告中，世界银行的经济学家指出，"中等收入国家如要繁荣，必须采取一些与以往不同的措施。这一建议与以下事实是吻合的：中等收入国家的增长速度既不及富国，也不如穷国"。这些经济学家还认为，中等收入国家处于工资水平更低和竞争力更强的穷国与富于创新的发达国家之间的夹缝中。但这一报告没有使用"中等收入陷阱"这一名词。[1]

2007年，世界银行曾发表了题为《东亚复兴：经济增长的思想》的研究报告。在这一报告中，世界银行的经济学家认为，"由于缺乏规模经

---

[1] World Bank, *East Asia Update: Managing Through a Global Downturn*, November 2006, p. 34, http://siteresources.worldbank.org/INTEAPHALFYEARLYUPDATE/Resources/550192-1163436396659/EAP_Update_Full_Report_Nov06（with-indicators）.pdf.

济，东亚的中等收入国家不得不努力保持其前所未有的高增长率。以生产要素的积累为基础的战略可能会导致持续恶化的后果。这一后果必然会出现，因为资本的边际生产率会下降。在长达几十年的时间内，拉美和中东是中等收入地区，但它们无法走出这一陷阱"。[1] 这是世界银行第一次提到"中等收入陷阱"。

2010年，世界银行发表了题为《有力的增长与不断增加的风险》的研究报告。在这一报告中，世界银行的经济学家认为，"在长达几十年的时间内，拉美和中东的许多经济体陷入了中等收入陷阱。在这一陷阱中，作为高产、低成本的生产国，它们力图在工资成本不断上升的情况下保持自身的竞争力，但无法提升其价值链，也无法进入正在不断扩大的、以知识和创新为基础的产品和服务市场"。[2]

尽管世界银行的经济学家在上述3个报告中未能明确地界定"中等收入陷阱"的确切含义，但我们从字里行间能得出这一结论：一个国家在进入中等收入国家的行列后，随着人均收入的提高，劳动力成本会上升，而它的产业结构及科技创新却未出现显著的改善或进步。其结果是，它既不能与劳动力成本更低的其他发展中国家竞争，也无法与发达国家竞争，从而陷入一种进退两难的境地。换言之，世界银行所说的"中等收入陷阱"不是指一个发展中国家在发展道路上遇到的一切问题，而是指劳动力成本上升后遇到的一种"进退两难"的境况。

一些外国学者对"中等收入陷阱"定义的解析或许能帮助我们理解其真实的含义。例如，马卢夫（Luis Abugat tas – Majluf）认为，向技能密集、技术先进和劳动生产率更高的生产活动过渡，是约旦应对"中等收入陷阱"的唯一方法。[3] 维克拉姆·尼赫鲁（Vikram Nehru）认为，只有大力发展制造业和减少对初级产品出口的依赖，印度尼西亚才能避免陷

---

[1] Indermit Gill and Homi Kharas, *An East Asian Renaissance: Ideas for Economic Growth*, The World Bank, 2007, pp. 17 – 18.

[2] World Bank East Asia and Pacific Economic Update, *Robust Recovery*, *Rising Risks*, Volume 2, 2010.

[3] Luis Abugat tas – Majluf, "Jordan: Model Reformer Without Upgrading?", *Studies in Comparative International Development*, Vol. 47, Issue 2, June 2012, pp. 231 – 253.

入"中等收入陷阱"。①

大野健一（Kenichi Ohno）认为，中等收入陷阱是第二阶段与第三阶段之间的"玻璃天花板"。第一阶段是外资引导下的简单的制造业；在第二阶段，支持性工业（supporting industries）开始发展，并通过从国外直接购买或引进外国直接投资等形式获得技术；② 在第三阶段，国内企业掌握了生产高质量产品所需的技术和管理经验；第四阶段的特点是创新和产品设计。③

伊娃·鲍斯（Eva Paus）认为，"中等收入陷阱"是描述这样一种状态：一方面，一个中等收入国家在生产一般性出口产品时无法与低收入国家竞争；另一方面，这个国家尚未建立起能够生产技能密集型和技术密集型商品和劳务的能力。因此，"中等收入陷阱"的核心是无法向更高的知识密集型产业发展。她指出，经济发展是经济和社会变革的进程。在这一进程中，生产结构不断地向增加值更高的生产活动进化。换言之，中等收入国家总是面临这样一种挑战：如何从大宗商品生产向知识密集型生产活动过渡。

鲍斯还认为，中国在国际贸易领域已成为一个强有力的竞争者，因此许多中等收入国家发现自己难以在低工资生产领域与中国竞争；与此同时，这些国家尚未培养出能在高生产率领域与发达国家展开竞争的生产能力。其结果是，它们面临着跌入"中等收入陷阱"的危险。④

当然，我们不会同意鲍斯将其他中等收入国家陷入"中等收入陷阱"归咎于中国。但从上述外国学者的表述中可以看出，"中等收入陷阱"的概念是较为狭窄的。它不是指一个国家在发展道路上遇到的所有问题和挑战，而是仅仅指劳动力成本提高后如何对产业结构作出相应的调整。

---

① Vikram Nehru, "Indonesian Manufacturing and the Middle-Income Trap", August 7th, 2012. http://www.eastasiaforum.org/2012/08/07/indonesian-manufacturing-and-the-middle-income-trap/

② "支持性工业"通常是指生产中间产品的工业，因此它需要一定的技术和机械。

③ Kenichi Ohno, "Avoiding the Middle Income Trap: Renovating Industrial Policy Formulation in Vietnam", *ASEAN Economic Bulletin*, Vol. 26, No. 1, April 2009, pp. 25–43.

④ Eva Paus, "Confronting the Middle Income Trap: Insights from Small Latecomers", *Studies in Comparative International Development*, Vol. 47, Issue 2, June 2012, pp. 115–138.

二 被曲解的"中等收入陷阱"

然而，在国内学术界，不同人对"中等收入陷阱"的定义的理解和表述可谓五花八门，应有尽有，莫衷一是。例如，郎咸平认为，"中等收入陷阱"就是指一个国家的人均GDP在达到3000—10000美元这个阶段的时候，以前积累下的一系列社会问题、结构问题，都会集中地爆发。[1]

刘伟认为，中等收入陷阱意味着经济发展到中等收入阶段后，遭遇内需不强、效率提高赶不上成本提高、创新不足等问题的困扰。他还将"中等收入陷阱"发生的根本原因归纳为以下三点：一是需求疲软，特别是内需疲软，内需疲软导致过度依赖外需。二是能源、劳动力成本大幅度上升。这时效率提高如果赶不上成本提高，就会陷入低效益增长，同时，通货膨胀变成成本推动型的通货膨胀，高通胀的同时经济衰退。三是创新力弱，包括制度创新和技术创新。技术创新弱使内需不足，难以发现新的投资机会，难以有创新产业和新产品开发，从而使有效投资的机会不足。制度创新不足使市场化竞争严重迟缓，形成越是稀缺的资源，越不是市场控制。稀缺性资源不是按照效益指标分配，一定会导致低效率。大量低效率、高增长的泡沫必定酿成社会不公、经济泡沫。这就是所谓的中等收入陷阱。[2]

王友明认为，"中等收入陷阱"的含义是指一国经济跨越人均GDP达1000美元的"贫困门槛"后，经济增长在较短时间内很快实现翻番；但进入人均GDP为3000—5000美元的中等收入阶段后，受到发展模式、经济社会体制等因素的制约，经济增长开始迟缓甚至长期停滞，社会分化趋势加快，社会风险随之积聚，社会运动频发，经济发展受到严重制约，难以进入人均10000美元的高等收入阶段，整个国家跌入经济停滞、

---

[1] 郎咸平：《中国离中等收入陷阱有多近?》，http://business.sohn.com/20121128/n358868087.shtml.

[2] 刘伟：《穿越中等收入陷阱》，http://theory.people.com.cn/GB/14624390.html.

社会失衡的陷阱。① 据他考证，"中等收入陷阱"一词最早出现在美国《时代周刊》记者米切尔·斯库曼撰写的《跨越"中等收入陷阱"》一文中。②

左晓斯认为，"中等收入陷阱"，看起来是一个经济问题，实质上却是一个社会问题。因此，破解这个问题，需要推动经济发展模式转型、加强创新社会管理、解除制度和体制对经济社会发展的掣肘。像巴西、阿根廷、墨西哥、智利、马来西亚等，在20世纪70年代均进入了中等收入国家行列，但直到近年，这些国家仍然挣扎在人均GDP为3000—5000美元的发展阶段。③

王一鸣未能明确给出"中等收入陷阱"的确切定义，但他指出了这一陷阱的表现形式，即一个国家在进入中低收入阶段后，经济快速发展积累的矛盾集中爆发，原有的增长机制和发展模式无法有效应对由此形成的系统性风险，经济增长容易出现大幅波动或陷入停滞。④

王逸吟认为，"中等收入陷阱"是指一个国家人均GDP达到1000美元进入中等收入水平以后，难以突破12000美元的上限而进入高收入行列。相反，其经济社会发展很容易进入长期停滞徘徊期。规模庞大的城市贫民窟、泛滥的毒品交易、严峻的社会治安问题，正是"中等收入陷阱"的注脚。⑤

唐俊认为，"中等收入陷阱"是这样一种状态：一个国家的经济发展水平超过人均GDP 1000美元、进入中等收入行列以后，陷入了增长与回

---

① 王友明：《拉美陷入"中等收入陷阱"的教训、经验及启示》，《当代世界》2012年第7期。

② 其实，米切尔·斯库曼的文章是在2010年8月10日发表的，比世界银行的报告晚3年。(Michael Schuman, Escaping the Middle - Income Trap, Time, August 10, 2010. ttp://business. time. com/2010/08/10/escaping – the – middle – income – trap/)

③ 左晓斯：《经济社会政治三管齐下破"中等收入陷阱"》，http://www.chinareform.org.cn/society/income/practice/201105/t20110530_111709.htm.

④ 王一鸣：《跨越中等收入陷阱依靠经济转型》，http://www.360doc.com/content/11/1026/21/607082_159438254.shtml.

⑤ 王逸吟：《国是聚焦：中等收入陷阱，如何跨越》，http://theory.people.com.cn/n/2012/1206/c49155 – 19810791.html.

落的循环之中，长期徘徊在这一区间，无法顺利进入高收入行列。[1]

2010年，《人民论坛》杂志在征求了50位国内专家、学者的意见后，列出了陷入"中等收入陷阱"的国家的10个特征：经济增长回落或停滞、民主乱象、贫富分化、腐败多发、过度城市化、社会公共服务短缺、就业困难、社会动荡、信仰缺失、金融体系脆弱。[2] 该杂志发表的多篇文章认为，拉美国家已陷入"中等收入陷阱"。[3]

综上所述，在国内学术界，许多人将"中等收入陷阱"当作一个"筐"，把拉美国家在发展进程中遇到的一切问题都"往里装"。

而且，更令人遗憾的是，当年在讨论"拉美化"、"拉美病"、"拉美陷阱"或"拉美现象"时，拉美经济和社会发展进程中出现的问题，如经济增长缓慢、贫困化现象加剧、"三农"问题成堆、城市化速度过快、收入分配不公、两极分化严重、社会凝聚力弱化、腐败司空见惯、毒品泛滥成灾以及社会治安每况愈下等，都被当作不可多得的"典型"；在讨论"1000美元门槛"时，这些问题被说成拉美未能逾越这一"门槛"的论据；[4] 在讨论拉美现代化道路或拉美的发展时，这些问题被视为其"失败"的反面教材；在讨论拉美经济改革的成效时，这些问题被定性为"新自由主义改革"的必然后果；而今在讨论"中等收入陷阱"，这些问题又被奉作有力的证据。这样的研究方法显然是不足取的。

三 "中等收入陷阱"不是"数字游戏"

世界银行对"中等收入陷阱"所作的定义未能明确告诉我们如何判断一个国家是否陷入了这一陷阱。但有些学者认为，世界银行在2010年

---

[1] 唐俊：《拉美"中等收入陷阱"探析》，《浙江外国语学院学报》2012年第1期。
[2] http://www.rmlt.com.cn/News/201101/2011011310495511724.html.
[3] 《人民论坛》2010年第17期。
[4] 国内的一些学者认为，一个国家的人均收入超过1000美元后，会面临两种发展前景，一是如韩国和新加坡等，继续在发展道路上快步向前；二是如拉美国家，在发展道路上趑趄不前，政治、经济和社会领域的各种问题层出不穷。我们姑且称之为"1000美元门槛"。对拉美的这一判断与事实不符。拉美国家的人均收入在达到1000美元后，其经济并没有停滞不前，此其一。其二，拉美在各个领域中遇到的问题并非完全与"1000美元门槛"有关。

将人均 GDP 为 12196 年美元作为高收入经济体与中等收入经济体的分界线,① 因此,如果一个国家的人均收入长期不能达到这一指标,它就可被视为陷入了"中等收入陷阱"。② 他们还断言,"2011 年是南美大陆摆脱'中等收入陷阱'的元年",因为根据有关国际机构的统计,2011 年智利和乌拉圭的人均 GDP 超过 12276 美元,率先走出"中等收入陷阱"。③

将一个国家的人均 GDP 是否达到一定的量化指标当作其是否逾越"中等收入陷阱"是欠妥的。

第一,何谓长期徘徊在中等收入阶段。长期显然是一个含糊不清的时间状语。无论如何,主张将人均 GDP 达到 12196 美元(或 12276 美元)视为一个国家走出"中等收入陷阱"的学者,似乎低估了发展的艰难程度。美国经济学家 W. W. 罗斯托认为,世界各国经济发展要经历 5 个不同的发展阶段,即传统社会、为"起飞"创造前提的阶段、"起飞"阶段、向"成熟"发展的阶段、民众的高消费阶段。他认为,从"起飞"阶段到"成熟"发展阶段的过程大约要经过 60 年。④ 由此可见,发展中国家从中等收入阶段向高收入阶段跨越的时间是漫长的。

世界经济的发展史表明,在世界上的 100 多个发展中国家中,能够脱颖而出的毕竟是少数国家。很难想象 100 多个发展中国家能在较短时间内从中等收入国家的行列跻身于高收入国家的行列。须知,发展中国家的人均 GDP 在提高时,发达国家的人均 GDP 也在不断提高,高收入的"门槛"也会随之提高。更为重要的是,中等收入和高收入是相对而言的。没有中等收入国家,也就不会有高收入国家。因此,在一定程度上,世界上总会有一些国家永远处于追赶他国的不利地位。

第二,将人均 GDP 视为跳出"中等收入陷阱"的标志,不啻为"数

---

① 为便于叙述,可将世界银行的人均国民总收入(GNI)视为人均国内生产总值(GDP)。
② 郑秉文、齐传钧:《智利:即将走出"中等收入陷阱"的首个南美国家》,《拉美黄皮书:拉丁美洲和加勒比发展报告,2010—2011》,社会科学文献出版社 2011 年版,第 1—41 页。
③ 齐传钧、郑秉文:《拉美地区落入"中等收入陷阱"的考察:全要素生产率的分析框架》,《拉美黄皮书:拉丁美洲和加勒比发展报告,2011—2012》,社会科学文献出版社 2012 年版,第 1—42 页。
④ W. W. Rostow, *The Stages of Economic Growth: A Non-communist Manifesto*, Cambridge University Press, 1960, pp. 4 – 16.

字游戏"。如前所述，2010 年，跳出"中等收入陷阱"所需的人均 GDP 为 12196 美元；2011 年，由于高收入国家的人均 GDP 提高到 12276 美元，因此，跳出这个"陷阱"的高度上升了 80 美元。又如，以 2010 年为例，如果一个国家的人均收入为 12195 美元（即比世界银行确定的"标准线"少 1 美元）或 12194 美元（比世界银行确定的"标准线"少 2 美元），是不是意味着这个国家尚未跳出"中等收入陷阱"？如果说接近 12196 美元就算跳出"陷阱"，那么这个"接近"的数字应该是多少？12000 美元（比世界银行确定的"标准线"少 195 美元）可被视为跳出这个"陷阱"了吗？再如，因为世界银行为高收入国家确定的指标是动态的，因此，今年跳出"陷阱"的国家，或许会在明年再次跌入"中等收入陷阱"。

而且，以美元计算的人均 GDP 很容易受汇率因素的影响。我们完全可以作出这样一个大胆的想象：由于汇率发生重大变化，世界上或许有一些国家的 GDP 会从中等收入国家跻身于高收入国家行列，或从高收入国家行列跌落到中等收入国家行列。而伴随着这样的"跳出"或"跳进"，这个国家的产业结构、竞争力和科技创新能力可能没有发生重大变化。

我们甚至还不能排除这样一种可能性：为急于跳出"中等收入陷阱"，有些当政者或许会用"做假账"的方法来提高本国或本地区的人均 GDP，使其人均 GDP 达到世界银行确定的 12196 美元或 12276 美元。

如将人均收入引入"中等收入陷阱"这一概念，或许还能闹出天大的笑话。例如，我们假设一个国家的人均收入因种种原因而长期无法跻身于高收入国家的行列，只能在"中等收入陷阱"中徘徊。然而，天有不测风云。这个国家某天遇到了一次极大的地震或其他自然灾害，无数人失去了生命。毋庸置疑，由于这个国家的人口大量减少，其人均 GDP 也就随之快速上升，达到或超过了高收入国家的标准线，因此它就会跳出"中等收入陷阱"。一个自然灾害居然会使一个国家跳出"中等收入陷阱"，委实不可思议。

利比亚的总人口是 660 万，GDP 总量为 780 亿美元，即人均 11800 美元。如果 2011 年的战争减少 60 万人口，利比亚的人均 GDP 就会达到 13000 美元。一场战争居然使一个国家跳出"中等收入陷阱"，岂非令人捧腹。

第三，人口大国的人均 GDP 要达到高收入国家的标准，需要很长时间的艰苦努力。例如，中国的人口早已大大超过 13 亿。无论是根据世界银行在若干年前确定的高收入国家指标（12196 美元）还是参照 2011 年确定的新标准（12276 美元），中国的经济总量只有在超过 16 万亿美元以后才能成为高收入国家。2011 中国的经济总量约为 5 万亿美元。从 5 万亿美元增加到 16 万亿美元，将是一个漫长的过程。而且，可以断定，世界银行确定高收入的指标必然会"水涨船高"的。这是否意味着中国将长期陷于"中等收入陷阱"中而不能自拔？

四 不应将拉美作为"中等收入陷阱"的反面教材

在讨论"中等收入陷阱"时，拉美常被当作反面教材。例如，有人认为，"巴西、阿根廷、墨西哥、智利和马来西亚等国在 20 世纪 70 年代均进入了中等收入国家行列。直到 2007 年，这些国家仍然挣扎在人均 GDP 为 3000 美元至 5000 美元的'发展阶段'。在同一时期，只有日本、韩国和新加坡等少数国家和地区跳出了'中等收入陷阱'"。[1] 还有人认为，拉美国家"在经历上世纪六七十年代的快速发展之后，出现了长达三十多年的经济停滞。当时，这些国家主要是走进口替代的工业化战略，着重发展大型企业，城市化进程过快，贫富不均现象非常严重。而经济高速增长使得民众的期望值提升的速度比经济的增长速度还要快，这给政府的社会保障带来巨大压力，最终导致外债和财政赤字居高不下，通货膨胀严重，金融危机迭起，给经济发展带来重创"。[2]

将拉美作为"中等收入陷阱"的"标本"或"典型"是值得商榷的。首先，经济增长缓慢、贫困化现象加剧、"三农"问题成堆、城市化速度过快、收入分配不公、两极分化严重、社会凝聚力弱化、腐败司空见惯、毒品泛滥成灾以及社会治安每况愈下等问题，不仅仅是拉美国家

---

[1] http://jingji.cntv.cn/20110124/103023_2.shtml.
[2] http://www.21cbh.com/HTML/2010-10-29/yNMDAwMDIwMzUyNA.html.

的"专利",而且也是其他发展中国家难以消除的痼疾,甚至在一些高收入国家也不难找到。其次,大多数拉美国家在进入中等收入国家的行列后,其经济并非长期停滞不前。诚然,20世纪80年代,由于受到债务危机和经济危机的打击,拉美国家的经济增长率很低,有些年份甚至是负增长;但所谓"停滞不前"的持续时间不足10年。在进入90年代后,拉美经济重新走上了复苏之路。

当然,我们不能无视以下两个事实:一是拉美国家的劳动力成本在上升,由此而来的负面影响是显而易见的。如在20世纪八九十年代,美国跨国公司将大量工厂从墨西哥等国转移到中国和亚洲的其他一些发展中国家。二是大多数拉美国家难以减轻对初级产品出口的依赖。曾在创建石油输出国组织的过程中发挥过重要作用的委内瑞拉前石油部长胡安·巴勃罗·佩雷斯·阿方索在1970年说过:"十年后,二十年后,你会看到,石油带给我们(委内瑞拉)的是(经济上的)毁灭……石油是魔鬼的兴奋。"[1]

上述两个事实是否意味着拉美业已陷入"中等收入陷阱"?这显然是一个有待进一步研究的问题。如果非要说拉美已跌入这个陷阱,那么,我们应该指出,这个陷阱是指劳动力成本上升以及过度依赖初级产品出口导致的不良后果,不是该地区在经济和社会发展领域中遇到的无所不包的问题。

五 中国会不会陷入"中等收入陷阱"

随着中国经济的快速发展,劳动力成本也在显著上升。经济增长对劳动力成本的推动力是不可抗拒的。安永(Ernst & Young)在2012年9月发表的一个研究报告认为,2007年初以来,中国的劳动力成本已增长了一倍多。[2] 而国内的一些经济学家早在若干年前就指出,"刘易斯拐点"

---

[1] http://en.wikipedia.org/wiki/Juan_Pablo_P%C3%A9rez_Alfonzo.

[2] Ernst & Young, *Growing beyond China's Productivity Imperative*, September 12, 2012, http://www.ey.com/Publication/vwLUAssets/China_productivity_imperative_en/$FILE/China-Productivity-Imperative_en.pdf.

已降临中国。[1]

劳动力成本的上升在一定程度上意味着中国的劳动力不再无限供给。其结果是，一些跨国公司开始将其生产转移到劳动力成本低于中国的国家。英国《金融时报》（2013年1月8日）的一篇题为《柬埔寨得益于中国工资上升》的文章指出，柬埔寨工人的月薪为110—130美元，而中国工人的月薪则高达400美元。[2] 美国《华尔街日报》（2012年9月24日）的一篇题为《中国工资水平上涨使墨西哥受益》的文章说，中国的平均工资从2000年的每小时0.6美元上涨到了目前的每小时2.5美元，因此，很多产品在墨西哥生产的成本可能已经低于在中国生产的成本。[3]

据报道，阿迪达斯在华的10家代工厂已被终止合同。业内人士认为，这在一定程度上与中国劳动力成本上升有关。以铜陵东隆的阿迪达斯代工厂为例，2007年，约2000名工人的人均月薪为1100元，至2012年已上升到2000元。成本的快速增加必然减少阿迪达斯的利润。[4]

应该指出的是，劳动力成本的上升使中国面临着跌入"中等收入陷阱"的风险，即国际竞争优势的逐步丧失伴随着产业结构的低级化。但是，中国最终是否真的会跌入这一陷阱，还取决于一系列因素，其中最重要的就是能否加快经济转型。

令人欣慰的是，《我国国民经济和社会发展十二五规划纲要》明确地把经济结构战略性调整作为加快转变经济发展方式的主攻方向，把科技进步和创新作为加快转变经济发展方式的重要支撑。中国共产党第十八次全国代表大会的报告也指出，必须转变经济发展方式，实施创新驱动发展战略，推进经济结构战略性调整，以改善需求结构、优化产业结构、促进区域协调发展、推进城镇化为重点，着力解决制约经济持续健康发

---

[1] 蔡昉：《迎接"刘易斯拐点"充分发掘人口红利》，《中国党政干部论坛》2010年第9期。http://theory.people.com.cn/GB/12794480.html.

[2] Rahul Jacob, "Cambodia Benefits from Rising China Wages", *Financial Times*, January 8, 2013. http://www.ft.com/cms/s/0/00344fe6-4355-11e2-a68c-00144feabdc0.html#axzz2I42Ck100.

[3] David Luhnow and Bob Davis, "For Mexico, an Edge on China", *The Wall Street Journal*, September 16, 2012. http://online.wsj.com/article/SB10000872396390444318104577587191288101170.html.

[4] http://finance.china.com.cn/news/cjpl/20120907/1003531.shtmlhttp://www.ce.cn/cysc/newmain/jdpd/fz/201209/01/t20120901_21243548.shtml.

展的重大结构性问题。

2010年9月13日,世界银行行长佐利克在北京参加中国与世界银行合作30周年座谈会上说:"中国已开始在研究产生新的增长源的各种方式,尤其是通过城市化、人力资本形成、创新政策等,避免落入这个陷阱。中国从中低收入经济转向高收入社会的经验,可供其他中等收入经济体借鉴。"[1]

六　结论

"中等收入陷阱"的概念是较为狭窄的,主要是指一个国家在跻身于中等收入国家行列后会陷入这样一种进退两难的境地:一方面,随着劳动力成本的上升,它的出口产品的国际竞争力会受到影响;另一方面,它的产业结构不是以科技创新为基础。其结果是,这样的国家既不能与其他发展中国家竞争,也无法与发达国家竞争。

换言之,"中等收入陷阱"不是指发展中国家(中等收入国家)在经济和社会发展道路上或现代化道路上遇到的一切问题,也不是指一个国家长期不能跻身于高收入国家行列。在一定意义上,将人均GDP能否达到12196美元(或12276美元)视为能否跳出"中等收入陷阱"的标志,完全是一个伪命题。

随着中国劳动力成本的快速上升,中国跌入"中等收入陷阱"的风险在增加。因此,中国必须加大转变经济发展方式的力度,通过实施创新驱动发展战略,尽快推进经济结构战略性调整。

当然,我们反对将人均GDP达到12196美元(或12276美元)作为跳出"中等收入陷阱"的指标,并不意味着我们应该无视拉美国家和其他发展中国家在发展道路上面临的种种问题。

(原载《国际问题研究》2013年第2期)

---

[1] http://news.xinhuanet.com/2010-09/13/c_13492852.htm.

新自由主义、"华盛顿共识"与拉美的改革

拉美国家的经济改革经常可追溯到20世纪70年代拉美发展模式的扬弃。面对进口替代工业化模式的种种缺陷，一些拉美国家开始降低贸易壁垒，并加大吸引外资的力度。① 在这一方面，皮诺切特上台后采取的改革开放措施尤为引人注目。因此，在一定意义上，智利可以被视为拉美经济改革的"先驱"。

1982年爆发的墨西哥债务危机以及紧随其后的波及其他拉美国家的债务危机，使该地区陷入了20世纪30年代世界经济大萧条以来最严重的经济危机之中。拉美国家的领导人最关心的是如何压缩进口，以偿还外债，重振外国投资者的信心。因此，他们无暇顾及业已启动的模式转换和经济改革进程。换言之，债务危机和经济危机中断了始于70年代的短暂的改革进程，只有智利是一个例外。

80年代后期，在一系列因素的影响下，墨西哥等国重新走上了改革之路。进入90年代后，几乎所有拉美国家都开始进行经济改革。因此，当前的拉美经济改革是从90年代开始的。

一 新自由主义与拉美经济改革

新自由主义理论早在20世纪70年代初就传入拉美，但传播范围当时

---

① 20世纪70年代期间一些拉美国家对进口替代工业化模式的扬弃，受到了一系列内外因素的影响。参见江时学《拉美发展模式研究》，经济管理出版社1996年版，第58—61页。

仅限于智利。1973年皮诺切特将军在智利通过政变上台后，立即将一大批从美国芝加哥大学等欧美高等院校学成回国的经济学家安排在政府部门，并委以重任。① 这些被称为"芝加哥弟子"的"海归派"通晓市场经济理论和西方经济学，认为只有新自由主义理论才能使智利和其他拉美国家的经济走出困境。因此，在他们的影响下，皮诺切特将军实施了以开放市场和减少家干预为主要内容的经济改革。

从80年代后期开始，新自由主义理论在整个拉美地区迅速传播和扩散。它在拉美的流行与以下几个原因有关。

第一，债务危机和经济危机迫使拉美国家在理论上寻求摆脱危机的出路。80年代初，拉美爆发了债务危机和经济危机。这两次危机使80年代成了拉美"失去的十年"。为了恢复经济，拉美国家采用了控制通货膨胀、压缩财政开支和减少进口等措施，但收效甚微。对于这种局面，影响拉美数十年的发展主义理论一筹莫展。在这种情况下，新自由主义理论乘虚而入，为拉美国家提出了摆脱危机的"药方"。因此，拉美国家的经济改革在很大程度上是以新自由主义理论为基础的。

第二，拉美"新一代领导人"的出现为新自由主义理论的扩散提供了必不可少的"土壤"。与过去的拉美国家领导人不同的是，在80年代的民主化浪潮中脱颖而出的"新一代领导人"有过在西方受教育的经历，因而比较容易接受市场经济理论和西方经济学的主张。以1988年上台的墨西哥萨利纳斯政府为例，不仅萨利纳斯总统本人在美国获得了硕士和博士学位，而且他的内阁中59%的部长或副部长也都拥有美国大学的经济学博士学位。而在20年前，这一比例仅为25%。

---

① 《华尔街日报》（1996年9月12日）的一篇文章认为，虽然米尔顿·弗里德曼的名声很大，但拉美"自由市场革命"的真正"父亲"却不是弗里德曼，而是他过去的同事、芝加哥大学教授阿诺德·哈伯格（Arnold Harberger）。1956年，智利天主教大学与芝加哥大学签订了一个为期3年的合作计划，由哈伯格在芝加哥大学经济学院为天主教大学培养经济学博士研究生。该计划每年招收20名学生。当时芝加哥大学经济学院的院长是1979年获得诺贝尔经济学奖的舒尔茨教授。在他的领导下，智利天主教大学与芝加哥大学的合作协议续签了3次。哈伯格和弗里德曼亲自担任智利学生的导师。大多数学生毕业后回到智利工作，只有少数人继续在芝加哥大学攻读货币和银行学专业的博士后。如同弗里德曼那样，哈伯格也是自由市场经济的积极推崇者，不主张国家对经济进行干预。退休前他在美国加州大学（洛杉矶）任教。

第三，新自由主义思想在拉美的传播与美国政府、世界银行和国际货币基金组织对拉美国家施加的压力有着密切的关系。事实上，1985年美国为解决拉美债务危机而提出的"贝克计划"，就是以新自由主义理论为基础的。该计划认为，为了恢复经济增长，拉美国家必须对国有企业进行私有化，进一步开放国内市场，放松对外资的限制，改革税收体系，实现价格自由化，等等。

美国、国际货币基金组织和世界银行对拉美国家决策的影响是不容低估的。由于债务危机使拉美国家在国际资本市场上的资信急剧下降，进入拉美地区的外国私人资本大幅度减少。因此，拉美国家希望从国际多边机构和美国政府那里获得更多的贷款，而这些贷款常附加一些要求债务国进行经济改革的条件。

第四，"东亚奇迹"与苏联解体、东欧剧变的示范效应在传播新自由主义理论时发挥了一定的作用。许多拉美人认为，东亚国家（地区）之所以实现经济起飞，主要是因为它们奉行了市场经济原则，而苏东国家陷入困境的原因则是它们没有走自由市场经济之路。

第五，美国学术界和拉美学术界为新自由主义理论的传播推波助澜。例如，90年代初美国学者福山的《历史的终结与最后的人》一书的西班牙语版在智利等国发行时，曾连续数周名列畅销书排名榜之榜首。福山认为，信奉国家干预或市场机制的不同意识形态经过长时期的较量和争论之后，自由市场经济终于取胜。在福山眼中，这象征着历史的终结。著名的秘鲁学者埃尔南多·德·索托于80年代后期出版了《另一条道路》一书。他在书中提出了政府应该减少对经济生活的干预和大力发展市场经济的主张。该书出版后立即在许多拉美国家成为畅销书。这些宣传新自由主义理论的著作经拉美媒体和学术界的炒作，在拉美的影响不断扩大。

总之，正如美国学者苏珊·乔治所说的那样，新自由主义理论之所以能从一个"小小的胚胎"发展为后来几乎要统治整个世界的理论，完全是因为哈耶克及其学生弗里德曼等人坚信这样一个"信条"："如果你能占领人们的头脑,那么他们的心和手就会听从头脑的指挥。"①

二 "华盛顿共识"与拉美经济改革

1990年,美国国际经济研究所在华盛顿召开了一个讨论80年代后期以来拉美经济调整和改革的研讨会。出席会议的有拉美国家的政府官员、美国财政部等部门的官员、金融界和企业界人士以及世界上若干高等院校和研究机构的经济学家。世界银行、国际货币基金组织以及面向拉美的美洲开发银行等国际机构的代表也参加了会议。在会议的最后阶段,该研究所前所长约翰·威廉姆逊说:经过讨论,与会者在拉美国家已经采用和将要采用的10个政策工具方面取得了较为一致的看法,甚至在一定程度上达成了共识。由于上述国际机构的总部和美国财政部都在华盛顿,加之会议也是在华盛顿召开的,因此这一共识可以被称作"华盛顿共识"。

威廉姆逊在会后将会议论文汇编成册,并于同年出版。在这本题为《拉美调整的成效》的论文集中,威廉姆逊更加明确地阐述了拉美国家在经济调整和改革过程中应该采纳的"处方"。② 它包括以下10个方面的政策取向:(1) 加强财政纪律,压缩财政赤字,降低通货膨胀率,稳定宏观经济形势。(2) 把政府开支的重点转向经济效益高的领域以及有利于改善收入分配的领域(如文教卫生和基础设施)。(3) 开展税制改革,降低边际税率,扩大税基。(4) 实施利率市场化。(5) 采用一种具有竞争力的汇率制度。(6) 实施贸易自由化,开放市场。(7) 放松对外资的限制。(8) 对国有企业实施私有化。(9) 放松政府的管制。(10) 保护私人财产权。

威廉姆逊认为,上述政策工具不仅适用于拉美,而且还适用于其他有意开展经济改革的发展中国家。在他看来,"华盛顿共识"似乎是放之

---

① Susan George, "A Short History of Neoliberalism", 24 March 1999, https://www.tni.org/en/article/short-history-neoliberalism.

② John Williamson (ed.), *Latin American Adjustment. How Much has Happened?* Washington, D. C.: Institute for International Economics, 1990.

四海而皆准的"灵丹妙药"。

但是"华盛顿共识"从其问世之日起就受到了来自多方面的猛烈批评。例如，有人认为，"华盛顿共识"的10个主张是以新自由主义为理论基础的，是一种"市场原教旨主义"，因此，发展中国家实施其"处方"的后果，必然是贫富差距越来越大，贫困化现象越来越严重，经济主权不断弱化。还有人认为，"华盛顿共识"是一种"新帝国主义"，是美国及被美国操纵的国际金融机构迫使发展中国家开放市场的"敲门砖"，是"后冷战"时代资本主义向处于低潮的社会主义发起攻击的"进军曲"。

对于来自各方面的批评，威廉姆逊认为批评者曲解了他的用意。他指出，"华盛顿共识"不等于新自由主义，因为他在"发明""华盛顿共识"的时候，美国总统里根推行的"市场原教旨主义"政策已开始走下坡路，因此他没有必要去重蹈里根经济学的"覆辙"。他甚至在一篇为"华盛顿共识"辩解的文章中指出，新自由主义政策不能解决贫困问题，而"华盛顿共识"中的一些政策取向则有利于减少贫困。例如，加强财政纪律会遏制恶性通货膨胀，而低通货膨胀率是有助于改善收入分配和减少贫困的。税制改革能使税收制度进一步中性化，因此也是有利于穷人的。采用一种适当的、具有竞争力的汇率政策，能扩大出口，使整个国民经济有益，使包括低收入阶层在内的全社会受益。引进外资能提高经济增长率，扩大就业机会，从而使扶贫成为可能。此外，其他一些政策工具，如放松政府管制和保护私人财产，等等，也是有助于消灭贫困的。

我们认为，"华盛顿共识"提出的政策主张以新自由主义理论为基础，片面强调市场机制的功能和作用，轻视国家干预在经济和社会发展进程中的重要性和必要性，因此，发展中国家应该注意这一缺陷，并加以警惕。此外，"华盛顿共识"片面强调开放市场，忽视保护市场的重要性。因此，在拉美和其他一些地区，不敌外来竞争的民族企业纷纷倒闭，国民经济外资化现象越来越严重。

但是，我们也应该承认，对于国民经济长期封闭、国家干预缺乏效率和通货膨胀率居高不下的拉美国家来说，恰如其分地实施"华盛顿共识"的10个主张，不能说有百害而无一利。长期以来，拉美国家的政策取向常常呈现出极为明显的"钟摆"现象，即从一个极端走向另一个极端。换言之，我们必须分清"华盛顿共识"中的合理性和不合理性，也要避免某一政策工具在实施过程中的偏差。

1998年1月，设在芬兰赫尔辛基的联合国大学邀请世界银行前副行长兼首席经济学家J. 斯蒂格利茨发表荣誉性的年度演讲。在演讲中，斯蒂格利茨提出了"后华盛顿共识"的概念。他说："'华盛顿共识'认为，良好的经济增长要求开放贸易、实现宏观经济稳定和确定正确的价格；一旦政府能解决这些问题，一旦政府能'让路'，私人市场就能高效率地配置资源和创造出高速增长。上述几个方面固然是市场得以很好地运转的条件……但是'华盛顿共识'提出的政策并不全面，有时是令人误入歧途的。市场的运转不仅需要低通货膨胀率，而且还需要稳妥的金融管制、竞争政策以及有利于技术转移和有利于增加透明度的政策。这些都是'华盛顿共识'忽视的根本问题"。他还呼吁，现在的世界需要一种新的共识，而这种共识不应该以"华盛顿"为基础。[①]

1998年4月在智利首都圣地亚哥举行的美洲国家首脑会议，明确提出了以"圣地亚哥共识"替代"华盛顿共识"的主张。"圣地亚哥共识"的含义是：（1）必须减少经济改革的"社会成本"，使每一个人都能从改革中受益；（2）大力发展教育事业和卫生事业；（3）不应该降低国家在社会发展进程中的作用；（4）健全法制，实现社会稳定；（5）提高妇女和少数民族群体的社会地位和经济地位；（6）完善和巩固民主制度。

三　拉美经济改革的成效

新自由主义理论对拉美的影响是十分巨大的。尽管拉美国家的领导人从不公开赞同新自由主义理论，但80年代后期以来拉美国家实施的经

---

① Joseph Stiglitz, "More Instruments and Broader Goals: Moving Toward the Post – Washington Consensus", WIDER Annual Lecture 2, January 1998, https: //www.wider.unu.edu/sites/default/files/AL02 – 1998. pdf.

济改革,却有明显的新自由主义烙印。甚至可以断言,拉美经济改革的理论基础之一就是新自由主义理论。

拉美经济改革的声势之大、范围之广、影响之深,不仅在拉美历史上是前所未有的,而且在整个第三世界来说也是非常引人注目的。无怪乎有人称这一改革为拉美大陆上的一次"经济政变"。

拉美国家的改革和开放主要包括以下几个方面。

一、贸易自由化。在实施进口替代发展模式期间,拉美国家通过高筑贸易壁垒等手段来保护国内市场和民族工业。为了开放市场,从80年代末开始,拉美国家实施了贸易自由化战略。就整个拉美地区而言,平均关税已从改革前的44%下降到目前的10%左右。此外,拉美国家还降低了非关税壁垒,基本上取消了用行政手段控制进口的做法。

二、放松对外资的限制,从而使外资的投资领域进一步扩大,申报和审批过程中的行政程序更加简化。此外,拉美国家还通过提高利润汇出的额度和允许外资参与私有化等方式来吸引外国直接投资。

三、私有化。为了扭转国有企业长期亏损和效益低下的局面,拉美国家对国有企业实施了私有化。私有化的方式主要包括以下几种:(1) 直接出售,即把企业直接出卖给私人投资者。这种出卖法通常采用竞争性的招标程序,以便使政府获得一个较高的价格,对有意购买者来说也公平。(2) 公开上市,即把企业的股份在国内股票市场上出售,有时也在国际市场上出售。(3) 管理人员和雇员购买,即把国有企业直接出售给本企业的工人或管理人员。(4) 合资,即把国有企业的部分产权直接出售给私人投资者,其余部分由政府保留。出售的那部分通常会成为一个新的公司。(5) 特许经营权和租赁,即私人公司在特定时间内(通常为15—30年),向国有企业租赁资产并接管其经营活动;有时还可在租赁期满时购买这家企业。私人公司在支付租金后可保留所有经营利润。特许经营权与租赁的不同之处主要在于:特许经营权的所有者有责任承担部分或所有新的投资,而租赁者则不必进行投资,仅仅负责现有的经营活动。

四、税制改革。改革前的拉美税制存在许多不合理性。它的多重税率无功效可言,复杂的税率居于很高的水平,从而扭曲了企业的决策,也使居民的储蓄积极性受到了损害。政府试图通过税收的杠杆作用促进投资或发展某些部门。但是,由于税收机构软弱,免税得不到有效的管理,因而"寻租"行为十分严重。进入 90 年代后,拉美税制改革全面展开。改革的方向是实现中性化,并在立法和行政管理方面使税制简化,力求获得更多的税收。

五、金融改革。在改革前,拉美国家的金融体系受政府垄断的程度很高,金融体制高度分割,"金融压抑"司空见惯,银行效率低下。进入 90 年代后,拉美国家加快了金融改革的步伐。改革的重点是:降低政府在配置银行信贷方面的作用;最大限度地放开存款和贷款利率;降低存款准备金率;加强中央银行的独立性;强化对金融机构的监督和管理。这些改革措施使拉美的金融体制朝着金融市场的自由化和建立一个有效的管理体系这两个方向迈出了重要的一步。

六、劳工制度改革。改革前,政府对劳动力市场的有力干预,加之工会组织"战斗性"很强,因此,拉美国家的劳工制度具有强烈的"刚性"。90 年代以来,越来越多的拉美国家开始进行劳工制度改革。改革的重点是减少解雇雇员的成本和简化招聘临时工的程序,使雇员和雇主的关系更加适合市场经济体制的要求。

七、社会保障制度改革。改革前拉美的社会保障制度覆盖面小,效率低下,财政失衡严重。进入 90 年代后,一些拉美国家仿效智利的做法,建立了一个以"个人资本化账户"为基础的私人养老金基金,并发挥私人部门在养老金管理中的作用,从而为提高储蓄率和维系社会保障基金的平衡创造了条件。

总的说来,拉美的经济改革取得了明显的积极成效。这一成效体现在以下 10 个方面:(1)改革使拉美经济在进入 90 年代后摆脱了"失去的十年"的阴影,走上了复苏之路。(2)国民经济实现了从封闭的进口替代模式向外向发展模式过渡的转变。(3)国民经济活力有所增强,抵御外部冲击的能力有所增强。(4)财政失衡的现象有所减缓。(5)恶性通货膨胀得到控制,宏观经济形势开始好转。(6)大多数人的生活水平有所提高。(7)外资开始回流,为经济复苏提供了保障。(8)国家的"生产者"作用有所降低,国有企业严重亏损的趋势开始得到扭转。

(9) 市场机制的功能和作用在不断强化。(10) 区域经济一体化再度兴起。

但是必须指出，拉美的改革也产生了一系列问题。

第一，新自由主义理论积极推崇的国有企业私有化使一些私人资本和外国资本的生产集中不断加强，也使失业问题更为严重。此外，由于经营不善或国家停止拨款后资金周转发生困难等原因，一些国有企业在私有化后陷入了困境，最终不得不再次被国家接管或以政府的财政"援助"度日。可见，私有化不是解决一切问题的"灵丹妙药"。

第二，改革使收入分配不公的问题变得越来越严重。新自由主义理论推崇效率优先，漠视公平的重要性和必要性，并认为市场是万能的。诚然，收入分配不公不是改革的必然结果。但在许多拉美国家，少数人从私有化和市场开放等改革措施中大发横财，而社会中的弱势群体则没有或很少从改革中得到好处。其结果是，两极分化和贫困化十分严重。墨西哥是一个典型的例子。改革前，墨西哥只有 2 位亿万富翁，90 年代后期却增加到 20 多位；与此同时，墨西哥的贫困人口却未见减少。不容否认，收入分配不公是墨西哥恰帕斯州农民揭竿而起的主要原因之一。

第三，市场开放导致不少竞争力弱小的本国企业陷入困境。新自由主义理论主张最大限度地开放市场。在拉美，市场开放的过程是一个外资企业不断入侵的过程。有些民族企业在竞争中仍然能保持自己的优势，并在竞争中不断壮大自身的实力，但有些民族企业则因不敌外来竞争而陷入困境。这种情况在开放度较高的墨西哥和阿根廷等国尤为明显。

第四，在重新定位国家作用的过程中忽视了社会发展的重要地位。新自由主义理论要求把国家的作用降到最低限度。在新自由主义理论的影响下，拉美国家的政府通过私有化等手段退出了生产领域，并减少了对经济的直接干预。这无疑为市场机制发挥其积极作用创造了条件。然而，拉美国家似乎从一个极端走向另一个极端。例如，有些国家的政府为了实现财政平衡而减少了对文教卫生领域的投资，从而使低收入阶层得不到必要的服务；有些国家的政府则将一些社会服务设施交给追求利润最大化的私人部门去管理，失去了政府在社会发展领域中的主导地位。

第五，不成熟的金融自由化和过早的资本项目开放增加了金融风险。

在推动金融自由化的过程中,政府未能有效地对金融部门加以监管。其结果是,有些银行为追求高利润率而从事风险过大的业务,有些银行为应付政府有关部门的检查而弄虚作假,有些银行则将大量贷款发放给少数"关系户"。不容否认,政府放松对金融业的监管,是近年来许多拉美国家爆发银行危机的主要原因之一。

与国内金融自由化相对应的是开放资本项目。开放资本项目是必要的。但是,国际资本的无序流动以及巨额游资的冲击,使拉美国家面临更大的金融风险。1994年的墨西哥金融危机、1999年的巴西货币危机以及2001年的阿根廷债务危机,都与过早开放资本项目有关。

在分析新自由主义对拉美的影响时,必须提到2001年12月爆发的阿根廷危机。这一危机是这个南美洲国家一个世纪以来遇到的最严重的经济危机、政治危机和社会危机。在政治领域,先后有四位总统在短短的半个月时间内走马上任。在社会领域,成千上万的民众走上街头,敲着锅碗瓢盆,抗议声此起彼伏。此外,他们还抢劫商店,堵塞交通,与警察发生流血冲突。在经济领域,阿根廷无力偿还1000多亿美元的外债,成为世界上最大的债务违约国。为了避免银行体系崩溃,政府不仅在一段时间内命令银行停止营业,甚至还冻结了银行存款,并强制要求储户将美元存款转换为本国货币存款。

阿根廷危机与新自由主义有多大关系,是国内外学术界争论不休的问题。一种观点认为,阿根廷危机是阿根廷梅内姆政府和德拉鲁阿政府推行新自由主义改革的必然后果;另一种观点认为,新自由主义政策在一定程度上促成了危机,但不是危机的唯一根源。

我们认为,阿根廷危机的根源与新自由主义政策是密切相关的。例如,阿根廷实施了大刀阔斧的国有企业私有化,使外资在国民经济中占有举足轻重的地位。又如,为了强化市场机制的作用,阿根廷几乎放弃了国家对经济生活的调控,从而使自由化成为压倒一切的信条。再如,由于大幅度降低贸易壁垒,市场的开放使大批民族企业倒闭,因此一些城市的失业率高达15%—20%。

但是我们也应该指出,除新自由主义政策以外,阿根廷危机的根源还与以下几个因素有关:(1)阿根廷在长期的发展过程中积累的许多问题，如产业结构不合理和国际竞争力弱化等，使这个100年前曾经是富有的南美洲国家难以应对全球化趋势的猛烈冲击。（2）90年代期间僵硬的汇率制度、庞大的财政赤字和沉重的债务负担，严重制约了阿根廷经济的活力。（3）巴西是阿根廷的邻国和主要贸易伙伴。1998年巴西货币危机爆发后，巴西货币雷亚尔大幅度贬值，从而使阿根廷对巴西的出口受到很大的影响。

总之，新自由主义既不是阿根廷危机的唯一罪魁祸首，也不是梅内姆政府和德拉鲁阿政府所信奉的那种能够解决阿根廷所有经济问题的"灵丹妙药"。新自由主义政策的弊端与其他一些政策上的偏差和不利的外部环境结合在一起，终于使阿根廷陷入了不能自拔的危机。

（原载《当代世界与社会主义》2003年第6期）

论拉美国家的结构性改革

20世纪80年代，拉美经济遭遇了前所未有的债务危机和经济危机的双重打击。这一危机既与不利的外部条件息息相关，也是供给侧领域各种问题积重难返的必然结果。

为了尽快摆脱危机，拉美国家实施了大刀阔斧的结构性改革。这一改革取得了显而易见的积极成效，但也产生了多方面的问题。因此，20世纪90年代末，拉美的第一代结构性改革开始向第二代结构性改革过渡。这一过渡被称为"对改革进行改革"。

与第一代结构性改革相比，第二代具有更高的战略性、更远的长期性和更大的艰巨性。因此，第二代改革任重道远，不可能一蹴而就。

一 第一代结构性改革

结构性改革是为消除供给侧领域中各种问题的改革。拉美实施的第一代结构性改革是在20世纪80年代的债务危机爆发后开始的。改革的动因来自多方面，其中最重要的无疑是为了早日摆脱债务危机及由此而来的经济危机。

1982年，墨西哥爆发了举世瞩目的债务危机。这一危机的"龙舌兰酒"效应如此之大，以至于在较短的时间内该地区的绝大多数主要国家都陷入了债务危机。在债务危机的打击下，拉美国家采用了控制通货膨胀、压缩财政开支和减少进口等措施。但这些"头痛医头、脚痛医脚"的应急性政策收效甚微。在一定程度上，这些政策诱发了经济危机，从而使20世纪80年代成为该地区的"失去的十年"。

墨西哥债务危机爆发后,拉美国家在国际资本市场上的资信急剧下降,进入该地区的外国私人资本大幅度减少,因此,拉美国家希望从世界银行、国际货币基金组织和美洲开发银行等国际多边机构以及美国政府那里获得更多的贷款,而这些贷款常附加一些要求债务国进行结构性改革的条件。

为了获得国际多边金融机构的资金,绝大多数拉美国家采取了无可奈何或言听计从的态度。例如,巴拉圭罗德里格斯政府为了得到国际货币基金组织的一笔贷款,在多轮谈判之后,于1990年11月致信该机构,表示政府将保证在一些主要经济部门(如钢铁、水泥、航空和海运)中进行私有化。翌月,政府颁布了法令,开始实施私有化。国际货币基金组织前总裁米歇尔·康德苏曾说过,他的前任亚克·德拉罗齐尔为劝说拉美国家进行经济调整花费了大量时间,而现在的拉美国家却都言听计从了。[1]

第一代结构性改革的内容主要包括以下"四化"。

(1) 贸易自由化。在实施进口替代工业化期间,拉美国家为保护本国企业而高筑贸易壁垒。高高的贸易壁垒有效地保护了幼稚工业,但也保护了落后。因此,贸易自由化构成了第一代结构性改革的核心内容之一。

为实施贸易自由化,拉美的关税从改革前的近50%下降到1999年的10%左右。改革之前,近40%的进口受到非关税壁垒的限制;至90年代中期,这一比重已减少到6%。[2] 由此可见,拉美的贸易自由化是在短短的10年左右的时间内完成的。无怪乎拉美国家的贸易自由化被看作一种激进的改革。

(2) 国有企业私有化。国有企业在强化拉美的国家资本、推动拉美经济和社会发展的过程中扮演了不可或缺的角色。诚然,企业的所有制

---

[1] John Williamson (ed.), *Latin American Adjustment How Much Has Happened?* Institute for International Economics, 1990, p. 353.

[2] Eduardo Lora, "Structural Reforms in Latin America: What Has Been Reformed and How to Measure It", Inter-American Development Bank Working Paper, December 2001, p. 4.

与其效益的高低和竞争力的强弱无必然的联系。但是，拉美的国有企业始终面临着效益低下、竞争力弱和亏损大等一系列长期得不到解决的老大难问题。因此，在拉美的第一代结构性改革中，对国有企业实施私有化，被认为是消除这一痼疾的最佳方法。

（3）金融自由化。改革之前，拉美的"金融压抑"极为严重。① 因此，金融自由化也是第一代结构性改革的主要内容之一。在实施金融自由化的过程中，拉美国家采取了以下措施：实行利率市场化；取消定向贷款；降低银行储备金比率；对国有银行实施私有化；积极引进外国银行的参与；加强中央银行的独立性；大力发展国内资本市场；降低进入金融部门的壁垒。②

（4）经济体制市场化。经济体制市场化涉及国民经济的方方面面，其中最引人注目的是税收制度改革、劳动力市场改革和社会保障制度改革。改革的核心是强化市场机制的作用，最大限度地减少政府干预和发挥市场机制的作用。③

改革前拉美的税制存在许多不合理性。它的多重税率无功效可言，复杂的税率居于很高的水平，从而扭曲了企业的决策，也使居民的储蓄积极性受到了损害。政府试图通过税收的杠杆作用促进投资或发展某些部门。但是，由于征税机构软弱且效率低下，因而"寻租"行为和偷税漏税十分严重。进入 90 年代后，拉美税制改革全面展开。改革的方向是实现中性化，并在立法和行政管理方面使税制简化，力求获得更多的税收。

改革前，拉美国家的政府对劳动力市场进行有力的干预，加之工会组织"战斗性"很强，因此劳工制度具有强烈的"刚性"。90 年代以来，

---

① "金融压抑"（Financial repression）是美国经济学家爱德华·肖和罗纳德·麦金农在 1973 年发明的术语。其表现形式是：人为地控制利率的上限；政府拥有或控制银行和其他一些金融机构，并提高准入门槛；储备金要求高；通过设置资本要求等手段，要求银行必须拥有政府债务。由此可见，"金融压抑"的本质就是政府对金融业实施高强度的管制。这样的管制必然会导致金融业出现严重的扭曲。

② 定向贷款是指政府将低利率贷款分配给由它指定的企业、部门或地区。

③ 江时学：《拉美发展前景预测》，中国社会科学出版社 2011 年版。

许多拉美国家通过修改劳动法等措施，降低了解雇雇员的成本，简化了招聘临时工的程序，使雇员和雇主的关系更加适合市场经济体制的要求。

改革前，许多拉美国家的社会保障实行的是"现收现付"制。这一制度具有覆盖面小、效率低下、财政失衡严重等弊端。进入90年代后，一些拉美国家仿效智利的做法，建立了以"个人资本化账户"为基础的私人养老金基金，并积极发挥私人部门在养老金管理中的作用，从而为提高储蓄率和维系社会保障基金的可持续性创造了条件。[①]

拉美的第一代结构性经济改革取得了明显的积极成效。这一成效主要体现在以下几个方面。

一是摆脱了20世纪80年代的债务危机和经济危机的困扰。如在1991—2010年期间，除少数年份以外，拉美经济都能保持较高的增长率，多个年份的增长率在5%以上。诚然，较高的经济增长率与多方面的因素有关，但经济改革无疑是重要的因素之一。

二是拉美经济的开放度和外向性快速扩大。拉美国家在结构性改革之前奉行的进口替代模式当然并非一无是处，但其固有的内向性确实严重制约了拉美经济的发展潜力和国际竞争力。通过实施结构性改革，拉美的发展模式实现了根本性的转换。贸易壁垒的降低、对外资开放的投资领域的扩大以及区域经济一体化的复兴，都使拉美经济的开放度和外向性进一步扩大。

三是宏观经济形势大为好转。改革之前，拉美国家的宏观经济形势极不稳定。汇率大起大落，贸易逆差不断扩大，失业率居高不下，财政赤字得不到控制，恶性通货膨胀司空见惯。通过实施结构性改革，绝大多数拉美国家的宏观经济形势大为好转。上述现象基本消失。[②]

四是抵御外部冲击的能力有所增强。1982年墨西哥爆发债务危机后，

[①] Stephen J. Kay and Barbara E. Kritzer, *Social Security in Latin America: Recent Reforms and Challenges*, Federal Reserve Bank of Atlanta Economic Review, First Quarter 2001.

[②] 改革之前，拉美国家长期蒙受恶性通货膨胀之苦。如在1985年8月，玻利维亚的通货膨胀率高达23000%。通过实施结构性改革，绝大多数拉美国家终于实现了物价稳定。这一成就得益于与结构性改革息息相关的三大因素：一是生产的发展消除了商品短缺，扩大了供给；二是贸易自由化使进口商品增加，市场供应变得充裕；三是强化财政纪律后，货币发行量得到控制。

由此而来的所谓"特基拉效应"迅速蔓延到整个拉美，只有极少数国家幸免于难。相比之下，虽然1997年的东亚金融危机、1999年的巴西金融动荡、2001年的阿根廷金融危机以及2008年的国际金融危机同样对拉美经济产生了"传染效应"，但其冲击力极为有限，并未对拉美经济造成非常沉重的打击。无怪乎世界银行行长佐利克在2009年7月6日说："人们都在谈论中国（的成功），但我认为拉美也是成功的。"[1] 联合国拉美和加勒比经济委员会（以下简称联合国拉美经委会）也认为，拉美国家实际上仅用两个季度的时间就基本上度过了2008年的国际金融危机。美国《纽约时报》（2010年6月30日）认为，在美国和欧洲为巨额赤字和乏力的复苏苦恼时，拉美的经济增长却是很值得其羡慕的。而在过去，拉美经常无法偿还外债，不得不对货币进行贬值，甚至还需要富国为其纾困。[2] 甚至还有人认为，为了应对债务危机，深受债务危机之苦的希腊应该向拉美取经。

当然，没有一种改革是十全十美的，拉美的第一代结构性改革亦非例外。概而言之，这一改革产生的问题主要包括：改革使收入分配不公的问题变得越来越严重；国有企业私有化使一些私人资本和外国资本的生产集中不断加强，也使失业问题更为严重。政府在社会发展领域中的作用严重缺失；不成熟的金融自由化和过早的资本项目开放增加了金融风险。

二 第二代结构性改革

如果说拉美的第一代结构性改革的宗旨是为了尽快摆脱债务危机及经济危机导致的"失去的十年"，那么，第二代结构性改革的目标则是巩固第一代结构性改革的成果和修正第一代改革的偏差，因而也是对第一代改革的扬弃。无怪乎智利学者弗兰奇—戴维斯等人将拉美的第二代结

---

[1] http://web.worldbank.org/WBSITE/EXTERNAL/NEWS/0, contentMDK: 22238812 ~ pagePK: 34370 ~ piPK: 34424 ~ theSitePK: 4607, 00.html.

[2] http://www.nytimes.com/2010/07/01/world/americas/01peru.html.

构性改革视为"对改革进行改革"。[1]

应该指出的是,在推动第一代结构性改革向第二代改革过渡的过程中,国际机构的官员和经济学家发挥了重要作用。例如,早在 1997 年 5 月 21 日,国际货币基金组织总裁康德苏就在阿根廷银行业年会上说,作为拉美的"观察者"和"朋友",拉美国家不仅应该完成正在进行中的改革,而且还应该实施"第二代改革"(second generation reform),以实现更快的、更可持续的和更公平的增长。他还指出:阿根廷的"第一代改革"取得了显著的成效。但是,阿根廷同时也面临着失业率居高不下和不能使每一个人公平的从改革中受益等问题。他认为,阿根廷的状况在其他拉美国家同样存在。因此,所有拉美国家都应该实施有利于提高增长率、有利于更为公平地分享经济机遇以及有利于加快社会进步的"第二代改革"。他认为,如果说"第一代改革"的目标是实现经济基本面的均衡和启动增长的引擎,那么,"第二代改革"的目标则是在全球化的世界经济中实现可持续的增长以及完成政府作用的转型和重新定位。[2]

1998 年 4 月在智利首都圣地亚哥举行的美洲国家首脑会议明确提出了以"圣地亚哥共识"替代"华盛顿共识"的主张。"圣地亚哥共识"的含义是:(1)必须减少经济改革的"社会成本",使每一个人都能从改革中受益;(2)大力发展教育事业和卫生事业;(3)不应该降低政府在社会发展进程中的作用;(4)健全法制,实现社会稳定;(5)提高妇女和少数民族群体的社会地位和经济地位;(6)完善和巩固民主制度。

1998 年 9 月,世界银行的经济学家 S. 伯基和 G. 培利出版了《超越华盛顿共识:体制更重要》一书。他们认为,虽然拉美国家按照"华盛顿共识"推出的改革措施取得了明显的成效,但它忽视了制度在加快经济和社会发展中的重要作用。因此,为了搞好制度建设,拉美国家应该在"第二代经济改革"中建立金融安全网、发展教育、强化法治、改善

---

[1] Ricardo French – Davis, *Reforming the Reforms in Latin America: Macroeconomics, Trade, Finance*, Palgrave Macmillan, 2000.
[2] Michel Camdessus, "Toward a Second Generation of Structural Reform in Latin America", May 21, 1997, https://www.imf.org/en/News/Articles/2015/09/28/04/53/spmds9706.

收入分配和提高公共管理的效率。①

也是在 1998 年,美洲开发银行执行副行长 N. 伯索尔与该机构的其他两位经济学家出版了《超越两者不可兼得:拉美的市场改革与公平性增长》一书。他们认为,拉美的"第一阶段"的改革基本完成,现在应该升级到"第二阶段"的改革。他们要求拉美国家在"第二阶段"的改革中努力克服这样一种恶性循环:社会不公导致市场失灵,市场失灵诱发政府失灵,从而使社会不公更为严重。因此,有必要创造一种效率与公平并重的良性循环。他们指出,这种良性循环应该成为一种"拉美共识"。②

美洲开发银行的首席经济学家 E. 劳拉等人在 2002 年发表的一个研究报告中指出,在实施第一代改革的过程中,拉美国家实施了较为审慎的财政政策和货币政策,开放了贸易、金融市场和资本市场,大量国有企业被私有化。但是,这一改革是不完整的,也是不均衡的,③ 甚至还产生了所谓"改革的疲劳症"(reform fatigue)和其他一些问题,如经济增长依然乏力,贫困现象在恶化,社会问题十分严重。④ 他们还指出,将拉美国家面临的一切问题归咎于改革固然是有失公允的,但拉美国家确实有必要为改进公平和减少贫困而制定一个"新的改革议程"(a new reform agenda)。⑤

对拉美政策走向有着重大影响的联合国拉美经委会也表达了类似的愿望。例如,该机构的生产、生产力和管理司司长豪尔赫·凯茨在其题为《拉美的结构性改革、生产率与技术变革》(2001 年 5 月)一书中指

---

① Shahid Javed Burki and Guillermo E. Perry (eds.), *Beyond the Washington Consensus: Institutions Matter*, World Bank Latin America and Caribbean Studies, 1998. http://documents.worldbank.org/curated/en/556471468265784712/pdf/multi-page.pdf.

② Nancy Birdsall, Carol Graham and Richard H. Sabot, *Beyond Trade Offs: Market Reform and Equitable Growth in Latin America*, Inter-American Development Bank, 1998.

③ 他们说的不均衡是指不同国家和不同领域的改革速度有快有慢,改革的力度有大有小,改革的领域有宽有窄。

④ 这两位经济学家认为,"改革的疲劳症"的症状就是许多人将生活质量的下降归咎于改革。

⑤ Eduardo Lora and Ugo Panizza, "Structural Reforms in Latin America under Scrutiny", Inter-American Development Bank Working Paper, March 11, 2002, pp. 31 – 32.

出，为了维系经济增长的可持续性和政治合法性，拉美国家应该加快提高劳动生产率，应该把经济改革的成就以一种更为公平的方式分配给全社会的每一个人。他还写道，"看得见的手"（政府）的作用应该弥补"看不见的手"（市场）的不足，公民社会应该发挥更大的作用。虽然他在书中没有使用"第二代改革"的提法，但他提出的"新政策议程"（a new policy agenda）包括的内容，与康德苏的"第二代改革"的内容大同小异。①

除国际货币基金组织和联合国拉美和加勒比经济委员会等重要的国际机构以外，还有许多经济学家也为拉美国家如何"对改革进行改革"提出了不少忠告。例如，2002年8月，诺贝尔经济学奖获得者斯蒂格利茨在拉美经委会的一个重要讲演中说："若干年前，人们就已开始讨论'第二代改革'。他们认为，拉美国家正在消化第一代改革（的成就），而且，这一改革为拉美经济的可持续发展创造了（良好的）基本面，现在仅需要对其进行'微调'。但我认为，在第一代改革中，实施各项改革政策的时间和顺序未能得到足够的重视。这一改革甚至是以对市场经济和政府的作用的错误理解为基础的……当然，虽然市场导向的改革是失败的，但这并不意味着拉美应该退回到过去。"他认为，改革就是变革，因此，有必要对拉美的改革进行改革。在他提出的"新的改革议程"中，当务之急是抛弃令人误入歧途的"华盛顿共识"。②

应该指出的是，拉美第二代结构性改革的起始时间尚无定论。康德苏甚至认为，两代结构性改革之间找不到一种人为的分界线。他说，阿根廷等国在第一代结构性改革尚未完成的条件下，就已经开始实施与第二代改革息息相关的改革计划。③ 但就拉美国家的政策重点而言，20世纪

---

① Jorge M. Katz, *Structural Reforms, Productivity and Technological Change in Latin America*, UN Economic Commission for Latin America and the Caribbean (ECLAC), Santiago, Chile, 2001, p.113.

② Joseph E. Stiglitz, "Whither Reform? Towards A New Agenda for Latin America", Prebisch Lecture, delivered at the Economic Commission for Latin America and the Caribbean, in Santiago, Chile, on 26 August 2002.

③ Michel Camdessus, "Toward a Second Generation of Structural Reform in Latin America", May 21, 1997. https://www.imf.org/en/News/Articles/2015/09/28/04/53/spmds9706.

90年代末可被视为第二代结构性改革的起点。

拉美的第二代结构性改革是对第一代改革的扬弃,因此两代改革既有明显的不同之处,也有承前启后的相似性。就具体的改革措施而言,第二代改革的主攻方向可归纳为:

一是重新界定政府的作用。在第一代结构性改革中,为了发挥市场机制的作用,拉美国家通过私有化和自由化等手段,政府的作用被大大降低,甚至在社会发展进程中,政府的作用也被置于边缘化地位。在第二代结构性改革中,政府的作用被重新界定。在阿根廷等国,被私有化的国有企业实现了"再国有化"。[①]

二是进一步强化金融监管。在第一代结构性改革中,为了消除"金融压抑",拉美国家实施了较大规模的金融自由化。诚然,金融自由化增强了金融部门的活力和竞争力,但是,由于金融监管不到位,金融风险被不断放大,导致银行危机成为一种司空见惯的现象。因此,在第二代改革中,强化金融监管被置于至高无上的地位。除设立专门的金融监管机构以外,拉美国家还在法律制度上进一步完善了金融监管制度,甚至还在技术层面上加大了金融风险的预警。

三是更加注重社会发展。在第一代结构性改革中,拉美国家关注的是如何扩大开放和刺激市场机制的活力。一方面,在推动改革的过程中,社会发展领域被冷落;另一方面,20世纪80年代的债务危机和经济危机使拉美的贫困问题更为严重。在一定意义上,20世纪80年代这一"失去的十年"不仅是经济层面上的损失,而且是社会领域中的倒退。因此,在第二代结构性改革中,拉美国家加大了在社会领域的投资。在大多数拉美国家,"有条件的现金支付"这一被世界银行推崇的社会救助项目,就是在第二代结构性改革期间实施的。

四是强调调整产业结构的必要性。第一代结构性改革是一种在债务危机和经济外交双重打击下的应急性改革。因此,这一改革关注的是短

---

① 2012年4月16日,阿根廷总统费尔南德斯发表电视讲话,称政府已向国会提交了对国内最大的石油天然气公司YPF实施国有化的法案。她说,阿根廷是拉美、也可能是世界上唯一不能控制自己的自然资源的国家。4月26日,阿根廷参议院以63票赞成、3票反对、4票弃权的结果通过了能源国有化法案;5月3日,众议院以207票赞成、32票反对的结果通过了该法案。

期效应，即如何尽快实现经济复苏，较少考虑如何通过调整产业结构来实现长期性的可持续发展。在第二代结构性改革中，许多拉美国家认识到，为减少国际市场上初级产品价格波动的影响，有必要在继续发挥比较优势的同时实现产业结构的多元化。为此，不少拉美国家加大了在制造业投资的力度。墨西哥的努力已初见成效。美国宾夕法尼亚大学沃顿商学院教授毛罗·桂伦认为，在融入全球价值链的过程中，墨西哥是最成功的拉美国家。①

五是加大在基础设施领域的投资。根据联合国拉美经委会的有关研究报告，良好的基础设施能促进互联互通，加快落后地区的开发，因而能有力地推动拉美国家的经济和社会发展。② 如前所述，第一代结构性改革的重点是如何扩大对外开放和如何强化处理市场与政府的关系，较少关注基础设施的不足对经济发展构成的"瓶颈"作用。在第二代改革中，大多数拉美国家开始加大在基础设施领域的投资。在财政预算中，这一投资的比重在稳步上升。世界经济论坛在2015年3月6日发表的一篇文章认为，许多拉美国家在改善基础设施的过程中取得了较大的成就。但就整体而言，拉美的基础设施不及世界上的其他地区。③ 世界银行的有关研究表明，不敷需求的基础设施已构成拉美对外贸易的障碍，因为拉美的物流成本比经济合作与发展组织高出3—4倍。④

毫无疑问，与第一代结构性改革相比，第二代具有更高的战略性、更远的长期性和更大的艰巨性。这一特点意味着，目前要对第二代改革作一全面而深刻的评价并非易事。但以下几个结论或许是能够成立的：社会发展领域的成就开始显现，政府与市场的关系渐趋正常，宏观经济

---

① "Can Latin America Free itself from Dependence on Commodities?" October 19, 2016, http://knowledge.wharton.upenn.edu/article/can-latin-america-free-dependence-commodities/.

② CEPAL, "The economic infrastructure gap in Latin America and the Caribbean", Infrastructure Unit Service FAL, Issue No. 293, November 1, 2011, http://repositorio.cepal.org/bitstream/handle/11362/36339/FAL-293-WEB-ENG-2_en.pdf?sequence=1.

③ World Economic Forum, "How can Latin America Close its Infrastructure Gap?", March 6, 2015. https://www.weforum.org/agenda/2015/05/how-can-latin-america-close-its-infrastructure-gap/.

④ http://www.worldbank.org/en/region/lac/overview.

形势日益稳定，金融监管机制不断完善，企业的国际竞争力稳步上升，基础设施的"瓶颈"现象有所缓和，对外经济关系的多元化格局基本成型。①

当然，拉美的第二代结构性改革任重道远，不可能一蹴而就。尤其在调整产业结构、强化创新能力和完善基础设施的过程中，拉美国家必须做出更大的努力。

三 有待深入研究的若干问题

在分析拉美的两代结构性改革时，有必要对以下几个问题进行更为深入的研究。

（一）如何判断拉美结构性改革成功与否？

国际上对拉美结构性改革成效的评价众说纷纭，不一而足。褒之者有之，贬之者亦有之。在各种负面评论中，最常见的是改革未能使拉美经济得到更快的增长。至于为什么改革未能加快经济增长，较为常见的分析与以下两个原因有关：（1）拉美结构性改革的力度不大，范围不广，持续时间不长。持这一观点的主要是国际机构的经济学家、学术机构和智库的学者以及拉美的一些决策人士。（2）这一改革的力度太大，步伐太快，而且还出现了一些政策偏差。持这一观点的主要是左翼人士以及对全球化不满的学者。

众所周知，结构性改革是经济领域的重大变革，甚至是一场革命。因此，这一改革对经济增长率的影响是直接而必然的。这一判断在国际上能得到印证。中国经济的快速增长与其在1978年启动的改革开放有着密切的关系。但在俄罗斯和中东欧国家，经济转轨对经济增长率的影响完全是负面的。

由此可见，改革对经济增长率的影响既可能是积极的，也可能是消

---

① 根据联合国的《2014年发展目标报告》，在拉美，生活费不足1.25美元的贫困人口在总人口中的比重从1990年的12%下降到2010年的6%。

极的。改革可以成为经济增长的动力，也可以成为经济增长的"绊脚石"。这一差异与以下几个因素息息相关。（1）政治条件。例如，改革能否得到民众的支持，政局是否稳定，各种政治力量能否在改革的关键时刻同舟共济，等等。（2）改革的初始条件。例如，有些国家的经济在改革之初已濒临崩溃的边缘，有些国家则是在经济形势较好的条件下启动改革的。（3）改革的艺术，亦即改革的顶层设计。例如，有些国家是先实施较为容易的贸易自由化和国有企业私有化，尔后再推出较为复杂的金融自由化和经济体制市场化；有些则反其道而行之。还有一些国家则根本不考虑改革的"时序"（time and sequence），各种改革措施几乎是同步出台的。（4）改革的力度。例如，有些国家信奉"渐进"的优势，每一步改革都伴随着较为稳妥的"学中干""干中学"，因此改革的力度不大；而有些国家则推崇"激进"，每一个改革措施都具有大刀阔斧的力度。

应该指出的是，影响经济增长率的因素很多，结构性改革仅仅是其中之一。此外，有些结构性改革措施对经济增长的影响是积极的，有些可能是消极的。因此，确定结构性改革对经济增长率的影响，并非易事。但统计数字表明，拉美国家的GDP总量从1990年的2.7万亿美元上升到2015年的5.6万亿美元；人均GDP从同期的6099美元提高到8982美元。[1] 这些数据表明，我们很难得出结构性改革不成功的结论。

（二）如何评估"中国因素"对拉美结构性改革做出的贡献？

任何一个国家的改革如要取得成功，必须最大限度地利用良好的外部条件。拉美国家的对外经济关系日益多元化，因此，影响拉美的结构性改革的外部条件是多种多样的。在这些外部条件中，"中国因素"的贡献不容低估。

"中国因素"对拉美结构性改革的贡献主要体现在以下几个方面：

第一，中国与拉美国家之间的贸易有利于拉美国家获得更多的出口收入。为满足经济发展的需要，中国从拉美进口了大量初级产品和资源。

---

[1] http://estadisticas.cepal.org/cepalstat/WEB_CEPALSTAT/Portada.asp?idioma=i.

这使大量出口初级产品的拉美受益匪浅。世界银行、联合国拉美和加勒比经济委员会、经济合作与发展组织以及美洲开发银行等多边机构的经济学家都以有力的数据和扎实的研究证明，中国对初级产品的巨大需求与拉美出口收入的增长密切相关。这使得拉美国家能在实施结构性改革的过程中获得较为充裕的出口收入。

第二，中国在拉美的投资有利于弥补该地区的资金短缺。随着经济实力的增强，中国企业"走出去"的力度不断加大。拉美地大物博，投资机会多。因此，拉美是中国对外投资的重点地区。从离岸金融业到资源开采业，从制造业到农业，从旅游业到基础设施领域，中国的投资与日俱增。根据中国商务部的统计，截至2015年，中国在拉美的直接投资存量达1263亿美元。① 根据2017年6月美国大西洋委员会、经济合作与发展组织（OECD）联合发布的题为《中国在拉美的投资》的研究报告公布的数据，2003年以来，中国在拉美的投资已超过1100亿美元。②

第三，中国对拉美出口的大量价廉物美的商品有利于拉美国家控制通货膨胀压力。中拉贸易的特点是中国从拉美进口资源和初级产品，向拉美出口工业制成品。这一贸易格局是由各自的比较优势决定的，是一种实实在在的双赢和互惠。

在中国向拉美出口的工业制成品中，既有高科技产品，也有价廉物美的劳动密集型产品。这些价廉物美的"中国制造"满足了低收入阶层的需求。英国《金融时报》（2011年4月22日）的一篇文章写道，在巴西圣保罗的帕赖索波利斯贫民区，低收入者非常喜欢较为廉价的中国商品，因为巴西生产的同类商品在价格上要高出4倍。该贫民区的一店主说，他的商品必须如此便宜，否则这里的很多穷人买不起。《金融时报》的这一文章认为，中国的廉价商品有助于巴西政府控制通货膨胀压力。③ 控制通货膨胀是拉美结构性改革取得的积极成效之一，因此，中国对拉

---

① http://www.mofcom.gov.cn/article/ae/ah/diaocd/201611/20161101794385.shtml.

② Rolando Avendano, Angel Melguizo, and Sean Miner, "Chinese FDI in Latin America: New Trends with Global Implications", the Atlantic Council and the OECD Development Centre, June 2017, p. 1.

③ http://www.ftchinese.com/story/001038207/en.

美的促进与拉美结构性改革的大目标是完全吻合的。

（三）如何看待左翼政府在结构性改革中的作用？

1999年查韦斯就任委内瑞拉总统，既可以被视为拉美左翼东山再起的历史性象征，也意味着该地区的政治风向标发生了重大的转向。

国际上的许多分析人士认为，拉美左翼之所以能东山再起，与该地区实施的第一代结构性改革导致社会问题日益突出和其他一些副作用有关。这一分析不无道理。第一代结构性改革不仅不能使每一个人都能享受到改革的红利，而且还加大了收入分配的差距。低收入阶层和中产阶级中一部分成员对改革表达了不满。这一不满为参与大选的左翼政治家提供了良机。

为巩固自己的政治基础，在选票箱中胜出的左翼候选人在当政后加大了推动社会发展的力度。毫无疑问，在左翼政治家当政的每一个拉美国家，弱势群体的生活水平都得到了不同程度的改善。这在社会问题久治不愈的拉美是难能可贵的。

拉美左翼政府的以人为本政策常被冠以"民众主义"，并不时遭到严厉的批评。事实上，多个拉美国家的左翼政府实施的"有条件的现金转移支付项目"，为减少贫困和推动社会发展做出了巨大的贡献。贬低这样的"民众主义"政策显然是不应该的。[①]

当然，"民众主义"也有其固有的缺陷。例如，为了获得民众的支持，左翼政府常无所顾忌地把多多益善的财政收入直接用于民众的社会福利，最终使宏观经济平衡面临巨大的压力。而政府弥补财政赤字的手段是开动印钞票的机器，扩大货币发行量。其结果是，通货膨胀的压力不断上升。毫无疑问，委内瑞拉的通货膨胀率居高不下，与查韦斯政府和马杜罗政府的"民众主义"政策是密切相关的。但我们不能因此而全盘否定"民众主义"的积极意义，不能将政府在实施"民众主义"政策

[①] 据报道，中国已与联合国儿童基金会合作，在西部地区的一些县实施了"有条件的现金转移支付项目"的试点工作。参与该项目的妇女和儿童如能满足一定的条件（如定期接受体检和完成义务教育），就可获得政府提供的一定数额的现金补助。

的偏差归咎于"民众主义"本身。

(四) 如何处理发挥比较优势与调整产业结构的关系？

任何一个国家在追求经济发展时必须发挥自身的比较优势。拉美的比较优势在于其丰富的自然资源。因此，拉美的出口贸易依赖原料和初级产品是不足为怪的。

在历史上，一些拉美国家曾因出口初级产品而跻身于世界上的富国的行列。如在19世纪末，阿根廷利用欧洲市场对农产品的需求急剧增加的大好机遇，依靠蜂拥而至的外资和外国移民，并利用海运技术的进步，向欧洲出口了大量农产品。当时，阿根廷经济的增长速度之快，在世界上是无与伦比的。至20世纪初，阿根廷因出口大量粮食和牛肉而被誉为"世界的粮仓和肉库"，它的首都布宜诺斯艾利斯则被视作"南美洲的巴黎"。20世纪初，阿根廷的人均收入相当于当时世界上最富裕的16个国家的平均数的92%。时至今日，这一百分比已下降到43%。[1]

丰富的自然资源固然是"恩赐"（blessing），但有时也会成为一种"诅咒"（cursing），甚至会导致"荷兰病"。[2] 美国学者杰弗里·萨克斯等人发现，在1970—1990年期间，高度依赖自然资源出口的国家的经济增长率较低。[3] 曾在创建石油输出国组织的过程中发挥过重要作用的委内瑞拉前石油部长胡安·巴勃罗·佩雷斯·阿方索在1970年说过，"十年后，二十年后，你会看到，石油带给我们的是（经济上的）毁灭。"[4] 近几年委内瑞拉的经济形势表明，这一判断一语成谶。

当然，委内瑞拉的遭遇并不意味着拉美国家不应该发挥其资源丰富这一不可多得的比较优势。事实上，如何处理发挥比较优势和提升产业

---

[1] "The Tragedy of Argentina: A Century of Decline", *The Economist*, Feb. 17th, 2014.

[2] Rabah Arezki and Frederick van der Ploeg, *Can the Natural Resource Curse Be Turned into a Blessing? The Role of Trade Policies and Institutions*, EUI Working Paper, European University Institute, 2007/35.

[3] Jeffrey D. Sachs and Andrew M. Warner, *Natural Resource Abundance and Economic Growth*, Center for International Development and Harvard Institute for International Development, Harvard University, 1997.

[4] 转引自 Jerry Useem, "The Devil's Excrement", *Fortune*, February 3, 2003。

结构两者之间的关系是世界上许多国家面临的难题。委内瑞拉片面依赖其丰富的石油资源,因此"荷兰病"症状较为明显;而巴西、墨西哥、阿根廷和智利等国则在实现产业结构多元化和提高初级产品的附加值方面取得了一定的成效。有些国家甚至还利用国际市场上初级产品价格高涨的有利条件,将一部分出口收入投入主权财富基金。因此,资源丰富这一优势在拉美会越来越变为一种"恩赐",而非"诅咒"。

(五) 如何处理政府与市场的关系?

如何处理政府与市场的关系是世界上任何一个经济体都无法回避的难题。在拉美的结构性改革中,这一难题同样时刻困扰着每一个拉美国家的决策者。

威廉姆逊"发明"的"华盛顿共识"是他对拉美第一代结构性改革的政策工具的总结和归纳。[①]"华盛顿共识"的核心内容之一就是强调市场的万能而轻视政府在经济生活中的重要作用。这当然也是拉美在第一代结构性改革中的所作所为。

如前所述,拉美的国有企业效率低下,亏损严重,使政府的财政背上了一个沉重的负担。因此,在第一代结构性改革中,拉美国家对国有企业实施国有化是理所当然的,也是天经地义的。许多研究表明,大多数国有企业被私有化后,政府的财政负担大大减轻。这为稳定宏观经济形势(尤其是政府的财政收支平衡)做出了贡献。

拉美国家奉行的是资本主义制度。因此,允许私有化在所有制中发挥其应有的作用是不足为怪的。当然,世界各国的经验表明,企业的所有制与企业的效率并无必然的关系。在许多国家(尤其在社会主义国家),高效率和盈利的国有企业并不少见。这意味着,一方面,私有化有助于解决国有企业效率低下的老大难问题;另一方面,私有化并非根治国有企业效率低下的灵丹妙药,更不是唯一的方法。在拉美,并不是所有国有企业在被私有化后都提高了效率,亦非都能扭亏为盈。

---

① 在逻辑上,应该是先有拉美的改革,尔后才有"华盛顿共识"。当然,我们不能否认这样一个事实:许多西方学者热衷于将"华盛顿共识"推广到世界上的其他地区。

众所周知，在理论上，政府既可以通过兴建国有企业等方式，在生产领域发挥"生产者"的作用，也可以通过提供公共产品等方式，在社会发展领域扮演一个不可或缺的角色。令人遗憾的是，在实施第一代结构性改革的过程中，拉美国家在处理政府与市场的关系时从一个极端走向了另外一个极端。换言之，政府在降低其在生产领域的"生产者"角色时，也有力地弱化其在社会发展领域的作用和责任。其结果是，市场这一"看不见的手"成了"看不见的拳头"，使弱势群体在结构性改革中受到不小的打击。这一状况在第二代结构性改革中才有所改观。

四　结束语

拉美国家实施结构性改革的目的是消除其供给侧领域中的诸多问题。这一改革可分为两个阶段。20世纪90年代之前的第一阶段的改革（第一代改革）取得了显著的成效，但也产生了不少问题。因此，第二阶段的改革（第二代改革）是对第一阶段的改革（第一代改革）的扬弃，也可被视为"对改革进行改革"。

与第一代结构性改革相比，第二代具有更高的战略性、更远的长期性和更大的艰巨性。这一特点意味着，目前要对第二代改革作一全面而深刻的评价并非易事。但以下几个结论或许是能够成立的：社会发展领域的成就开始显现，政府与市场的关系渐趋正常，宏观经济形势日益稳定，金融监管机制不断完善，企业的国际竞争力稳步上升，基础设施的"瓶颈"现象有所缓和，对外经济关系的多元化格局基本成型。

在分析拉美的两代结构性改革时，有必要对以下几个问题进行更为深入的研究：如何判断拉美结构性改革成功与否，如何评估"中国因素"对拉美结构性改革做出的贡献，如何看待左翼政府在结构性改革中的作用，如何处理发挥比较优势与调整产业结构的关系，如何处理政府与市场的关系。

（原载《拉丁美洲研究》2017年第5期）

拉美国家的经济治理刍议

经济治理的重要性是不言而喻的。但在绝大多数拉美国家，政府的经济治理收效甚微。

这与以下因素有关：一些国家领导人的才能欠佳，政府的政策缺乏必要的连贯性，腐败现象司空见惯，"资源诅咒"削弱了强化经济治理的动力，利益集团对政府决策和经济治理有着重要的影响，计划性差导致政府的决策出现短视行为，严重的社会问题分散了政府治理经济的精力和注意力。

一 拉美国家的经济治理的成效

恩格斯认为，"国家权力对于经济发展的反作用可能有三种：它可以沿着同一方向起作用，在这种情况下，就会发展得比较快；它可以沿着相反方向起作用，在这种情况下它现在在每个大民族中经过一定的时期就都要遭到崩溃；或者是它可以阻碍经济发展沿着某些方向走，而推动它沿着另一种方向走，这第三种情况归根到底还是归结为前两种情况中的一种。但是很明显，在第二和第三种情况下，政治权力能给经济发展造成巨大的损害，并引起大量的人力和物力的浪费"[①]。毫无疑问，恩格斯所说的国家权力对经济发展的反作用，实际上也是国家治理的作用及成效。

---

① 《马克思恩格斯选集》第4卷，人民出版社1972年版，第483页。

国家治理体系和治理能力是一个国家的制度和制度执行能力的集中体现。[①] 国家治理的组成部分包括经济治理、政治治理和社会治理。三者相辅相成，缺一不可。经济治理是国家治理的物质基础，也是实施政治治理和社会治理的必要前提，因此其重要性是不言而喻的。美洲开发银行的经济学家甚至认为，经济治理能力比"好政策"更为重要。[②]

经济治理与政府干预有异同之处。两者都是政府行为，但政府干预是相对于市场调节而言的，因此，理想中的政府干预的目的是纠正市场扭曲，以便使市场这一"看不见的手"发挥恰如其分的作用。经济治理可被视为政府干预的一种方式，但它以技术层面的政策行为为主，是确保经济良性增长的必要条件。因此，在一定程度上，无论是中央计划经济还是自由放任的市场经济，都有或多或少的经济治理。

经济治理的成效与政府干预的力度无必然的正相关关系。有些国家的政府干预非常有力，但经济治理的成效并非最优。有些国家的政府干预的力度不大，而经济治理的成效极佳，从而使经济治理与政府干预相得益彰。

还应该指出的是，没有一种"放之四海而皆准"的经济治理模式。在一个国家行之有效的经济治理，未必适用于另一个国家。甚至在同一个国家，由于世界经济形势和国内经济形势不时发生变化，经济治理的方式方法也应该发生变化。

国际上尚无判断一国经济治理能力强弱或优劣的指标。但是，回顾过去几十年拉美经济的发展进程，不难发现以下三个事实。而这些事实表明，拉美国家的经济治理是难以被视为令人满意的。

第一，金融危机多发。拉美多次爆发金融危机，如1982年的债务危机、1994年的墨西哥金融危机、1999年的巴西货币危机以及2001年的阿

---

① 习近平：《坚定制度自信不是要固步自封》（http://news.xinhuanet.com/politics/2014-02/17/c_119373758.htm）。

② María Franco Chuaire Carlos Scartascini, "The Politics of Policies: Revisiting the Quality of Public Policies and Government Capabilities in Latin America and the Caribbean", *Policy Brief*, Inter-American Development Bank, No. IDB-PB-220 July, 2014.

根廷金融危机。阿根廷金融危机直到今日尚未彻底了结。① 2008 年诺贝尔经济学奖得主克鲁格曼曾在其《萧条经济学的回归》一书中用生动的语言描述了拉美的这一不幸遭遇:"让我们玩这样一种文字游戏:一个人说出一个词或短语,另一个人把他听到后头脑中的第一个反应回答出来。如果你对一个见识广的国际银行家、金融官员或经济学家说'金融危机',他肯定会回答:'拉美。'"②

第二,宏观经济稳定性较差。拉美经济的这一特点主要体现在以下几个方面:(1) 经济增长率缺乏平稳性,有时甚至是大起大落。2002 年,委内瑞拉的国内生产总值增长率为 -8.9%,2004 年急剧上升到 18.3% (两者相差近 30 个百分点),而 2009 年又变为 -3.2%。2007 年,巴西的国内生产总值增长率超过 6%,而 2 年后却快速下跌为负增长。③ 巴西的这一大起大落被英国《经济学家》杂志形容为"如飞机坠落那样快速"④。(2) 通货膨胀率长期居高不下。在 20 世纪 50—80 年代期间,拉美的通货膨胀率均高于世界水平,也高于世界上其他地区。1985 年 8 月,玻利维亚的通货膨胀率高达 23000%。为控制通货膨胀率,拉美国家实施了多种反通货膨胀计划,但收效甚微。直到 20 世纪 90 年代,这一问题才得到基本解决。⑤ (3) 汇率波动幅度大。⑥ 根据美洲开发银行的计算,在 1970—1992 年期间,拉美国家实际汇率的波动指数为 13.4,而东亚国家

---

① 2014 年 6 月 30 日,美国最高法院拒绝听取阿根廷债务纠纷的上诉案,即维持阿根廷败诉的原判。这意味着阿根廷政府必须支付其自 2002 年以来拖欠美国多个对冲基金的 13.3 亿美元。(http://www.washingtonpost.com/politics/us-supreme-court-rejects-argentinas-appeal-in-debt-case-about-paying-off-holdouts/2014/06/16/cdfcf58e-f56c-11e3-a606-946fd632f9f1_story.html)

② Paul Krugman, *The Return of Depression Economics*, W. W. Norton & Company, 2000.

③ http://data.worldbank.org/indicator/NY.GDP.MKTP.KD.ZG.

④ http://www.economist.com/news/leaders/21586833-stagnant-economy-bloated-state-and-mass-protests-mean-dilma-rousseff-must-change-course-has.

⑤ 仅在委内瑞拉,通货膨胀率居高不下依然是一个严重的问题。如在 2013 年,委内瑞拉的通货膨胀率高达 51.7%,雄踞拉美之首。(ECLAC, *Preliminary Overview of the Economies of Latin America and the Caribbean 2013*, 2014, p.80)

⑥ 汇率大起大落的危害性不容低估。在外国投资者评估拉美的投资环境时,汇率问题被认为是拉美投资环境不佳的因素之一。

（地区）仅为6.2，工业化国家仅为4.8。① （4）外债负担得不到控制。与20世纪80年代初相比，今天拉美国家的外债负债率（外债总额相当于国内生产总值的比重）已大大下降，但外债总额却在不断增加。根据联合国拉美和加勒比经济委员会的统计，拉美的外债总额已从2004年的7554亿美元快速增加到2013年的1.2万亿美元。② 如此巨大的外债总额不能不被视为拉美经济的"定时炸弹"。

第三，经济发展业绩不及东亚。20世纪中叶，拉美与东亚基本上处于同等发展水平上，有些拉美国家的人均国内生产总值甚至大大高于东亚。毋庸置疑，当时的东亚确实是世界上比较贫穷落后的地区之一。如果有人要预测此后30年哪些国家和地区的经济会取得快速发展，"只有占卜者才会选择韩国、新加坡、中国台湾或中国香港。它们都缺乏自然资源。它们的可耕地与人口的比率如此低，以至于满足基本需求都成问题"③。但在20世纪80年代，拉美因蒙受债务危机和经济危机的双重打击而陷入"失去的十年"，东亚却因大力实施外向型发展模式而创造了举世瞩目的"经济奇迹"④。

拉美经济的上述三个缺陷可归咎于多方面的原因，而经济治理的不力或无效无疑是一个非常重要的原因。

二 影响拉美国家的经济治理的若干因素

拉美国家的经济治理之所以不能令人满意，在很大程度上与以下几个因素有关：

---

① Inter-American Development Bank, *Economic and Social Progress in Latin America, 1995 Report*, p. 192.

② ECLAC, *Preliminary Overview of the Economies of Latin America and the Caribbean 2013*, 2014, p. 68.

③ Danny M. Leipziger (ed.), *Lessons from East Asia*, the University of Michigan Press, 1997, p. 5.

④ 应该指出的是，虽然东亚在1997年爆发了金融危机，但这一事实并不意味着东亚模式是不成功的。

（1）一些国家领导人的才能欠佳。"经济问题都有政治根源。"[①] 而一切政治根源都与人有关。拉美国家的经济治理之所以不能令人满意，最关键的肯定是人的因素，因为经济治理实际上是人的一种行为。换言之，国家领导人及主管经济工作的政府官员能否制定和实施正确的经济政策，对经济治理的成效有着极为重要的影响。

拉美国家在 20 世纪 80 年代完成"还政于民"的民主化进程后，政党政治和选举能在民主化的框架内按部就班地进行。这显然是拉美民主制度成熟的表现。[②] 但是，获胜的国家领导人是否具备高超的执政能力，却是选民无法知晓的，也是无法决定的。其结果是，在竞选中用华丽的辞藻吸引选民、上台后在治理经济的过程中毫无建树的国家领导人，并非少见。换言之，有些政治家善于在总统选举的竞选活动中表现自己，但对经济治理则不感兴趣或一无所知。拉美经委会的经济学家 C. 马图斯认为，拉美国家的政治家是在政治竞争的"试验地"上培养出来的，而经济学家则来自正规学校；后者对政治视而不见，前者则对经济学充耳不闻。因此，拉美国家的计划制订者与政治家之间"只有直接的接触，但无交流"，两者"说不同的语言，使用不相干的理论"。[③]

我们无法断言拉美的所有国家领导人及主管经济工作的政府官员都是平庸之辈，都不能制定和实施正确的经济政策，更不能全盘否定其为发展经济所做的努力。但是，有些国家领导人未接受过高等教育，文化水平不高，无法知晓深奥难懂的经济学原理，经济治理之责只能由其顾问或有关部门承担。有些国家领导人在当政的前几年用于熟悉国情和"边干边学"，后几年则忙于连选连任，因此很难把足够的精力和时间用

[①] http://www.bresserpereira.org.br/papers/1998/98-83MissingSocialContract.i.pdf.

[②] 20 世纪最后的 25 年为世界带来了新的民主化浪潮。其力量之大、地理分布的范围之广以及持续时间之长，都是史无前例的。亨廷顿称之为民主化浪潮的"第三波"。拉美在这一民主化浪潮中居于重要地位。（见 S. P. Huntington, *The Third Wave: Democratization in the Late Twentieth Century*, University of Oklahoma Press, 1991）但是，民主化的发展并未使拉美政治制度的组织结构发生根本性的变化。[见 Eduardo Lora (ed.), *The State of State Reform in Latin America*, Inter-American Development Bank, 2007, p. 60]

[③] Carlos A. De Mattos, "The State, Decision-making and Planning in Latin America", *CEPAL Review*, No. 33, December 1987, p. 115.

于国家的经济治理。有些国家领导人上台后乐于"政治分肥"或苦于应对错综复杂的党派之争，同样无心考虑经济治理。还有些国家领导人屈服于国内外利益集团的压力，使经济治理变相地成为服务于少数人的工具。

（2）政府的政策缺乏必要的连贯性。政策的连贯性有利于维系政府的权威性，有利于国内外投资者作出正确的判断。很难想象在朝令夕改的环境下政府的经济治理能达到预期目的。

在许多拉美国家，政府的政策之所以缺乏连贯性，主要与以下两个重要因素有关：一是拉美国家的政府部门具有严重的政治化倾向。例如，在政府部门中任职的高级官员（有时甚至还包括较低级别的官员）常随政府的更迭而被解职。这意味着，本届政府制定的经济政策会随总统任期的终止而被废弃或调整。二是层出不穷的经济思潮使经济政策出现"钟摆化"。拉美是一个经济思潮层出不穷的大陆。从崇尚国家干预的普雷维什思想到鼓励自由放任的新自由主义，从主张与世界经济"脱钩"的依附论到"资源民族主义"，都在拉美留下了深深的烙印。受各种思潮的影响，拉美国家的经济政策不时出现"钟摆化"现象，甚至从一个极端走向另一个极端。在20世纪90年代以前的进口替代工业化时期，受普雷维什思想的影响，拉美国家大力干预经济，高筑贸易壁垒。此后，在新自由主义思潮的影响下，拉美国家实施以"四化"（经济体制市场化、贸易自由化、国有企业私有化和金融自由化）为主要内容的改革。在这一改革中，政府在经济领域和社会发展领域中的作用被降低到最低限度。

（3）腐败现象司空见惯。拉美国家的腐败问题较为严重。世界经济论坛认为，拉美是世界上最腐败的地区。[1] 诺贝尔文学奖获得者、秘鲁作家巴尔加斯·略萨说，如要用一个词来描述拉美的特点，那么这个词就是"腐败"。[2] 委内瑞拉前总统佩雷斯、巴西前总统科洛尔、尼加拉瓜前

---

[1] 转引自"The cost of Corruption to Latin America's Competitiveness"，http://www.americasmi.com/en_US/expertise/articles - trends/page/the - cost - of - corruption - to - latin - americas - competitiveness.

[2] *CATO Policy Report*，January/February，2000. 转引自 http://www.chinatimes.net/online/2010/10/321.html.

总统阿莱曼、墨西哥前总统萨利纳斯、阿根廷前总统梅内姆、秘鲁前总统藤森、哥斯达黎加前总统罗德里格斯和巴拉圭前总统马基等人,都因其从事的腐败活动"曝光"而被弹劾、辞职或入狱。此外,政府部门、执法部门和司法部门中不同级别的官员和普通工作人员同样热衷于从事腐败活动。

政府官员的腐败对经济治理的不良影响是显而易见的,其中最大的影响就是腐败降低了政府的信誉和声望,诱发了选民的"信任危机",导致政府的公权力弱化,使政府在治理经济时推出的政策陷入"上有政策、下有对策"的困境。例如,拉美国家的偷税漏税现象比较严重。这一问题既与税收制度的设计有关,也与纳税人对政府的不满有关。许多纳税人始终认为,"你政府官员贪污、我平民百姓逃税"是天经地义的行为。

2001年12月阿根廷爆发金融危机后,民众的示威活动此起彼伏。这种所谓"锅碗瓢盆的力量"攻击的目标之一,就是政府的腐败。在游行队伍中,人们高呼的口号就是"把那些官僚赶下台"。① 在这样一种民愤极大的社会环境中,很难想象政府的经济治理能取得预期成效。

此外,作为政府的一种特殊行为,经济治理同样需要资金。而腐败使国家的大量资金中饱私囊,从而导致经济治理无法获得更多的资金。

(4)"资源诅咒"削弱了强化经济治理的动力。拉美拥有丰富的自然资源。这是"上帝的恩赐",因为拉美国家只要出口自然资源就能获得大量外汇收入。

科技发明能替代多种多样的原料,但无法替代所有原料。由于大多数资源是无法再生的,因此,资源的稀缺性意味着,国际市场上原料和初级产品的价格会呈现出上涨的趋势。这使拉美国家受益匪浅。

但是,"上帝的恩赐"也会变成"上帝的诅咒"。这一"诅咒"使拉

---

① 长期以来,腐败一直是困扰阿根廷政治生活的严重问题之一。例如,不少政治家和政府官员经常利用手中的权力来安排一些有名无实的工作岗位。有幸获得这种被叫作"庇护主工作"(patronage job)的美差的人,不必天天上班,只需每月露面一次取工资即可。据估计,阿根廷全国共有10万人享受这种待遇,2001年用于这方面的"政治开支"高达20亿—40亿美元。(*The New York Times*, February 18, 2002; *Miami Herald*, October 18, 2001)

美经济政策陷入了"路径依赖"的不良境地,也削弱了政府实施政策调整的动力。确实,"当无法再生的自然资源带来的经济租金变得稀缺和行将枯竭时,(政府)就有必要使经济实现非政治化和自由化,为相互冲突的各种利益集团提供较少的刺激,并在经济增长的过渡时期强化政策变化的适应性……较早地注意人力资源(即有技术劳动力和无技术劳动力)的使用。对于拉美来说,作出这些决策在政治上是十分困难的,因此这些决策很容易被延误。其结果是,一个良好的自然资源基础和愿意提供资本的外国好朋友,可能成为实施政策变革的障碍"。[1]

委内瑞拉拥有丰富的石油资源,而其历届政府的经济治理的能力和成效却是极为令人失望的。曾在创建石油输出国组织的过程中发挥过重要作用的委内瑞拉前石油部长在1970年说过,"十年后,二十年后,你会看到,石油带给我们的是(经济上的)毁灭"。[2]

当然,并非所有拉美国家都蒙受"上帝的诅咒"之苦。例如,智利建立了主权财富基金,在国际市场上铜价高昂时将大量出口收入存入该基金,以备不时之需。仅在巴切莱特第一次当政的前三年(2006—2008年),政府就将350亿美元的铜出口收入充入主权财富基金。其结果是,当2008年国际金融危机爆发时,智利政府不仅没有削减社会福利,反而向离异的妇女增加了生活补贴。[3] 令人遗憾的是,这种未雨绸缪的做法在其他拉美国家的经济治理中不多见。

(5)利益集团对政府决策和经济治理有着重要的影响。在拉美,利益集团同样在国家的政治和经济生活中发挥着很大的作用,而不同的政府部门代表着不同的利益集团,如农业部常代表着大地主的利益,工业部往往是企业界的代言人,而私人银行则与中央银行和财政部保持着特殊的关系。

利益集团能通过游说活动或其他手段对政府的决策行为施加影响。

---

[1] Gary Gereffi and Donald L. Wyman (eds.), *Manufacturing Miracles: Paths of Industrialization in Latin America and East Asia*, Princeton University Press, 1990, p. 229.
[2] 转引自 Jerry Useem, "The Devil's Excrement", *Fortune*, February 3, 2003.
[3] Jodi Liss, "Bachelet and Chile's Sovereign Wealth Fund", November 2, 2009. http://foreignpolicyblogs.com/2009/11/02/bachelet-and-chiles-sovereign-wealth-fund/.

其结果是，政府既不能制定和实施连贯性的、系统性的和充分反映国家利益的政策，也无法实施有效的经济治理。例如，在巴西圣保罗州企业家协会的游说下，巴西经常对中国出口产品实施反倾销。该联合会主席保罗·斯卡夫（Paulo Skaf）甚至认为，卢拉政府承认中国完全市场经济地位的做法是一个错误。① 该联合会主管贸易事务的官员罗伯特·吉安内蒂（Roberto Giannetti）公开表示，中国不是巴西的战略伙伴，中国仅仅是想购买拉美的资源，同时向拉美出口消费品。② 又如，受大地主利益集团的影响，哥伦比亚政府在制定土改法时没有请无地农民的代表参加，却让大地主的代表出谋划策。③ 可以想象，这样的土改法是很难改变不合理的土地所有制的。

在许多拉美国家，工会的政治影响力和地位不容低估。尤其在民众主义国家（如庇隆当政时的阿根廷、瓦加斯当政时的巴西和查韦斯当政以来的委内瑞拉），工会是各党派竞相拉拢和依靠的对象。④ 因此，工会对任何一个经济问题的立场和态度都对政府的决策产生影响。如在20世纪六七十年代的进口替代工业化时期，不少拉美国家的政府曾试图为减少经济的内向性和扩大出口而对本国货币进行贬值。但是，因为贬值会在一定程度上使许多商品价格上升，从而影响生活水平的提高，所以，工会对贬值持抵触和反对的立场。为在选举中获得工会的支持，政府只能被迫放弃贬值。⑤

（6）计划性差导致政府的决策出现短视行为。古巴革命后，美国为抵御所谓"共产主义影响"进入其"后院"而开始增加对拉丁美洲的各

---

① http：//www.vermelho.org.br/diario/2005/1012/1012_brasil-china.asp.
② "Brazil and China: Falling out of Love", *Economist*, August 4, 2005.
③ Gabriel Kolko, *Confronting the Third World: United States Foreign Policy 1945–1980*, New York, Pantheon Books, 1988.
④ 在庇隆当政时的阿根廷，工会力量之强大被认为是世界第一。[见 James McGuire："Political Parties and Democracy in Argentina", in S. Mainwaring and T. R. Scully (eds): *Building Democratic Institutions: Party Systems in Latin America*, Stanford University Press, 1994]
⑤ 拉美国家的工会还常为反对政府的某一政策而举行罢工。相比之下，东亚的工会力量明显不如拉美那样强壮。如在1964—1972年，韩国工人因罢工等劳资纠纷而损失的工作日，只及阿根廷首都布宜诺斯艾利斯在1966年一年时间内的1/3。即使在阿根廷的军政府时期（1966—1972年），布宜诺斯艾利斯工人因罢工而损失的工作日平均每年比韩国高出3倍。

种援助。但美国对拉美能否有效地使用外来援助颇为关切。因此,不少美国经济学家和美国政府官员提出了拉美国家必须制订发展规划的主张。

1961年的美洲国家经济和社会理事会部长级特别会议通过了《埃斯特角宪章》(即《争取进步联盟》)。在该宪章提出的"经济和社会发展的基本要求"中,第一条就是要求拉美国家制定"全面而细致的民族经济和社会发展计划,以实现持续的发展"。

与此同时,为加快进口替代工业化的发展,一些拉美国家也制定了一些发展规划,确定了一些经济指标。但这些计划和指标仅仅反映了决策者个人的愿望或政治意图,因而很容易脱离本国现实,计划的实施遂变得难上加难。拉美经委会的经济学家卡洛斯·德马托斯认为,"那时拉美国家制定的发展计划具有某种程度的乌托邦式的个人意志"。而且,在实施发展计划的过程中,"经常受到某些部门的抵制,因为它们感到(实施计划的)具体措施对其构成了威胁,或者为了从中获得更多的国民收入而施加压力"。①

在军人干政风靡拉美的70年代,发展计划几乎销声匿迹。这与以下几个因素有关:一是政局动荡不安,军政府无法制定面向未来的长远发展规划;二是"计划"一词常被许多人与斯大林时期苏联的中央计划经济联系在一起。

20世纪80年代债务危机爆发后,拉美国家的政府面对的严峻挑战是如何早日恢复经济增长,因而无暇顾及发展规划的制定。进入90年代的改革时期后,政府的作用一落千丈,制定发展规划被认为是大逆不道的行为。

总之,长期以来,由于缺乏必要的计划性,拉美国家的经济治理常常变成"头疼医头、脚疼医脚"的短视行为,无法发挥经济治理应有的积极作用。

(7) 严重的社会问题分散了政府治理经济的精力和注意力。拉美国家在推动社会发展的过程中取得了显著的成效,但也面临着多个严重的

---

① Carlos A. De Mattos, "The State, Decision-making and Planning in Latin America", *CEPAL Review*, No. 33, December 1987, p. 115.

社会问题，其中尤为突出的就是社会治安恶化。在拉美，无论是穷人还是富人，都是各种犯罪活动的受害者。富人因拥有大量财富而成为偷窃或抢劫的目标。但他们可以通过雇佣保镖或为自己的家庭财产安装防盗设施来减少风险。相比之下，低收入者因无力采取防范措施而面临更大的风险。① 甚至外国人也成为犯罪活动的受害者。2002 年 5 月 10 日，古巴驻墨西哥大使在家中遭到抢劫。② 中国在拉美的企业也成为犯罪分子"青睐"的目标。据报道，在委内瑞拉的十几家中资企业，几乎没有一家未曾遇到过抢劫的，甚至中国驻委内瑞拉的使馆也曾遭遇盗窃。③

在一定程度上，拉美的社会问题与经济治理的失效形成了一种恶性循环。一方面，经济治理的失效导致政府为推动社会发展而制定的政策不到位或无法发挥其应有的功能，从而使社会问题积重难返；另一方面，严重的社会问题分散了政府的精力和注意力，并且使政府为解决社会问题而不得不投入大量资源。

三 结束语

经济治理是国家治理的物质基础，也是实施政治治理和社会治理的必要前提，因此其重要性是不言而喻的。

拉美国家经常爆发金融危机，宏观经济稳定性较差，而且其经济业绩不及东亚。上述三个缺陷可归咎于多方面的原因，而经济治理的不力或无效无疑是一个非常重要的原因。

---

① 在萨尔瓦多，2006 年共有 3928 人死于凶杀案等暴力事件，平均每天死亡 10.8 人。在委内瑞拉，每两小时就有 3 人死于暴力，2003—2006 年间，绑架案件数量翻了一番，失踪人员也迅速增加。虽然委内瑞拉的总人口仅为 2600 万，但每年发生的杀人案件就有 1 万起，83% 的被害者被杀于其住所附近。（http://world.people.com.cn/GB/1029/42358/5488149.html；http://news.xinhuanet.com/video/2006 - 11/14/content_5326293.htm；http://news.sina.com.cn/w/2002 - 05 - 11/1302572445.html）

② 人民网墨西哥城 2002 年 5 月 10 日电（http://news.sina.com.cn/w/2002 - 05 - 11/1302572445.html）。

③ 张卫中、刘宏、李宏伟：《中国驻委内瑞拉使馆商务处遭抢》，《环球时报》2006 年 11 月 15 日。

拉美国家的教训是，为了有效实施经济治理，必须拥有称职的国家领导人，必须强化政府制定的各项政策的连贯性，必须遏制腐败现象，必须避免"资源诅咒"，必须减少利益集团对政府决策和经济治理的影响，必须加强经济发展的计划性，必须积极应对严重的社会问题。

（原载《拉丁美洲研究》2014 年第 5 期）

拉美为什么经常爆发金融危机

著名的美国经济学家保罗·克鲁格曼在其《萧条经济学的回归》一书中写道：让我们玩这样一种文字游戏，一个人说出一个词或短语，另一个人把他听到后头脑中的第一个反应回答出来。如果你对一个见识广的国际银行家、金融官员或经济学家说"金融危机"，他肯定会回答："拉美。"[1]

确实，20世纪90年代以来，拉美已爆发了三次举世瞩目的金融危机：[2] 1994年12月，墨西哥遇到了史无前例的金融危机。这一危机被视为"新兴市场时代"的第一次金融危机。1997年东亚金融危机的"传染效应"对拉美国家的冲击不大。正当拉美人庆幸时，巴西却于1999年初爆发了货币危机。2002年新年伊始，世界上的两种货币成了人们关注的焦点。在欧洲，欧元正式进入流通领域，人们喜形于色，对前景充满了希望。而在南美洲的阿根廷，大规模的骚乱和激烈的政局动荡迫使政府放弃了比索盯住美元的货币局汇率制度，国内外投资者对阿根廷的信心急剧下降。2002年年中，由于受到阿根廷危机的"探戈效应"的影响，乌拉圭和巴西出现了金融动荡。

下面我将首先分析墨西哥金融危机、巴西货币危机和阿根廷债务危机的根源，然后对导致危机的内外因素作一简要的评述。

---

[1] Paul Krugman, *The Return of Depression Economics*, W. W. Norton & Company, 2000.

[2] 从严格意义上说，金融危机、货币危机和债务危机的概念是各不相同的。出于叙述上的便利，这里将货币危机和债务危机也视为金融危机。换言之，这里使用的"金融危机"这一术语，具有广泛的含义。

一　墨西哥金融危机

墨西哥金融危机的"导火线"是比索贬值，无怪乎国外学术界亦将这一金融危机称作比索危机。但是，贬值并非必然会诱发危机，因为墨西哥在 1954 年和 1976 年实施的两次贬值并没有带来危机。可见，1994 年墨西哥金融危机的爆发，是一系列经济和政治问题在各种不良因素的作用下发生质的变化的必然结果，不是墨西哥政府所说的"运气不好"。[①]

概而言之，墨西哥金融危机的根源在于以下三个方面。

一、用短期外资弥补经常项目赤字。如果说外汇储备的减少、比索的贬值与金融危机的爆发三者之间存在着明显而直接的因果关系，那么，用投机性强、流动性大的短期外国资本弥补巨大的经常项目赤字，则是导致墨西哥金融危机的深层次根源。

从 80 年代后期起，墨西哥大幅度地降低贸易壁垒。需要进口许可证的进口商品占贸易产品的比重，从 1985 年 6 月的 92.2% 下降到 1990 年 6 月的 19.9%；平均税率从同期的 24% 降低到 13%，最高税率则从 100% 跌落到 20%；参考价格被彻底废除。在出口部门，受出口限制的产品在出口产品总数中的比重从 1987 年的将近 25% 降低到 1990 年的 18%。其中受出口税限制的产品在出口产品总数中的比重仅为 1.2%。[②] 世界银行甚至认为，墨西哥的非关税壁垒已低于西欧国家和日本的水平。[③]

然而，墨西哥在开放市场的同时，进口急剧增加，而出口则相对而言增长乏力。统计数字表明，在 1989—1994 年期间，出口增长了 2.7 倍，而进口则增长了 3.4 倍。其结果是，贸易逆差从 1989 年的 6 亿多美元上

[①] 1994 年，墨西哥政局多次出现动荡，而每一次动荡都导致资本流入量大幅度减少。因此，"墨西哥政府将比索的贬值压力和由此而来的国际储备的减少归结为运气不好"。(Peter B. Kenen, "The New International Financial Architecture: Reconstruction, Renovation, or Minor Repair?", *International Journal of Finance and Economics*, February 2000, p. 9)

[②] OECD, *Economic Survey: Mexico*, 1992, pp. 137 – 138.

[③] World Bank, *Trade Policy Reforms under Adjustment Programs*, Washington, D.C., 1992, p. 63.

升到 1993 年的 185 亿美元，1994 年高达 236 亿美元。1989 年，墨西哥的经常项目逆差为 41 亿美元，1994 年已扩大到 289 亿美元。①

当然，在改革进程的初期，由于出口贸易难以与进口贸易获得同步的发展，保持经常项目的平衡绝非易事。但是，承认这一点并不意味着对经常项目赤字可采取听之任之的态度。事实上，在一定时期内出现经常项目赤字并不可怕。问题的关键是要控制其规模。但萨利纳斯政府始终认为，只要墨西哥有能力吸引外国资本，经常项目赤字不论多大，都不会产生风险。它还认为，经常项目赤字居高不下是暂时的，而大量外资的流入是永久性的；即便外资流入量减少，也不会出现问题，因为外资流入量的减少会使国内投资随之萎缩，进口就会减少，经常项目赤字自然而然地下降。正如墨西哥中央银行行长在 1994 年 1 月接受英国《经济学家》杂志的采访时所说的那样，"经常项目赤字不是一个问题，因为它与外资的流入有关，而非扩张性财政政策或货币政策的结果"。② 墨西哥中央银行在 1993 年所做的年度预测报告中也指出："经常项目赤字完全是由私人部门的决策决定的。由于公共财政状况是稳健的，经常项目赤字显然不应该成为忧虑的原因。"③

那么多大规模的经常项目赤字是可接受的？S. 爱德华兹等人认为，尽管经常项目赤字的规模没有一个机械的定量，但在大多数情况下，它不应该长期超过占国内生产总值 3% 这一限度。④ 而墨西哥在爆发金融危机之前，经常项目赤字已达 290 亿美元，相当于国内生产总值的 8%。L. 萨穆斯在探讨墨西哥金融危机的教训时也指出，当经常项目赤字相当于

---

① ECLAC, *Economic Panorama of Latin America*, 1991; *Economic Panorama of Latin America*, 1996.

② 转引自 Sebastian Edwards, "The Mexican Peso Crisis: How Much did We Know? When did We Know it?", *World Economy*, No. 1, 1998, p. 11.

③ Bank of Mexico, *Review of the Economic Situation of Mexico*, Nos. 807–808, February–March 1993, pp. 69–80.

④ Shahid Javed Burki and Sebastian Edwards Burki, *Latin America after Mexico: Quickening the Pace*, World Bank, 1996, p. 5.

国内生产总值的比重超过5%的时候，政府应该给予足够的重视。①

　　从理论上说，只要国际收支中资本项目能保持相应的盈余，那么经常项目即使出现较大的赤字也并不说明国民经济已崩溃。问题的关键是使资本项目保持盈余的外资不应该是投机性较强的短期外国资本。而墨西哥用来弥补经常项目赤字的资本项目盈余却正是大量"热钱"的流入在弥补经常项目赤字的同时，也提高了比索的币值，因而使经常项目赤字更难以控制。尤为重要的是，如果投资者和投机者对国内政局的稳定产生疑问，那么，"热钱"的出逃就会导致危机。1994年却是"二战"后以来墨西哥国内政局最不安定的一年。从恰帕斯州农民暴动到政治暗杀事件，都为投资者对墨西哥政局的信心投下了阴影。毫无疑问，他们对政局动荡的最佳反应就是资本外逃。

　　二、以"汇率锚"为基础的反通货膨胀计划高估了比索的币值。如同其他拉美国家那样，80年代初债务危机和经济危机爆发后，控制通货膨胀成了历届墨西哥政府追求的主要目标。应该说，墨西哥在反通货膨胀方面取得的成效是显而易见的。1987年，通货膨胀率接近160%，而在金融危机爆发前的1994年第三季度，已被降低到仅为7%。② 但是，以"汇率锚"为核心的反通货膨胀计划在降低通货膨胀率的同时，却高估了比索的币值，因为比索的贬值幅度小于通货膨胀率的上升幅度，也不足以抵销墨西哥通货膨胀率与其主要贸易伙伴美国国内通货膨胀率的差距，从而打击本国产品的国际竞争力。据估计，1991年，比索高估了9%，1992年高估了10%，1993年又高估了5%。可见，3年时间内累计高估了24个百分点。③

　　总之，正如著名的美国经济学家R.多恩布施等人所指出的那样，"汇率盯住在最初是有用的，但同样重要的是，放弃这一汇率制的时间越

---

①　转引自 Ricardo Hausmann and Liliana Rojas‐Suarez (ed.), *Banking Crisis in Latin America*, Inter‐American Development Bank, 1996, p. 212.

②　David Gould, "Mexico's Crisis: Looking Back to Assess the Future", *Economic Review* (Federal Reserve Bank of Dallas), No. 2, 1995, p. 8.

③　World Bank, *Trends in Developing Economies*, 1995, p. 348.

快越好"。① 确实,"汇率锚"战略容易使政府的外汇储备枯竭。如在金融危机爆发前的4个星期内,当局就已经动用了价值约110亿美元的资产来干预外汇市场。

事实上,早在1992年初,多恩布施就指出:"当前墨西哥经济的问题是汇率高估。"同年12月,他又建议,比索每天的贬值幅度应该在1993年扩大到3倍,即每天120分。② 其他一些在国际上有影响力的经济学家也提出警告:比索的币值高估是经常项目逆差扩大的主要原因之一。③ 甚至世界银行也在1992年11月指出,资本的大进大出使墨西哥处于一种十分不利的地位,因此,墨西哥应该通过提高利率和贬值的方法来应付这些弊端。④ 当时任世界银行主管墨西哥事务的经济学家奥克斯等人则更是忧心忡忡地在1993年提出了这样的问题:"一旦资本不再流入,我们会看到墨西哥的经常项目得到改善,还是这个国家会陷入一个危机?"⑤

对于来自多方面的忠告和批评,墨西哥政府似乎并不在意。它认为,第一,墨西哥的"汇率锚"制度具有内在的灵活性,因为利率是可变的,汇率也是在一定幅度内波动的。第二,墨西哥经济改革带来的生产率增长即将成为现实,从而达到扩大出口和减少经常项目逆差的目标。第三,NAFTA生效后,墨西哥经济活力将进一步加强。当时任墨西哥财政部副部长的奥蒂斯甚至还说,比索的升值并不是一种消极的不良后果,而是改革进程带来的必然结果。⑥ 第四,从理论上说,外资的流入导致汇率上

---

① Rudiger Dornbusch and Alejandro Werner, "Mexico: Stabilization, Reform and No Growth", *Brookings Papers on Economic Activity*, No. 1, 1994, pp. 253 – 297.

② *Excelsior*, November 23, 1992, p. 1. (转引自Sebastian Edwards, "The Mexican Peso Crisis: How Much did We Know? When did We Know it?", *World Economy*, No. 1, 1998, p. 10.)

③ S. Edwards, "Trade Liberalization Reforms in Latin America", in G. Bird and A. Helwege (eds.): *Latin America's Economic Future*, Academic Press, 1994, p. 39.

④ World Bank, *Trends in Developing Economies*, 1992, p. 359.

⑤ D. Oks and S. Van Wijnbergen, "Mexico after the Debt Crisis: Is Growth Sustainable?", *Journal of Development Economics*, No. 47, 1995, pp. 155 –178.

⑥ G. Ortiz, "Comments on Rudiger Dornbusch: Stabilization and Monetary Reform in Latin America", in J. O. De Beaufort Wijnholds et al (eds.), *A Framework for Monetary Stability*, Kluwer Academic Publishers, 1994, p. 306.

升是无可厚非的，而且，为了使外资发挥作用，一定量的汇率高估是必要的。然而，墨西哥政府未能认识到这样一种可能性：尽管1991—1993年期间外资流入量相当于GDP的7%，但这种流入从长期来说并不是可持续的。

在萨利纳斯政府中担任财政部长的阿斯佩曾于1995年年中透露，1994年11月20日召开的一个6人会议，曾专门讨论过萨利纳斯要不要在正式交权前将比索贬值的问题。参加会议的6人是萨利纳斯总统、财政部长、中央银行行长、两位内阁成员和当选总统塞迪略的代表。与会者的意见分成两派：一种意见不同意贬值，主张采用紧缩性货币政策，并大幅度提高利率。而另一派则认为，高利率和过于坚挺的比索影响了国际竞争力，使企业面临严重的困境，因此萨利纳斯政府应该立即使比索贬值，实施浮动汇率制。最后的讨论结果是汇率保持不变。

如果说萨利纳斯没有及时将比索贬值是一个巨大的错误，那么塞迪略总统在万不得已的情况下采取的贬值措施，从技术操作这个角度来说则并不高明。首先，贬值的幅度仅为15%，在力度上不够（著名的美国经济学家多恩布什认为应该贬值30%）。因此，投资者认为，这一次贬值是下一次贬值的"前奏曲"，于是就开始对比索发动"进攻"。其次，国内的一些企业家和投资者事先得知比索贬值的决定后，立即将资本转移到国外或将比索兑换成美元，从而在一定程度上使事态变得更加恶化。最后，塞迪略政府没有制定一些有利于消除贬值的负面影响的配套性措施。一些分析家指出，如果塞迪略总统能将比索贬值作为他上台后实施的一整套经济计划中的一个方面，那么贬值的副作用或许会被减少到最低限度。

三、在开放经济的过程中金融部门的活力没有得到相应的增强。20世纪80年代末，墨西哥的金融自由化跨出了重要的一步。在世界银行提供的金融部门调整贷款（FSAL）的帮助下，墨西哥于1990年开始放松对存款利率和贷款利率的管制，取消商业银行必须拥有政府长期债券的强制性规定，废止强制性银行储备金要求，并且不再向国有企业提供低于市场利率的信贷。① 1990 年，国会修改了宪法，允许对银行实施私有化。1990 年 7 月 1 日生效的《金融集团法》又明确规定：私人资本可以拥有墨西哥银行的多数股权；个人和机构的所有权比重不超过 5%（在政府的特批下可提高到 10%）；外国投资者的所有权比重可达到 30%。

1994 年 10 月，政府进一步放宽对外资的限制，允许外国银行、经纪人公司和保险公司进入墨西哥。财政部向 18 家外国商业银行、16 家证券公司、12 家保险公司、5 个财团和 1 家租赁公司发放了许可证。这意味着墨西哥政府实施的长达半个多世纪的不准外国银行进入墨西哥金融业的禁令终于被废除。

在 80 年代末以前，外国投资者不能购买墨西哥上市公司的股票。因此，在 1989 年 12 月颁布《股票市场法》以前，非居民仅占墨西哥股票市场资本化的 6%。《股票市场法》为外国投资者进入墨西哥资本市场铺平了道路。1990—1993 年期间，外国投资者购买墨西哥股票累计达 280 亿美元。至 1993 年底，非居民投资者占墨西哥市场资本化的比重已上升到 27%。②

墨西哥的金融自由化固然在一定程度上克服了"金融压抑"，但至少在以下几个方面加速了金融危机的形成和爆发。

第一，银行私有化后，银行向私人非金融企业提供的信贷大量增加。这一问题的根源在于：(1) 政府没有及时地建立起正规的信贷监督机构，从而使银行可以随心所欲地扩大信贷发放规模。(2) 墨西哥采纳的是多功能银行体制（universal banking systems），从而使政府无法全面掌握银行业的风险度。(3) 在 1995 年以前，墨西哥的会计制度不要求银行体系提出综合报告（consolidated reporting），因此监管机关很难确定银行放贷的限度，也不能了解银行参与高风险放贷的程度，更无法监督金融衍生产品市场上的杠杆交易。

第二，自 80 年代末起，随着经济的复苏和进口的扩大，墨西哥出现

---

① 在此以前，银行贷款主要流向国有企业，私人部门所得贷款极为有限。如在 1986 年，私人部门的贷款仅占商业银行贷款的 25%。

② Shalendra Sharma, "The Missed Lessons of the Mexican Peso Crisis", *Challenge*, January – February 2001, p. 74.

了一股消费热。如在1989—1993年期间，私人消费平均每年增长4.7%。为了利用这一消费热，墨西哥的金融机构竞相向消费者发放信用卡，使信用卡负债额每年的增长率超过30%。由于金融机构对信用卡申请者的资信历史不进行深入的调查，许多缺乏偿付能力的消费者也获得了信用卡。对信用卡的使用也缺乏必要的管理。其结果是，信用卡倒账现象十分普遍。此外，商店直接向消费者发放的耐用消费品信贷也有快速的增长，增长速度每年高达67%。[1]

第三，在实施银行私有化的过程中，政府关注的是如何以高价卖出国有银行，对投标者的管理能力和其他因素则较少考虑。因此，有些投资者虽然过去从未涉足金融业，但为了获得一家国有银行的购买权，不惜一切代价地以高价投标。中标后，该银行的新主人却常常为了尽快收取回报而从事高风险的金融活动，或因缺乏必要的经验而无法发展业务。这一切都或多或少地损害了整个国家的金融部门的稳健度。

第四，政治因素加剧了投资者的惧怕心理。进入20世纪80年代后，革命制度党的统治地位受到了越来越严峻的挑战，该党与其他政党和各个政治反对派的矛盾也日益突出。与此同时，由于萨利纳斯政府在推动经济改革的过程中未能有效地解决日益突出的贫富悬殊问题，[2] 政府与民众（尤其是落后地区的农民）之间的摩擦也越来越明显。

上述矛盾和摩擦在1994年终于从量变发展为质变。是年1月1日，即NAFTA正式生效的这一天，恰巴斯州的一些印第安农民成立了一个号称萨帕塔民族解放军的队伍，袭击并占领了该州的一些城镇，扣押了当地政府的一些官员。他们的主张与1984年以前墨西哥革命时期南方农民起义军领袖萨帕塔（1879—1919年）提出的要求基本相同：要自由、要公正、要自主、要更好的生活条件。

就在恰帕斯农民事件愈演愈烈之时，墨西哥政局又出现了一次不小的动荡。1994年3月23日，革命制度党总统候选人科洛西奥在北部城市

---

[1] Ricardo Ffrench–Davis and Stephany Griffith–Jones (ed.), *Coping with Capital Surges: The Return of Finance to Latin America*, Lynne Rienner Publishers, 1995, p. 203.

[2] 改革前，墨西哥只有2人进入美国《福布斯》的亿万富翁排行榜。而1994年已增加到20多位。与此同时，穷人队伍却未见缩小。

蒂华纳进行竞选时遇刺身亡。这位有望成为墨西哥新总统的政治家当时任社会发展部部长，曾任革命制度党全国执行委员会主席。他是墨西哥几十年来第一个被谋杀的总统候选人。因此，这一事件不仅使墨西哥大选形势蒙上了阴影，而且还使投资者对这个国家的政局是否稳定产生了疑虑。24 日，为防止金融市场出现动荡，银行、证券交易所和货币兑换所等金融机构全部停止营业。同日，美国提供了 60 亿美元的经济援助，以帮助墨西哥稳定外国投资者的信心。

然而，墨西哥政坛一波未平，一波又起。9 月 28 日，革命制度党总书记、党内第二号人物何塞·弗朗西斯科·鲁伊斯·马谢乌也被人暗杀。鲁伊斯·马谢乌是墨西哥政坛上新出现的一位政治"明星"，遇刺前 4 个月才当选为革命制度党的总书记，此前曾在政府中担任过一些要职。他的弟弟马里奥·鲁伊斯·马谢乌当时是墨西哥总检察长助理，负责调查这起谋杀事件。不到一个月后，里奥·鲁伊斯·马谢乌宣布，其兄可能是被毒品卡特尔指使的凶手杀死的，而且这一事件还可能与一些高层次的政治家有关。出人意料的是，11 月末，里奥·鲁伊斯·马谢乌以革命制度党领导人（但他不是指萨利纳斯本人）干预他的调查为由，宣布辞去总检察长助理的职务，并退出革命制度党。所有这一切无疑使墨西哥的政局更加变幻莫测，墨西哥在投资者心目中的形象大受影响。

二 巴西货币危机

1999 年 1 月 5 日，议会开始辩论卡多佐政府提出的财政改革计划。但是就在这一天，米纳斯吉拉斯州州长、前总统伊塔马尔·佛朗哥突然宣布，该州决定在 3 个月的时间内停止偿还欠联邦政府的 135 亿美元的债务。这一新闻立即在国内外投资者中引起了恐慌。在此后的 5 天内，圣保罗股市下跌了 25%，平均每天有近 10 亿美元的资金逃离巴西。更使国内外投资者预感不妙的是，13 日，巴西央行行长古斯塔沃·佛朗哥因"健康原因"辞职，原央行货币局局长弗朗西斯科·洛佩斯接任。这一人事变动使更多的资本逃离巴西，股市狂跌。尽管卡多佐政府立即干预外汇市场，并扩大了雷亚尔汇率的波动范围，① 但金融恐慌并没有减退。

鉴于外汇储备为数不多，巴西央行于 15 日停止干预外汇市场，允许雷亚尔自由浮动。1 月 29 日，雷亚尔的汇率下跌到 1 美元：2.10 雷亚尔。这是金融动荡爆发以来的最低点，因此这一天被媒体誉为"黑色的星期五"。

巴西货币危机与以下几个因素密切相关。

一、未能及时扭转雷亚尔币值高估的趋势。1994 年 12 月墨西哥金融危机产生的"龙舌兰酒效应"也曾波及巴西。1995 年 3 月，巴西央行采取了爬行钉住的汇率政策，以增加汇率制度的灵活性，但仍然把"汇率锚"作为反通货膨胀计划的基础。与 1994 年 12 月相比，雷亚尔在 1995 年贬值了 13.9%，1996 年贬值了 7.1%，1997 年贬值了 7.3%，1998 年又贬值了 8.3%。因此，至 1998 年 12 月，即金融动荡爆发前夕，雷亚尔的汇率已成为 1 美元 = 1.2054 雷亚尔。尽管如此，雷亚尔币值高估的现象仍然十分突出。

由于高估雷亚尔的币值，巴西出口产品的国际竞争力受到了影响。1992 年，巴西的经常项目平衡为顺差 60 多亿美元，相当于 GDP 的 1%；至 1998 年，经常项目赤字已高达 350 多亿美元，相当于 GDP 的 4.5%。换言之，1998 年与 1992 年相比，经常项目平衡的变化相差 5.5%。这一变化当然与多方面的因素有关，② 但雷亚尔币值的高估损害了巴西产品的国际竞争力。

二、用高利率政策来维系雷亚尔的汇率。在 1994—1997 年期间，由于卡多佐政府实施高利率政策，共有 1160 亿美元的间接投资进入巴西。③

---

① 即从 1.20 雷亚尔 = 1 美元扩大到 1.32 雷亚尔 = 1 美元，贬值 8%。

② 影响巴西出口贸易的其他因素还有国际市场上初级产品出口价格疲软以及东亚金融危机和俄罗斯金融危机爆发后这些国家的进口需求下降等。但是，正如一些经济学家所指出的那样，"贸易途径产生的传递效应并不是解释 1999 年 1 月巴西危机的主要原因。泰国危机后巴西受到的影响无法与马来西亚或印度尼西亚相比。"（见 Afonso Ferreira and Giuseppe Tullio, "The Brazilian Exchange Rate Crisis of January 1999", *Journal of Latin American Studies*, February 2002, p. 150.）

③ Lecio Morais, Alfredo Saad Filho and Walter Coelho, "Financial Liberalisation, Currency Instability and Crisis in Brazil: Another Plan Bites the Dust", *Capital & Class*, Summer 1999, pp. 9 – 14.

这些资金不仅在一定程度上增加了投资,而且还扩大了外汇储备,①从而维系了汇率的稳定,而汇率的稳定减轻了通货膨胀压力。但过高的利率也使企业受害匪浅。此外,大量外资的流入使雷亚尔币值高估,从而影响了出口贸易。在实施"雷亚尔计划"的过程中,雷亚尔币值高估与贸易自由化政策结合在一起,使经常项目赤字增加了1000多亿美元。

事实表明,用高利率政策来捍卫一种币值高估的汇率,不仅不会长期树立"汇率锚"的有效性,而且还会影响国内企业的扩大再生产,加剧失业问题,②从而削弱钉住汇率制度的可信度。此外,高利率还加重了政府还本付息的负担。据估计,利率每提高一个百分点,政府用于支付3200亿美元内债的利息每年会增加25亿美元。③

此外,外资流入量并不稳定,有时甚至是大起大落。这一特点使卡多佐政府在制定货币政策时面临巨大的挑战。

三、债务负担越来越沉重。债务负担越来越沉重。面对高利率,企业(包括外资企业和国内企业)不得不到国际资本市场上去筹措资本,因此外债的增长幅度很大。在1994—1998年期间,巴西的外债增加了900多亿美元。至1998年年底,外债总额相当于GDP的比重已高达30%。由于相当一部分外债是短期债务,加之75%的外债采用浮动汇率,因此还本付息的负担非常沉重,财政平衡面临巨大的压力。

除外债以外,卡多佐政府还肩负着沉重的内债负担。货币危机爆发前夕,巴西联邦政府和州政府的内债已超过3000亿美元,相当于GDP的36.1%。④

四、实施"雷亚尔计划"的时间太长,而且它是在牺牲国际竞争力和经济增长的基础上降低通货膨胀率的。因此,如果卡多佐政府在东亚金融危机爆发之前就增加汇率制度的灵活性和中央银行的独立性,那么巴西就不会以一种缺乏竞争力的汇率来应对东亚金融危机和俄罗斯金融

---

① 国际储备从1995年6月的315亿美元上升到1998年4月的738亿美元。
② 失业率从1995年2月的4.2%上升到1998年4月的7.9%。
③ Peter Flynn, "Brazil: The Politics of Crisis", *Third World Quarterly*, No. 2, 1999, p. 305.
④ Fred Rosen, "The Brazil Meltdown", *NACLA Report on the Americas*, No. 5, March – April 1999, p. 5.

危机的冲击波。此外，1999年初雷亚尔的贬值幅度仅为8%。这一贬值不仅为时已晚，而且幅度太小。

五、财政赤字得不到控制。在实施"雷亚尔计划"期间，巴西的GDP增长了10.7%，而联邦政府的财政开支却增长了31%，其中用于公共债务的利息支付额增长了108%。[①] 财政赤字与经常项目赤字两者之间有着密切的正相关关系。财政赤字导致国民储蓄减少（相当于投资需求而言），从而使利率上升。为了吸引外资，利率就应该上升，但高利率却使本国货币升值。在这种情况下，由于国内的生产成本高于国外成本，进口变得有利可图。其结果是，进口不断增加，出口不断减少，经常项目赤字在所难免。

卡多佐政府的财政赤字是由以下原因引起的：（1）沉重的公共债务负担使政府不得不支付巨额利息。（2）历届巴西政府都具有"大手大脚花钱"的传统。而金融动荡爆发之前的1998年正好是大选年。为了实现连任的目标，卡多佐实施了扩张性财政政策，从而使财政失衡问题变得更加严重。1997年，联邦政府的开支增长了8%，1998年增长了22%。[②]（3）社会保障制度改革滞后，使亏损问题长期得不到解决。[③] 1998年，全国社会保障体系的亏损额高达420亿美元。[④]（4）公务员队伍庞大。在一些州，公务员的薪俸相当于州政府财政支出的80%。[⑤]

东亚金融危机爆发后，国际投资者对巴西的财政赤字得不到控制深表忧虑。为了打消其疑虑，卡多佐政府于1997年11月制定了一个旨在控制开支、增加财政收入的一揽子计划（Pacote 51）。该计划涉及51个方面。它虽然没有从根本上解决巴西的财政问题，但至少在短期内稳定了局势，并在一定程度上确立了国际投资者的信心。

[①] Afonso Ferreira and Giuseppe Tullio, "The Brazilian Exchange Rate Crisis of January 1999", *Journal of Latin American Studies*, February 2002, p. 156.

[②] Ibid., p. 156.

[③] 应该指出，卡多佐政府早就认识到了改革社会保障制度的必要性，但它面临着来自多方面的阻力，而且还得不到议会的支持，因此改革计划难以付诸实施。

[④] Peter Flynn, "Brazil: The Politics of Crisis", *Third World Quarterly*, No. 2, 1999, p. 290.

[⑤] Ibid., p. 290.

上述分析表明，克鲁格曼在 70 年代末提出的第一代货币危机模型是适用于巴西的。这一模型认为，货币危机的根源与财政赤字有关。为了弥补政府的财政赤字，政府不得不增加货币发行量。其结果是，通货膨胀压力不断上升。如果通货膨胀率高于国际水平（尤其是其主要贸易伙伴的通货膨胀率），这个国家的货币就面临贬值的压力。为了维系汇率稳定，政府不得不动用外汇储备来干预外汇市场。但这种干预的功效往往是暂时的。如果通货膨胀率持续居高不下，有限的外汇储备就无法使政府长期"捍卫"汇率。当投资者和投机者意识到这一必然会发生的后果时，他们就会向这个国家的货币发起投机性的攻击，使货币急剧贬值，从而诱发危机。[①]

在分析巴西货币危机时，还应该注意银行体系的作用。巴西的情况似乎表明，脆弱的银行并非必然会导致货币危机。如在 1994 年和 1995 年，虽然巴西的银行体系比较脆弱，但雷亚尔的币值尚未被严重高估，加之财政状况相对来说比较稳健，因此，巴西成功地抵御了墨西哥金融危机的"龙舌兰酒效应"的冲击波。而在 1999 年初，虽然巴西银行体系不像过去那样脆弱，但雷亚尔的币值却被严重高估，财政失衡现象也十分突出，因此，货币危机还是爆发了。[②]

但是，如果我们将巴西与陷入东亚金融危机的泰国和印度尼西亚等国作一比较，就可以发现，银行体系的稳健度是十分重要的。那些东亚国家最初遇到的是货币危机，尔后才发展成破坏性更大的金融危机。而巴西的货币危机却没有进一步演变为金融危机。这无疑与巴西的银行体系相对来说比较稳健有关。众所周知，东亚金融危机与这些国家的脆弱的金融体系有着密切的关系。换言之，东亚危机具有金融危机、银行危机和货币危机的所有特点。

由此可以推断，如果墨西哥金融危机之后巴西银行体系的稳健度没有得到加强，那么 1999 年初的货币危机或许会更加严重。因此，对于新

---

① P. Krugman, "A Model of Balance of Payments Crisis, Journal of Money", *Credit and Banking*, No. 11, 1979, pp. 311 – 325.

② A. 费雷拉等人还指出，意大利的银行体系很稳健，但在 1963 年、1976 年和 1992 年仍然遇到了货币危机。

兴市场经济来说，强化银行体系的必要性仍然是显而易见的。

三　阿根廷债务危机

正如国际货币基金组织首席经济学家鲁格夫所说的那样，僵硬的汇率制度、不当的财政政策和沉重的债务负担这三者结合在一起，必然会导致危机。①

一、僵硬的货币局制度损害了阿根廷经济的活力。为了控制通货膨胀，阿根廷于1991年制定了"兑换计划"。这一反通货膨胀计划的核心就是货币局汇率制度。事实表明，这种特殊的固定汇率制在降低通货膨胀率方面是十分成功的。1994年，消费品价格仅增长了3.9%，为40年来的最低点，90年代末有时甚至出现了负增长。无怪乎卡瓦略表示，货币局汇率制度在阿根廷至少可以存在60年，梅内姆也认为，"兑换计划"使阿根廷"搭上了世界经济的火车头"。确实，"兑换计划"如此成功，以至于国际社会将卡瓦略视为阿根廷的"经济能人"。1998年俄罗斯金融危机爆发后，叶利钦甚至请他赴莫斯科出谋划策。厄瓜多尔政府也曾请他出谋划策。

一方面，久治不愈的通货膨胀得到了控制；另一方面，梅内姆上台后推出的一系列经济改革措施使阿根廷国民经济的开放度不断扩大。其结果是，大量外国直接投资进入阿根廷（1991—2000年期间共吸引了800亿美元的外国直接投资），② 外国银行也很愿意向阿根廷提供信贷。此外，1比索=1美元这一汇率使阿根廷人觉得到迈阿密或巴黎等欧美国家去旅游很便宜。他们无不自豪地认为，"我们是南方国家中的富人"。③

大量外资的流入、宏观经济形势的好转和经济改革释放的"能量"，使阿根廷经济在进入90年代后取得了较快的发展，1981—1990年的增长率为-0.7%，而1991年和1992年则分别高达10.6%和9.6%。在

---

① *Financial Times*, December 12, 2001.
② *International Herald Tribune*, January 18, 2002.
③ 毫无疑问，这种虚假的繁荣进一步助长了超前消费，影响了储蓄率的提高。

1991—1998年的8年时间内，只有1995年为负增长，因此这一阶段的平均增长率仍然达5.8%，高于拉美的平均水平（3.5%）。① 这些引人注目的成就一度使阿根廷成了国际社会褒扬的对象，"阿根廷奇迹"之类的美称经常出现在西方媒体上。

但是，从1999年起，阿根廷经济却陷入了困境，财政收入每年减少20%，失业率高达18%，尽管通货膨胀率保持在1%—2%的低水平。

90年代末阿根廷经济陷入困境的原因是多方面的。第一，由于美国奉行强势美元政策，而阿根廷的货币局汇率制度却又十分僵硬，因此，比索的币值被大大高估，从而打击了阿根廷的国际竞争力。在90年代期间，只有1991年和1995年的贸易平衡是顺差，其他年份均为逆差。第二，庞大的财政赤字和沉重的债务负担削弱了阿根廷经济的活力。第三，1999年初爆发的巴西金融动荡使阿根廷经济受到了很大的不良影响。阿根廷与巴西是邻国，经济关系非常密切。巴西货币雷亚尔贬值后，阿根廷对巴西的出口受到很大的消极影响。第四，国际市场上一些初级产品价格的疲软使阿根廷的农产品出口收入得不到大幅度的增长。

一般情况下，在国民经济陷入衰退时，政府可以利用货币政策来刺激经济。但在阿根廷，货币局汇率制度仿佛"砍掉了阿根廷的货币政策这一条胳膊"，② 政府无法有效地运用降低利率或放松银根等手段来调控经济。正如许多分析人士所指出的那样，货币局汇率制度犹如一件"紧身衣"，使阿根廷不能对东亚金融危机、俄罗斯金融危机和巴西金融动荡产生的"冲击波"采取有效的应对措施。

二、财政赤字居高不下。不容否认，在90年代前期，除1991年以外，阿根廷的财政状况还是比较好的。1993年的财政平衡甚至出现了盈余，其他年份虽然是赤字，但占国内生产总值的比重很小。然而，从1996年起，一方面，90年代前期急风暴雨式的私有化结束后，私有化收入大幅度减少，而政府开支却得不到控制。另一方面，由于前总统梅内姆为了谋求第三次连任，不惜大幅度增加财政开支，对地方政府财政开

---

① ECLAC: *Preliminary Overview of the Economies of Latin America and the Caribbean*，相关年份。
② *Financial Times*, January 7, 2002.

支的增加也听之任之。正如英国《金融时报》所说的那样，阿根廷的政治家具有随意开动印钞票机器来满足政治需要的传统。[①] 其结果是，财政赤字不断扩大。曾经担任阿根廷经济部长的洛佩斯说过，在90年代，阿根廷的政府开支增长了150%，而经济仅增长了50%。[②]《拉美财政》杂志的一篇文章则认为，在过去的10年中，阿根廷的公共开支增长了一倍，财政赤字增长了6倍。[③]

阿根廷财政收支严重失衡的原因是多方面的：第一，公务员队伍庞大。例如，阿根廷的总人口为3600万，而公务员人数则多达200万。这一比率不仅在拉美，而且在世界上也是比较高的。又如，阿根廷的国会雇用了1万人，是墨西哥国会的2倍多（而墨西哥的人口则比阿根廷多出1倍以上）。此外，阿根廷的省一级立法机关还雇用了5万人。再如，阿根廷的参议院有72个席位（由23个省和联邦首都各选出3名），众议院有257个席位（每14.4万人选出1人）。[④] 第二，阿根廷的财政失衡还与中央政府与地方政府之间复杂的财政关系密切相关。在90年代后期开展的财政改革中，中央政府的财政权有所缩小，地方政府的财政权则不断强化，财政开支也大幅度增加。在这一过程中，中央政府没有采取有效的措施来监督或约束地方政府的财政开支。例如，杜阿尔德总统曾于90年代在布宜诺斯艾利斯省当过8年省长。在此期间，该省的财政赤字增长了10倍多，而且还不断地向银行举债。对此，中央政府几乎是束手无策。据估计，90年代后期，在阿根廷公共开支的大幅度增长中，约1/3与地方政府有关。[⑤] 第三，偷税漏税严重。政府为增加财政收入而向企业征收五花八门的税收。据统计，一般的企业要向联邦政府、省政府和市政府缴纳14种税。然而，由于偷税漏税司空见惯，实际税收并没有大幅度增加。国际货币基金组织在90年代中期所做的统计表明，在阿根廷，只有50%的纳税人缴纳了增值税。因此，有人得出了这样的结论：如果

---

① *Financial Times*, December 12, 2001.
② *Miami Herald*, January 20, 2002
③ *Latin Finance*, September 2001
④ *The New York Times*, February 18, 2002.
⑤ *Latin Finance*, September 2001.

阿根廷能将偷税漏税的比率减少 12.5%，阿根廷的财政收支就不会是赤字了。①

应该指出的是，如果一个国家能继续吸引大量外资，那么巨额财政赤字和庞大的债务负担还不至于诱发危机。然而，1997 年的东亚金融危机、1998 年的俄罗斯金融危机和 1999 年初的巴西货币危机，使阿根廷的外部环境发生了非常不利的变化，吸引外资的成本越来越高。

三、沉重的债务负担进一步凸现了货币局制度的弊端和庞大的财政赤字的危害性。在历史上，阿根廷曾遇到过两次较大规模的债务危机。第一次是在 19 世纪末，② 第二次是在 20 世纪 80 年代。这两次危机都给阿根廷经济带来巨大的创伤。遗憾的是，阿根廷没有从过去的危机中吸取教训，而是在 90 年代初实现经济复苏后再次举借了大量外债。③ 更为不利的是，相当多的一部分外债不是投入生产部门，而是被公共部门用于非生产性目的，其中包括充实外汇储备，弥补财政赤字和还本付息，等等。

阿根廷公共债务额相当于国内生产总值的比重不足 50%。按照发达国家的标准，这一比重似乎并不高。但公共债务相当于出口的比重却高达 5 倍。此外，阿根廷的债务结构不合理。一是还本付息集中在 2001—2004 年；二是大多数债务采用固定利率，一般都在 10% 以上，从而使还本付息负担进一步加重。

萨阿总统上台后立即表示，阿根廷暂停支付中央政府的 1320 亿美元的债务。④ 这使得阿根廷成了世界上最大的"倒账国"。据估计，"倒账"能使阿根廷政府在 2001 年年底以前"节省"120 多亿美元。换言之，如果阿根廷不"倒账"，那么它必须用 120 多亿美元来还本付息。这对于竭

---

① James E. Mahon, Jr. and Javier Corrales, "Pegged for Failure? Argentina's Crisis", *Current History*, February 2002, p. 74.

② 即发生在 1890—1891 年的巴林危机。

③ 在梅内姆当政期间，阿根廷的外债额快速增长：1989 年为 630 亿美元，1998 年已高达 1400 多亿美元。

④ 在中央政府的 1320 亿美元的债务中，450 亿美元是欠外国债权人的债券，其余债务的债权人是国内银行、本国养老金基金和国际机构（主要是国际货币基金组织和世界银行）。

力控制财政开支的阿根廷政府来说，无疑是难上加难。可见，萨阿总统的决定是万不得已的痛苦选择。①

四、"经济问题政治化"构成了债务危机的"催化剂"。2001—2002年阿根廷遇到的危机，是一个融债务危机、政治危机和社会危机于一体的"三重危机"。这些危机相互影响，互为因果。经济危机使政治危机和社会危机"雪上加霜"，而政治危机和社会危机则使经济危机变得更为严重。

当90年代末阿根廷经济出现衰退迹象时，"经济问题政治化"趋向日益严重。"经济问题政治化"是指政府的任何经济政策的出台或付诸实施，都受到党派之争的影响或制约，甚至还受到公众的强有力的抵制。此外，"经济问题政治化"还与同一政党内的分歧与不和联系在一起。

2000年10月6日，阿根廷副总统阿尔瓦雷斯因在反腐败问题上与德拉鲁阿总统不能达成共识而辞职。② 此举使德拉鲁阿政府的威信大大下降，因此国际投资者越来越担忧阿根廷会不会公开宣布无力偿还1500多亿美元的外债或放弃货币局汇率制度。幸亏国际货币基金组织提供了一笔援助，使阿根廷避免了一场危机。但国内外投资者对阿根廷政局能否保持稳定的疑问并没有消失。

2001年11月，国际货币基金组织以阿根廷政府未能实现将财政赤字降低到零的目标为由，决定推迟拨付一笔援助。这一决定进一步损害了国内外投资者对阿根廷克服经济困难的信心，同时也迫使公众争先恐后地到银行提取自己的存款。仅在11月30日这一天，人们从银行中提出的存款总额就高达13亿美元，③ 从而使银行系统处于极度的危险之中。

为了阻止人们挤兑银行和资金外逃，德拉鲁阿总统于12月3日起开始实施金融管制措施。其核心是控制储蓄者从银行提款，即储蓄者每周只能从银行取出250比索。此外，政府还规定，许多种类的美元存款将被

---

① 由于中央政府不能还债，24个省实际上也无力支付累计达220亿美元的债务。

② 要求德拉鲁阿总统免去两位部长的职务，因为他们与一起腐败丑闻有牵连。但总统不同意。

③ 这笔钱除用于消费以外，还以外逃的形式流出了阿根廷。这对本来就缺乏资金的阿根廷来说无疑是"雪上加霜"。

冻结到2003年。这些极端措施虽然使银行系统幸免于难，但在各党派和政府内部引起了很大的分歧，也在民众中产生了巨大的抵触情绪。许多储蓄者说，无能的政府把我们的国家拖入泥潭，而今却又禁止我们取出自己的钱。2001年12月18日，首都布宜诺斯艾利斯等地终于爆发了前所未有的大规模骚乱，抗议政府的金融管制措施。[1] 这一骚乱持续了2天。在与警察的冲突中，近30人死亡。面对这一局面，德拉鲁阿总统只得辞职。

四 拉美金融危机的启示

如前所述，拉美的三次危机的根源不尽相同。但是，如下表所示，不当的汇率政策和政治因素与三次危机的根源都有关系。由此可见，选择合适的汇率政策和保持政治稳定或达成共识，对于抵御金融危机是非常重要的。

表1　　　　　　　　　　三次危机的内部因素

	汇率政策	债务负担	金融自由化	财政赤字	经常项目赤字	政治因素	高利率政策
墨西哥金融危机	√		√		√	√	
巴西货币危机	√	√		√		√	√
阿根廷债务危机	√	√	√	√		√	

必须指出的是，拉美的三次金融危机是在金融全球化的大背景下发生的。众所周知，最近几十年，以资本流动速度不断加快、流动规模不断扩大为主要特征的金融全球化趋势，对发展中国家的经济安全产生了重要的影响。与国际经济接轨越来越密切的拉美经济，无疑会受到金融全球化大潮的冲击。当然，外因是变化的条件，内因是变化的根据，外

---

[1] 在阿根廷，虽然在银行开设了存款账户的人只占全国总人口的10%左右，但这些人的不满情绪汇合在一起，也会给政府在维系社会稳定方面带来很大的困难。

因通过内因而起作用。换言之，国际金融体系中的缺陷以及国际资本的无序流动这些重要的"外因"，与拉美国家的政策失误结合在一起，使该地区经常面临各种危机的打击。

拉美国家在参与金融全球化和维护经济安全的过程中，为我们提供了以下10点有益的启示。

一、发展中国家应该以积极的姿态参与金融全球化进程。金融全球化是历史发展的必然趋势。金融全球化促进了资本在全球范围内的流动，推动了世界经济和国际贸易的发展。但是，"金融全球化在为各国经济、投资者和储蓄者带来很多好处的同时，也改变了市场结构，并为市场参与者和决策者增加了新的风险和挑战"。[①] 90年代以来拉美国家和其他发展中国家多次遇到金融危机这一事实，就已经充分地说明了这一点。因此，发展中国家只有团结一致，扬长避短，趋利避害，才能在这一历史潮流中为自己找到适当的位置，最大限度地从中受益。毫无疑问，将金融全球化视为解决发展中国家的一切问题的"灵丹妙药"是完全错误的，而把它看作"罪恶之源""洪水猛兽"也是不应该的。

二、在实施金融自由化的过程中必须提高自身的竞争力，并要强化政府对金融体系的监管。在市场经济体系中，金融部门处于十分重要的地位。无怪乎有人说，市场经济就是金融经济。金融全球化趋势的发展对发展中国家的国内金融体系提出了新的要求，也增强了它们开放国内金融市场的迫切性。从理论上说，只有开放金融市场，才能从金融全球化进程中受益。但在现实中，金融自由化常常伴随着更多的金融风险和更大的不确定性。因此，为了维系经济安全，并最大限度地减少金融风险，发展中国家必须强化自身的竞争力。

拉美国家的经验表明，单纯强调自身的竞争力弱，因而延缓金融开放的进程，并非高明之举。只有通过适度的开放来迫使国内金融企业提高竞争力，才能达到事半功倍的效果。此外，在推行金融自由化的过程中，政府必须强化对金融体系的监管，必须实施与之相配套的一些措施。由于银行部门在金融体系中居于举足轻重的地位，提高其稳健度十分

[①] Gerd Hausler, "The Globalization of Finance", *Finance and Development*, March 2002, p. 10.

重要。

三、慎重对待资本项目开放。与国内金融自由化相对应的是开放资本项目。在这个问题上，发展中国家面临着艰难的抉择。在理论上，开放资本项目能从金融全球化中获得更多的好处。但是，众所周知，国际资本的无序流动以及巨额游资的冲击，使发展中国家在资本项目开放后面临更大的风险。因此，不开放资本项目不仅可以抵御"热钱"的冲击，而且还能在一定程度上避免其他国家或地区的金融危机所产生的"传染效应"。

拉美国家的经验表明，对于发展中国家来说，开放资本项目是必要的，但必须采取循序渐进的步骤，不能急于求成。此外，在开放资本项目之后，还应该采取一系列辅助性措施，将由此而来的消极影响降低到最低限度。

四、在必要时对国际游资实施管制。国际游资（或"热钱"）具有投机性强、流动性大、停留时间短、反应快、灵敏度高和隐蔽性好等特点。[①] 它的投资对象主要是外汇、股票及其金融衍生产品市场。应该指出的是，国际游资并非一无是处。例如，它能为国际贸易提供融资手段，使国际贸易活动更加活跃。又如，它还能通过套利或套汇活动使国际利率差或汇率差缩小。再如，它能增加国际金融市场的流动性，降低交易成本。更为重要的是，一方面，它是金融全球化趋势加快发展的体现；另一方面，它也促进了金融全球化的发展。

虽然国际游资有上述"功劳"，但是总的说来，国际游资对发展中国家的影响是弊大于利。由于它的投机性很强，国内外政治、经济形势一俟发生变化，它就会溜之大吉，从而使发展中国家处于非常被动的局面。发展中国家的许多金融危机都是在这种短期资本大进大出的情况下发生的。

[①] 1997 年 7 月泰国金融危机的爆发与泰国银行和企业在国际上举借大量短期资本不无关系。据估计，泰国外债的 2/3 以上是不足一年的短期信贷。这些短期信贷被投入曼谷的不动产市场。一方面，大量短期贷款被用来投入收益慢的不动产部门；另一方面，以外币记值的外债进入不动产部门后，换来的收益却不是外汇，而是本国货币泰铢。这两个因素交织在一起，使泰国金融部门的稳健度越来越低。

智利和其他一些拉美国家的经验表明，资本管制措施能在一定程度上冷却这种"热钱"。尤其在"北方利率"发生大幅度变化时，适当的资本管制措施或许能控制外资的流量。

五、控制外债规模，增强债务的"可持续性"。金融全球化的发展使发展中国家更容易获得外国信贷。举借外债有利于弥补国内资本积累不足，有利于扩大生产性投资。然而，外债并非"多多益善"。如果债务负担超过债务国的偿还能力，债务危机就会爆发。在这一方面，拉美国家和东亚国家有过惨痛的教训。因此，发展中国家必须通过多种措施来减少对外债的依赖。正如英国《金融时报》在分析阿根廷债务危机时所说的那样，除非一个国家的经济飞速增长，金融市场非常发达，否则不应该使债务负担达到如此重的地步。[1] 还有一些经济学家则更是一针见血地指出，阿根廷的"兑换计划"是"死在债务和经济衰退手里的"。[2]

六、必须选择一种富有灵活性的汇率制度。在全球化时代，由于国民经济与国际经济的联系越来越密切，而汇率是这一联系的"纽带"，因此，选择一种合适的汇率制度，实施恰当的汇率政策，已成为经济开放条件下决策者必须要考虑的重要课题。拉美国家的经验表明，浮动汇率制并非十全十美，固定汇率制也不是一无是处。鉴于国际资本流动的速度越来越快，发展中国家应该选择一种富有灵活性的汇率，以最大限度地减少"汇率风险"。

七、提高财政部门的稳健度同样有助于维护经济安全。90 年代以来发展中国家遇到的历次金融危机和银行危机都与金融部门中的各种问题和弊端有关，因此，人们在谈论经济安全时，常常把注意力放在金融问题上。但巴西货币危机和阿根廷债务危机则表明，维系财政部门的稳健度同样是十分重要的。正如国际货币基金组织首席经济学家鲁格夫所说的那样，不当的财政政策、沉重的债务负担和僵硬的汇率制度三者结合在一起，必然会导致危机。[3]

---

[1] *Financial Times*, December 20, 2001.

[2] James E. Mahon, Jr. And Javier Corrales, "Pegged for Failure? Argentina's Crisis", *Current History*, February 2002, p. 74.

[3] *Financial Times*, December 12, 2001.

八、正确处理资本自由流动、货币政策和汇率政策之间的"三难选择"。无论在理论上还是在拉美的现实中，蒙代尔和克鲁格曼的"三难选择"都是成立的。在金融全球化趋势不断加快的条件下，资本流动越来越自由，因此拉美国家在制定独立的货币政策和稳定汇率时常常面临着困难的抉择。智利等国的经验表明：（1）在一定条件下，资本管制有助于避免货币政策与汇率政策之间的冲突。但是，随着时间的流逝，资本管制的效果会减弱。（2）如果汇率频繁地波动，而且波动幅度大，就会破坏以稳定国内价格为目标的货币政策。可见，决策者必须根据不同时期的资本流量、国际收支的状况以及通货膨胀压力的大小来制定相应的政策。（3）要高度重视和正确处理利率与汇率之间的关系。用提高利率的手段来吸引外资和维系汇率稳定的做法有很大的局限性。

九、政治稳定是维系经济安全的必要条件之一。一方面，外资总是希望东道国的政局保持稳定，以便获得更好的收益；另一方面，在金融全球化时代，资本流动的速度不断加快，任何一种影响政局稳定的"导火线"都会导致外资溜之大吉。因此，只有保持政治稳定，政府才能专心致志地实施各项改革政策，才能强化本国对外国投资者的吸引力，才能使经济改革在良好的外部环境中顺利推进。

十、必须改革国际金融体系。随着金融全球化趋势的加快发展，国际金融体系中的一些缺陷越来越明显。因此，国际社会和有关方面应该加强合作和协调，建立一个新的国际金融架构。

在减少金融风险和规避金融危机方面，应该发挥国际、区域和国别三个层面的积极作用。在国际层面上，国际货币基金组织无疑处于举足轻重的地位。第一，国际货币基金组织应该高举反对"金融霸权"的大旗，更好地为广大发展中国家服务。[①] 第二，它应该在建立新的国际金融架构时主动地协调各方利益。第三，在向陷入危机的发展中国家提供经济援助时，国际货币基金组织应该根据不同受援国的不同情况，提出一

---

① 所谓"金融霸权"，主要是指国际大银行和金融投机家等金融寡头及其政治代表（常常是发达国家的政府及其在国际金融机构中的"代言人"）利用自己的实力来垄断国际金融体系或剥削发展中国家的行为。

个附加条件较少的"药方"。第四,为了使发展中国家更好地避免危机,国际货币基金组织应该设计出一整套更加切实可行的"预警"指标体系,并在规范国际资本流动方面制定一些有效的条例。

(原载《太平洋学报》2004年第1期)

论拉美国家的社会问题

拉美国家在推动社会发展的过程中取得了显著的成效,但也面临着多个严重的社会问题,如社会治安恶化、大量人口生活在贫困线以下、"社会排斥"现象司空见惯以及社会冲突频繁发生,等等。拉美国家能否有效地应对社会问题,在很大程度上取决于能否使经济保持稳定而较快的发展、能否树立一种有利于推动社会发展的理念、能否制定和实施有效的社会发展政策以及能否改善收入分配。

一 拉美社会问题的严重性

在过去的几十年,拉美国家在推动社会发展的过程中取得了引人瞩目的成就。例如,拉美人的预期寿命从1960年的56岁提高到1975年的62岁,2007年已高达73.4岁,与发达国家的差距从1960年的13岁缩短为2007年的6.7岁。与此同时,拉美国家的婴儿死亡率从1980—1985年的58.3‰下降到2005—2010年的21.8‰,[①] 入学率大幅度上升,文盲率则大幅度下降。

但是,拉美国家也面临着许多严重的社会问题,其中最为引人关注的是:

1. 社会治安恶化。美洲开发银行的有关研究表明,虽然发达国家和发展中国家的犯罪率都在上升,但拉美的上升速度更快。而且,由

---

① Economic Commission for Latin America and the Caribbean (ECLAC), *Statistical Yearbook for Latin America and the Caribbean*, 2000, 2009.

于许多受害者不愿意报案，与犯罪率有关的上述指数实际上被低估了。① 在许多拉美国家，私人保镖业越来越兴旺发达。哥伦比亚一公司已研制出 192 种不同款式的防弹衣，其中包括具有防弹功能的女用内衣内裤。

拉美社会治安不断恶化的过程呈现出以下几个显著的特点：

第一，无论是穷人和富人，都是受害者。富人因拥有大量财富而成为偷窃或抢劫的目标。但他们可以通过雇佣保镖或为自己的家庭财产安装防盗设施来减少风险。相比之下，低收入者因无力采取防范措施而面临更大的风险。如在秘鲁，低收入者受到小偷小摸和其他一些犯罪活动的伤害的比例大约相当于高收入者的 2 倍。②

第二，绑架和凶杀等恶性案件频繁发生。如在萨尔瓦多，2006 年共有 3928 人死于凶杀案等暴力事件，平均每天死亡 10.8 人。③ 在委内瑞拉，每 2 小时就有 3 人死于暴力，2003—2006 年间，绑架案件翻了一番，失踪人员也迅速增加。虽然委内瑞拉的总人口仅为 2600 万，但每年发生的杀人案件就有 1 万起，83% 的被害者被杀于其住所附近。④

第三，越来越多的外国人成为犯罪活动的受害者。拉美拥有许多名胜古迹，因此外国游客很多。此外，在拉美经商的外国人也不断增多。这些外国人越来越成为偷窃、抢劫和绑架的受害者。2002 年 5 月 10 日，古巴驻墨西哥大使在家中遭到抢劫。⑤ 中国在拉美的企业也成为犯罪分子"青睐"的目标。据报道，在委内瑞拉的十几家中资企业，几乎没有一家未遇到过抢劫的，甚至中国驻委内瑞拉的使馆也曾遭遇盗窃。⑥

---

① Inter-American Development Bank (IDB), *Development beyond Economics: Economic and Social Progress in Latin America*, The Johns Hopkins University Press, 2000, pp. 13–14.

② IDB, *Development beyond Economics: Economic and Social Progress in Latin America*, The Johns Hopkins University Press, 2000, p. 14.

③ 人民网 2007 年 3 月 19 日讯。(http://world.people.com.cn/GB/1029/42358/5488149.html)

④ 张卫中、刘宏、李宏伟：《中国驻委内瑞拉使馆商务处遭抢》，《环球时报》2006 年 11 月 15 日。

⑤ 人民网墨西哥城 2002 年 5 月 10 日电。(http://news.sina.com.cn/w/2002-05-11/1302572445.html)

⑥ 张卫中、刘宏、李宏伟：《中国驻委内瑞拉使馆商务处遭抢》，《环球时报》2006 年 11 月 15 日。

第四，与毒品生产和毒品走私有关的犯罪活动不断发生。安第斯地区是世界上毒品的主要产地之一。毒品卡特尔的恐怖活动使人民的生命和财产，乃至国家的政局稳定和社会治安面临着极大的威胁。毒品卡特尔是由从事毒品生产和贩运活动的人员组成的暴力集团。他们用滚滚而来的"毒品美元"购置了精良的武器和先进的通信设备和运输工具，并组织了一支敢于与政府的反毒力量决一死战的武装部队。除了通过制造爆炸和绑架等一系列恐怖事件来反击政府的扫毒斗争以外，它们还直接杀害那些主张以强硬手段对付毒品问题的政府官员、司法人员、新闻人员以及社会名流等要人。

此起彼伏的"毒品暴力"不仅来自毒品卡特尔对政府反毒斗争的报复和反抗，而且来自毒品卡特尔之间的"狗咬狗"。这种火拼主要与争夺毒品市场有关。如在哥伦比亚，麦德林和卡利的毒品卡特尔不时发生冲突，每次冲突总会殃及不少无辜的局外人。有时这种冲突还延伸到周边国家和美国的街头。

社会治安恶化产生的负面影响是多方面的。根据世界银行经济学家的计算，居高不下的犯罪率使拉美的国民经济增长率减少了 8%。如果 20 世纪 90 年代初巴西的凶杀案发案率被降到哥斯达黎加的水平（哥斯达黎加的凶杀案发案率仅相当于巴西的 1/6），那么，90 年代后期巴西的人均收入会增加 200 美元，GDP 增长率会从 3.2% 上升到 8.4%。[①]

2. 大量人口仍然生活在贫困之中。拉美拥有丰富的自然资源，但拉美的穷人为数不少。这些被称作"金山上的乞丐"或长期失业，或只能在工资报酬少、劳动条件差的非正规部门中谋生。他们虽然能得到一些政府的救济金，但其生活水平总是得不到明显的提高。根据联合国拉美经委会的统计，自 2002 年起，虽然贫困率出现了较大幅度的下降，但拉美贫困人口仍然多达 1.8 亿（见表 1）。

[①] Jens Erik Gould, "High Crime Stifles Latin Economies", *New York Times*, October 17, 2006.

表1　　　　　　　　　　拉美的贫困人口与贫困率

年份	1980	1990	1997	1999	2002	2006	2007	2008
贫困人口（亿）	1.36	2.00	2.04	2.11	2.21	1.93	1.84	1.80
贫困率（%）	40.5	48.3	43.5	43.8	44.0	38.3	34.1	33.0
极端贫困率（%）	18.6	22.5	19.0	18.5	19.4	13.3	12.6	12.9

资料来源：ECLAC, *Social Panorama of Latin America*, 2009, p. 9.

拉美的贫困有以下几个特点：第一，除一般意义上的贫困以外，拉美的极端贫困（即赤贫）也很严重。根据联合国拉美经委会的统计，在1980—2002年期间，拉美的极端贫困率均在20%上下。2006年以来虽有下降，但仍然超过10%。第二，贫困与经济增长呈明显的负相关性。[1] 在20世纪80年代，拉美蒙受了债务危机和经济危机的双重打击，因此贫困率从1980年的40.5%提高到1990年的48.3%。但在2002—2008年期间，拉美经济取得了较快的发展，贫困率下降了11%。第三，儿童的贫困甚于老年人。由于贫困家庭的子女较多，因此拉美国家15岁以下儿童的贫困现象也非常严重。这对其未来的身心健康构成了巨大的威胁。与此相反，拉美国家65岁以上人口的贫困状况则不及儿童那样严重。这与他们拥有固定的养老金收入有着很密切的关系。第四，印第安人、黑人、妇女和受教育程度较低的人更容易陷入贫困。第五，农村的贫困状况比城市贫困更为严重。第六，大都市周边的贫民窟是穷人赖以生存的主要场所。这些贫民窟基础设施差，缺电少水，也没有学校和医院等生活服务设施。更为严重的是，许多贫民窟已成为各种刑事案件的高发区。[2]

---

[1] 联合国拉美经委会认为，1990—2008年期间拉美贫困问题的减缓与经济发展和收入分配的改善有关，但两者的影响是不同的：经济增长对减贫的贡献为85%，收入分配改善的贡献是15%。（ECLAC, *Social Panorama of Latin America*, 2009, Briefing Paper, p. 12.）

[2] 在拉美，几乎每一个大都市周围都有贫民窟。拉美的贫民窟可追溯到18世纪巴西的非洲人居民区（bairros africanos）。当时，获得人身自由的黑人因无土地所有权而只能流落他乡，在城市郊区的空地上搭建简易房屋。20世纪中叶，一方面，随着进口替代工业化快速发展，制造业部门对劳动力的需求不断扩大；另一方面，大量农村剩余劳动力为摆脱农村的贫困和向往城市现代化生活而进入城市。上述"拉力"和"推力"使拉美的城市人口急剧膨胀。但是，农村劳动力的经济实力极为低下，难以在城区购买住房或租房，因此他们只能在城乡结合地带搭建非常简易的住处。经过几十年的发展，小的贫民窟有着数千居民，而里约热内卢和墨西哥城等大都市周边的贫民窟则容纳了数万人。

3. "社会排斥"现象司空见惯。"社会排斥"是指一部分人因种族或性别等原因无法参与国家的政治、经济和文化生活的现象。土著人是"社会排斥"最大的受害者。① 拉美的绝大多数土著人生活在农村。长期以来，拉美的农业现代化并没有使他们享受到应有的好处。相反，在新自由主义改革浪潮的冲击下，他们的生存空间越来越小。例如，墨西哥在1992年修改了象征1910年墨西哥革命的主要成果之一的宪法第27条，允许土地买卖，从而使印第安人部落的土地受到了私有化浪潮的冲击。秘鲁在20世纪90年代颁布的土地法也规定，国家有权将土著人拥有的土地以拍卖的形式转让给私人开发商。②

随着工业化和城市化的发展，越来越多的土著人开始在城市谋生。然而，无论生活在哪里，他们总是社会中的弱势群体，社会地位得不到提高。他们的工作很不稳定，工资低，升迁的机会不多。在玻利维亚，印第安人不得使用一些高级游泳池，其薪酬仅为白人的41%。

土著人社会地位的边缘化与贫困密切相连。在玻利维亚，土著人的贫困率为64%，比其他人高出16个百分点；在秘鲁，土著人的贫困率为79%，比其他人高出近30个百分点。

最近几十年，随着拉美社会的进步，妇女的地位大幅度上升。至1961年，所有拉美国家的妇女都获得了投票权。有些国家（如智利、阿根廷、尼加拉瓜和巴拿马）甚至出现了女总统，女部长或女议员更是不计其数。与此同时，拉美妇女的经济地位也有相应的提高。但是，今天拉美妇女仍然是"社会排斥"现象的受害者。例如，妇女在劳动力市场上经常受到歧视，甚至无法享受同工同酬的待遇。妇女受教育的程度常常低于男性。此外，在拉美文化特有的"大男子主义"影响下，妇女也常常成为家庭暴力的受害者。

4. 社会冲突频繁发生。拉美的社会冲突既有民众百姓上街游行和示

---

① 根据国际公认的定义，土著人是指一个地区或国家在被殖民主义者征服以前生活在这片土地上并能保留本民族独特的政治、经济社会和文化特性和原始居民的后代。在拉美，被各国政府承认的土著人民族共有671个，其中一半以上居住在安第斯地区、墨西哥和中美洲地区的热带丛林中。

② 刘承军：《印第安文化与印第安政治运动的新崛起》，《拉丁美洲研究》2006年第5期。

威，也有充满血腥味的流血事件。而且，一些社会冲突因破坏性强和持续时间长而引起了国际社会的关注。墨西哥恰帕斯州的印第安农民起义就是这样一种极为严重的社会冲突。①

在巴西，最引人注目的社会冲突是"无地农民运动"与大地主及政府之间的对立。20世纪70年代末，巴西全国各地接连不断地发生了无地农民强行霸占大地主的闲置土地的事件。为了增强自身与大地主及政府讨价还价的筹码，无地农民在1984年成立了一个组织，称为"无地农民运动"（Movimento dos Trabalhadores Rurais Sem Terra, MST）。1985年，该组织召开了第一次全国代表大会。会议将强占土地作为其获取土地的主要斗争方式。"无地农民运动"的无地农民与大庄园主之间的对峙经常导致流血冲突。据估计，在1980—2000年期间，共有1520人在冲突中死亡。②

二 影响拉美社会发展进程的决定性因素

没有一个国家是没有社会问题的。但在不同的国家，社会问题的根源不尽相同，社会问题的严重性也有差异。拉美国家的社会问题既受制于经济发展水平，也取决于收入分配状况，既与政府的发展理念有关，也与社会发展政策密切相连。因此，未来拉美国家能否正确地应对其严重的社会问题，在一定程度上将取决于下述因素。

（一）能否使经济保持稳定而较快的发展

经济发展对社会发展进程的影响是十分巨大的。在收入分配政策不变的条件下，较快的经济发展能创造较多的财富，从而使更多的穷人受益。同样重要的是，较快的经济增长率不仅能创造较多的就业机会，而

---

① 1994年1月1日，即北美自由贸易协定（NAFTA）正式生效的这一天，墨西哥东南部的恰巴斯州出现了一支由印第安农民组成的号称萨帕塔（Zapatista）民族解放军的队伍。他们的主张与84年以前墨西哥革命时期南方农民起义军领袖萨帕塔（1879—1919年）提出的要求基本相同：要自由、要公正、要自主、要更好的生活条件。

② 吕银春、周俊南：《列国志：巴西》，社会科学文献出版社2004年版，第164—165页。

且可使政府能获得更多的财政收入,用于加快社会发展。20世纪90年代,由于拉美经济走出了"失去的十年"的阴影,政府经济实力的增强使政府能扩大社会开支。根据拉美经委会的统计,在17个拉美国家,用于社会开支的政府资金从90年代初人均360美元上升到90年代末的540美元,增长幅度高达50%。[1]

毫无疑问,经济危机会阻碍社会发展进程。经济危机对社会发展进程的影响主要体现在以下几个方面:一是危机导致经济活动萎缩,企业无法扩大生产规模,从而使失业问题变得更为突出,有幸保住就业机会的工人不仅难以增加工资,而且有时会减薪;二是危机使政府的财政收入无法增加,最终导致政府对社会发展领域的投入减少;三是危机时期容易出现通货膨胀,而低收入阶层无疑是通货膨胀的最大受害者。

拉美经济经常爆发危机,每一次危机都为社会各阶层(尤其是低收入阶层)带来了巨大的损失。根据最保守的估计,1994年爆发的墨西哥金融危机使墨西哥损失了450亿美元,相当于墨西哥国内生产总值的16%。[2] 1995年,墨西哥的国内生产总值下降了6.9%,是20世纪初墨西哥革命爆发以来经济增长率下降幅度最大的一年。通货膨胀率超过50%,而实际工资则降低了20%。消费者无法偿还住房贷款和其他贷款,大量企业倒闭。与危机前相比,失业人口增加了200万。[3] 仅在1995年1月和2月,倒闭的企业就达1.9万家,占全国企业总数的3%,25万人因此而失业。[4]

在2001—2002年阿根廷金融危机期间,阿根廷各行业月均名义工资由961比索降至616比索,其中正规部门降至769比索,非正规部门跌落到363比索。2002年1月货币局制度崩溃后,比索大幅贬值,物价急剧攀升,贫困人口和失业人口再次迅速增加。至2002年10月,贫困率已升

---

[1] ECLAC, *Social Panorama of Latin America*, 2000 – 2001, p. 116.
[2] Riordan Roett (ed.), *The Mexican Peso Crisis: International Perspectives*, L. Rienner, 1996, p. 27.
[3] *Hemisfile*, March – April, 1996, p. 5.
[4] *Business Latin America*, April 7, 1995, p. 8.

至57.5%，极端贫困人口比重由13.6%升至27.5%。①

由于受到国际金融危机的影响，2009年拉美经济增长率从2008年的4.2%变为负增长（-1.9%），失业率从2008年的7.3%上升到2009年的8.1%。② 在这一危机中，拉美地区共有900万人陷入贫困，从而增加了该地区在2015年实现联合国确定的"千年目标"的难度。③

总之，只有大力发展社会生产力，加快经济发展，不断为社会和谐创造雄厚的物质基础，才能推动经济社会协调发展，才能加快社会发展进程。虽然拉美经济的发展前景具有多方面的不确定性，但是，基于20世纪90年代以来的发展态势，我们能对拉美经济的发展前景作出一种较为乐观的预测。

（二）能否树立一种有利于推动社会发展的理念

政府应该追求的目标不能局限于经济增长（效率），而是应该兼顾社会发展（公平）。一方面，体现公平与否的生产关系现状取决于体现效率的生产力发展水平；另一方面，生产关系又在一定程度上反作用于生产力。因此，公平与效率是相辅相成的。效率是实现公平的动力和必要条件，但公平的缺失必然会使效率失去其意义，从而延缓社会发展。

在相当长的时间内，拉美国家的政府似乎更为重视效率，较少顾及公平。这一"先增长后分配"的理念使社会发展屈从于经济增长，最终导致社会问题越来越严重。

事实上，早在20世纪90年代初，联合国拉美经委会就提出了"实现公平的生产变革"的口号。进入21世纪后，联合国拉美经委会越来越注重加快社会发展，进一步提出了强化社会凝聚力的理念。

联合国拉美经委会认为，社会凝聚力是指社会的各个成员在社会中的归属感以及对社会发展目标的认同感，与社会容纳机制、社会成员的

---

① 黄志龙：《金融危机对社会领域的冲击：拉美国家的经验研究》，《拉丁美洲研究》2008年第2期。

② http：//www.eclac.org/cgi – bin/getProd.asp? xml =/prensa/noticias/comunicados/0/39830/P39830.xml&xsl =/prensa/tpl – i/p6f.xsl&base =/tpl – i/top – bottom.xsl.

③ http：//ipsnews.net/news.asp? idnews =52042.

行为及其对社会价值的判断密切相关。社会容纳机制包含了就业、教育以及确保社会公平的政策，社会成员的行为及其对社会价值的判断涉及人们对制度、社会资本、社会团结和社会规则的信任以及社会的每一个成员参与社会发展进程的意愿和集体努力。①

社会凝聚力的理念有以下三个特点：一是注重经济发展的重要性，即只有把蛋糕做大了，才能进一步强化社会凝聚力；二是重视社会的每一个成员的作用，而发挥其作用的有效手段就是通过发展教育事业来提升人的能力和素质；三是关注政府在强化社会凝聚力的过程中应该发挥的重要作用。

社会凝聚力的理念得到了国际社会的认可和赞赏。2007年11月在智利首都圣地亚哥召开的第17届伊比利亚美洲国家首脑会议，将社会凝聚力作为会议的主题。会议通过的《圣地亚哥声明》《行动计划》等文件进一步强调了拉美国家强化社会凝聚力的重要性和必要性。联合国秘书长潘基文在这一首脑会议的开幕式上说，社会凝聚力也是联合国在全球范围内积极倡导的理念，是实现联合国制定的《千年发展目标》、《土著人民权利宣言》和《残疾人权利公约》的必要条件之一，符合联合国在全球范围内致力于维护和平、加快发展和保护人权的努力。他甚至认为，社会凝聚力有助于国际社会应对全球气候变化问题。

总之，无论是政府还是非政府组织，无论是企业还是民众，都在关心如何通过强化社会凝聚力来解决社会问题，拉美国家领导人的发展理念也发生了有利于推动社会发展进程的重大变化。这一切都是非常难能可贵的。

（三）能否制定和实施有效的社会发展政策

社会政策是政府为提高人民生活水平、缓解社会矛盾和加快社会发展而确立的行为准则和法规的总和，因而反映了政府解决社会问题的愿望、决心和思路。拉美国家制定的社会政策涉及社会保障、社会救济、

---

① 拉美经委会还认为，社会凝聚力的理论基础是法国社会学家涂尔干（1858—1917年）的社会分工理论。

医疗卫生、教育、扶贫、就业、工资和税收等领域。有些国家甚至通过颁布法律法规来确保社会政策的稳定性。但是，在实施上述社会政策的过程中，拉美国家常常面临着以下几个方面的难题：一是政府的财力不够，因此许多政策在实施的过程中出现了"虎头蛇尾"的现象。[1] 二是不能使各种社会政策取长补短、相得益彰，从而形成了"头疼医头、脚疼医脚"的局面。三是经常受到利益集团的掣肘。处于社会"金字塔"顶部的公务员总是能从各种社会政策中获得最多的利益，而弱势群体虽能受益，但受益较少。四是主管社会政策的政府部门的专业化水平不高，管理能力不强，从而使社会政策的成效得不到提高。这种情况在地方政府尤为普遍。五是迷信市场的力量，认为市场机制在社会保障、医疗卫生、劳动力市场和税收等领域能起到替代政府的作用。

20世纪80年代初的债务危机爆发后，一些拉美国家曾为减缓危机对低收入阶层的影响而设立了社会投资基金或类似的社会救助计划。这一基金的资金或来自政府的拨款，或来自国际组织的捐款或贷款。[2] 其用途主要是为失业人员创造就业机会（如铺设道路、修缮桥梁和清扫公路），或直接向低收入阶层提供低价食品和医疗服务。但是，一方面，由于当时拉美国家的经济深受债务危机和经济危机的打击，政府的财力无法长期支撑大规模的社会开支；另一方面，在新自由主义思想的影响下，拉美国家的决策者认为政府应该最大限度地介入社会发展领域，因此，社会投资基金或类似的社会救助计划在实施了若干年后就变为"虎头蛇尾"，不了了之。这也在一定程度上说明，为什么80年代后期许多拉美国家的社会问题变得越来越严重。

---

[1] 在阿根廷、巴西和乌拉圭等地，政府用于社会发展领域的开支占公共开支总额的60%，但在萨尔瓦多和秘鲁等国，这一比重不足40%。虽然社会开支占GDP的比重从20世纪90年代初的12.8%上升到21世纪初的15.1%，但仍然大大低于美国的23.6%、法国的35%和德国的33.6%。（ECALC, *Social Panorama*, 2005, p. 17; World Bank, *Poverty Reduction and the World Bank: Progress in Fiscal 1996 and 1997*, World Bank, 1998）

[2] 20世纪80年代玻利维亚利用世界银行的资金设立的社会投资基金被认为是一个较为成功的案例。这一基金的资金用于4个领域：经济基础设施、社会基础设施、社会援助和信贷供给。这一基金曾使350万—400万玻利维亚穷人受益。（Patrice Franko, *The Puzzle of Latin American Economic Development*, Rowman & Littlefield, 2007, p. 424）

进入90年代后,拉美经济的复苏增加了政府的财政收入,使政府有能力在社会发展领域扩大投资;与此同时,政府对社会发展和经济发展的相辅相成的关系获得了新的认识。许多拉美国家的领导人越来越认识到,在推进经济改革的同时,不能忽略社会发展。根据联合国拉美经委会的统计,2006—2007年与1990—1991年相比,拉美21个国家的政府在社会发展领域的开支增加了将近一倍,从318美元提高到604美元(按2000年美元价格计算)。当然,国家之间的差异很大。如在2006—2007年期间,阿根廷政府的社会开支人均为2000美元,而尼加拉瓜和厄瓜多尔则仅为100美元左右,两者相差20倍。①

应该指出的是,拉美政府在社会发展领域的开支具有明显的顺周期特性。换言之,在经济形势较好的年份,投入社会发展领域的资源就多;而在经济增长率较低的年份,政府一般不愿意或是无力在社会发展领域扩大投资。

如把社会发展的领域分成社会保障、教育、卫生以及住房这样4个方面,那么我们可以看出,拉美国家的政府似乎较为重视社会保障和教育。90年代以来,拉美用于社会发展领域的开支约占GDP的5.2%,其中社会保障和教育分别占GDP的2.6%和1.4%,卫生和住房分别占0.7%和0.5%。②

在一些拉美国家,"有条件现金转移支付项目"已成为政府实施的最重要的社会救济行动。③ 它采用政府直接将现金支付给贫困家庭的方式,但贫困家庭的家长必须作出若干承诺,如将子女送往学校就读,不得辍学,定期对儿童的健康和营养状况进行检查和接受免疫,有孕产妇的家庭要保证使其接受围产期的保健,并定期参加健康信息讲座。目前,已

---

① ECLAC, *Social Panorama of Latin America*, 2009, Briefing Paper, p. 23.
② Ibid., p. 26.
③ 在不同的拉美国家,"有条件现金转移支付项目"有着不同的称呼。例如,在巴西被叫作"家庭补贴"(Bolsa Família),在墨西哥被称为"机会"(Oportunidades),在哥伦比亚被命名为"家庭行动"(Familias en Acción),在厄瓜多尔被称作"人类发展债券"(Bono de Desarrollo Humano),在牙买加被叫作"卫生和教育改进项目"(Program of Advancement through Health and Education)。

有17个拉美国家实施了"有条件现金转移支付项目",覆盖了2200万个家庭的1亿人口,占拉美总人口的17%。这些项目使用的资金占整个拉美地区公共社会开支的2.3%,占GDP的0.25%。[1] 联合国拉美经委会认为,墨西哥的名为"机会"的有条件现金转移支付项目已经使整个国家的贫困率下降了1.1%。[2]

(四) 能否改善收入分配

拉美是世界上收入分配最不公平的地区之一。世界银行认为,即使是该地区相对而言比较公平的国家(如乌拉圭和哥斯达黎加),其收入分配也比经济合作与发展组织中任何一个成员国或任何一个东欧国家更不公平。在大多数拉美国家,占总人口10%的富人获得的收入占国民总收入的40%~47%,而占总人口20%的穷人所占的比重仅为2%~4%。[3] 联合国拉美经委会的数据表明,在18个拉美国家中,2个国家的基尼系数超过0.6,12个国家在0.5以上,4个国家超过0.45(见表2)。

表2　　　　　　　　拉美国家的基尼系数

玻利维亚	巴西	洪都拉斯	哥伦比亚	尼加拉瓜	多米尼加
0.614	0.613	0.587	0.584	0.579	0.569
智利	危地马拉	巴拉圭	墨西哥	阿根廷	厄瓜多尔
0.550	0.542	0.536	0.528	0.526	0.513
秘鲁	巴拿马	萨尔瓦多	委内瑞拉	哥斯达黎加	乌拉圭
0.505	0.500	0.493	0.490	0.470	0.451

注:尼加拉瓜为2001年,玻利维亚和危地马拉为2002年,其余国家为2005年。
资料来源:ECLAC, *Social Panorama of Latin America*, 2006。

---

[1] ECLAC, *Social Panorama of Latin America*, 2009, Briefing Paper, p.30.
[2] ECLAC, *Social Panorama of Latin America*, 2005, p.69.
[3] David de Ferranti, et al, *Inequality in Latin America and the Caribbean: Breaking with History?* Washington, D.C., World Bank, 2004.

造成拉美国家收入分配严重不公的原因是多方面的，既有历史原因，也有各种经济原因。历史原因主要是指拉美历史上遗留下来的土地所有制。这一土地所有制的特点是大庄园主拥有万顷良田，而许多农民则"无插锥之地"。19世纪初的拉美独立战争并没有改变土地所有制高度集中的局面。相反，在19世纪并入大地产的土地为前3个世纪并入大地产的土地的总和。①

在过去的几十年中，许多拉美国家为解决土地问题开展了不同规模的土地改革。应该指出的是，土改使不少无地农民获得了土地，并在一定程度上削弱了土地所有权的高度集中。但是，土改并未从根本上改善农村的收入分配结构。这主要是因为：（1）一些拉美国家的土改法没有顾及无地农民的根本利益。例如，哥伦比亚政府在制定土改法时，没有请无地农民的代表参加，却让大地主的代表出谋划策。② 可以想象，这样的土改法是很难改变不合理的土地所有制的。（2）失去土地的大地主从政府手中获得了相应的补偿金。此外，为了保护自己的财产，大地主千方百计地钻土改法的一些"空子"。例如，针对土改法关于"闲置土地应被没收"的规定，大地主常常于土改前在闲置多年的土地上随意撒些种子，以造成土地未被闲置的假象。但他们不进行任何田间管理，因为他们根本不考虑是否有收成。可见，从经济角度而言，土改并未使大地主蒙受损失。（3）土改后，许多农民因缺乏必要的财力和物力而难以独立从事生产活动。因此，不少农民最后不得不出卖土地，再次沦为无地农民。（4）土改只使大地主失去一小部分土地。据估计，在拉美，再分配的土地仅占应被充公土地的15%左右，受惠的农民只占应受惠农民总数的22%。③

收入分配不公是一个复杂的社会问题和经济问题。因此，除了土地

---

① [美]福斯特：《美国政治史纲》，冯明方译，人民出版社1956年版，第314页。转引自韩琦《论拉丁美洲殖民制度的遗产》。

② Gabriel Kolko, *Confronting the Third World: United States Foreign Policy 1945–1980*, New York, Pantheon Books, 1988.

③ IDB, *Economic and Social Progress in Latin America, 1986 Report*, The Johns Hopkins University Press, p. 120.

所有制以外，以下几个因素也是不容忽视的。

第一，工业化模式具有资本密集型和技术密集型的特点。工业化既可依赖劳动力密集型产业，也可依赖资本密集型或技术密集型产业。如果依赖资本密集型产业或技术密集型产业，资本有机构成就会提高，从而降低对劳动力的需求。

当资本积累增加，从而使资本不再稀缺时，其收益就会下降，其他生产要素（如技术劳动力和非技术劳动力）的收益就会上升。由于资本收益集中在富有者阶层，要素收入的这种变化必然会对收入分配产生影响。

第二，城乡差别难以缩小。农业是国民经济的基础。著名的诺贝尔经济学奖获得者缪尔达尔说过："经济发展长期斗争的成败取决于农业部门。"[1] 在拉美，穷人主要集中在农村，而富人则生活在城市。在许多拉美国家，一半以上的穷人居住在农村，80%—90% 以上的富人则生活在城市。

在拉美，农村劳动力的收入一般比城市工人低 20%。[2] 如果考虑到农村的社会保障覆盖面不及城市，那么农民的实际收入会更低。此外，由于农村的基础设施薄弱、经济发展水平低下和土地所有权高度集中，因此城乡差别构成了拉美收入分配严重不公的另一个主要原因。[3]

美洲开发银行的经济学家认为，当城市化率达到 50% 时，城市化对收入分配的负面影响最大。过去几十年，拉美的城市化程度正好处于这一阶段。[4] 国际经验表明，如果城市化进程继续下去，收入分配不公的趋

---

[1] 转引自迈克尔·托达罗《经济发展》，黄卫平等译，中国经济出版社 1999 年版，第 293 页。

[2] IDB, *Economic and Social Progress in Latin America*, *1998–1999 Report*, The Johns Hopkins University Press, 1998, p. 100.

[3] 农村劳动力收入的低下与他们的受教育程度低有关。此外，农村家庭的子女数量明显高于城市家庭这一事实，也是不容忽视的。

[4] 拉美的城市化率（城市人口占总人口的比重）从 1970 年的 62.5% 上升到 2000 年的 78%。这一比重在第三世界国家中是名列前茅的。

势会有所改善。①

第三，税收制度不合理。在任何一个国家，税收都会对收入分配产生重要的影响。有些税收负担是可以转嫁的，即纳税人能在经济活动中将其转移到他人身上。而税收负担最终由谁来承担，则取决于包括收入分配政策在内的具体的社会价值关系。根据税收是否在形式上具有转嫁的可能性这一特点，税收的种类可分为直接税和间接税两种。前者是指税负不能转移的税种（如所得税和财产税等），后者是指税负能转移的税种（如销售税、消费税和关税等）。虽然间接税比较容易征收，但常常具有累退的性质，这就使低收入者处于较为不利的地位。大多数拉美国家的税收结构是以间接税为基础的。而财产税所占比重则十分有限。这充分说明，拉美国家的财政收入主要来自占人口大多数的广大劳动群众，而不是来自富人阶层。

第四，受教育的机会不均。在拉美，工资收入是普通劳动者的主要收入来源，一般占全部收入的80%。② 而工资收入的高低与劳动者受教育的程度密切相关，因为具有一技之长的工人或管理人员总比那些文化水平低或无技术的体力劳动者获得较高的工资。但在拉美，教育资源的分配非常不公。最富有的10%的人口与最穷的30%的人口受教育程度的差距，在墨西哥、巴西、巴拿马和萨尔瓦多等国相差8—9年。③

在许多拉美国家，工资收入差距不仅存在于技术工人与非技术工人之间，而且还体现在城乡之间以及正规部门与非正规部门之间。例如，有关研究表明，在拉美，农村劳动者比城市劳动者的工资水平平均低28%，有些国家（如墨西哥和巴西）的差距在40%以上。④ 而正规部门中的劳动者不仅比非正规部门中的劳动者得到较高的收入，而且还能享

---

① IDB, *Economic and Social Progress in Latin America*, *1998－1999 Report*, The Johns Hopkins University Press, 1998, p. 95.

② David de Ferranti, Guillermo Perry, Francisco H. G. Ferreira and Michael Walton, *Inequality in Latin America and the Caribbean: Breaking with History?* World Bank, Washington, D. C., 2004, p. 57.

③ IDB, *Economic and Social Progress in Latin America*, *1998－1999 Report*, The Johns Hopkins University Press, 1998, p. 17.

④ IDB, *Economic and Social Progress in Latin America*, *1998－1999 Report*, The Johns Hopkins University Press, 1998, p. 40.

受更为稳定的工作保障和多方面的优惠或福利。

综上所述，能否改善收入分配，既取决于拉美国家能否改变不合理的土地所有制，也与其能否调整工业化模式、能否缩小城乡差别、能否改革税收制度、能否发展教育事业等问题密切相关。由于这些问题的解决涉及法律的修正、政策的制定、政府领导人的决心和意愿以及特权阶层的既得利益等制约因素，因此，尽管最近几年一些拉美国家的基尼系数有所下降，但拉美的收入分配不可能得到根本性的改善。

三　结论

通过分析影响拉美发展进程的上述 4 个决定性因素，我们可以得出这样的结论：拉美经济的增长前景是美好的，拉美国家领导人的发展理念已经发生了有利于推动社会发展进程的变化，而且拉美的社会发展政策已取得明显的积极成效，因此，拉美社会问题的严重性会有所减轻。但是，拉美的收入分配难以得到根本性的改善，因此，该地区的社会问题还会非常突出，并有可能成为拉美政局动荡的"土壤"。

（原载《国际问题研究》2011 年第 1 期）

拉美国家的收入分配为什么如此不公

拉美有丰富的资源、美丽的风景、优美的探戈、香浓的咖啡和雄伟的玛雅金字塔。然而，拉美在世界上出名的除了20世纪六七十年代频繁发生的军事政变、80年代的债务危机和90年代的多次金融危机以外，还有长期存在的收入分配不公。收入分配不公不仅制约了拉美国家国内需求的扩大，而且引发了一系列社会问题，构成了政局动荡的原因之一。一些民意调查的结果表明，收入分配不公影响人们对民主机构和民主原则的认可。在不公平程度较低的乌拉圭和哥斯达黎加，大多数人认为"民主政府比其他类型的政府更受欢迎"。而在不公平程度较高的拉美国家，人民更加喜欢强权政府，更多的人对民主政治制度的信任度较低，因为他们认为"民主制度与非民主制度没有区别"。[①] 长期得不到解决的墨西哥恰帕斯危机，其起因之一就是该地区的收入分配严重不公，印第安人被迫诉诸武力。可见，构建和谐社会的必要条件之一是改善收入分配状况。

一 世界上最不公平的地区

拉美是世界上收入分配最不公平的地区。国际上许多学者的研究结果充分证实了这一论断。

世界银行的研究报告《拉美的不公正：与历史决裂?》认为，拉美的

---

① Inter–American Development Bank, *Economic and Social Progress in Latin America, 1998–1999 Report*, Washington, D. C., Johns Hopkins University Press, 1998, p. 9.

不公平很严重,即便是该地区相对而言比较公平的国家(如乌拉圭和哥斯达黎加),也比经济合作与发展组织(OECD)中的任何一个成员或任何一个东欧国家更不公平。该报告提供的数据表明,巴西和危地马拉的基尼系数接近 0.6,在世界上"名列前茅"。在大多数拉美国家,占总人口 10% 的富人获得的收入占国民总收入的 40%—47%,而占总人口 20% 的穷人所占的比重仅为 2%—4%。

联合国拉美经委会的年度报告《2004 年拉美社会概览》认为,就收入分配而言,拉美是地球上最落后的地区,因为许多拉美国家的基尼系数在 0.5 以上,巴西则超过 0.62。

联合国拉美经委会的另一份报告《拉美与加勒比的收入分配问题》引用的数据表明,与世界上其他地区相比,在任何一个时期,拉美的基尼系数都是最高的。此外,虽然 20 世纪 70 年代拉美国家的基尼系数显著下降,但 80 年代又开始上升,90 年代的下降幅度则不大。

美洲开发银行的研究报告《经济发展与社会公正》指出,拉美的收入分配差距之大在世界上是少有的。例如,90 年代世界各国的平均基尼系数为 0.4,而在拉美,除牙买加(0.38)以外,其他拉美国家均高于世界平均数,其中 11 个拉美国家高达 0.5。[1] 在拉美,占总人口 30% 的穷人仅获得国民总收入的 7.5%。这一比重在世界上是最低的(其他地区平均为 10%)。而在拉美收入分配的另一端,占总人口 5% 的富人获得了国民总收入的 25%,占总人口 10% 的富人占有国民总收入的 40%。这样的收入分配不公情况只有在人均收入水平只及拉美一半的若干个非洲国家才会出现。

美国经济学家伯索尔等人引用的数据表明,在 60、70、80 年代,拉美的基尼系数分别为 0.51、0.52 和 0.50,而东亚则分别为 0.38、0.40 和 0.39。根据美国《福布斯》杂志的富人排行榜,2003 年,在全世界财富超过 10 亿美元的 476 个大富翁中,拉美占 22 个,其中 15 人的财富在 10 亿—20 亿美元之间,2 人在 20 亿—30 亿美元之间,5 人超过 30 亿美元。

---

[1] Inter-American Development Bank, *Economic and Social Progress in Latin America, 1998-1999 Report*, Washington, D. C., Johns Hopkins University Press, 1998, p. 11.

墨西哥的大富翁最多，共有 11 人，其财富高达 240 亿美元。[①] 而 2004 年拉美的贫困人口高达 2.24 亿（占拉美总人口的 43.2%），其中 9800 万人处在极端贫困之中（占拉美总人口的 18.9%）。这些被称作"金山上的乞丐"或长期失业，或只能在工资报酬少、劳动条件差的非正规部门谋生。他们虽然能得到政府的一些救济金，但其生活水平一直得不到提高。

二 土地所有制与收入分配不公

造成拉美国家收入分配严重不公的原因是多方面的，既有历史原因，也有各种经济原因。

历史原因主要是指拉美历史上遗留下来的土地所有制。众所周知，在拥有大量农业人口的经济中，土地改革既能提高劳动生产率，也能改善收入分配状况。正如美国学者 A. 费希罗所说："土地改革是影响收入分配的一个最为有力的因素。"他还指出："当代拉美严重的收入分配不公，是 19 世纪或更早时期遗留下来的土地所有制集中化的结果。"[②] 联合国粮农组织（FAO）和国际劳工局（ILO）在题为《土地改革的成就与问题》的研究报告认为，"拉丁美洲仍然被视为世界上土地所有权最为集中的地区"[③]。

拉美的大地产制出现于 16 世纪中期。在那时的西班牙殖民地，既由于矿业经济的发展及西班牙人口的增多对农牧产品的需求日益增长，又由于印第安人口的锐减腾出了大片可耕地，为大地产制的形成创造了条件。

大地产主获得的土地主要来自王室赐予、廉价购买、交换、侵占印第安人的土地、与印第安人结婚或利用种种欺骗手段等。由于大部分土地是非法占有的，因此，从 1591 年到 17 世纪末，陷于财政困境的西班牙国王为增加财政收入而下令对殖民地的土地所有权进行全面审查。王室

---

① http://www.latinbusinesschronicle.com/topics/billionaires 04.htm.

② Albert Fishlow, "Latin American the XXI Century", in Louis Emmerij (ed.), *Economic and Social Development into the XXI Century*, Inter-American Development Bank, 1997, p.412.

③ 转引自 Inter-American Development Bank, *Economic and Social Progress in Latin America*, 1986 *Report*, Washington, D.C, Johns Hopkins University Press, p.129.

要求土地所有者必须在交纳一笔费用后方可获得土地所有权。大地产主便乘机通过这种法律程序使自己侵占土地的权利合法化。①

西班牙殖民主义者在当地总人口中的比重虽然不大（仅占20%），但他们却能利用手中的政治权力和财富，剥削印第安人，大肆掠夺其土地，从而使土地所有权进一步集中。

19世纪初的拉美独立战争并没有触动大地产制，相反，由于多方面的原因，在19世纪并入大地产的土地为前3个世纪并入大地产的土地的总和。②

在促使拉美大地产制发展的原因中，19世纪中叶拉美国家奉行的初级产品出口型发展模式尤为重要。为了提高初级产品生产的规模经济效益，大庄园主竞相扩大自己的土地。其结果是，土地作为财富的主要来源，越来越为少数人控制。如在阿根廷，布宜诺斯艾利斯的一位富人从1818年起投资于牧场，40年后他成了全国最大的地主，拥有160万英亩（约合65万公顷）最肥沃的土地。在20世纪初的墨西哥，95%的农民无地耕种，而200个大庄园主却拥有全国1/4的土地。③ 就整个拉美地区而言，在第一次世界大战前后，约占农户1.5%的大地主拥有的耕地面积超过全地区耕地总面积的1/2以上。④

当然，在过去的几十年中，绝大多数拉美国家为解决土地问题开展了不同规模的土地改革。应该指出的是，土改使不少无地农民获得了土地，并在一定程度上削弱了土地所有权的高度集中。但是，土改并未从根本上改善农村的收入分配结构。其原因如下：（1）一些拉美国家的土改法没有顾及无地农民的根本利益。例如，哥伦比亚政府在制定土改法时，没有请无地农民的代表参加，却让大地主的代表出谋划策。⑤ 可以想

---

① 韩琦：《论拉丁美洲殖民制度的遗产》，http：//www.history.nankai.edu.cn/person.asp?id=23。

② ［美］福斯特：《美国政治史纲》，冯明方译，人民出版社1956年版，314页。转引自韩琦《论拉丁美洲殖民制度的遗产》。

③ ［美］E. 布拉德福德·伯恩斯：《简明拉丁美洲史》，王宁坤译，湖南人民出版社1989年版，第149、239页。

④ 李春辉：《拉丁美洲史稿》，上册，商务印书馆1983年版，第249页。

⑤ Gabriel Kolko, *Confronting the Third World: United States Foreign Policy 1945–1980*, New York, Pantheon Books, 1988.

象，这样的土改法是很难改变不合理的土地所有制的。（2）失去土地的大地主从政府手中获得了相应的补偿金。此外，为了保护自己的财产，大地主千方百计地钻土改法的一些"空子"。例如，针对土改法关于"闲置土地应被没收"的规定，大地主常常于土改前在闲置多年的土地上随意撒些种子，以造成土地未被闲置的假象。但他们不进行任何田间管理，因为他们根本不考虑是否有收成。可见，从经济角度而言，土改并未使大地主蒙受损失。（3）土改后，许多农民因缺乏必要的财力和物力而难以独立从事生产活动。因此，不少农民最后不得不出卖土地，再次沦为无地农民。（4）土改只使大地主失去一小部分土地。据估计，在拉美，再分配的土地仅占应被充公土地的15%左右，受惠的农民只占应受惠农民总数的22%。[①]

总之，拉美国家的土改很难说是成功的。正如英国学者布尔默—托马斯指出的那样，拉美国家的土改在一定程度上"是出于应付美国提出的'争取进步联盟'的表面文章"。此外，不愿进行土改的原因不仅是地主阶级的政治影响十分强大，而且是政府担心重新分配土地后会损害农产品出口，因为大地产是农产品出口收入的主要来源。[②] 因此，即使在土改规模较大的玻利维亚、秘鲁、墨西哥、委内瑞拉、厄瓜多尔、智利、哥伦比亚和尼加拉瓜等国，农村的两极分化和贫困化现象并未因土改而有所减轻。如在1978年的中美洲，占农户总数79%的小农户（其土地拥有量难以为本家庭的所有劳动力提供就业机会），仅拥有10%的农田，而那些占农户总数6%的大农户却拥有74%的农田。[③] 联合国粮农组织的数据表明，7%的大地产主（土地面积在100公顷以上）拥有77%的土地，而60%的小农仅拥有4%的土地。相比之下，在东亚，大地产主仅拥有1.6%的土地，而96%的农民拥有面积在10公顷以下的土地（这些农民

[①] Inter – American Development Bank, *Economic and Social Progress in Latin America*, 1986 Report, Washington, D. C., Johns Hopkins University Press, p. 120.

[②] ［英］维克托·布尔默—托马斯：《独立以来拉丁美洲的经济发展》，张凡、吴洪英、韩琦译，中国经济出版社2000年版，第374页。

[③] Inter – American Development Bank, *Economic and Social Progress in Latin America*, 1986 Report, Washington, D. C., Johns Hopkins University Press, 1998, p. 120.

拥有的土地占总面积的68%)。①

美洲开发银行的经济学家把拉美的收入分配不公与自然资源禀赋和地理位置联系在一起。他们认为,在上述问题上拉美国家具有以下3个特点:一是人均土地拥有量较大的国家与人均土地拥有量较小的国家相比,收入分配不公的现象非常突出。二是同其他国家的收入分配相比,严重依赖初级产品出口的国家的收入分配更为不公。三是离赤道越近的国家,其收入分配越不公平。

为什么自然资源禀赋和地理位置也与收入分配不公有关?美洲开发银行的经济学家认为,以下几个因素十分重要:

一是与温带农作物相比,热带农作物明显具有规模经济效益的特点。因此,土地的高度集中就变得更有利可图。这在很大程度上说明为什么土地所有权高度集中的状况在中美洲地区非常普遍。然而,美洲开发银行的经济学家也指出,就上述"规律"而言,东亚是一个例外。尽管一些东亚国家(地区)邻近赤道,但它们并不存在土地高度集中的特点。这主要是因为"东亚社会的基础是水稻种植业,而这一种植业不像甘蔗、棉花或烟草等热带作物那样具有规模经济的特点"。所以,"尽管其他因素也在起作用,但东亚的相对公平的收入分配与大米文化留下的经济、社会和体制结构有着很大的关系"。

二是矿产资源和某些种类的土地开发具有资本密集型的特点,这一特点导致了"资本沉淀"(capital sinks),因此对劳动力的需求相对较小。自然资源部门的发展吸收了非常稀缺的资本,却很少创造足够的就业机会。这一特点对于资本比较匮乏而劳动力资源比较丰富的发展中国家来说,无疑会提高资本的相对价格,降低劳动力价格,最终使收入分配得不到改善。此外,由于国民经济增长的动力一般来自制造业或非资源依赖型工业的发展,因此,严重依赖自然资源的国民经济难以得到长期的可持续发展。这同样是不利于收入分配的。

三是邻近赤道的国家,由于受气候条件的影响,一般来说工人的劳

---

① Eliana Cardoso and Ann Helwege, *Latin America's Economy: Diversity, Trends and Conflicts*, Cambridge, MIT Press, 1992.

动条件比较差，传染病也比较多，因而工人的劳动生产率不易提高，整个国民经济的增长速度就无法提高，而"发展前景遇到的这一不利状况会加剧不平等，因为经济发展对（改善收入）分配来说常常是有利的"。此外，由于邻近赤道的热带国家的农村地区劳动生产率低，发展水平低下，生活条件差，因此，工业化就会在劳动力市场的"买方"市场条件下进行，从农村进入城市工业部门的劳动力也就难以得到较高的工资，最终使收入得不到提高。

笔者认为，把收入分配不公这个复杂的社会经济问题完全归咎于自然资源禀赋因素和地理位置显然是欠妥的，但美洲开发银行经济学家的观点无疑为我们认识拉美收入分配不公的根源提供了一个新的视角。

三　导致收入分配不公的其他因素

收入分配不公是一个复杂的社会问题和经济问题。因此，除了土地所有制以外，以下几个因素也是不容忽视的。

（一）工业化模式具有资本密集型和技术密集型的特点

在 2001 年全球就业论坛上，人们提出："工作是人们生活的核心，不仅是因为世界上很多人依靠工作而生存，它还是人们融入社会、实现自我以及为后代带来希望的手段。这使得工作成为社会稳定和政治稳定的一个关键因素。"[1] 就业是民生之本，也是安国之策。但拉美的工业化模式却没有在创造就业机会方面发挥更大的作用。

20 世纪初，尤其在 30 年代世界经济大萧条和第二次世界大战结束后，在下列一些因素的作用下，拉美的工业化进程进一步加快：第一，由于第一次世界大战在一定程度上影响了拉美国家的制成品进口，发展本国的制造业这一任务遂变得更为迫切；第二，外国资本在拉美的活动范围开始从传统的初级产品生产部门扩大到制造业部门；第三，初级产品出口的"黄金时期"使拉美国家积累了一定数量的资本，从而为政府

---

[1] 转引自 http://www.lm.gov.cn/gb/reading/2005-05/10/content_72822.htm.

和私人企业在制造业中进行较大规模的投资创造了条件；第四，英美等发达国家的工业化进程为拉美国家提供了示范效应。在拉美，无论是具有革新思想的政府领导人，还是受欧美影响较深的知识分子，都认为通向现代化的道路就是实现工业化。

毫无疑问，工业化模式在一定程度上影响一个国家的收入分配。"如何分经济蛋糕固然是重要的，但如何做这一蛋糕以及谁来做这一蛋糕也是重要的"[1]。在发展中国家，劳动力资源比较丰富，而穷人拥有的"资产"就是自己的双手。因此，"与贫困作斗争最成功的国家都推行一种有效地使用劳动力的增长模式。"[2] 事实上，不仅解决贫困问题需要创造就业机会，改善收入分配亦非例外。

一个国家的工业化模式之所以与收入分配有关，主要是因为工业化或依赖劳动力密集型产业，或以资本密集型和技术密集型为基础。有人认为，拉美国家如要快速推动工业化进程，必须采用资本密集型模式，因为资本密集型制造业是国民经济的"龙头"。但也有人认为，拉美国家不应该大力发展资本密集型制造业，因为它容易导致资本有机构成的提高，从而降低对劳动力的需求。巴西著名经济学家富尔塔多曾在60年代末说过，拉美国家是经济增长与收入分配关系"恶性循环"的受害者。他认为，一方面，五六十年代在拉美流行的增长模式导致收入高度集中在少数富人手中；另一方面，高收入使这些富人的消费需求发生了变化，从而使生产结构偏向具有资本密集型特征的耐用消费品。[3]

不难理解，当资本积累增加，从而使资本不再稀缺时，其收益就会下降，其他生产要素（如技术劳动力和非技术劳动力）的收益就会上升。由于资本收益集中在富有者阶层，要素收入的这种变化必然会对收入分配产生影响。

---

[1] Oxfam International Report, *Growth with Equity: An Agenda for Poverty Reduction*, 1997. http://www.oxfamamerica.org/advocacy/exec（1）.htm.

[2] 世界银行：《1991年世界发展报告》，中国财政经济出版社1991年版，第138页。

[3] C. Furtado, *Um Proyecto para o Brazil*, Rio de Janeiro, Editorial Saga. 转引自 James L. Dietz (ed.), *Latin America's Economic Development: Confronting Crisis*, Boulder, Lynne Rienner Publishers, 1995, p. 56.

第二次世界大战以后，拉美国家的进口替代工业化进程明显具有资本密集型的特点。如在1960—1966年间，拉美的资本—产出比率为4∶1，即为了使产值增长1比索，需要投入4比索。[①] 毫无疑问，资本密集型工业化模式必然会减少对劳动力的需求。与此相反，东亚追求的劳动力密集型外向发展模式则需要足够的劳动力。因此，东亚的就业增长速度明显快于拉美。据统计，就制造业部门中就业的年均增长率而言，韩国为18.67%（1970—1990年），印度尼西亚为14.35%（1974—1989年），新加坡为11.3%（1970—1990年），而委内瑞拉只有4.27%（1970—1984年）。[②] 可见，东亚在改善收入分配方面取得的成效，不是仅仅通过提高经济增长率这种"溢出效应"，而是通过扩大就业机会，使穷人直接参与生产过程，直接成为"做蛋糕"的人。

此外，拉美的资本密集型工业化吸纳的是技术熟练和技术不太熟练的劳动力，而且以男性劳动力为主。而东亚的进口替代工业化（尤其在60年代和70年代初）则使用了大量技术水平低下的城市女性劳动力和农村劳动力。其结果表明，由于家庭子女多以及文化程度低等原因，拉美妇女的就业率比较低。而且，拉美的妇女主要在工资水平较低、稳定性较差的非正规部门就业。

（二）城乡差别难以缩小

在第三世界国家中，农业是国民经济的基础。著名的诺贝尔经济学奖获得者缪尔达尔曾说过："经济发展长期斗争的成败取决于农业部门。"[③] 事实上，收入分配的改善何尝不是取决于农业部门。如同在其他发展中地区一样，在拉美地区，穷人主要集中在农村，而富人则生活在

[①] Bela Balassa, Gerardo Bruno, Pedro‑Pablo Kuczynski and Mario Henrique Simonsen, *Toward Renewed Economic Growth in Latin America*, Washington, D.C., Institute for International Economics, 1986, p.60.

[②] Nancy Birdsall et al., "Education, Growth and Inequality", in Nancy Birdsall and Frederick Jaspersen (eds), *Pathways to Growth: Comparing East Asia and Latin America*, Washington, D.C., Inter‑American Development Bank, 1997, p.102.

[③] 转引自［美］迈克尔·托达罗《经济发展》，黄卫平等译，中国经济出版社1999年版，第293页。

城市。在巴拉圭、厄瓜多尔、巴拿马、墨西哥、洪都拉斯、萨尔瓦多等国，一半以上的穷人居住在农村，80%—90%以上的富人则生活在城市。

有的研究报告认为，拉美国家农村劳动力的收入比城市工人低20%，[1] 而实际差距更大，因为在社会保障等方面农村劳动力不能享受城市工人享受的好处。此外，由于农村的基础设施薄弱、经济发展水平低下和土地所有权高度集中，因此城乡差别构成了拉美收入分配严重不公的另一个主要原因。[2]

诚然，经过几十年的发展，拉美的制造业部门明显壮大，工业化达到了较高的水平。但是，制造业的壮大是以牺牲农业发展为代价的。其结果是，城乡差别长期得不到缩小，大量农村人口流入城市。然而，由于拉美国家的工业化模式具有资本密集型和技术密集型的特点，城市并不能提供足够的就业机会，许多来自农村的"移民"或在非正规部门谋生，或沦为新的失业者。

一些东亚国家（地区）与拉美形成了鲜明的对比。东亚用于农村发展的公共投资占投资总额的比重高于其他中低收入的国家。[3] 由于农村基础设施不断改善，农村劳动力有更多的用武之地，从而为发展经济和增加收入创造了条件和机遇。此外，东亚在扩大城市就业机会的同时，比较重视农村的就业问题，因此东亚农村的隐蔽失业率比较低。

应该指出的是，在农业社会向城市化过渡的最初阶段，大多数人口居住在农村，因此全社会的收入差距可能不太明显。当农村劳动力开始向高工资的城市转移时，城乡之间的收入差距将逐渐扩大。当这一过程接近完成时，大多数劳动者转移到了城市，城乡收入差距对收入分配不公的影响可能会减少。可见，城市化与不公平两者之间存在着一条倒U型曲线。美洲开发银行的经济学家认为，当城市化率达到50%时，城市

---

[1] Inter-American Development Bank, *Economic and Social Progress in Latin America*, 1998-1999 Report, Washington, D.C., Johns Hopkins University Press, 1998, p. 100.

[2] 农村劳动力收入的低下与他们的受教育程度低有关。此外，农村家庭的子女数量明显高于城市家庭这一事实，也是不容忽视的。

[3] World Bank, *The East Asian Miracle: Economic Growth and Public Policy*, New York, Oxford University Press, 1993, p. 33.

化对收入分配的负面影响最大。过去几十年，拉美的城市化程度正好处于这一阶段。① 国际经验表明，如果城市化进程继续下去，收入分配不公的趋势会有所改善。②

（三）税收制度不合理

"赋税是政府机器的经济的基础，而不是其他任何东西的经济的基础。"③ "国家存在的经济体现就是捐税。"④ 最近几十年，尽管拉美的税收在上升，但与发达国家相比，拉美的税收在国民经济中的比重仍然不大。从表1可以看出，拉美国家的所得税相当于GDP的比重是比较低的。这主要是因为个人所得税很低（不足1%）。相比之下，发达国家的个人所得税高达7.1%。此外，拉美的增值税和销售税也比较低。美洲开发银行的经济学家认为，根据拉美的发展水平，所得税和财产税相当于GDP的比重应该从目前的4.5%提高到8%。他们还认为，拉美的所得税率是世界上最低的。只有巴巴多斯、伯利兹和智利等国的个人所得税率达到40%或更高。⑤

表1　　　　　　拉美国家的税收结构（相当于GDP的百分比）

	拉美		发达国家
	1990—1994年	1995—1999年	1991—2000年
所得税	3.6	3.4	9.7
个人所得税	0.5	0.9	7.1
公司所得税	1.9	1.7	2.3

---

① 统计数字表明，拉美的城市化率（城市人口占总人口的比重）从1970年的62.5%上升到2000年的78%。这一比重在第三世界国家中是名列前茅的。

② Inter-American Development Bank, *Economic and Social Progress in Latin America, 1998-1999 Report*, Washington, D.C., Johns Hopkins University Press, 1998, p.95.

③ 马克思：《哥达纲领批判》，载《马克思恩格斯选集》，第3卷，人民出版社1995年版，第315页。

④ 马克思：《道德化的批判和批判化的道德》，载《马克思恩格斯选集》第1卷，人民出版社1972年版，第181页。

⑤ Inter-American Development Bank, *Economic and Social Progress in Latin America, 1998-1999 Report*, Washington, D.C., Johns Hopkins University Press, 1998, p.209.

续表

	拉美		发达国家
	1990—1994 年	1995—1999 年	1991—2000 年
社会保障	2.5	2.9	7.8
商品与服务税	5.6	7.4	9.5
增值税及销售税	3.2	4.8	6.5
消费税	2.1	2.3	3.0
贸易税	2.2	1.8	0.3
进口税	1.9	1.8	0.3
出口税	0.1	0	0
财产税	0.4	0.3	0.8
所有税收	14.2	16.1	28.7

资料来源：David de Ferranti, Guillermo Perry, Francisco H. G. Ferreira and Michael Walton, *Inequality in Latin America and the Caribbean: Breaking with History?* Washington, D. C., World Bank, 2004, p. 252.

税收历来被视作较为有效的收入分配工具。它属于社会再生产总过程中的分配范畴，是社会再生产统一体中分配环节上的一种不可缺少的分配形式。然而，有些税收负担是可以转嫁的，即纳税人能在经济活动中将其转移到他人身上。而税收负担最终由谁来承担，则取决于包括收入分配政策在内的具体的社会价值关系。根据税收是否在形式上具有转嫁的可能性这一特点，税收的种类可分为直接税和间接税两种。前者是指税负不能转移的税种（如所得税和财产税等），后者是指税负能转移的税种（如销售税、消费税和关税等）。虽然间接税比较容易征收，但常常具有累退的性质，这就使低收入者处于较为不利的地位。大多数拉美国家的税收结构是以间接税为基础的。而财产税所占比重则十分有限。这充分说明，拉美国家的财政收入主要来自占人口大多数的广大劳动群众，而不是来自富人阶层。东亚的税收虽然也是以间接税为主，但间接税在税收总额中的比重低于拉美。

除上述因素以外，拉美税收制度中还存在着以下三个欠合理的因素，从而使税收无法发挥改善收入分配的作用。第一，在许多拉美国家，由于税收征收体系不完善，偷税漏税现象十分严重。如在 70 年代初的秘鲁，缴纳个人所得税的比率不超过总人口的 2%。[1] 而富人阶层的偷税漏税现象更为严重。第二，迫于中产阶级或高收入阶层的压力，许多拉美国家的政府常常将应纳个人所得税的最低起征线定得很高。例如，巴西的最低起征线为人均收入的 3 倍多，洪都拉斯为 6 倍，厄瓜多尔、尼加拉瓜和危地马拉接近 10 倍。这无疑使许多高收入者被排除在缴纳个人所得税行列之外。第三，在一些拉美国家，尽管税收制度也具有一定的累进性，但个人所得税的最高税率不仅被定得很低，而且仅适用于收入非常高的少数人。如在厄瓜多尔，所得税的最高税率只有 25%，而且适用的对象仅仅是那些收入水平相当于人均收入 45 倍的富人。危地马拉和秘鲁的最高税率均为 30%，适用的对象也是那些收入水平很高的人（其收入分别为人均收入的 32 倍和 24 倍）。在 1998 年税制改革以前，洪都拉斯的最高税率仅适用于收入水平超过人均收入水平 100 倍的大富翁。毫无疑问，税收制度的这种累进性在改善收入分配方面的功能是极为有限的。

（四）宏观经济不稳定

宏观经济是否稳定也会对收入分配产生一定的影响。一方面，宏观经济动荡等不良因素会加剧收入分配的不公；另一方面，收入分配的严重不公导致民众无法在政治上达成共识，从而使政府难以对动荡采取积极而快速的有效反应。[2] 每当宏观经济环境变得不利时，受害最深的不是富人，而是无力抵御冲击的穷人。有关研究结果表明，拉美国家 GDP 增长率的波动性如能减少 3 个百分点，基尼系数就能降低 2 个百分点。[3]

宏观经济形势不稳定对收入分配主要产生如下 4 种影响：（1）不利于提高就业率和工资水平；（2）削减公共开支，从而使低收入者得不到

---

[1] ［美国］马尔科姆·吉利斯：《发展经济学》，李荣昌等译，经济科学出版社 1989 年版，第 383 页。

[2] Dani Rodrik, *Where Did all the Growth Go? External Shocks, Social Conflict and Growth Collapses*, NBER Working , Paper No. 6350, 1998.

[3] Inter-American Development Bank, *Economic and Social Progress in Latin America, 1998 – 1999 Report*, Washington, D. C., Johns Hopkins University Press, 1998, p. 100.

更多的社会福利；（3）影响价格水平；（4）资产的价格发生不利于穷人的变化。

就宏观经济与收入分配的关系而言，通货膨胀因素最能说明问题。通货膨胀率的高低对收入分配有着不容忽视的影响。国际货币基金组织的一份研究报告指出，通货膨胀率越高，对收入分配的负面影响越大。该报告认为，"价格稳定提供的是一种免费午餐。降低通货膨胀率对改善收入分配只能带来好处，没有中期或长期的不良影响"[1]。

90年代以前，拉美国家的通货膨胀率之高是举世闻名的。尤其在80年代，拉美的通货膨胀几乎处于难以控制的地步。阿根廷、巴西和秘鲁的年通货膨胀率曾达到四位数，玻利维亚和尼加拉瓜则曾达到五位数。

通货膨胀对每个人都是不利的，而对低收入阶层的打击更大。联合国拉美经委会的经济学家I. 科恩指出："对于穷人而言，通货膨胀是一种最为严厉的税收方式……在巴西，通货膨胀使收入分配不公的状况进一步恶化。"90年代初以前，巴西高收入阶层的工资常与美元挂钩，并且直接存入一种特殊的银行账户，其利率天天随通货膨胀率的变化而调整，因此，他们的工资收入基本上不受或很少受通货膨胀的影响。低收入者则不然。他们不拥有这样的账户，因为银行要求储蓄者必须在账上保留相当高的余额，而他们的收入仅够当月的支出。此外，尽管他们的工资经常根据指数化加以调整，但调整的幅度总是小于通货膨胀率的上升幅度。因此，他们的实际收入并非不受影响。巴西前财政部长M. 诺布雷加所做的一项调查表明，自1960年以来，巴西的最低工资已下降了80%。[2]

巴西自1994年7月实施"雷亚尔计划"以后，通货膨胀率急剧下降：1994年第二季度的月通货膨胀率为45%，1996年平均不足1%。随着通货膨胀率的下降，巴西的收入分配状况也有所改善。根据对6个主要城市的调查，由于通货膨胀率下降，高收入阶层的收入增长了10%，而低收入工人的工资则增长了30%，生活在贫困线以下的人口在总人口中的比重从1994年7月的42%降至1995年12月的27%。因此，收入分

---

[1] Ales Bulir, *Income Inequality: Does Inflation Matter?* IMF Working Paper, WP/98/7.
[2] *Hemisfile*, March – April, 1994, p. 8.

配不公的状况得到了一定程度的改善：基尼系数从 1993 年的 0.60 降至 1995 年的 0.59。[1]

（五）金融市场不健全

金融市场的作用是毋庸赘述的。它能动员资金，形成一种能够提高劳动生产率和工资水平的生产性投资。反之，如果金融市场不健全，不能有效运转，国内资本积累能力无法得到提高，投资的缺乏会损害经济增长的潜力，进而影响收入分配的改善。世界银行前副行长斯蒂格利茨曾说过："金融体系可以被比作整个经济的大脑。一个运作良好的金融体系能非常有效地选择其资金投放对象；反之，一个不良的金融体系则可能将资金贷给收益低的项目。"[2] 世界银行《1998—1999 年世界发展报告》也认为，金融对每一个人和每一个企业都是重要的，但良好的金融体系对整个经济的运转来说也是至关重要的。如果说金融是一个经济的神经，那么金融体系就是其大脑。它们对稀缺的资金流向作出决策，并且确保资金到位后以一种最为有效的方式得到使用。

金融市场主要是通过以下几个途径影响收入分配的。

首先，金融市场的深化有助于穷人和小企业获得更多的信贷，从而为发展生产和增加劳动收入创造条件。换言之，如果金融市场有缺陷或效率低下，信贷业务就得不到长足的发展，低收入的个人和小企业就难以获得必要的信贷，因而只能获得生产率低和收入水平低的工作。据统计，1995 年，小企业获得的信贷仅占所有私人企业获得的信贷的 1%。在墨西哥，只有 4.5% 的小企业在建立后能及时获得信贷。[3] 此外，许多拉美国家的金融市场向农村提供的信贷也非常少，而农村正是许多低收入

---

[1] Benedict Clements, "The Real Plan, Poverty, and Income Distribution in Brazil", *Finance and Development*, September 1997.

[2] Joseph Stiglitz, *More Instruments and Broader Goals: Moving Toward the Post – Washington Consensus*, The 1998 WIDER Annual Lecture, Helsinki, Finland, January 7, 1998, http://www.worldbank.org/html/extdr/extme/js-010798/wider.htm.

[3] Inter – American Development Bank, *Economic and Social Progress in Latin America, 1998 – 1999 Report*, Washington, D. C., Johns Hopkins University Press, 1998, pp. 164 – 166.

者的生存之地。

其次，发达的金融市场有助于扩大资本积累和提高劳动生产率，从而降低资本的回报率。发展的进程也是物质资本和人力资本积累的过程。随着资本的不断积累，资本匮乏的现象会越来越少，资本的回报率会下降，其他生产要素（如劳动力）的回报率则会上升。由于大量资本通常集中在少数人手中，资本回报率的下降必然会减少这些人的收入，从而达到改善收入分配的目的。

最后，在缺乏金融机构储蓄服务的情况下，低收入者只能以非货币形式或持有现金等手段来保留储蓄。但这些形式存在着严重的缺陷，其中包括无法得到利息、贬值、损耗或遗失等。正如美洲开发银行的研究报告所指出的那样，拥有一个活期储蓄账户的农村家庭更容易在成本较低的情况下应付其日常的或紧急的现金需求。[1]

（六）受教育的机会不均

世界各国的经验表明，发展进程不仅包括物质资本投入的增加，而且还包括劳动力受教育程度的提高。教育的高额回报与受教育机会的不均，是拉美国家收入分配严重不公的另一个重要原因。

受教育程度的高低不仅影响劳动力素质，而且还影响其工资收入。在绝大多数拉美国家，工资收入是普通劳动者的主要收入来源，一般占全部收入的80％。[2] 在任何一个国家，由于劳动者所掌握的技能不同以及他们所从事的工作不同，其工资收入有明显的差距。例如，具有一技之长的工人或管理人员总比那些文化水平低或无技术的体力劳动者获得较高的工资。如在60年代，墨西哥高级管理人员的工资约为非技术工人工资的10倍。因此，拉美工资收入的差距在很大程度上已成为该地区收入

---

[1] Inter-American Development Bank, *Economic and Social Progress in Latin America, 1998–1999 Report*, pp. 164–166.

[2] David de Ferranti, Guillermo Perry, Francisco H. G. Ferreira and Michael Walton, *Inequality in Latin America and the Caribbean: Breaking with History?* World Bank, Washington, D. C., 2004, p. 57.

分配不公的主要原因之一。①

拉美的工资收入差距不仅存在于技术工人与非技术工人之间，而且还体现在城乡之间以及正规部门与非正规部门之间。例如，有关研究表明，在拉美，农村劳动者比城市劳动者的工资水平平均低28%，有些国家（如墨西哥和巴西）的差距在40%以上。② 而正规部门中的劳动者不仅比非正规部门中的劳动者得到较高的收入，而且还能享受更为稳定的工作保障和多方面的优惠或福利。

不同职业之间的工资差距通过影响工资收入差距而影响收入分配。形成工资差距的主要原因之一是受教育水平不同。统计调查的结果表明，在拉美，与文盲劳动者相比，一个受过6年教育的劳动者在从事第一份工作时得到的工资收入要高出50%；一个受过12年教育（相当于中学毕业）的劳动者则高出120%；受过17年教育（相当于大学毕业）的劳动者则超过200%。③ 根据2001年的统计，在阿根廷，一个受过小学教育的劳动力比文盲劳动力的工资收入高出22%，受过中学教育的劳动力的工资则比小学文化的劳动力高出40%，而大学毕业生的工资则高出70%。④

上述差距会随着劳动者年龄的增长而扩大。有关研究结果表明，在巴西，文盲与大学毕业生在25岁时的工资收入差距约为1∶4。当随着年龄的增长而积累了多年的工作经验后，大学生的工资收入稳步上升，而文盲劳动者的工资基本不变。在他们40岁时，工资差距扩大到1∶6，55岁时达到1∶10。⑤

---

① 与其他拉美国家相比，圭亚那和加勒比地区英语国家的教育分配相对而言比较公平。其原因之一是它们的教育体系明显受到英国模式的影响，普及面比较广，小学辍学率较低。Inter - American Development Bank, *Economic and Social Progress in Latin America, 1998 - 1999 Report*, Washington, D. C, Johns Hopkins University Press, 1998, p. 47.

② Inter - American Development Bank, *Economic and Social Progress in Latin America, 1998 - 1999 Report*, Washington, D. C, Johns Hopkins University Press, 1998, p. 40.

③ Inter - American Development Bank, *Economic and Social Progress in Latin America, 1998 - 1999 Report*, p. 39.

④ David de Ferranti, Guillermo Perry, Francisco H. G. Ferreira and Michael Walton, *Inequality in Latin America and the Caribbean: Breaking with History?* World Bank, 2004, p. 60.

⑤ Inter - American Development Bank, *Economic and Social Progress in Latin America, 1998 - 1999 Report*, Washington, D. C, Johns Hopkins University Press, 1998, p. 39.

还应该指出的是，由于受教育程度不同，文化程度低的劳动者通常为了获得更多的收入而付出更多的劳动时间；受教育少的劳动者（尤其是文盲）更容易成为失业者。

世界各国的经验表明，在发展教育事业的过程中，必须重视教育的公平分配。既然教育是绝大多数人依赖的主要生产资源，那么，这种资源就应该得到公平的分配。换言之，教育资源分配的不公平，会在一定程度上加剧收入分配不公。在拉美，教育资源的分配非常不公。最富有的10%的人口与最穷的30%的人口受教育程度的差距，在墨西哥、巴西、巴拿马和萨尔瓦多等国相差8—9年。① 当然，不同社会阶层中的人受教育程度的不同在学校教育的最初几年并不明显，此后这一差距不断扩大。例如，在玻利维亚、巴西、哥伦比亚和秘鲁，94%的贫困阶层子女完成了小学一年级的教育（高收入阶层为99%）；在危地马拉、海地和多米尼加，这一比重为76%（高收入阶层为96%）。到小学5年级，上述两组国家的穷人子女入学率明显下降，分别为63%和32%；在受教育的第9年，又进一步下降到15%和6%。在富人阶层，分别有93%和83%的子女接受了5年教育，58%和49%的子女完成了9年教育。②

毋庸置疑，拉美国家的教育事业取得了较快的发展。70年代，一个25岁以上的拉美人受到的教育平均只有3.3年，至90年代初已增加到4.8年。在此期间，文盲在总人口中的比重从36%下降到23.6%，而受过大学教育的人口在总人口中的比重则从2%提高到8.6%。但是，与东亚相比，拉美的成就似乎并不突出。如在70年代，东亚的平均教育水平为3.5年，与拉美大体相当。至90年代初，东亚已上升到6年多。在此期间，拉美的平均教育水平每年提高0.9%，而东亚则为每年将近3%。③

综上所述，拉美收入分配不公的原因之一是该地区劳动者的工资收

---

① Inter‑American Development Bank, *Economic and Social Progress in Latin America*, 1998‑1999 Report, p. 17.

② Ibid., p. 49.

③ Inter‑American Development Bank, *Economic and Social Progress in Latin America*, 1998‑1999 Report, Johns Hopkins University Press, 1998, p. 45.

入有着很大的差距,而工资收入差距的根源则与劳动者所受的文化教育有着极为密切的关系。换言之,教育是影响收入分配的最重要的因素之一。

(原载《拉丁美洲研究》2005 年第 5 期)

影响中美洲国家发展前景的若干因素

中国与哥斯达黎加建交后，我国公众和媒体对中美洲地区的关注将与日俱增。中美洲是指墨西哥以南、哥伦比亚以北的美洲大陆中部地区，包括巴拿马、伯利兹、哥斯达黎加、洪都拉斯、尼加拉瓜、萨尔瓦多和危地马拉七国，①面积54万多平方千米，人口4006万（2004年）。20世纪80年代，该地区爆发了举世瞩目的内战。90年代，随着和平进程的完成，中美洲国家实现了政治稳定和民主化，区域一体化也得到复苏。进入21世纪后，该地区的国民经济在不断发展，政治局势进一步稳定，对外关系也越来越活跃。除巴拿马和伯利兹以外的其他五国甚至在2004年与美国达成了自由贸易协定，从而提高了该地区在国际投资者心目中的地位。

中美洲国家未来的发展，将取决于以下四个因素：

（一）能否保存政局稳定

政局稳定是任何一个国家取得发展的必要条件之一。在中美洲，既有哥斯达黎这样的"拉美民主的榜样"，②也有政局长期动荡不安的尼加拉瓜、萨尔瓦多和危地马拉。

---

① 中美洲的地理概念有"大""中""小"之分。"小"是指哥斯达黎加、洪都拉斯、尼加拉瓜、萨尔瓦多和危地马拉五国，"中"是指上述五国以及巴拿马，"大"是指上述六国以及伯利兹。下文有时采用"大"的概念，有时则仅仅着眼于五国。

② 1949年，哥斯达黎加颁布新宪法，取消军队，确立了民主制度的基本原则。自那时以来，哥斯达黎加始终能成功地保持政局稳定。

索摩查家族统治尼加拉瓜 43 年。它控制了尼加拉瓜的国民经济命脉。在其鼎盛时期，索摩查家族控制了全国 43% 的可耕地，拥有 340 家大企业，财产价值高达 20 亿美元。它还依靠国民警卫队，用武力统治国家，对反对派实施强硬的高压手段。在国际上，索摩查家族与美国保持密切的关系，成为中美洲地区抵御"共产主义影响"的重要"桥头堡"①。

为推翻索摩查的独裁统治，桑地诺民族解放阵线联合各派进步力量，经过长达一年半的斗争，终于在 1979 年 7 月 19 日推翻了索摩查家族的统治，建立了民族复兴政府。②

虽然美国的干预和尼加拉瓜反对派的骚扰未能摧毁桑地诺政权，但长期的政局动荡使尼加拉瓜经济得不到发展。此外，20 世纪 80 年代国际格局发生变化后，苏联、东欧和古巴的援助迅速减少，而美国则加大了支持反政府武装力量的力度，并迫使其接受反对派、反政府武装力量和其他中美洲国家提出的各种谈判条件。在内外交困的形势下，桑地诺民族解放阵线的政治优势受到削弱，统治地位开始发生动摇，并最终在 1990 年 2 月 25 日的大选中被无党派人士查莫罗夫人击败。

萨尔瓦多同样经历过长时间的政局动荡。1972 年，主张民主改革的各个反对派组成全国反对派联盟，推举基督教民主党领导人杜阿尔特为总统候选人。由于政府操纵选举，杜阿尔特未能获胜。民众的抗议被政府用高压手段击垮。

在 20 世纪 70 年代的萨尔瓦多，一方面，国内政治民主不断恶化；另一方面，人民生活水平并没有得到提高。1975 年，约 40% 的农民根本没有土地（1960 年的这一比例为 12%）。③ 因此，越来越多的穷人在为造反

---

① 1956 年，索摩查遇刺受伤后，立即被送到美国控制的巴拿马运河区的医院接受治疗。对索摩查疯狂反共十分感激的艾森豪威尔总统派出自己的私人医生，但索摩查未能生还。

② 桑地诺民族解放阵线执政后就宣布了两个政策目标：一是奉行独立的不结盟政策，二是建立一种混合经济体制。由于这两个政策目标损害了美国在尼加拉瓜的利益，因此里根政府采取了敌视尼加拉瓜革命政权的态度，并支持反对派发动内战。一方面，里根政府对尼加拉瓜实施经济制裁；另一方面，它还向尼加拉瓜的反对派提供各种援助。

③ ［美］托马斯·E. 斯基德莫尔、彼得·H. 史密斯：《现代拉丁美洲》，江时学译，世界知识出版社 1996 年版，第 400 页。

做准备。

1980年10月,萨尔瓦多共产党和4个游击队组织组成法拉本多·马蒂民族解放阵线。① 它的宗旨是:通过武装斗争推翻寡头政治制度和军人独裁统治,建立以工农联盟为基础、吸收社会各阶层参加的革命民主政府。

内战爆发后,里根政府向萨尔瓦多政府军提供了大量援助。当时的国际舆论都认为,如果没有美国的援助,萨尔瓦多政府必然会垮台。这一持续时间长达12年的内战使7.5万人丧生。在联合国的调停下,内战双方于1991年9月在纽约签署了和平协议草案。1992年1月26日,双方在墨西哥城正式签订了和平协议。根据协议,反政府军同意放下武器,政府同意进行政治改革、减少政府军人数、降低军队的政治地位和惩治侵犯人权的贪官污吏。

危地马拉的政局同样长期动荡不安。1960年,一批军官发动政变,试图推翻米盖尔·伊迪戈拉斯·富恩特斯将军的独裁统治。政变被粉碎后,一些人开始用秘密方式组织反政府力量。此后不久,危地马拉先后出现了多个游击队组织。从60年代中期起,政府加强了对游击队的打击,从而使内战不断升级。

1979年7月尼加拉瓜革命的胜利对危地马拉民众革命运动和武装斗争产生了重大的示范效应。1982年2月,反政府武装力量实现了联合,成立了危地马拉全国革命联盟,号召社会各阶层为消灭恐怖主义和推翻独裁政府而斗争。政府军采取了"以牙还牙"的强硬手段,从而使人民的生命和财产蒙受了巨大损失。

在联合国和有关国家的调停下,阿尔苏政府与全国革命联盟于1996年12月29日签署了《永久和平协议》。1997年5月2日,在联合国和平使团的监督下,反政府武装力量交出最后一批武器,长达36年的危地马拉内战终于结束。据估计,在1960—1996年期间,危地马拉的内战共导

---

① 1931年,法拉本多·马蒂(萨尔瓦多共产党创始人之一)结束流亡生活,回国组织农民运动,1932年被政府杀害。法拉本多·马蒂民族解放阵线就是以他的名字命名的。

致 10 多万人丧生、数万人流亡国外。①

综上所述，尼加拉瓜、萨尔瓦多和危地马拉三国的内战是由一系列因素导致的。这些因素包括：政府实行独裁统治；军人干政使民主体制得不到保障；贫困问题和收入分配不公为非政府武装力量提供武装力量；美国干预；等等。可见，未来中美洲国家能否保持政局稳定，将取决于下述因素：

第一，政府能否提高执政能力。政府是政策的制定者和实施者，并且掌握着国家的多种资源。因此，能否提高政府的执政能力，减少腐败，是赢得民众信任和实现"善治"的必要条件之一。

不容否认，中美洲国家的腐败官员为数不少。例如，尼加拉瓜总统阿莱曼因在执政期间（1997 年 1 月—2002 年 1 月）犯有洗钱、诈骗和侵吞公款罪而于 2003 年 12 月被判处有期徒刑 20 年。又如，2004 年 9 月 15 日就任美洲国家组织秘书长的哥斯达黎加前总统罗德里格斯，因在担任总统期间（1998 年 5 月—2002 年 5 月）收受中国台湾地区 140 万美元巨款和法国阿尔卡特公司的大笔佣金而被迫辞职，在哥斯达黎加引起巨大震动。哥斯达黎加前总统罗德里格斯 15 日回国之后，立刻遭到警方逮捕。

但是，与过去相比，中美洲国家政府官员的腐败有所减轻。政府领导人能接受议会、其他党派、媒体和非政府组织的监督，不像索摩查那样鱼肉人民，用高压手段统治国家。

第二，自由而公正的选举能否顺利进行。民主与选举的关系非常密切。选举不是民主的全部内容，但选举（尤其是自由而公正的选举）却是民主化的核心内容之一。马克思曾对巴黎公社尝试的选举给予高度评价。

在索摩查对尼加拉瓜进行独裁统治的 44 年中，这个中美洲国家曾进行过 8 次总统选举，但没有一次选举是自由而公正的。在萨尔瓦多 1932—1979 年期间，立法机构实际上是由军人控制的。在此期间，萨尔瓦多虽然也不时举行总统选举，但没有一次选举可以被视为真正意义上的民主选举。在 1960—1985 年期间，危地马拉也曾举行过多次总统大选，

---

① http：//news3.xinhuanet.com/mrdx/2007－04/03/content_5928800.htm.

但每次选举的胜者总是军人。在洪都拉斯,军人统治的时间不长,但直到 1980 年,两党竞争的民主选举制度才得以确立。

最近几年,中美洲国家基本上都能在民主的框架内举行大选,在大选中失败的总统候选人能尊重民意,平静地面对现实,不会为颠覆选举结果而诉诸军人的帮助。即便在尼加拉瓜,国际观察团也认为其选举是较为自由而公正的。

第三,反政府武装力量能否放下武器。中美洲的和平进程结束后,反政府武装力量已转换为政党。它们希望在民主的框架内表达其政治主张,不再为达到其政治目的而诉诸武力。如在 1994 年 4 月的大选中,萨尔瓦多的法拉本多·民族解放阵线成为全国第二大政党和议会中最大的反对党。尼加拉瓜的桑地诺民族解放阵线早已发展为一个政党,力图用政治斗争取代武装斗争。其甚至在 1992 年作为观察员加入了社会党国际。危地马拉全国革命联盟于 1998 年成为合法政党,放弃了武装斗争的策略,表示要通过合法的选举程序来扩大自身的影响。

第四,军人能否实现职业化。最近几年,随着中美洲国家政治民主化的发展,军人正在远离政治舞台,因此干政的可能性不断减少。

第五,美国能否停止干预。如前所述,中美洲的政局动荡与美国的干预密不可分。作为美国"后院"的最重要的组成部分之一,中美洲在美国的对外政策中占有非常显赫的战略地位。长期以来,美国为了维护其在中美洲地区的势力范围而经常干预中美洲事务,有时甚至动用武力。除了在 20 世纪 80 年代向尼加拉瓜反政府武装力量提供多种形式的援助以外,美国还在 1912—1933 年期间多次向尼加拉瓜派遣海军陆战队,在 1989 年出兵巴拿马,推翻了诺列加政府。此外,中央情报局还在 1954 年策划了推翻危地马拉阿本斯政府的阴谋。[①] 因此,美国不会放弃对中美洲事务的干预。如在 2006 年的尼加拉瓜大选中,美国明确表示它反对桑地

[①] 1954 年 1 月至 6 月中旬,中央情报局大约花费 2000 万美元组织和装备了游击队和一支秘密空投部队,建立秘密无线电台,并物色到一位可以取代阿本斯的人物——前上校卡洛斯·卡斯蒂略·阿马斯。1954 年 6 月 17 日,阿马斯在美国飞机的支援下越过危洪边界攻入危地马拉,数日之后,阿本斯政府被推翻。(徐世澄主编:《帝国霸权与拉丁美洲》,世界知识出版社 2002 年版。)

诺民族解放阵线推举的总统候选人投奥尔特加,公开支持其他候选人。一些美国国会议员甚至扬言,如果奥尔特加当选尼加拉瓜总统,美国政府应该禁止在美国工作的尼加拉瓜人将美元汇入尼加拉瓜。①

但是,可以预料,美国不会像当年扶植索摩查那样去刻意培养独裁者。这是因为:第一,索摩查家族在一定程度上是冷战的产物,是美国在中美洲地区抵御"共产主义影响"的"马前卒"。冷战结束后,美国没有必要在拉美培植独裁政权。第二,2001年9月11日美洲国家组织第28次特别大会通过的《美洲民主宪章》,能在一定程度上制约美国的行为。该宪章规定,美洲国家不得承认通过政变上台的政权。② 第三,在完成了和平进程的中美洲,民主化潮流势不可当,因此该地区已经不具备产生索摩查这样的独裁者的政治条件和社会条件。

总之,上述因素是有利于中美洲国家保持政局稳定的。然而,该地区的贫困问题仍然很严重,收入分配不公非常严重,因此,中美洲国家在维护政局稳定的过程中仍然面临着巨大的挑战。

(二) 能否进一步推动区域一体化

中美洲的区域一体化可追溯到1824年危地马拉、萨尔瓦多、洪都拉斯、尼加拉瓜和哥斯达黎加成立的中美洲联邦。③ 20世纪40年代,随着进口替代工业化的起步,国内市场狭小的缺陷日益明显。为了克服这一弊端,中美洲国家采取了加强区域经济合作的措施。

不容否认,中美洲国家是发展中国家推行区域经济一体化的"先锋"。这与联合国拉美经委会的作用密不可分。早在1948年,拉美经委会就决定对拉美地区建立关税同盟和支付同盟可行性进行研究。20世纪50年代初期,它在墨西哥城设立了一个办事处。该办事处除了为中美洲

---

① 侨汇收入是尼加拉瓜外汇收入的重要组成部分。
② 在2002年4月委内瑞拉政变时,《美洲民主宪章》发挥了作用。19个拉美国家的领导人发表联合声明,谴责这种违反宪法秩序的行为,不承认通过非法手段上台的新政府。
③ 一方面,代表封建庄园主和天主教会利益的保守派与代表资产阶级和贵族的自由派之间的矛盾得不到解决,从而爆发了内战;另一方面,中央政府与地方政府之间也经常发生矛盾,因此,中美洲联邦于1840年被迫解体。

国家开展经济一体化提供技术性帮助以外,还在中美洲地区和一些南美洲国家对成立经济合作组织进行多次实地考察和调查。1956年,拉美经委会在本机构内部设立了贸易委员会,其任务是为拉美地区建立地区性市场制订政策和方案。在此后3年时间内,拉美经委会召开了一系列会议,参加者既有政府官员,也有研究一体化问题的专家和学者。在与会者的倡导下,拉美经委会设立了不少工作小组,对与开展一体化有关的问题进行更深入的研究。

相比之下,萨尔瓦多在加强区域经济合作方面的积极性尤为高涨。在1951—1954年期间,萨尔瓦多先后与其4个邻国(尼加拉瓜、危地马拉、哥斯达黎加和洪都拉斯)达成了双边自由贸易协定。尽管这些协定仅限于少数种类的商品,但区域内贸易额则获得明显的扩大。

在此基础上,中美洲五国于1958年先后签订了《中美洲工业一体化条约》和《中美洲自由贸易和经济一体化多边条约》。第一个条约反映了拉美经委会提出的"有计划的一体化"的思想,即中美洲国家在建立工业企业时应充分考虑到本地区工业发展的整体计划。第二个条约要求中美洲国家对本地区生产的237种类别的商品实行免税,为最终建立关税同盟创造条件。

1960年12月,危地马拉、洪都拉斯、萨尔瓦多和尼加拉瓜签订了《中美洲经济一体化总条约》,开始筹建中美洲共同市场。1962年7月,哥斯达黎加表示同意加入该共同市场。8月,中美洲五国在哥斯达黎加首都圣约瑟签订协议,正式成立中美洲共同市场。这是发展中国家成立的第一个区域经济一体化组织。

事实上,中美洲共同市场仅仅是一个关税同盟,因为中美洲国家并没有实现人员和资本的自由流动,也没有对宏观经济政策进行协调。但在中美洲共同市场启动后的最初10年内,区域内出口贸易占成员国出口总额的比重从1960年的6%上升到1968年的25%。[①]

[①] Thomas Andrew O'Keefe, "The Central American Integration System (S. I. C. A.) At the Dawn of a New Century: Will the Central American Isthmus Finally be able to Achieve Economic and Political Unity?", *Florida Journal of International Law*, Volume XIII, No. 3 (Spring 2001), pp. 243 - 261.

70年代,虽然中美洲共同市场成员国之间的关税壁垒在降低,但非关税壁垒却在上升,从而为该组织未来的发展产生了不容忽视的负面影响。①

70年代末爆发的中美洲危机终于使中美洲共同市场濒临崩溃的边缘。1986年,中美洲共同市场的区域内出口贸易占成员国出口总额的比重已下降到不足10%。②

进入20世纪90年代后,中美洲的和平进程开始加快。与此同时,世界各地的区域经济合作趋势不断提速。面对这些新变化,中美洲认识到,它们必须立即采取行动,重振中美洲区域一体化。1991年12月,中美洲五国和巴拿马洪都拉斯首都特古西加尔巴召开了第十一次中美洲国家首脑会议。会议发表的"特古西加尔巴议定书"决定建立中美洲一体化体系。1993年,该体系正式成立。

中美洲一体化体系的宗旨是协调和推进中美洲的区域一体化进程,促进中美洲地区的和平、自由、民主和发展。可见,中美洲一体化体系不仅涉及经济领域,而且力图在其他领域加强合作。

与中美洲共同市场不同的是,中美洲一体化体系不是采用对外高筑贸易壁垒的方式来保护本地区市场,而是制定较低的共同对外关税。可见,中美洲一体化体系类似关税同盟,具有"开放的区域主义"的特点。③

中美洲经济一体化体系对推动中美洲国家之间的经济合作做出了贡献。如在贸易领域,区域内出口贸易占成员国出口总额的比重已从1990年的17.1%提高到2004年的27.6%。④ 不仅如此,出口贸易的质量也发生了重大的变化。其标志是,工业制成品在出口商品中的比重不断扩大。

---

① 也有人认为,尼加拉瓜无力支付来自其他中美洲国家的商品,是中美洲共同市场陷入危机的主要原因之一。(Victor Bulmer - Thomas, *The Economic History of Latin America since Independence*, Cambridge University Press, 2003, p. 366)

② Victor Bulmer - Thomas, *The Economic History of Latin America since Independence*, Cambridge University Press, 2003, p. 336.

③ Fernando Rueda - Junquera, *Prospects for the Central American Customs Union*, Jean Monnet/Robert Schuman Paper Series, Vol. 5, No. 18, July 2005, p. 1.

④ Fernando Rueda - Junquera, *Prospects for the Central American Customs Union*, p. 8.

总之，中美洲国家疆域狭小，经济规模有限，因此加强一体化是其面对全球化的挑战和加强发展的必由之路。从中美洲共同体到中美洲一体化体系，中美洲国家在一体化道路上已走过近半个世纪的历程。这一历程表明，为了在未来进一步推动该地区的一体化，中美洲国家必须面对以下几个挑战：

第一，如何增加政治互信。区域一体化的推进必须以成员国之间良好的政治互信为基础。由于缺乏政治互信，中美洲共同市场多次陷入严重的危机，致使一体化停滞不前。例如，1969年7月萨尔瓦多与洪都拉斯之间曾爆发一场由足球赛引发的"足球战争"。这一战争虽然仅仅延续了100个小时，但它对中美洲共同市场留下的负面影响长达10年。80年代发生在尼加拉瓜、危地马拉和萨尔瓦多的内战则彻底葬送了中美洲共同市场。

可喜的是，中美洲危机解决后，中美洲国家之间的团结在不断加强。每年举行两次的中美洲国家首脑会议使许多分歧得以在平等协商的框架内弥合。更为重要的是，中美洲国家的领导人均表达了进一步推动区域一体化的愿望。如在1997年9月2日，危地马拉、萨尔瓦多、洪都拉斯、尼加拉瓜和哥斯达黎加五国总统在马那瓜举行特别首脑会议，讨论如何进一步加强区域经济一体化。五国总统在会议结束时签署了《尼加拉瓜声明》，决定开始组建中美洲联盟。声明还指出，中美洲是一个政治、经济、社会和文化大家庭，各国人民拥有共同的历史和语言。这是建立中美洲联盟的基础。声明强调，只有加强联合，中美洲国家才能充分利用本地区的资源，面对21世纪面临的巨大挑战。尼加拉瓜总统奥尔特加在2007年3月28日说，目前拉美国家正面临着一个特殊的时期，因此中美洲国家应该加快地区一体化。他认为，中美洲国家有条件实现这一目标。①

第二，如何使成员国从区域经济一体化中获得均等的利益。世界各地区域经济一体化组织的发展历程表明，只有使成员国从区域经济一体化中获得均等的利益，成员国才能齐心协力，推动区域一体化向健康的

---

① 人民网2007年3月29日讯。（http://world.people.com.cn/GB/1029/5540295.html）

方向发展。在20世纪六七十年代，中美洲共同市场的一些成员国因擅自提高关税而诱发"贸易战"。这些国家认为，它们从区域经济合作中得到的好处不多，因而被迫采取"自卫"措施。如在1971年，哥斯达黎加为减少贸易逆差而仿效洪都拉斯，禁止危地马拉和萨尔瓦多的商品进入本国，并对洪都拉斯和尼加拉瓜的商品征收进口税。对此，尼加拉瓜和萨尔瓦多也采取了报复性措施，一度使中美洲共同市场实际上缩小到尼加拉瓜和萨尔瓦多两国的范围。70年代末，哥斯达黎加曾表示，除非对共同市场的现行关税制度作某些修改，否则它将退出共同市场。

第三，如何避免"雷声大而雨点小"的形式主义倾向。从中美洲共同市场成立以来，中美洲国家的领导人为推动区域一体化召开了无数次首脑会议，发表了无数个声明或宣言，并在这些文件中提出了许多目标以及为实现这些目标而应该采取的措施。因此，从表面上看，中美洲国家的领导人非常重视区域一体化，但是，他们在声明或宣言中确定的许多目标和措施，常常流于形式或纸上谈兵，很难落实到实处。

除了杜绝形式主义以外，中美洲国家的领导人在筹划区域一体化的未来构想时还应该脚踏实地，避免好高骛远。一位美国记者在分析中美洲的一体化时说，中美洲国家疆域狭小，经济规模有限，因此不必各自拥有中央银行，也不必各自拥有货币，应该实现高度的经济一体化，以提升自身的国际竞争力。[①] 中美洲国家的一些政治家和工商人士也认为，中美洲国家应该向欧洲国家学习，把中美洲一体化体系提升为类似欧盟的经济联盟。

这样一种好高骛远的目标显然是有害无益的。虽然从中美洲共同市场诞生之日算起，该地区的区域一体化已有40多年的历史，但是，无论在政治层面还是在经济层面上，中美洲国家的发展水平大大落后于欧洲国家。

在分析中美洲国家区域经济一体化的前景时，还应该注意到墨西哥前总统福克斯于2001年提出的"普埃布拉—巴拿马计划"。该计划涉及

---

① Andres Oppenheimer, "Lack of Integration Hurts Central America", *Miami Herald*, June 10, 2007.

墨西哥南部的8个州以及伯利兹、危地马拉、萨尔瓦多、洪都拉斯、尼加拉瓜、哥斯达黎加和巴拿马七国，[①] 合作领域包括能源、科技、交通、旅游和对外贸易。迄今为止，有关国家已签署了近百个合作项目。

2007年4月11日，中美洲七国、墨西哥和哥伦比亚领导人在墨西哥东南部城市坎佩切举行会议，讨论如何推动"普埃布拉—巴拿马计划"。与会领导人在联合声明中指出，他们对"普埃布拉—巴拿马计划"的实施效果表示满意，并决定要继续努力，强化成员国之间的对话与协商机制，期望区域经济合作取得更大的成果。

（三）能否在实施《美国—中美洲—多米尼加自由贸易协定》时扬长避短

2002年1月16日，美国总统布什宣布，美国将与中美洲国家探讨签署一个自由贸易协定的可能性。一年后，谈判正式启动。经过9轮艰难的谈判，双方于2004年3月15日结束整个谈判进程，5月28日签署了自由贸易协定。同年8月5日，多米尼加也签署了该协定，[②] 从而使《美国—中美洲自由贸易协定》成为《美国—中美洲—多米尼加自由贸易协定》（以下简称"美中加自由贸易协定"）。

美国与中美洲国家和多米尼加建立的自由贸易区是美洲地区仅次于北美自由贸易协定（NAFTA）的第二大自由贸易区。中美洲国家和多米尼加每年从美国进口约150亿美元的产品和服务，因而成了美国在拉美的第二大出口市场（仅次于墨西哥），也是美国在世界上的第十大出口市场。

中美洲五国和多米尼加的经济总量仅相当于美国的1/145。它们对美国产品征收的关税在2.3%～10.1%。根据《美中加自由贸易协定》的安排，中美洲国家应该在协定生效后立即取消针对美国产品的80%的关税，其余部分在今后10年内逐步取消。此外，它们还应该取消对美国投资的限制，并加强对美国知识产权、专利和其他知识产权的保护。

---

① 哥伦比亚于2004年以观察员身份加入该计划并于2006年正式获得成员国身份。
② 美国与多米尼加的谈判是单独进行的。

美国对《美中加自由贸易协定》寄予很高的期望。它认为，这一自由贸易协定有助于中美洲国家向美国扩大出口，从而达到刺激中美洲经济和减少中美洲向美国输送非法移民的目的。美国政府发表的有关声明指出，美国与中美洲国家和多米尼加达成自由贸易协定的目的是"帮助中美洲国家和多米尼加扩大贸易、消灭贫困、加快发展和巩固民主"。此外，这一自由贸易协定也是"布什总统构建一个更密切、更团结和更繁荣的西半球"的设想的重要组成部分。① 布什总统说："开放贸易和投资会使（中美洲国家和多米尼加）的经济健康地发展，有利于推动民主改革事业。我们的目标是强化美国与这些国家的经济关系……使这些国家在经济、政治和社会改革领域取得更大的成就。"② 美国农场局（The American Farm Bureau Federation）估计，《美中加自由贸易协定》实施后，美国对中美洲国家和多米尼加的农产品出口会每年增加15亿美元。此外，美国的信息产业部门、农业机械、建筑业机械、纸产品、药品、医疗设备和高科技产品将受益匪浅。③

2005年8月2日，布什总统签署了《美中加自由贸易协定》，此前一周，美国国会批准了该协定。在签字仪式上，布什总统再次强调了该协定对美国和中美洲国家及多米尼加带来的好处。他说："目前，中美洲国家的商品能免税进入美国市场，而美国对中美洲的出口则要面临很高的关税。美国与中美洲国家达成的自由贸易协定将终止美国产品面临的不公平的关税，确保自由贸易说公平贸易。"他还说：自由贸易带动的中美洲国家的经济增长将使该地区"扩大对美国产品的需求，减少贫困和造就一个充满活力的中产阶级。（中美洲国家的）经济增长还能使选择自由的人民获得希望和机会。中美洲人在自己的家园获得的机会越多，他们

---

① 转引自2004年1月世界贸易组织审议美国贸易政策时美国政府发表的政策声明（TRADE POLICY REVIEW）。http://chinawto. mofcom. gov. cn/aarticle/i/ae/bd/200608/20060802982200. html.

② 转引自Office of the United States Trade Representative, *CAFTA Facts*: *CAFTA Policy Brief*, February 2005（www. ustr. gov）.

③ Office of the United States Trade Representative, *CAFTA Facts*: *CAFTA Policy Brief*, February 2005（www. ustr. gov）.

通过非法渠道进入美国的可能性就越少"。①

同样重要的是，这一自由贸易协定将提升美国在中美洲地区的影响力，使美国进一步控制中美洲经济，也能为美国倡导的建立除古巴以外的所有西半球国家的美洲自由贸易区的谈判进程提供动力。

毫无疑问，中美洲国家与美国这个世界上最大的经济体进行自由贸易，能获得多方面的好处。首先，中美洲国家与美国的经济关系将取得前所未有的发展。其次，中美洲国家的出口产品（尤其是非传统出口产品）将在美国市场上占有更大的市场份额，出口产品也将越来越多样化。再次，自由贸易协定在一定程度上提升了中美洲国家的国际地位，因此中美洲国家吸引外国投资的能力将增强。

毫无疑问，《美中加自由贸易协定》也会产生一些不利于中美洲国家的负面影响。例如，中美洲国家在经济上将进一步依赖美国。又如，中美洲国家的多种行业（尤其是农业）将受到美国产品的有力竞争。再如，对美国产品取消关税后，中美洲国家的财政收入会受到很大的影响。但是，总的说来，《美中加自由贸易协定》对中美洲国家的经济发展是利大于弊的。

（四）能否有效地调整产业结构

不容否认，最近一二十年，中美洲国家的产业结构发生了一些变化。这些变化呈现出以下几个显著的特点。

第一，农业在国内生产总值中的比重不断下降，工业和服务业第三产业的比重在上升。因此，如下表所示，2006年，所有中美洲国家的服务业在国内生产总值中的比重都在55%以上，其中巴拿马高达76%。此外，除危地马拉和伯利兹以外，所有中美洲国家的工业在国内生产总值中的比重都超过了农业。巴拿马、哥斯达黎加和萨尔瓦多的农业在国内生产总值中的比重仅为一位数。但是，农业在劳动力总数中的比重却依然很高。如在危地马拉，这一比重高达50%，在洪都拉斯和尼加拉瓜则在1/3左右（见下表）。

---

① http://www.whitehouse.gov/news/releases/2005/08/20050802-2.html.

表1　　　2006年中美洲国家的产业结构及劳动力结构（%）

	农业		工业		服务业	
	占GDP	占劳动力总数	占GDP	占劳动力总数	占GDP	占劳动力总数
巴拿马	7.2	20.8	16.4	18.0	76.4	61.2
伯利兹	22.5	22.5	14.8	15.2	62.6	62.3
哥斯达黎加	8.6	20.0	31.0	22.0	60.4	58.0
洪都拉斯	13.6	34.0	31.4	23.0	55.0	43.0
尼加拉瓜	17.3	29.0	25.8	19.0	56.8	52.0
萨尔瓦多	9.7	17.1	29.6	17.1	60.7	65.8
危地马拉	22.1	50.0	19.1	15.0	58.7	35.0

资料来源：Central Intelligence Agency, *The World Factbook 2007*。（https://www.cia.gov/library/publications/the-world-factbook/index.html）

第二，"客户工业"取得快速发展。如前所述，最近二三十年，中美洲的工业取得了显著的发展。但是，这种工业并非一般意义上的制造业，而是以来料加工为主的"客户工业"。

中美洲国家具有发展"客户工业"的两个有利条件：一是它们拥有丰富的劳动力资源，二是它们在地理上邻近美国，很容易将制成品出口到美国。在所有中美洲国家，"客户工业"已成为其外汇收入的重要来源之一。

第三，非传统出口在不断发展。如前所述，中美洲国家的农业长期依赖于咖啡、香蕉和其他一些农产品。但在最近一二十年，非传统出口取得了较快的发展。这些非传统出口产品除了来料加工的工业制成品以外，还包括水产品和蔬菜等。

相比之下，哥斯达黎加在调整产业结构方面取得的成就尤为显著。必须指出的是，这一成就与英特尔公司的进入密切相关。1998年4月，英特尔在哥斯达黎加兴建了一个微处理器制造厂。英特尔在第一年投资了3亿美元（相当于哥斯达黎加国内生产总值的2.1%），并承诺在今后追加6亿美元。① 自那时起，微处理器成为哥斯达黎加最大的工业制成品。

据报道，在确定投资对象国时，除哥斯达黎加以外，英特尔还考察了印度尼西亚、泰国、巴西、阿根廷、智利和墨西哥。经过一年多时间的可行性研究，英特尔最终选择了哥斯达黎加。英特尔之所以选择哥斯达黎加，是因为这个中美洲国家具有下述优势：首先，它对外资有较多的税收优惠。其次，它的劳动力成本较低，而劳动力素质较高。最后，它有较为稳定的政局，而且腐败现象相对而言较轻。②

中美洲国家经济发展基础较为薄弱，国内市场的容量有限，因此它们不可能建立齐全的工业体系。但是，哥斯达黎加在调整产业结构方面的成就为其他中美洲国家树立了榜样，发挥了良好的示范效应。中美洲国家的政府领导人表示，除了继续发挥热带农作物的比较优势以外，今后将大力发展"客户工业"，并力求通过改善投资环境来引进科技含量高的外资企业。

综上所述，我们可以得出这样的结论，中美洲国家的发展前景是美好的。该地区能保持政局基本稳定、经济继续发展、区域一体化不断深化的态势。

（原载《拉丁美洲研究》2007年第4期）

---

① http：//www.american.edu/initeb/zs2946a/case_study1.htm.
② 在与英特尔谈判的过程中，为了提高效率，哥斯达黎加总统直接协调参与谈判的7个政府部门。

中美洲国家的出口农业

出口农业是中美洲各国农业部门的主体，在国民经济中占有重要地位。它的产生和发展与国际分工密切相关，因此必然受到外部条件的制约。长期以来，各国政府比较重视出口农业的发展，并采取了一系列鼓励措施。虽然中美洲国家的出口农业目前仍面临着不少问题，并产生了一些消极影响。但是，因为这些国家的工业化进程需要大量进口投入，而且它们的自然条件和历史传统等因素比较适于发展出口农业，所以，在今后相当长一段时期内，作为主要外汇收入来源的出口农业将继续得到重视和发展。

一 中美洲国家出口农业的发展概况

中美洲国家的出口农业有着悠久的历史。早在殖民地时期，这些国家就已开始向宗主国市场出口可可和靛蓝等农作物。18世纪90年代，咖啡种植业传入哥斯达黎加，并由此传到其他中美洲国家。19世纪30年代，哥斯达黎加首先开始出口咖啡；到80年代，咖啡出口在除洪都拉斯外的整个中美洲地区得到确立，并成为出口收入的主要来源。1890年，哥斯达黎加和尼加拉瓜的咖啡出口额已分别占其出口总额的91%和71%，1898年危地马拉的这一比重则达到96%。[①] 可见，咖啡出口已开始将中美洲结合进世界经济体系之中。

[①] Victor Bulmer-Thomas, *The Political Economy of Central America since 1920*, Cambridge University Press, 1987, p. 3.

19世纪下半叶，香蕉种植业开始兴起。20世纪初，中美洲地区已成为世界主要香蕉产区，其香蕉出口量不断上升。到第一次世界大战前夕，这个地区的香蕉种植业已基本纳入世界经济体系的整个进程，并为延续至今的出口农业奠定了基础。

第二次世界大战结束后，中美洲地区的香蕉和咖啡出口进一步发展。1948年，全地区的香蕉出口量已恢复到战前水平。在《泛美咖啡协议》的保护下，中美洲国家的咖啡出口在第二次世界大战期间没有受到多少打击。战后初期，世界市场咖啡价格持续上升；朝鲜战争进一步扩大了对咖啡的需求。因此，到1954年，咖啡价格已相当于20年代后期的4倍。由于这种有利形势，这一年中美洲国家（除尼加拉瓜外）的香蕉和咖啡出口收入已占其出口总收入的80—90%。[1]

但是，上述情况也说明，中美洲国家的农产品出口结构是极脆弱的。随着外部条件的变化，香蕉和咖啡的出口必然发生波动。50年代中期后，这种脆弱性开始暴露。

中美洲国家的香蕉出口市场主要是美国。由于美国的人均香蕉消费量呈下降趋势，中美洲国家不得不寻求新的海外市场。然而，它们面临着两方面的不利因素。其一，西欧国家为保护其殖民地的香蕉出口而对中美洲国家实行了贸易保护。其二，中美洲国家还必须同其他香蕉出口国（主要是厄瓜多尔）展开竞争。1954—1960年，厄瓜多尔的香蕉出口额占整个拉美地区香蕉出口总额的比重高达70%。

中美洲国家咖啡的出口也面临着不利形势。50年代，由于世界咖啡种植面积和产量的大幅度增加，咖啡价格急剧下跌。到50年代末，各种等级的咖啡价格都已降到40年代末的水平。

随着外部市场条件的恶化，1954—1960年，中美洲各国的咖啡和香蕉出口收入都有不同程度的下降，其中萨尔瓦多从9200万美元降至7260万美元。同期，整个中美洲地区这两种传统农产品的出口收入从3.25亿

---

[1] Victor Bulmer-Thomas, *The Political Economy of Central America since 1920*, Cambridge University Press, 1987, p. 111。

美元降至 2.85 亿美元。①

面对上述两种传统农产品出口的困境，中美洲国家遂致力于加快发展棉花、蔗糖和牛肉等非传统农产品的生产，其中棉花的生产规模和出口规模最突出。

早在殖民地初期，棉花种植业就已成为中美洲地区印第安人的重要经济活动之一。当时，棉花产品主要供自己消费，不用于交换。20 世纪 40 年代后期，萨尔瓦多沿海平原的棉花种植园利用新技术提高产量，加之国际市场上棉花价格呈上升趋势，因此许多种植园主仅靠一年的收成就成为富翁。于是，棉花种植业迅速扩展到尼加拉瓜和危地马拉，不久又传入其他中美洲国家。40 年代，中美洲的棉花产量年平均只有 2.5 万包，到 1955 年则增至 30 万包，1962 年又翻了一番，使中美洲一跃成为世界主要棉产区之一。

20 世纪 20 年代，中美洲的蔗糖出口曾创造出为数有限的外汇收入。30 年代，由于资本主义世界经济大萧条和进口国的贸易保护主义，这个地区的蔗糖出口受到严重影响。如洪都拉斯的所有榨糖厂被迫于 1935 年全部关闭，国内消费也只能依赖于替代品。1953 年《国际糖协定》签订后，由于糖价格趋于稳定，中美洲的蔗糖生产开始恢复。到 50 年代末，哥斯达黎加、萨尔瓦多和尼加拉瓜再次开始出口蔗糖。1959 年古巴革命胜利后，美国将原来给予古巴的蔗糖出口配额转让给中美洲国家，从而进一步扩大了中美洲地区的出口市场。到 60 年代中期，在各国政府农产品出口多样化政策的鼓励下，所有中美洲国家的蔗糖产量都有显著增加，蔗糖出口从此成为这些国家外汇收入的另一个主要来源。

牛肉在 50 年代以前主要供应国内市场。1957 年，尼加拉瓜在美国援助下兴建了中美洲地区第一家现代化牛肉加工厂，并于次年开始向美国出口冷冻牛肉。1961 年，"争取进步联盟"为中美洲国家扩大牛肉出口提供了多方面的援助。中美洲国家为增加牛肉出口也采取了一系列鼓励措施。因此，到 60 年代中期，中美洲地区的牛肉出口获得了较快的发展。

---

① Grunwald, Joseph, *Natural Resources in Latin American Development*, Johns Hopkins University Press, 1970, pp. 23-34.

1957年这个地区的牛肉出口额只有10万美元,到1965年则增至1700万美元。[①]

棉花、蔗糖和牛肉出口的发展,提高了中美洲国家农产品出口多样化的程度,使出口农业获得新的动力。这些非传统农产品的出口不是由外国资本控制,并且从生产到外销的全过程是以资本密集(即大量的资本投资)为基础的。因此,这些新产品出口的发展,不仅使绝大部分资本主义积累纳入本国资本手中,而且增加了提高资本主义积累的机会,并使整个农业部门发生了有利的结构性变革。

进入70年代后,中美洲国家的出口农业多样化程度进一步提高,先后出现了包括蔬菜、水果、鲜花、豆类和水产品等在内的一系列非传统出口农产品,其中有些产品的出口额已达到较高水平。在非传统农产品出口过程中,外国资本发挥了重要作用。1970年,在美国国际开发署的组织下,15家美国跨国公司组成以中美洲地区为主要基地的"拉美农业开发公司",收购和出口当地生产的非传统出口农产品。这家公司还从事投资活动。到1981年,它在拉美地区173家农业生产企业(中美洲国家占70%)中持有股权。

二 中美洲国家出口农业的发展条件

中美洲国家出口农业的兴起和延续,是以这些国家的自然条件和社会经济条件为基础的。中美洲地处热带,适宜种植香蕉、咖啡、棉花和甘蔗等农作物。中美洲各国的土地一般都比较肥沃,而太平洋沿海平原是世界最肥沃的土地之一,十分适宜种植棉花,因此这里已成为中美洲国家的主要产棉区。

中美洲出口农业的发展在很大程度上还得益于社会经济条件的改善,尤其是科学技术水平的提高。早在19世纪70年代,危地马拉等国曾试图加快棉花种植业的发展。然而,当时由于棉农无法解决病虫害问题,棉

[①] Robert G. Williams, *Export Agriculture and the Crisis in Central America*, University of North Carolina Press, 1986, p. 206.

花产量一直处于较低水平。1939年滴滴涕的问世，为棉花生产的发展带来了希望，战后，中美洲国家普遍使用这种杀虫剂，获得良好效果。此外，化肥、拖拉机、良种和先进耕种技术也得到广泛应用。科学技术水平的提高，使中美洲地区的棉花和其他经济作物获得前所未有的发展。

在中美洲国家出口农业的形成过程中，除自然条件和社会经济条件外，殖民主义者所采取的武力征服政策、各种超经济强制手段和自由贸易政策也发挥了重要作用。1492年哥伦布"发现"新大陆不久，中美洲地区就沦为西班牙的殖民地。殖民者对印第安人的经济活动进行了彻底的变革，使之从属于宗主国的经济利益。他们在种植园内，利用廉价劳动力生产宗主国需要的靛蓝、可可、烟草和棉花等经济作物，并严禁当地人生产可能与宗主国展开竞争的产品，也不准生产替代工业品。

中美洲国家独立后，这种落后的单一经济结构仍未得到改变。因为大机器工业在全球范围内建立，使工业与农业部门之间的分工越来越超越民族经济的狭窄范围。由于部门间发展不平衡（工业部门的发展速度远远超过农业）和各国之间及各地域之间发展的不平衡（欧洲的发展水平远远超过亚洲、非洲和拉丁美洲），当大多数国家和地区还处在自然条件下缓慢发展的时候，最早进行产业革命并建立了大机器工业的欧洲几个先进国家（首先是英国）已经处于经济发展的领先地位。它们垄断了先进的工业生产，并把落后的农业生产转移到海外。

而落后国家只能被迫为世界市场提供农产品，并成为先进国家工业制品的消费者。因此，原来在一国范围内的城市与农村、工业部门与农业部门之间的分工，就逐渐演变成世界城市与世界农村的分离与对立，演变成以先进技术为基础的工业国与以自然条件为基础的农业国之间的分工。在这种国际分工格局下，经济基础薄弱的中美洲国家势必处于世界农场的地位。这种被动地位，决定了中美洲国家出口农业本身的脆弱性，并使出口农业发展过程受到国际市场条件的严重制约和影响。

中美地区每种出口农产品的兴起和发展，都同外部需求的增加密切相关。以棉花为例，第二次世界大战的结束，使欧洲和亚洲等地的经济建设全面展开，就业机会急剧增加。随着经济收入的扩大，工资收入者开始把更多的钱用在衣食住行上。世界纺织业对此作出的积极反应，使棉花需求量开始上升。到40年代末，国际市场棉价已回升到30年代大萧条前的水平。尽管美国、印度、巴基斯坦和埃及等国的棉花产量很高，但仍满足不了西欧、日本和美国的需求。朝鲜战争爆发后，由于投机商囤积居奇和消费者的预期心理，棉花需求量增加，价格大幅度上升。在这种有利的外部条件下，中美洲遂成为另一个主要棉产区。

再以牛肉出口为例。战后，随着美国牛肉消费量和价格的不断上升，美国不得不到海外寻求廉价牛肉市场。南美的牧牛业虽然很发达，但是由于口蹄疫等严重疾病的流行，这个地区的出口牛肉难以通过美国海关的卫生检疫。拉美以外的牛肉产品则因运输成本高而缺乏竞争力。而中美洲不但拥有发展牛肉出口的条件，而且在地理位置上占据着邻近美国的优势，再加之美国试图通过加快中美洲经济发展的途径来抵御古巴革命在这个地区的影响，于是美国大幅度扩大了给予中美洲各国的牛肉出口配额。

外部需求的扩大和国际市场价格的上升，既能使中美洲的出口农业得益，也能使其受害。1977年，由于不利的气候条件影响，世界主要咖啡生产国巴西的咖啡严重减产，国际市场咖啡价格急剧上升。中美洲国家（尤其是萨尔瓦多和哥斯达黎加）的咖啡出口收入猛增。但是，到1980年，随着咖啡价格的下跌，它们的出口收入也随之减少。

三 中美洲国家出口农业的贡献和政府的农业政策

出口农业在中美洲各国国民经济中占有重要地位。第一，出口农业是外汇收入的主要来源之一。1985年，中美洲五国的农产品出口额平均占其出口总额的70%。[①] 第二，出口农业创造了大量的就业机会。中美洲国家大部分农产品都由种植园或大农场生产。虽然这些经营单位机械化程度较高，但在农忙季节仍需雇用大批临时工。据估计，1980年

---

① 根据联合国粮农组织（FAO）出版的 *Trade Yearbook*（1986）的有关数据计算。

出口农业提供的就业机会为 100 万—130 万个。① 第三，出口农业所具有的前向关联作用带动了其他经济部门的发展。例如，棉花种植业促进了纺织业的发展，甘蔗种植业促进了制糖业和食品加工业的发展。50 年代期间，纺织厂平均每年仅从国内市场购买 450 万美元的皮棉，而到 60 年代中期则增长一倍。第四，以棉籽为主要原料的榨油业也获得发展。50 年代期间，棉籽全部用于出口，而到 1970 年，95% 的棉籽则用于国内榨油业。

为促进出口农业部门的发展，中美洲各国政府都采取了积极的鼓励措施。

（1）积极为出口农业提供必要的资金支持。以棉花种植业为例，60 年代初期，每种植 1000 英亩（约合 405 公顷）棉花的成本约为 13 万美元，而到 70 年代末，其成本已提高到 35 万—63 万美元。除极少数大农场和种植园外，大部分棉农在出售其产品前，很难支付这笔资金。因此，各国政府都比较注意帮助棉农解决资金困难问题。此外，为提高棉花产量，政府还常帮助棉花种植者提高机械化程度、扩大化肥和农药施用量以及采用优良品种等。

（2）建立专门为出口农业提供贷款的各种金融机构。这些机构直接向农民发放贷款。因此，在出口农业迅速发展的 60 年代，出口农业部门获得的贷款比工业部门获得的贷款还多，而且利率也较低。例如在尼加拉瓜，用于棉花、咖啡种植业和畜牧业的贷款利率最高不超过 2%。

（3）加强基础设施特别是公路的建设。为提高出口农业产品的运输能力，中美洲各国政府十分重视公路建设。早在 1945 年，萨尔瓦多就在太平洋沿海平原铺设了一条 80 千米长的公路，为棉花种植业的兴起奠定了基础。1954 年，在世界银行的援助下，这个国家又修筑了一条东起拉乌尼翁省、西至萨尔瓦多与危地马拉边境的公路。到 1971 年，这个国家 95% 的棉产区已拥有与全国公路体系相连接的各种道路。其他中美洲国家也为出口农业修筑了许多公路，从而缩短了农产品和农业投入的运输

---

① 根据 Brian J. L. Berry, *Geography of Economic Systems*（Prentice Hall, 1976）一书中的有关数据计算。

时间。

（4）采取降低关税等措施，鼓励扩大农产品出口。30年代期间，大部分中美洲国家就采取了降低农产品出口关税或货币贬值等措施。60年代初中美洲共同市场成立后，中美洲国家不仅进一步降低了农产品的出口关税，而且放宽了对出口农业所需要的农药、化肥、良种和农机设备的进口限制。80年代期间，为鼓励非传统农产品出口，政府又扩大了刺激性优惠的范围。例如危地马拉允许所有非传统农产品的出口收入在平行市场上交换；并降低农产品运输价格。此外，政府还要求有关部门简化行政手续，为农产出口提供方便。

四　中美洲国家出口农业的影响

中美洲的出口农业在从兴起到不断发展的整个过程中，产生的影响十分深远。

（1）对农村生产关系的影响。西班牙殖民者在中美洲推行的委托监护制、大地产制和种植园土地制，使这个地区始终呈现出土地高度集中的特点。广大小农只能靠少量土地维生。19世纪80年代咖啡成为有利可图的出口农产品后，拥有更多的土地就意味着拥有更多的财富来源。因此，大土地所有者遂利用包括暴力手段在内的一切方式剥夺广大小农的土地，迫使他们到不适于种植咖啡的贫瘠土地上谋生。此外，大土地所有者还借助国家力量，将许多无地或少地农民纳入传统的奴隶劳动制之中，以满足不断发展的咖啡种植业对劳动力的需求。

尽管"中美洲联邦"政府在1823年废除了强迫劳役制，然而，随着咖啡种植业的发展，这种制度以劳力偿债制的形式再度出现。[1] 根据这种制度，小农（债务人）被迫只能在咖啡种植园内为种植园主（债权人）劳动，而种植园主则常常不择手段地使小农背上永远无法偿清的债务。

---

[1] 1823年7月，危地马拉、萨尔瓦多、洪都拉斯、尼加拉瓜和哥斯达黎加组成"中美洲联邦"。

棉花种植业的兴起，使更多的小农丧失土地。在此之前，小农的土地占有制形式主要有三种：擅自占用公地；租赁制；"村社"制。这三种形式尽管没有使小农真正拥有土地，但至少为他们提供了维持生计的基本条件。而当棉花种植业变得有利可图后，棉花种植园主就以各种手段来剥夺小农的土地。对于擅自占用公地的小农，种植园主则迫使政府采取强硬措施，把他们从土地上赶走，并将土地占为己有。对于租赁土地的小农，地主将传统的分成制和实物租金支付制改为现金支付制。这种租金不但十分高昂，而且要求小农在作物收成之前就交纳。绝大多数小农因无法支付这种租金而被迫退回土地，沦为无地农民。对于"村社"制，种植园主则通过行贿等不正当手段，使地方当局以某种借口收回已经发放给小农的土地，尔后"转让"给他们使用。由于种植园主肆无忌惮地兼并土地，广大小农不得不背井离乡，另谋生路。

总之，出口农业的兴起和发展，加剧了中美洲地区的土地集中，激化了小农同大土地所有者之间的矛盾。许多小农由于失去土地或难以在小块土地上维持生计，他们或到种植园去充当季节性临时工，从而扩大了雇用劳动者阶层的队伍，加速了农业资本主义的发展，有些小农或盲目流入城市，于是加快了人口城市化进程。1950年，整个中美洲地区的城市人口约占总人口的31.8%，而到1980年已上升到42%。

（2）对非出口农业的影响。中美洲的农业部门主要由出口农业和非出口农业组成。出口农业以种植面向国际市场的经济作物为主。其经营单位一般都是占地较多的大农场和种植园。它们的农业投入多，劳动生产率高，对国家的贡献也较大，因此政府对出口农业比较重视。而非出口农业主要种植供国内消费的玉米、豆类、高粱和小麦等粮食作物。其经营者主要是小农。他们的资金来源不足，对农业的投入很少，因此劳动生产率较低。虽然非出口农业吸纳了大部分农业劳动力，但是由于土地占有量有限，隐蔽失业相当严重。许多小农为生活所迫，常常到大农场或种植园去当季节临时工。在危地马拉，这种临时工约有50万。

虽然中美洲各国政府曾采取过某些措施来发展非出口农业，但是总的来说，它们对非出口农业的重视是不够的，有些政策甚至有害于这个部门的发展。例如，在60年代期间，由于危地马拉政府对进口粮食的价格定得过低，粮农的积极性受到了打击。在尼加拉瓜，为扩大棉花出口，居然还将一些粮田改为棉田。因此，虽然棉花出口收入显著增加，但是粮食进口费用也随之增加。在哥斯达黎加，虽然一些地区拥有适于种植粮食作物的大片土地，但是，随着牧牛业的发展，不少粮田改为牧场，结果使"面包篮"变成"牛饲料筐"。此外，各国政府还忽视对非出口农业的基础设施建设和推广先进技术等方面的资金投入，因此，许多粮农在生产过程中，至今仍然沿袭着落后的刀耕火种方法。

（3）对生态环境的影响。出口农业对中美洲各国生态环境的最大影响是森林覆盖面积不断减少。殖民地时期以前，中美洲绝大部分土地被森林覆盖。现在，森林面积仅占土地总面积的不足40%。"二战"后以来，森林面积减少的速度十分迅速。据估计，自古以来被破坏的森林面积中，50年代迄今约占2/3。

诚然，森林面积减少的原因是多方面的，但出口农业（尤其是棉花种植业和牧牛业）的发展无疑是一个重要原因。如在危地马拉沿海平原的8个主要产棉区，1950—1963年期间棉花种植面积增加了2.1万公顷，其中1.5万公顷是由林地改造成的。在萨尔瓦多沿海平原产棉区，50年代初期森林约占土地面积的20%，但到70年代初期，这些森林几乎全部消失。[1]

在其他中美洲国家，这种"为发展棉花种植业而征服森林"的做法也普遍存在。

牧牛业的发展对森林的破坏作用也很大。50年代初，中美洲地区的牧场面积为344万公顷，而到70年代初已扩大到800多万公顷。在新增的牧场面积中，绝大部分是林地。土地勘察结果表明，凡在牧牛业发展最快的地区，森林消失的面积最多。如在危地马拉主要牧牛区埃斯昆特拉省，牛肉出口兴起前，牧场和林地面积分别占土地总面积的12%和48%；但是到1964年，前者增至42%，后者则减至16%。在其他中美洲国家也不同程度地存在类似情况。

---

[1] Robert G. Williams, *Export Agriculture and the Crisis in Central America*, University of North Carolina Press, 1986, pp. 206, 53.

森林面积的不断减少，造成水土流失、土质下降和旱涝灾害等恶果。这种情况在太平洋沿岸地区特别明显。据1972年统计，萨尔瓦多45%的可耕地不同程度面临着严重的水土流失问题。由于上述情况，中美洲国家的农业生产势必受到严重影响。

五 中美洲国家出口农业面临的问题

劳动生产率低下和出口农产品产量的难以提高，是中美洲出口农业面临的一个主要问题。据美国国际开发署估计，如果中美洲各国整个国民经济的劳动生产率指数为100，那么农业部门只有50左右。尤其严重的是，在1960—1980年期间，农业部门的劳动生产率一直未见明显增长。此外，由于土壤肥力的减退以及自然灾害和病虫害的侵袭，许多出口农产品的产量长期难以提高。如在哥斯达黎加太平洋沿海地区，病虫害几乎毁灭了所有的香蕉树。

从外部条件来看，中美洲国家的出口农业同样面临着严重困难。首先，国际市场上农产品价格的长期趋势不是坚挺，而是疲软。其次，国际市场对中美洲国家农产品的需求量难以出现大幅度的增长。有些农产品的出口市场甚至有所缩小。例如，70年代后期以来，美国市场对中美洲蔗糖和牛肉的需求量一直呈现下降趋势。最后，国际农产品市场上的竞争不断加剧。近年来，一些加勒比和南美洲国家也在努力扩大农产品出口多样化，而且主要向美国出口。因此，中美洲国家必须在产品质量和价格方面提高竞争力。

尽管中美洲国家的出口农业面临着一系列不利的内外因素，但是中美洲地区的自然条件、生产力水平、历史传统以及它在国际分工中所处的地位，决定了中美洲国家应继续努力发展出口农业。改变以农产品出口为基础的单一经济结构固然非常必要，但是，在外汇收入来源有限、制造业部门发展迟缓的条件下，通过扩大农产品出口收入的途径来达到增加工业发展所需要的进口投入（如资本货、中间产品和科学技术等）也是切实可行的。当然，中美洲国家在进一步发展出口农业的同时，还应加强工业部门的建设，并正确处理粮食生产与出口农作物生产之间的关系；此外，为减缓国际市场上农产品价格波动的冲击，还应积极发展农产品出口多样化，挖掘林业和渔业部门的出口潜力。

(原载《拉丁美洲研究》1990 年第 3 期)

拉美政治

"第三波民主化浪潮"后拉美政治发展进程的特点

20世纪最后的25年为世界带来了新的民主化浪潮。其力量之大、地理分布的范围之广以及持续时间之长，都是史无前例的。亨廷顿称之为民主化浪潮的"第三波"。拉美在这一民主化浪潮中居于重要地位。[①]

联合国开发计划署认为，"在拉美独立以来的200年中，拉美一直有民主，但也多次被中断。虽然民主被写进了宪法，但在现实中它经常被破坏……在全球范围内，拉美是一个在过去200年中经常声称在捍卫民主的地区，尽管它有时也剥夺民主，尔后又重新恢复民主"。[②] 本文试图回答以下两个问题："第三波民主化浪潮"后，拉美的政治发展进程呈现出什么样的特点？面临着什么样的挑战？

"第三波民主化浪潮"后拉美的政治发展进程呈现出以下几个显著的特点。

一 民主化进程不断发展

20世纪六七十年代，军人当政风靡拉美。1982年4月2日，阿根廷军政府为收复马尔维纳斯群岛的主权而派出4000名军人登陆该岛，但阿

---

① S. P. Huntington, *The Third Wave: Democratization in the Late Twentieth Century*, University of Oklahoma Press, 1991.

② UN Development Program, *Democracy in Latin America: Towards a Citizens' Democracy*, 2004, p. 36.

根廷终因不敌英国的武力而失败。这一战争进一步激化了阿根廷国内的矛盾，经济困难也更为严重。面对成堆的政治经济问题和民众的抗议，军人终于答应尽快将政权交给文人。

阿根廷军人的下台，象征着拉美"民主化"潮流席卷整个拉美大陆的开端。自那时起，拉美的军政府接二连三地实现了"还政于民"。

最后一个实现还政于民的拉美国家是智利。根据1980年智利的宪法，皮诺切特可执政到1988年，届时将举行公民表决。如果皮诺切特能获多数支持，他可继续执政到1997年，否则将于1989年12月举行大选。

在1988年10月举行的公民表决中，反对皮诺切特继续执政的占多数。皮诺切特接受了这一反映民意的结果。在翌年的大选中，艾尔文当选总统。[①]

自拉美完成"还政于民"以来，拉美的民主化进程不断发展，民主体制不断完善。联合国开发计划署在《实现拉美公民的民主》（2004年）一书中指出，"在20世纪60年代末和70年代初，在拉美的18个主要国家中，只有3个国家（哥伦比亚、哥斯达黎加和委内瑞拉）是民主国家。25年后的今天，从政治和选举角度来说，所有国家都是民主国家"。[②] 这一历史性的进步主要体现在以下两个方面。

第一，选举能正常进行。选举并不等同于民主的全部，但民主显然是离不开选举的。20世纪90年代以来，拉美国家的绝大多数选举（包括总统选举和议会选举）都能如期进行，只有少数被推迟或提前。

拉美的选举并非完美无缺，但大部分选举都能在较为公正、公开和民主的框架内进行。即便是墨西哥民主革命党候选人洛佩斯·奥夫拉多尔这样的人，虽然不愿意接受选举结果，但卡尔德龙依然能宣誓

[①] 但皮诺切特一直担任陆军总司令，直到1998年才卸任。根据1980年宪法，他成为终身议员。

[②] UN Development Program, *Democracy in Latin America: Towards a Citizens' Democracy*, 2004, p. 37.

就职。①

第二，军人干政最终都没有成功。拉美的军人具有干政的历史传统。20世纪80年代实现"还政于民"以来，一些拉美国家曾发生过军人干政的事件。其中较为引人瞩目的是1990年的海地政变和2002年的委内瑞拉政变。

1990年12月16日，阿里斯蒂德神父当选海地总统，成为海地历史上第一任民选总统。1991年2月7日，阿里斯蒂德宣誓就职。但在当年9月29日，海地武装部队总司令拉塞德拉斯却发动军事政变，推翻了阿里斯蒂德政府，并将他驱逐出境。1993年6月14日，在联合国和美洲国家组织的干预下，海地议会通过决议，承认阿里斯蒂德为合法总统。7月，海地政变首领与阿里斯蒂德签署了《加弗纳斯岛协议》，允许阿里斯蒂德返回海地。但政变首领并没有履行协议。1994年10月15日，以美国为首的多国部队干预海地，塞德拉斯交权并出国避难，阿里斯蒂德返回海地重新执政。

2002年4月12日，委内瑞拉发生政变，查韦斯被迫离开总统府。13日，成千上万支持查韦斯的群众在总统府前示威，并占领了加拉加斯的好几家电视台，许多人甚至试图冲击总统府。面对民众的抗议声和国际社会的指责，接替查韦斯的临时总统卡尔莫纳在13日辞职。14日凌晨，查韦斯被军方释放后乘坐直升机返回总统府。

必须指出的是，拉美的政治民主仍然处在巩固阶段。在这样一个阶段，如何维系政局稳定仍然是拉美国家面临的紧迫任务之一。自20世纪

---

① 在2006年7月4日举行的墨西哥大选中，呼声最高的民主革命党候选人洛佩斯·奥夫拉多尔以0.58个百分点的微弱差距败给国家行动党的候选人费利佩·卡尔德龙。奥夫拉多尔不服输。在他的号召下，大批支持者多次举行示威活动，抗议国家行动党在票箱中作弊。11月20日，奥夫拉多尔在墨西哥城举行就职仪式，宣布自己为墨西哥的"合法总统"，并表示要与当选总统卡尔德龙斗争到底。2006年12月1日，卡尔德龙在民主革命党议员的抗议声中宣誓就职。在就职仪式上，民主革命党议员与国家行动党议员相互谩骂，甚至发生肢体冲突。2007年7月，即在大选后一周年之际，奥夫拉多尔出版了《强盗从我们手中夺取了总统职位》一书。此外，他还在墨西哥城的一个广场组织了一次示威活动。然而，参加者人数与一年前相比大大减少。墨西哥媒体认为，随着时间的流逝，奥夫拉多尔及其支持者的抗议活动会逐渐消退。

80 年代以来，共有 14 位总统因多种原因而无法完成宪法规定的总统任期。①

二 政治改革不断深化

"拉美的公民、政治家和工商界领导人都有这样一种感觉：政治改革是必要的。对民主的运转和政治家行为的不满，使要求政治改革的呼声进一步上升。"② 20 世纪 90 年代，伴随着经济改革的不断深化，拉美国家在政治领域也展开了不同程度的改革。改革的内容主要涉及以下几个方面：

（1）完善选举制度。选举制度改革的目标是完善选举的"游戏规则"，增加选举的合理性和合法性。改革的内容主要包括：修改总统的任期；适当降低选民的年龄限制；规范参加大选的各个政党及其候选人的竞选行为；确定政治献金的额度；完善选民投票的方式；调整议员的选举产生方式和任职年限；修订候选人当选所需得票数的百分比要求；等等。

在选举制度改革中，最引人瞩目的是修改总统的任期，允许总统连选连任。秘鲁的藤森、阿根廷的梅内姆、巴西的卡多佐和委内瑞拉的查韦斯等，都通过修改宪法的有关规定，成功地达到了连选连任的目的。

相比之下，委内瑞拉的选举制度改革尤为大胆和富有争议。2007 年 8 月 21 日，委内瑞拉立法机构（国民议会）批准了总统查韦斯提交的宪法修正案。根据这一宪法修正案，总统任期将被延长到 7 年，并允许总统期满后再次参加竞选。③ 一些国际媒体认为，如果这一宪法修正案能被通

---

① Inter–American Development Bank, *The Politics of Policies: Economic and Social Progress in Latin America 2006 Report*, 2006, p. 155.

② Inter–American Development Bank, *Development beyond Economics, Economic and Social Progress in Latin America 2000 Report*, 2000, p. 193.

③ 查韦斯提出的宪法修正案包括：将总统任期从 6 年延长至 7 年，并取消连任的次数限制；取消中央银行的独立性，允许总统控制中央银行；将每个工作日的时间从 8 小时缩短至 6 小时；等等。

过，查韦斯可望成为终身总统。但在 2007 年 12 月 2 日举行的全民公投中，51%的投票者反对修宪，49%的投票者赞成。因此，查韦斯提出的宪法修正案被否决。①

（2）正确处理中央与地方的关系。在许多拉美国家的政治改革计划中，正确处理中央与地方的关系涉及两方面的内容：①如何把中央政府的责任和权力分散到地方政府。由于权力和责任常常与税收和开支密切相关，因此，分权的核心在一定程度上也是经费的再分配。通过分权，地方政府一般都能从中央政府那里获得更多的经费，但这也就意味着地方政府必须承担其作出的任何决策的后果。例如，地方政府可以兴建某个重大工程，但这一工程的经济效益与中央政府无关。地方政府必须为这一工程的盈亏负责。②如何通过选民直接选举市长、州（省）长和市政地方官员，使地方政府的官员对大多数选民的要求作出反应。政治改革前，许多拉美国家的主要地方官员均有上级政府（有时甚至是中央政府）任命。这一做法削弱了地方政府官员对选民的责任心。通过改革，地方政府官员由选民直接选举产生，因此选民和候选人能够关注与某一级政府有关的政策问题，从而使选民能够更加积极地评估政府的行为。与此同时，地方政府官员在向选民提供各种公共产品时也能享有更多的自由。

（3）提高司法独立性。作为资本主义国家，所有拉美国家都实行三权分立。但在政治改革之前，许多拉美国家的立法权、行政权和司法权并没有完全做到相互独立和互相制衡。例如，在宪法中，法院被赋予"超阶级"和"超党派"的司法机关，法官应该具有不可侵犯的独立性。但在现实中，行政干预司法的事例并不少见。尤其在涉及执政党高层领导的腐败案件时，行政干预司法的情况更加突出。

此外，在公众心目中，司法机关是低效率的。这一切都使得人们对

---

① 中国外交部发言人孔泉在就委内瑞拉全民公投结果答记者问时说："我们尊重委内瑞拉人民在宪法框架内决定国家命运的努力，对公投得以顺利进行感到高兴。相信在查韦斯总统领导下，委内瑞拉人民将继续致力于维护国家稳定和发展国民经济，并不断取得新成就。中委是友好国家，中国一贯重视同委内瑞拉的关系，愿与委方一道共同推动中委友好合作关系进一步发展。"

司法体系的信任度下降,对司法体系能否作出公正的裁决和遵从法律和宪法的能力普遍表示怀疑。

在 90 年代的政治改革中,拉美国家通过修改宪法、简化司法程序等手段,增加了司法独立性和办事效率。此外,许多拉美国家还力图在任命和提拔法官时尽量做到公开、公平和公正。毫无疑问,"只有使法官的任命、提拔和任期不受政治因素的影响,司法体系才能独立地解释法律、实施法律,并制约滥用权力"。①

三 传统政党的地位有所下降

国内学术界对拉美政党的分类主要是以其指导思想和理论主张为基础,将其分为四大类:①社会民主主义政党;②基督教民主主义政党;③保守主义政党;④共产党等左派政党。一些国外学者将拉美的政党分为以下五大类:①传统政党;②民众主义政党;③改革党;④左翼改革党;⑤革命党。②

90 年代以来拉美民主化进程的不断发展,使该地区一些国家的政党格局发生了明显的变化。变化的重要标志就是长期在政治舞台上占据垄断地位的传统政党在大选中被一些新成立的党击败。如在秘鲁的 1990 年大选中,1989 年 7 月成立的"改革 90"党击败了阿普拉党和基督教人民党这两大传统政党,从未涉足政坛的大学校长藤森以"廉洁""勤劳"为口号当选总统。在秘鲁的 2001 年大选中,"秘鲁可行党"总统候选人亚历杭德罗·托莱多在第二轮总统选举中战胜了阿普拉党候选人、前总统阿兰·加西亚,当选秘鲁共和国历史上第一位土著总统。在委内瑞拉的 1993 年大选中,新成立的"全国汇合党"(由多个小党组成)打破了长期由民主行动党和基督教社会党两党轮流执政的格局。在 1998 年的大选中,查维斯的"第五共和国运动"与若干个小党组建成"爱国中心",击

---

① Inter - American Development Bank, *Development beyond Economics, Economic and Social Progress in Latin America 2000 Report*, 2000, p. 193.
② Harry E. Vanden and Gary Prevost, *Politics of Latin America: The Power Game*, Oxford, 2002, pp. 204 – 212.

败了传统政党的候选人。在墨西哥的 1997 年中期选举中，革命制度党在众议院中失去了绝对多数的地位，从而使墨西哥政治舞台上出现了革命制度党、民主革命党和国家行动党"三足鼎立"的局面。更为令人关注的是，在 2000 年的大选中，革命制度党的候选人仅获得 36% 的选票，国家行动党与绿色生态党组成的"变革联盟"候选人福克斯获得了 42.5% 的选票。

拉美国家的传统党在大选中失败的原因是多方面的。第一，随着政治改革的推进，反对党的力量不断壮大，从而对传统政党构成了巨大的挑战。第二，虽然拉美的传统政党有较为完善的组织体系，但党内矛盾长期得不到解决。久治不愈的内讧无疑损害了它们的力量。第三，拉美的政治文化具有"钟摆"的特点。在这一政治文化氛围中，拉美的选民更愿意选择那些在政治理念和竞选纲领等方面与传统政党大不相同的新党。第四，有些拉美国家（如墨西哥）的经济改革计划是由传统政党当政时制定的。选民将改革的社会成本和其他一些副作用归咎于这些传统政党。第五，一些传统政党的执政理念不能与时俱进，在竞选时无法提出一些吸引选民的纲领。

四 拉美左派东山再起

伴随着传统政党地位的下降，拉美左派的影响力不断扩大。在 1998 年 12 月 6 日举行的委内瑞拉总统大选中，查韦斯作为"第五共和国运动"和其他一些政党组成的竞选联盟"爱国中心"推举的候选人，以 56.5% 的得票率当选总统。查韦斯的当选被视为拉美左派东山再起的"前奏曲"。迄今为止，被国际媒体视为左派领导人当政的拉美国家已达 8 个。它们是：委内瑞拉、阿根廷、玻利维亚、巴西、智利、厄瓜多尔、尼加拉瓜和乌拉圭。这些国家的领土面积占拉美总面积的 71.8%，人口占拉美总人口的 53.8%。[①]

应该指出的是，当前活跃在拉美政治舞台上的左派在价值观、民族

---

① 根据世界银行出版的 *World Development Indicator*（2006）计算。

主义情感、政策取向、与美国的关系、与邻国的关系以及对待国家干预的态度等方面，有着显而易见的差异。墨西哥前外长豪尔赫·卡斯塔涅达认为："今天的拉美不存在一个清一色的左派，而是有着两个左派。一个是现代化的、思想开放的、矢志改革的和国际主义的左派。似是而非的是，这个左派源自过去的那个强硬的左派。另一个左派脱胎于拉美的民众主义，是一个具有民族主义倾向的、多言多语的、思想封闭的左派。"①

左派领导人之间的差异性主要体现在以下两个方面。

一是如何看待国家的作用。查韦斯和玻利维亚总统莫拉莱斯主张，国家应该全面控制本国的国民经济支柱，应该进一步提升国家在经济生活中的作用，因此，他们先后实施了引人注目的国有化，加强了对本国能源工业部门的控制。相比之下，其他拉美国家的左派领导人则依然奉行私有化政策，没有采取任何国有化措施。他们甚至认为，查韦斯和莫拉莱斯的国有化措施可能与全球化趋势不太吻合。②

二是与美国的关系。布什总统称查韦斯为"卡斯特罗第二"，并在2002年4月帮助查韦斯的政敌发动军事政变。因此，查韦斯对美国的仇恨是可想而知的。查韦斯总统不仅在国内批评美国，甚至在联合国讲坛上骂布什总统为"魔鬼"。玻利维亚总统也多次说过，他的当选对美国来说是一个"噩梦"。所以，一些国际媒体认为，西半球已出现一个以卡斯特罗、查韦斯和莫拉莱斯为核心的"反美轴心"。

如果说委内瑞拉总统查韦斯和玻利维亚总统莫拉莱斯是强硬的反美领导人，那么巴西总统卢拉和乌拉圭总统巴斯克斯等所谓左派领导人则较为重视与美国发展双边关系。

诚然，卢拉不时批评美国对拉美的许多政策，甚至与查韦斯一起抵

---

① Jorge G. Castaneda, "Latin America's Left Turn", *Foreign Affairs*, May/June 2006.
② 20世纪六七十年代，拉美曾进行过声势浩大的国有化运动。据联合国跨国公司中心统计，在1960—1976年期间，将近200家外国企业被收归国有。这些企业分布在采矿业、石油业、农业、制造业和服务业等国民经济的各个部门。当时，拉美的民族主义者和左派人士都认为，外国投资与东道国的关系并不是西方发展经济学家所说的那种"互利关系"，而是一种冲突的关系。因此，东道国政府应充分发挥自身的干预作用，有效地限制外国资本的活动范围。

制美国提出的建立美洲自由贸易区的设想。但巴西与美国的关系仍然保持在比较好的层面上。2005年11月，布什总统还访问了巴西。卢拉与布什总统面带笑容热情握手的照片在巴西媒体和因特网上随处可见。

乌拉圭总统巴斯克斯同样重视与美国发展关系。2006年5月4日，在美国访问的巴斯克斯总统与布什总统进行了为时45分钟的会晤。会谈中，巴斯克斯向布什总统提议，两国应该加快自由贸易协定的谈判进程，自由贸易协定的模式可参考2004年乌拉圭与墨西哥签署的自由贸易协定。布什对此建议表示赞同。巴斯克斯认为，乌拉圭如能与美国达成自由贸易协定，乌拉圭经济将受益匪浅。据报道，乌拉圭希望乌美自由贸易协定能够囊括商品、服务、知识产权和政府采购等领域。①

2007年1月10日就职的尼加拉瓜总统奥尔特加也表示，他不会废弃其前任与美国达成的《中美洲—多米尼加—美国自由贸易协定》。他还表示，这一自由贸易协定有助于尼加拉瓜的经济发展。

拉美左派与右派的相似之处主要包括以下几个方面：

一是对社会发展的关注。拉美的左派领导人确实对如何加快社会发展进程十分关心，在各种场合经常提到要消灭贫困、增加社会公正。例如，卢拉总统实施了"零饥饿计划"，因此低收入阶层非常拥护他。查韦斯总统以滚滚而来的石油美元为后盾，把大量古巴医生和教师请到委内瑞拉的边远地区和贫困地区，使那里缺医少药的状况得到改变，使穷人的孩子能够进学校。此外，查韦斯还进行了土地改革，使不少无地农民的生活得到了基本保障。

但是，我们不能说拉美国家的其他领导人不重视社会发展。例如，90年代以来，墨西哥在社会发展方面取得的成绩是不容忽视的。甚至萨利纳斯这样的大力开展新自由主义改革的总统也实施过一些扶贫计划。巴西前总统卡多佐（卢拉的前任）曾因实施过一些消除贫困的计划而在2002年12月16日获得了联合国发展署（UNDP）设立的社会发展成就奖（Human Development Lifetime Achievement Award）。他甚至是该奖设立后

---

① 《乌拉圭和美国就进行自贸协定谈判达成共识》，中国驻乌拉圭使馆网站，2006年5月5日。（http://uy.mofcom.gov.cn/aarticle/lsyg/200605/20060502102804.html）

的第一个获奖者。

二是对待经济改革的态度。新自由主义理论确实是20世纪80年代末拉美经济改革的理论基础。但没有一个拉美国家的领导人公开承认自己推行的改革是新自由主义改革。尤其在这些所谓左派领导人上台前，他们都是高举反新自由主义大旗的。然而，他们上台前后的言行却完全不一致。例如，卢拉在参加2002年竞选时经常高呼反新自由主义的口号，甚至表示要实施国有化，要与国际商业银行重新谈判巴西偿债的条件，要限制外资的流入，等等。

由于国际投资者担心卢拉上台后会对经济政策作出重大调整，因此进入巴西的外资明显减少，资本外流则大幅度增加，金融市场一度出现了巨大的恐慌，巴西货币雷亚尔对美元的汇率下跌了50%，金融危机一触即发。资本流入的减少和雷亚尔贬值后导致进口的减少，使经济增长受到很大的影响。为避免危机，在大选前夕，国际货币基金组织（IMF）与当时的卡多佐政府达成了一个协议。该协议包括两方面的内容：一是国际货币基金组织承诺在必要时可以向巴西提供资金援助，以稳定金融形势，规避金融危机；二是参与总统大选的包括卢拉在内的三个候选人必须作出当选后不对卡多佐政府的经济政策实行重大调整的承诺。

国际货币基金组织的介入和三位总统候选人（尤其是卢拉）的承诺，使巴西金融市场上的不稳定因素逐渐消退。此外，卢拉的组阁也平息了国际投资者和西方观察人士的忧虑。曾在波士顿舰队金融公司（FleetBoston）中任职（年薪150万美元）的恩里克·梅雷莱斯被任命为巴西央行行长，圣保罗州里贝朗普雷图市前市长安东尼奥·帕洛奇被任命为财政部长。[①] 许多人认为，这两个信奉西方自由市场经济原理的人能够进入内阁，说明卢拉不会采取极端的左翼政策。[②] 更为重要的是，卢拉上台后并未停止偿还巴西的外债。因此，短短的几个月过去后，外国投资者对巴西的发展前景重新看好，大量外资再次流入巴西。

[①] 虽然帕洛奇属于劳工党，但他在担任市长期间，曾将市政府拥有的大量公用事业设施实行国有化。当时，联邦政府尚未实施私有化计划。

[②] http://www.ckln.fm/~asadismi/brazil.html.

上台后，卢拉不仅没有实施国有化，反而实施了私有化。此外，他还保持了卡多佐总统的其他改革政策的连续性，同样开放市场，同样强调市场在配置资源方面的积极作用。

因此，有人认为，卢拉总统与其前任卡多佐总统没有什么不同的地方，唯一的差异就是卢拉总统的脸上有胡子。从2004年或2005年开始，出席"世界社会论坛"的左派人士和左派组织不再把卢拉看作穷人的总统，而是将其视为新自由主义的"帮凶"。当卢拉出现在论坛的会场时，与会者给他的不是掌声，而是蔑视他的"嘘嘘"声。

智利总统巴切莱特同样保持了她的前任拉戈斯总统的经济政策的连贯性。智利大学的马丁·佩雷斯教授认为，巴切莱特的经济政策与皮诺切特的政策毫无差别。众所周知，皮诺切特是彻头彻尾的新自由主义理论的信奉者，他完全是按照"芝加哥弟子"的建议去实施经济改革的，因此智利的改革是地地道道的新自由主义改革。

三是对资本主义制度的立场。有人认为，对现存资本主义制度持批判态度的，试图通过改良或革命的手段改变资本主义制度的，就是左派。这一定义是正确的，但并非完全适用于拉美。

毋庸置疑，拉美国家的领导人对资本主义制度的弊端有一定的认识，有时甚至也是持批评态度的。例如，2005年1月30日，查韦斯在巴西阿雷格里港参加世界社会论坛时，发表了一个著名的讲演。他说："我越来越坚信，我们需要越来越少的资本主义，越来越多的社会主义。我毫不怀疑超越资本主义的必要性。但我必须补充一点，即资本主义不会从内部超越自己。资本主义需要通过社会主义道路来实现超越。超越资本主义强权的道路在于真正的社会主义、平等和正义。"①

但在今天的拉美，除了古巴已经是社会主义国家，查韦斯提出要走"21世纪社会主义"道路以外，没有一个拉美国家的领导人表示要抛弃资本主义制度转而实行社会主义。事实上，查韦斯的"21世纪社会主义"

---

① Mike Rhodes, Hugo Chavez Speaks at the World Social Forum (www. indybay. org/news/2005/01/1718352. php); Huge crowd cheers Chavez's radical speech. (http://www. socialistparty. org. uk/2005/380/index. html？id = mp6. htm)

能否被确定为科学社会主义,也是一个值得探讨的问题。①

在界定左派的定义时,政党的性质无疑是一个非常重要的参数。然而,有些政党的意识形态、纲领和路线是会发生变化的。例如,今天的巴西劳工党显然已不再是1979年成立时的劳工党了。今天的劳工党在多大程度上还能代表劳工的利益?

此外,即便是同一个政治家,其意识形态和价值取向也会发生变化。例如,2006年11月当选尼加拉瓜总统的奥尔特加与他在20世纪80年代领导尼加拉瓜时,完全判若两人。更为令人难以理解的是,阿根廷总统基什内尔与前总统梅内姆都属于正义党。而在国际媒体的报道中,梅内姆因推行轰轰烈烈的新自由主义改革而被视为右派,而同样实施私有化、同样开放市场的基什内尔却被称作左派。

五 政党政治的地位在上升

政党政治是国家通过政党行使国家权力或干预政治的一种政治制度。在拉美,政党的作用主要是对民众进行政治动员,而这一作用的最终目的无非是在大选中取得有利的地位。就此而言,拉美政党的这一作用与其他国家(甚至美国和欧洲国家)并无二致。

拉美政党制度的起源可追溯到19世纪。在当时的拉美政治舞台上,参与竞争的仅仅是保守党和自由党两个党派,其成员主要是上层社会的权贵。妇女没有选举权。即便在成年男性中,参与选举的比例也只有5%。② 进入20世纪后,随着工业化进程的推进和工人阶级觉悟的提高,政党的地位开始上升。然而,六七十年代的军事政变中断了拉美的民主

---

① 2005年5月1日,查韦斯领导的"第五共和国运动"在首都加拉加斯组织了一次规模庞大的庆祝五一国际劳动节的集会。在这一次集会上,查韦斯说:"要在资本主义的范围内达到我们的目标是不可能的,要找到一条中间道路也是不可能的。我现在请求全体委内瑞拉人民在新世纪走社会主义道路。我们必须为21世纪建立新的社会主义。"这是查韦斯总统首次公开使用"21世纪社会主义"的提法。

② Harry E. Vanden and Gary Prevost, *Politics of Latin America: The Power Game*, Oxford, 2002, p. 204.

化进程，许多政党被军政府定性为非法组织。因此，美国学者H.维亚尔达和H.克莱因在其1985年出版的《拉美政治与发展》一书中说："在拉美，政党常常是少数人（充其量不过是一小撮经济寡头）组成的团体。选举并不是取得权力的唯一合法途经，因为政党本身既不强大，也缺乏组织性。我们不想贬低拉美政党的地位，因为在一些较为民主的拉美国家，政党在政治进程中扮演着一个重要的角色，而且它们是获得政府职位的主要手段。但是，我们也不能高估其重要性，因为拉美的政党一直处于权力中心的外围，而选举则不是被视为唯一的斗争场所。"[1]

这种情况已发生了根本性的变化。80年代后期军政权"还政于民"以来，随着民主体制的确立，选举成了党派获得权力的唯一渠道，因此政党的地位明显上升。今天，在几乎所有拉美国家，竞选是在各党派的候选人中进行的。尽管军人干政的现象尚未彻底消失，有时甚至还有军事政变，但这毕竟是在少数国家发生的情况，并不能代表整个拉美地区的大趋势。

委内瑞拉的查韦斯和厄瓜多尔的古铁雷斯很能说明问题。这两位行伍出身的政治家实际上都是通过创建政党来实现其政治抱负的。

1992年2月查韦斯在发动兵变后，被军事法庭判处入狱。1994年2月出狱后，他重新组建了他于80年代初在军队内创立的"玻利瓦尔革命运动200"，吸引了更多的中下层群众和退役军官。1997年7月，根据委内瑞拉法律的有关规定，该组织更名为"第五共和国运动"，成为一个正式的合法政党。在1998年的大选中，查韦斯终于击败了对手，成为一个颇受国际社会关注的领导人。

2000年1月，古铁雷斯领导一些不满政府的军官和5000个印第安人示威者推翻了马瓦德总统，但古铁雷斯因此而在监狱中服刑数月。出狱后，古铁雷斯组建了名为"1月21日爱国社团"的政党。2002年年初，该党得到了厄瓜多尔最高选举委员会的正式承认。通过这一政党，古铁雷斯提出了消除腐败和减少贫困等纲领，获得了大量选民的拥护。古铁

---

[1] Howard J. Wiarda and Harvey F. Kline, *Latin American Politics and Development*, Westview Press, 1985, pp. 70 – 71.

雷斯的主要竞争者是"全国行动体制革新党"候选人阿尔瓦罗·诺沃亚。他是一个经营香蕉出口业的大商人，拥有110家公司。尽管他在竞选时声称，他的当选将使厄瓜多尔吸引更多的外国投资，但在2002年11月24日举行的大选第二轮投票中，古铁雷斯仍以得票54%的优势获胜。

六 "民主疲劳症"积重难返

政党政治的发展在一定程度上依赖于民众参与选举的热情。最近几年，拉美国家的选举都能按部就班地进行。这至少能说明，拉美的民主化进程在平稳地发展。然而，在这一可喜现象的背后，也有一种不良的苗头，即选民对投票的兴趣在减退。例如，在2000年的秘鲁总统选举中，约50%的注册选民弃权或投了无效票。同年，在委内瑞拉的总统选举中，弃权的选民所占比重高达43%。在1998年巴西的总统选举中，弃权或投无效票的比重为48%。在2001年10月阿根廷的国会选举中，投无效票或根本不愿意参加投票的选民占42%。这是阿根廷于1983年实现还政于民以来最低的比率。在2007年12月2日举行的委内瑞拉全民公投中，投票率为56%。在巴西，有关民意测验表明，高达85%的选民认为，政治仅仅对政客有利，因此约50%的选民漠视自己的投票权利。[①]

有人将拉美国家各种选举的投票率下降称作拉美国家的"民主疲劳症"。而阿根廷的一位政治分析人士则更是明确地指出，当前拉美国家的民主面临的最大危险不是军事政变，而是越来越多的选民通过不参加投票或投无效票的方式来拒绝参与民主化进程。

"民主疲劳症"的主要"病因"无疑是选民对政治不感兴趣，而不感兴趣的直接原因则包括以下几个方面：

第一，政府官员和政党领导人的腐败司空见惯，诱发了选民的"信任危机"。90年代以来，几乎每一个拉美国家都出现过多起程度不同的腐败丑闻。2001年12月阿根廷爆发金融危机后，民众的示威活动此起彼伏。这种所谓"锅碗瓢盆的力量"攻击的目标之一，就是政府的腐败。

---

① http：//www.stnn.cc/america/200808/t20080820_850308.html.

在游行队伍中，人们高呼的口号就是"把那些官僚赶下台"。①

第二，选民普遍对近几年的民主进程不满意。2000 年的一项民意测验表明，在拉美，只有25%的被调查者对民主感到满意。80 年代中期的这一比重为37%。同一民意测验还表明，76%的人相信教会，70%相信电视上的报道，42%相信军队的作用，而相信政党的只有20%。

第三，90 年代以来的经济改革虽然成绩显著，但收入分配不公不仅没有改善，反而更加恶化，贫困问题依然没有得到解决，社会治安也日益恶化。

第四，一些政党内部的"自相残杀"也损害了这些党在民众心目中的威望。如在阿根廷，现总统杜阿尔德与前总统梅内姆均属正义党，杜阿尔德还在梅内姆当政期间任副总统。按理说，在国家陷入危机后，这两人应该同心同德，共渡难关。但梅内姆在 2002 年 1 月 9 日接受智利《商报》的采访时说，杜阿尔德总统"不称职"。梅内姆还批评杜阿尔德的经济政策是"极其坏的"，认为新政府放弃 1 比索 = 1 美元的兑换计划将导致经济不稳定，"使阿根廷在世界经济中的参与迅速消失，使阿根廷自我封闭，也会使阿根廷倒退 40 年"。

"民主疲劳症"不仅反映在投票率低这一事实上，而且体现在民众对政治体制的失望之中。具有国际声望的拉美晴雨计公司（La Corporación Latinobarómetro）所作的民意测验表明，拉美人对其国家的民主状况并不非常满意。② 许多人甚至认为，只要能解决其面临的问题，他们可以不要民主政府，宁愿选择独裁政府。③ 表 1 是拉美晴雨计公司和世界经济论坛

---

① 长期以来，腐败一直是困扰阿根廷政治生活的严重问题之一。例如，不少政治家和政府官员经常利用手中的权力来安排一些有名无实的工作岗位。有幸获得这种被叫作"庇护主工作"（patronage job）的美差的人，不必天天上班，只需每月露面一次领取工资即可。据估计，阿根廷全国共有 10 万人享受这种待遇，2001 年用于这方面的"政治开支"高达 20 亿—40 亿美元。(*The New York Times*, February 18, 2002; *Miami Herald*, October 18, 2001)

② 一般而言，男性和女性对民主现状的态度似乎相同，年长者对民主比较满意，收入水平较高的人通常对民主比较满意。

③ 拉美晴雨计公司是一个非政府组织。自 1995 年以来，拉美晴雨计公司每年都在 18 个拉美国家对约 1.9 万个拉美人进行民意调查。它要了解的主要是拉美人对政治民主化、经济发展和社会问题的看法。

所作的民意测验的结果。从中可以看出，拉美人对立法机关的信任度很低。厄瓜多尔尤为引人瞩目。如在1996—2004年，只有13.3%的受访者信任国会，在2004年，这一百分比仅为8.3%。[1]

表1　　　　　　　　　对国会的信任度　　　　　　　　　单位:%

	对立法机关的信任度 （1996—2004年）	对立法机关的信任度 （2004年）	立法机关的作用 （2004—2005年）
智利	36.0	29.7	3.7
巴西	24.9	34.8	3.1
乌拉圭	38.2	30.0	2.7
哥伦比亚	20.3	24.4	2.7
洪都拉斯	30.8	31.1	2.6
哥斯达黎加	29.9	35.3	2.2
巴拉圭	25.0	19.5	2.2
萨尔瓦多	27.7	21.8	2.1
多米尼加	…	43.6	2.0
墨西哥	27.4	23.1	2.0
巴拿马	22.5	24.8	1.8
危地马拉	19.9	19.2	1.8
玻利维亚	19.9	15.5	1.8
秘鲁	22.1	14.5	1.7
厄瓜多尔	13.3	8.3	1.7
阿根廷	20.5	20.7	1.6
尼加拉瓜	23.1	16.1	1.6
委内瑞拉	27.8	30.6	1.4

注：对国会的信任度（1996—2004年，2004年）为拉美晴雨计公司所作的民意调查；表中数据为表示信任的受访者占受访者总人数的百分比。"立法机关的作用"是世界经济论坛对企业主管人员所作的民意调查的结果。世界经济论坛提出的问题是："你所在的国家的国会（议会）在立法和监管方面能否发挥有效的作用？"7分为信任度最高，1分为信任度最低。

资料来源：Inter-American Development Bank, *The Politics of Policies: Economic and Social Progress in Latin America 2006 Report*, 2006, p.44.

---

[1]　对于"民主疲劳症"的"疗法"，一些拉美人士认为，首先，拉美国家必须继续推进政治改革进程，同时要整治腐败，完善选举法，并力求使那些在选举中得胜的政治家信守其竞选时的诺言。其次，必须最大限度地使选民从经济改革中获得更多的好处，并努力加快社会发展的步伐。

七　影响拉美政治发展前景的若干因素

影响拉美政治发展前景的因素很多，其中最关键的是能否遏制腐败，能否使军队成为政治发展进程的"稳定器"，能否解决社会问题。

拉美是世界上腐败问题较为严重的地区。根据国际透明组织的"2007年腐败认知指数"（CPI），排在世界前30名的拉美国家只有4个（智利、巴巴多斯、圣卢西亚和乌拉圭），10个国家在第100名之后，海地的排名在世界上倒数第二，成为拉美最腐败的国家。

拉美的腐败问题具有以下几个特点：①许多国家的最高领导人就是腐败分子。②政府部门中的高级官员和普通工作人员以权谋私的现象十分普遍。③执法部门和司法部门中的腐败同样很严重。

严重的腐败问题已损害了许多拉美国家的政局稳定。因此，拉美国家应该采取有效的措施，遏制腐败，恢复选民对政治民主制度的信心。

自古以来，拉美军人始终是一股重要的政治力量。西班牙人用武力摧毁了阿兹特克帝国和印加帝国后，西班牙王室将新大陆的大量土地、贵金属和其他一些财富赐予军人。因此，在西属殖民地，军人拥有一种至高无上的社会地位。而在北美洲，殖民者主要是一般意义上的平民百姓。在拉美独立战争期间，玻利瓦尔和圣马丁这样的军人发挥了重要作用。但是，也有一些被称作考迪罗（Caudillo）的人，却在独立战争中自组军队，称雄一方，成为某个地区的非正规军首领。独立战争后，考迪罗涉足政治舞台，成为独领风骚的"首领"。

今天，在许多拉美国家的首都，纪念民族英雄的雕塑随处可见。而这些民族英雄主要是军人。他们或骑在战马上，或手持战刀，威风凛凛，蔚为壮观。

在英美，文人政治家能有效地控制军队。但在拉美，军队是一股重要的政治力量，军队能控制文人政治家。美国学者E. B. 伯恩斯甚至认为，拉美的军人能够决定国家的命运。

拉美的社会问题非常突出。根据一些国际机构的计算，拉美的穷人约占总人口的38%。这些被称作"金山上的乞丐"或长期失业，或只能在工资报酬少、劳动条件差的非正规部门中谋生。他们虽然能得到一些政府的救济金，但其生活水平总是得不到明显的提高。

拉美的贫困问题与收入分配息息相关。拉美是世界上收入分配最不公平的地区。在许多拉美国家，占总人口10%的富人获得的收入占国民总收入的40%以上，而占总人口20%的穷人所占的比重不足5%。在一些拉美国家，基尼系数高达0.6。

贫富悬殊和收入分配不公导致社会治安不断恶化。富人因拥有大量财富而成为偷窃、抢劫和绑架的目标，因此他们不得不通过雇佣保镖或为自己的家庭财产安装防盗设施来减少风险。相比之下，低收入者因无力采取防范措施而面临更大的风险。

墨西哥的恰帕斯危机和巴西的无地农民运动都在一定程度上说明，严重的社会问题已影响拉美国家的政局稳定。因此，在推动政治发展的过程中，拉美国家必须努力解决社会问题。

（原载《国际政治研究》2009年第1期）

论拉美民族主义的兴衰

随着世界格局的变化，民族主义越来越受人关注。有人甚至认为，在21世纪，民族主义或许会成为左右国际政治舞台的一个重要角色。

无论在第三世界还是在整个世界，拉丁美洲的民族主义都是别具一格的。因此，分析它的演化过程，无疑能使我们加深理解它在该地区政治、经济和社会发展中的地位和作用。

一　拉美民族主义的由来

国内学术界对民族主义的定义尚有争论。美国学者E.布拉德福德·伯恩斯认为，民族主义是指那种认为民族—国家具有伟大价值的群体意识，这一群体意识保证完全效忠于民族—国家。这一群体的成员赞同民族—国家保持统一、独立和主权，以及追求某种广泛的和相互可以接受的目标。[1] 美国学者P. 埃文斯认为，"有时候，尤其在拉美，'民族主义'是一种表达整个民族利益（即每一个人的利益）的政策或意识形态立场。但在任何一个被阶级分裂的社会中，这样一个定义是有问题的。因此，有必要使用一个仅限于统治阶级观点的定义：'民族主义'政策是一种在特定的民族国家中最大限度地提高资本积累率的政策……如用这一严格的方法为'民族主义'下定义，那么，民族主义政权同时也可能是一个镇压性的或非平等主义的政权。但民族主义政策同样能被视为符

---

[1] [美] E. 布拉德福德·伯恩斯：《简明拉丁美洲史》，王宁坤译，涂光楠校，湖南教育出版社1989年版，第250页。

合所有人民的利益,只要本国人民可对分配资本积累的好处拥有政治上的控制权"。①

无论如何,可以肯定的是,拉美的民族主义由来已久,并在不同的时期呈现出不同的特点。在殖民地时期,克里奥尔人(即西班牙移民在新大陆的后代)在社会地位上虽高于混血种人和印第安人,但低于半岛人(即出生在伊比利亚半岛的西班牙移民)。因此,克里奥尔人在殖民地当局的行政、司法、宗教和军事等方面只能担任中下级职位,而高级职务几乎为半岛人独占。在经济上,克里奥尔人也处于劣势。其结果是,克里奥尔人与半岛人之间的矛盾不断加深。

在反对半岛人的斗争中,克里奥尔人产生了一种"本土主义"思想。这种被一些拉美学者称为"殖民地民族主义"的思想使克里奥尔人与半岛人的矛盾更为恶化,从而诱发了19世纪初的独立战争。

独立战争后,克里奥尔人联合梅斯蒂索人(即西班牙移民与印第安人的后代),进一步发展了萌发于独立战争前夕的"拉丁美洲主义"。这种民族主义思想强调拉美各国种族、宗教和文化传统之间的共性,并主张拉美人应该维护自身利益和加强合作。

1823年,美国总统门罗提出了所谓"美洲是美洲人的美洲"的"门罗主义"。美国的意图就是排斥欧洲势力,为自己控制拉美创造条件。19世纪后期,美国不断鼓吹美洲国家因具有共同利益而必须加强联合的论调。这一被称为"泛美主义"的扩张主义思想,标志着美国已开始加快控制拉美的步伐。对美国早就存有戒心的拉美不愿在摆脱殖民主义统治后落入美国的势力范围,因而在"拉丁美洲主义"的基础上提出了与"泛美主义"针锋相对的"泛拉丁美洲主义"。

"泛拉丁美洲主义"具有强烈的民族主义倾向。它主张拉美国家应该团结一致,联合反对美国的扩张。拉美国家正是以这一思想为方针,在20世纪二三十年代举行的多次美洲国家会议上与美国展开了激烈的论争,有效地维护了民族利益。

---

① 转引自 Richard Fagen, *Capitalism and the State in U. S. – Latin American Relations*, Stanford University Press, 1979.

1929年爆发的大萧条使拉美经济蒙受沉重的打击。在1930—1934年期间，拉美的出口总额比1925—1929年减少了48%。[1] 大萧条不仅使拉美国家看到了民族经济的脆弱性，而且使它们"将注意力转向民族主义的另一种形式，即经济民族主义或发展民族主义"。[2] 因此，许多拉美国家的民族主义者要求政府加快发展制造业，以增强民族经济的生存力。可见，拉美的工业化进程在一定程度上得益于民族主义思想的兴起。

除了提倡发展民族工业以外，拉美的民族主义者还主张对本国自然资源加以有力的控制。"民族主义……是一种难以捉摸的感情，但在某些问题上，感情可以引起激动；而最能激发人们感情的莫过于石油了。"这是因为，拉美国家拥有丰富的石油资源，而"石油是经济民族主义的象征……是许多拉丁美洲人渴望控制的本国自然资源的代表……任何将石油交给外国人的企图，都威胁着拉美人的独立"。[3]

在经济民族主义思想的影响下，玻利维亚和墨西哥先后于1937年和1938年对外国石油公司实施了国有化。为了纪念这一重大举措，墨西哥政府甚至在首都的独立纪念碑附近建造了石油纪念碑。

二 战后拉美民族主义的特点

第二次世界大战后，拉美的民族主义思想进入新的发展阶段，并呈现出以下几个显著的特点：

（一）经济民族主义思想进一步发展

肖夏娜·B. 坦塞在其《拉丁美洲的经济民族主义》一书中指出，"那些尚未取得'现代化'或'发达'地位的国家，对于控制本国自然资源和经济命运越来越警觉，并认识到这种必要性。这一现象的特点就

---

[1] Thomas E. Skidmore and Peter H. Smith, *Modern Latin America*, Oxford University Press, 1992, p. 73.
[2] ［美］E. 布拉德福德·伯恩斯：《简明拉丁美洲史》，王宁坤译，涂光楠校，湖南教育出版社1989年版，第257页。
[3] 同上书，第257—259页。

是'经济民族主义',它直接反映了这些国家经常抱怨的那种看法:它们虽然取得了政治主权与独立,但是在经济上仍然是殖民地"。① 战后,尤其在六七十年代,拉美的经济民族主义呈现出十分强劲的势头。

如同其他发展中国家那样,拉美的经济发展严重依赖于自然资源。即使在实施进口替代工业化发展模式的过程中,拉美国家也仍然依靠出口初级产品来获取进口资本货及中间产品所必需的硬通货。

然而,在相当长的时间内,拉美国家难以掌握本国的自然资源。如在 50 年代末,美国公司控制了拉美地区矿业生产的 80% 和石油产量的 75%。中美洲的水果生产和蔗糖业则基本上为外国资本所垄断。② 被称作"绿色魔鬼"的美国联合果品公司在拉美拥有 250 万公顷的土地,并自设军警和自订法律。

拉美的民族主义者不仅要求从跨国公司手中收回自然资源的控制权,而且主张管制跨国公司在其他领域中的活动。他们认为,外国投资与东道国的关系并不是西方发展经济学家所说的那种"互利关系",而是一种冲突的关系,因此,东道国政府应充分发挥自身的干预作用,有效地限制外国资本的活动范围。正是在民族主义思想的影响下,不少拉美国家在六七十年代修改了外国投资法,对外资提出了较为严格的要求。

与此同时,拉美国家还开展了声势浩大的国有化运动。据联合国跨国公司中心统计,在 1960—1976 年期间,将近 200 家外国企业被收归国有。③ 这些企业分布在采矿业、石油业、农业、制造业和服务业等国民经济的各个部门。

(二)反对美国的干涉和控制,奉行"多元化外交"

1933 年 3 月,美国总统罗斯福提出了著名的"睦邻政策"。他公开宣

---

① [美]肖夏娜·B. 坦塞:《拉丁美洲的经济民族主义》,涂光楠等译,商务印书馆 1980 年版,第 8 页。

② 关达等编著:《第二次世界大战后拉丁美洲政治》,中国社会科学出版社 1987 年版,第 248 页。

③ 联合国跨国公司中心编:《再论世界发展中的跨国公司》,南开大学经济研究所美国经济研究室、对外经济联络部国际经济合作研究所译,商务印书馆 1982 年版,第 284 页。

布:"从现在起,美国的坚定政策就是反对武装干涉。"为了表示实施该政策的诚意,美国采取了一系列实际行动。例如,1934年8月,美国军队撤离海地,结束了美国对海地长达20年的军事统治。1936年,美国与巴拿马达成新的条约,以取代允许美国进行单方面和无限制的干预的1903年《美巴条约》。1940年,美国同多米尼加也签定了美国将不再进行武装干预的条约。此外,美国在美拉关系中的一些问题上还采取了较为克制的态度。

"睦邻政策"在一定程度上弱化了拉美国家敌视美国的民族主义情绪;加之双方在第二次世界大战中进行了密切的合作,因此,在战后初期,许多拉美国家的立场开始变反美为亲美。

然而,随着冷战的开始,美国为了抵御"共产主义的影响"并在西半球的传播而对拉美重操干涉主义大棒。1954年,美国唆使危地马拉的亲美军官推翻了具有反美情感的阿本斯民族主义政府;1964年,美国出兵镇压巴拿马人民要求收回巴拿马运河区主权的反美示威游行;1965年,美国又派兵入侵多米尼加。美国对古巴的经济封锁则更是一种遭到许多拉美国家反对的霸权主义行径。

以"睦邻政策"为基础的美拉关系再次发生了根本性的变化,拉美人的反美民族主义情感也再度升温。例如,1969年5月,拉美国家的外交部部长、经济部长和财政部长在智利召开了没有美国参加的拉美特别协调委员会会议。会议通过的有关决议指出,拉美同美国的经济关系应当建立在平等互利、互不干涉他国内政外交和自由支配本国自然资源的基础上,经济合作不应该以任何政治或军事上的要求作为条件。又如,民族主义者托里霍斯于1972年成为巴拿马政府首脑后,第一个重要措施就是宣布废除前政府于1967年同美国商定的关于巴拿马运河的3个条约,明确提出了收回运河权的主张。再如,1970年5月,9个拉美国家不顾美国的反对,签署了《蒙得维的亚海洋法宣言》,表达了维护海洋权的意愿和决心。此外,在古巴问题上,越来越多的拉美国家要求美国同意古巴重返美洲国家组织;一些拉美国家甚至顶住美国的压力,与古巴恢复了外交关系,从而使美国的孤立古巴的政策遭到失败。

事实上,1958年4月美国副总统尼克松在访问南美洲8国受到的侮辱，最能说明拉美人的反美情绪了。如在委内瑞拉首都加拉加斯机场，尼克松走下飞机后见到的第一眼就是一面大白旗，上面写着："再见，尼克松，我们不留你。"当尼克松在委内瑞拉外长的陪同下走向汽车准备离开时，示威者从夹道上向尼克松吐唾沫，扔鸡蛋、石子和烂水果。一些美国报纸在报道尼克松的拉美之行时写道：在拉美，我们的副总统和他的夫人成了被反美分子侮辱和追打的对象。

20世纪60年代后拉美民族主义倾向的升温还使拉美国家的外交领域呈现出另一个重要的特点：从单向依附美国向积极奉行"多元化"外交过渡。其结果是：拉美国家与西欧、东欧、亚洲和非洲国家的政治、经济和外交关系不断发展，拉美在国际舞台上的地位也进一步升高。

（三）与民主思想相结合，推动民族民主运动的发展

美国为了巩固它在拉美这一"后院"中的势力范围，经常通过策划政变、提供经济、军事援助或施加压力等手段在拉美培植亲美政权。美国的这一手段是颇为成功的。例如，至1954年，拉美地区共有17个国家处在独裁政权统治之下，其中16个国家宣布共产党为非法。

拉美的独裁政权对外奉行亲美的外交政策，对内则实施高压统治。以尼加拉瓜的索摩查家族为例，它在政治上压制民主，镇压异己；在经济上则贪占国民财富，过着骄奢淫逸的生活。事实上，在尼加拉瓜索摩查家族的鼎盛时期，它基本上控制了尼加拉瓜的经济命脉。因此，拉美的民族主义力量在反对美国干预拉美事务的同时，也必然要与亲美独裁政权展开有力的斗争，从而使民族民主运动成为战后拉美政治发展进程中的一个显著特点。

（四）军人在推动民族主义运动方面发挥着不容忽视的作用

自独立战争以来，拉美的军人始终在政治舞台上扮演着一个极为重要的角色，有时甚至能够决定国家的命运。

毫无疑问，并非每一个拉美国家的军人在任何时候都是坚强的和十足的民族主义者。如在巴西，布兰科将军上台后，摒弃了50年代中期以来政府那种狭隘的经济民族主义观点和政策，实行对外开放，采取多种

措施努力恢复和改善同国外私人投资者和国际金融机构的关系，并积极争取其投资和技术援助。

但是就整体而言，他们的民族主义思想是较为强烈的。因此，每当高级军官一致认为民族利益受到威胁时，他们就干预政治，根除威胁。例如，秘鲁的贝拉斯科将军在上台后阐述其政治纲领时曾指出，秘鲁革命的目的是要创造性地反映出一种人民的、反帝的立场。这种"第三"立场既不是资本主义的，也不是共产主义的。他认为，秘鲁武装部队的三大理想是反对外国统治、发扬民族主义和争取人民解放。[①]

在经济领域，绝大多数军人在掌权后都采取了限制外国资本的活动范围和保护本国市场等一系列具有强烈民族主义倾向的政策。毋庸置疑，拉美的国有化运动之所以出现在六七十年代，与这一时期拉美军人积极参政不无关系。在外交领域，军政权也以维护民族主权为首要目标，反对美国在拉美推行霸权主义政策。巴拿马人民捍卫巴拿马运河区主权的将近十年的斗争，就是在托里霍斯将军的领导下进行的。这位领导人曾说过，巴拿马不承认有一块土地成为我们自己领土内部的一个"外国神庙"。1972年，他因在收回运河区主权的斗争中做出重大贡献而被巴拿马第一届全国民众大会授予"巴拿马革命领袖"的称号。

三　拉美民族主义的现状

20世纪80年代，拉美国家遇到了严重的债务危机和经济危机。这一双重危机使80年代成了该地区的"失去的十年"。除少数国家以外，其他拉美国家的人均收入在80年代末比1980年减少了10%，[②]而失业率和通货膨胀率却居高不下。

对于"失去的十年"的根源，新自由主义认为，战后拉美国家长期实施以高度保护民族企业和强调国家干预为特征的发展模式，从而使国民经济失去了应有的国际竞争力，同时也抑制了市场体系的发育。有些

---

① 沈安：《试论拉美军人中民族主义倾向的新发展》，载《拉丁美洲研究》1984年第2期。
② *CEPAL Review*, August 1993, p. 67.

新自由主义者甚至还指出了民族主义的不利影响。例如，B. 巴拉萨等人认为，"拉美国家不是把汇率用来使其产品在世界市场上具有竞争力或实现国际收支的平衡，而是经常把它用作其他目的，如为了维护民族主义的尊严和确立信心而使名义汇率保持稳定……"① 阿根廷经济学家 H. 施瓦茨也指出："政治上的左派、右派和中间派都持强硬的民族主义立场；这一立场有力地支撑了在本质上属于闭关自守的进口替代。"②

新自由主义为拉美国家开出的处方是：减少对民族企业的保护，努力实现贸易自由化；缩小公共部门的规模，对生产领域中的大多数国有企业实施私有化；强化市场机制的功能，减少国家对经济生活的干预。

在结构主义基础上演变而成的新结构主义对进口替代工业化发展模式进行了深刻的反思。它虽然不完全同意新自由主义的处方，但同样认为：（1）如同市场有缺陷那样，国家干预也有缺陷；（2）拉美国家应该积极利用积累起来的工业基础，将进口替代改为出口导向。

如果说新自由主义和新结构主义为拉美的经济改革提供了理论基础，那么，80 年代后期在拉美大陆上的"民主化"潮流中脱颖而出的"新一代领导人"，则是这次改革的有力推动者。"新一代领导人"与此前数十年的领导人相比，有一显著的不同之处：后者主要在本国学校内接受教育，因而拥有较为浓厚的民族主义色彩，而前者则多在西方发达国家受过教育，因而容易赞同并接受自由市场经济学说。以墨西哥为例，不仅萨利纳斯总统曾在美国哈佛大学深造过，获得了硕士和博士学位，而且他的内阁中的大多数部长都拥有美国大学的经济学博士学位。再以智利为例，在艾尔文当政时，他的 23 位部长中有 18 人在美国大学获得了博士或硕士学位，4 人在西欧获得了研究生学位。③ 被誉为智利经济改革的设计者的财政部长 A. 福克斯莱就是美国维斯康星大学毕业的经济学博士。

始于 80 年代末和 90 年代初的拉美经济改革，其规模、声势和影响是

---

① Bela Balassa, *Toward Renewed Economic Growth in Latin America*, Institute of International Economics, 1986, p. 81.

② James L. Dietz and Dilmus D. James (eds.), *Progress Towards Development in Latin America: From Prebisch to Technological Autonomy*, Boulder: Lynne Rienner, 1990, p. 91.

③ *Latin American Research Review*, No. 1, 1994, p. 198.

如此巨大，以至于包括智利前总统艾尔文在内的不少人称之为拉美大陆上的一次"经济政变"。这一改革的以下三方面内容对拉美民族主义构成了极大的冲击波。

一、对国有企业实施私有化。如前所述，拉美国家的许多国有企业是在国有化运动中建立起来的。因此，这些企业成了民族主义尊严的象征。但在当前的改革中，这些国有企业中的大多数却重新落入外国资本之手。尤为重要的是，被私有化的国有企业不仅分布在一般的制造业部门中，而且涉及能源、交通运输和通讯等被民族主义者视作"战略要害"的部门。例如，在长达半个多世纪的时间内，墨西哥石油公司一直被视为墨西哥的"神牛"。而墨西哥政府却于1995年9月宣布，该企业中的石油化工工厂将被私有化。一些外电指出，塞迪略总统敢于对这一"神牛"动手，这既表明了墨西哥政府矢志改革，也说明了墨西哥民族主义正在软化这一事实。①

二、积极发展与美国的经济关系。1990年6月，美国总统布什提出了"美洲事业倡议"。除古巴以外的所有拉美国家都对这一"倡议"作出了积极的响应。美国德州大学的S.韦恩特罗伯教授认为，"如果布什的'倡议'在10年前提出来，它或许会遭到拉美的怀疑和白眼，或许会被看成是美国的又一个新殖民主义行为。但现在却受到了普遍的欢迎和赞赏"。② 乌拉圭前总统拉卡列对"倡议"的评价在较大程度上反映了大多数拉美国家领导人的心态："过去我们常抱怨受人冷落。现在，世界上最重要的人（指布什总统）终于向我们伸出了手……因此我们应当抓住他，不仅要抓住他的肘，而且还要抓住他的胳膊。"③ 当克林顿总统在1994年12月的美洲国家首脑会议上提出在2005年建立西半球自由贸易区的设想后，许多拉美国家再次作出了积极的响应，并且表示，为了如期实现这一目标，每一个国家都应立即开始做准备。

在19世纪，墨西哥有一句老少皆知的谚语："可怜的墨西哥，离上

---

① *Business Latin America*, September 11, 1995, p. 6.
② *Journal of Interamerican Studies and World Affairs*, Spring 1991, p. 1.
③ *New York Times*, August 26, 1990, p. 15.

帝这么远，离美国这么近。"然而今天，在发展与美国的双边关系方面，墨西哥却走在其他拉美国家之首。这一方面的尤为典型的例证就是：1992年12月，墨西哥与美国和加拿大达成了《北美自由贸易协定》（1994年1月1日生效）。根据该协定，墨西哥在进入美、加市场的同时，也应开放其市场。由此而来的两种观点是针锋相对的。民族主义者指责该协定为"霸权主义的构想"，并担忧文化特性和民族主权受到损害。这是不足为怪的，因为墨西哥是一个被玛琳切的鬼魂缠住不放的国家；此外，墨西哥还是一个在外国强权手中遭受过一系列创伤的国家。[①] 然而，赞同该协定的人则认为，它将有效地提高墨西哥的国际竞争力，从而加快墨西哥的经济发展进程。

《北美自由贸易协定》生效以来，已有许多拉美国家表示要进入该协定。尤其是智利，它已经与美、加、墨三国就进入该协定这一问题开始谈判。许多分析家指出，《北美自由贸易协定》的问世至少说明了这一事实：墨西哥、智利或其他拉美国家，都已深刻地认识到，经济上的停滞不前比超越过时的政治禁区更为危险。如同19世纪的日本那样，捍卫民族主权的最佳方法是对外开放。

总之，在今天的许多拉美人眼中，美国已不再是"罪恶之源"，而是资本、市场和技术的"供应者"。无怪乎俄罗斯人以羡慕的口吻说道：多么幸运的拉美人，离上帝这么远，离美国这么近。

三、放松对外国资本的限制。为了吸引更多的外国资本，许多拉美国家先后修改了宪法、外资法或外资条例，删除了一些限制性的规定。因此，在一些国家，外资不得入内的"禁区"已基本上不复存在或很少。如在阿根廷，除大众媒体以外，外资基本上可以进入所有部门，包括国防工业。而在秘鲁，1993年通过的宪法则允许外国资本进入所有部门。在墨西哥，虽然尚有17个部门不准外资涉足，但1989年制订的外资政策已经允许外资在其他部门中拥有100%的股权。此外，在行政审批、利润汇出和股权分配比例等方面，外国资本也能获得不少刺激性优惠。拉美

[①] 玛琳切是古代墨西哥印第安人的女儿，因被迫背叛其祖国而成为征服墨西哥的西班牙人埃尔南多·科尔特斯的妻子和顾问。

经委会指出,目前拉美对外国投资的政策比以往任何时候都宽松。

综上所述,在经济改革大潮的冲击下,拉美的民族主义节节败退。尽管在 1995 年年初美国为使墨西哥早日摆脱金融危机而提供经济援助时,有人指责塞迪略总统用国家主权作交易,但这样的指责毕竟孤掌难鸣。

四 余论

以下几个问题是值得进一步探讨的:

(一) 如何评价拉美民族主义的本质及作用?

马克思主义历来认为,在压迫民族的民族主义与被压迫民族的民族主义之间以及进步的民族主义与反动的民族主义之间,有着本质的区别。英国学者 C. 凯曾说过:"在中心国家,民族主义常与帝国主义和右翼政治意识形态及运动相连。与此相反,在第三世界,民族主义则具有一种进步的内涵;其表达形式就是一种反殖民主义、反帝国主义或甚至反资本主义的斗争。拉美的民族主义情感尤其针对美国在经济上和政治上对拉美内部事务的控制。"[1]

拉美民族主义具有这一本质是不足为怪的。该地区长期遭受殖民主义统治,且在地理上邻近美国。因此,拉美的民族主义必然带有一种自卑而又自强的烙印。正如美国学者 A. 赖丁在评论墨西哥的民族主义时所说的那样,"民族主义也反映了墨西哥这个国家的自我脆弱感……因此,墨西哥的民族主义不是一种意识形态,而是一种求得生存的本能。自墨西哥革命以来,每一届政府都费力地支撑着民族主义的两个支柱:对内强化民族特性感,对外强调独立性"。[2]

拉美民族主义的这一本质也决定了它的作用。正如布拉德福德·伯恩斯指出的那样,"在 20 世纪的拉丁美洲,民族主义也许比任何其他一

---

[1] Cristobal Kay, *Latin American Theories of Development and Underdevelopment*, New York: Routledge, 1989, p. 14.

[2] Alan Riding, *Distant Neighbors: A Portrait of the Mexicans*, Knopf, 1985, pp. 18–19.

支力量都更能推动变革……20世纪的目标中的两个是现代化和经济独立。民族主义者一直站在鼓励拉丁美洲迅速发展的最前列,因而他们起了推动变革的积极作用"。①

这一评价显然在一定程度上夸大了拉美民族主义的作用。例如,在当前的经济改革中,民族主义者既不积极支持对亏损累累的国有企业进行私有化,也不赞同与美国进一步发展经济关系,而且反对本国的所谓"战略要害"部门对外资开放。

然而,应该指出,拉美的民族主义有效地维护了国家主权,捍卫了民族经济权益,并推动了民族民主运动。此外,在振奋民族精神等方面,民族主义的作用也是不容忽视的。如在1982年12月,即在墨西哥债务危机爆发后不久,为了调动全国人民战胜经济困难的决心,墨西哥总统德拉马德里命令全国的所有广播电台在午夜播放国歌,电视台则在节目结束后播放。政府的各个部委被要求定期举行歌颂国旗的仪式。政府甚至还发布了一个题为"重申和强调尊重国家象征物"的法令,并举行了一次大规模的歌颂国旗、国歌的诗歌朗诵比赛。

(二) 如何认识民族主义与依附论之间的关系?

20世纪六七十年代期间在拉美学术界流行的依附论思潮,为拉美民族主义的勃兴起到了推波助澜的积极作用。依附论者认为,第三世界国家之所以难以摆脱贫穷落后,就是因为它们严重依附于发达国家的资本、技术和市场。一些依附论者甚至认为,拉美的工业部门与跨国公司的生产国际化进程结合得越密切,那么拉美的对外依附性就越强。这是因为,随着跨国公司以利润、利息和技术转让费等形式汇出的资金不断增加,这笔资金在拉美国家外汇收入中的比重也日益扩大,从而导致拉美更为严重地依赖于它的传统出口部门。其结果是,被外资控制的进口替代工业化进程不仅没有增强拉美的经济独立性,反而加剧了对发达国家的依附性。

---

① [美] E. 布拉德福德·伯恩斯:《简明拉丁美洲史》,王宁坤译,湖南教育出版社1989年版,第250页。

在依附论的代表人物中，拉美学者占据着较大的比重。拉美之所以能成为依附论的发源地之一，与该地区高涨的民族主义情感不无关系。事实上，依附论的观点与经济民族主义的主张是一脉相承的。C. 凯在解释为什么依附论能在拉美盛行时指出，"民族主义情感对依附论分析有吸引力；这种情感将不发达（尤其是拉美工业化的缺陷）的一部分原因归咎于外国资本"。① 因此，拉美的许多著名依附论者也被视为民族主义者。

如同民族主义那样，依附论固然有其可取的一面。例如，它指出了南北关系的本质（即发达国家剥削发展中国家），从而为后者建立国际经济新秩序的主张提供了有力的理论依据。但是，依附论过分强调发展中国家贫穷落后的外部根源，并提出了脱离现实和不合历史潮流的"脱钩"，即与发达国家切断关系。

然而，值得注意的是，1993 年 12 月，依附论的鼻祖安德烈·岗德·弗兰克在美国佛罗里达国际大学举行的一次学术会议上却说："事实已迫使我改变我提出的观点。我将不再说'脱钩'是一个解决问题的方法。对于拉美来说，摆脱依附是困难的，或者说是不可能的。"②

（三）如何处理民族主义与全球主义的关系？

"二战"后世界经济发展中的一大趋势就是以生产国际化、资本国际化和市场国际化为核心的所谓全球主义迅速兴起。"跨国性的世界经济已经变成一个现实，它在很大程度上脱离了国民经济。世界经济强烈地影响着国民经济，甚至在一些极端情况下支配着国民经济。世界经济在 1981 年支配了密特朗总统的法国经济，迫使其在仅仅实行了 180 天的社会主义政策之后就改变了方向。世界经济无时不在严格地制约着宏观经济，特别是在货币、信贷和利率方面。"③

毫无疑问，全球主义在许多方面与民族主义是背道而驰的。同样不

---

① Cristobal Kay, *Latin American Theories of Development and Underdevelopment*, New York: Routledge, 1989, p. 125.

② Florida International University, *LACC News*, Autumn, 1993.

③ ［美］彼得·德鲁克：《新现实——走向 21 世纪》，刘靖华等译，中国经济出版社 1993 年版，第 133 页。

可否认的是，在全球主义潮流中，受益较多的显然是在资本、技术、生产和市场等方面占据着有利地位的发达国家，而发展中国家则如同美国未来学家托夫勒所说的"受到钳子一样上下压力的攻击"。[①] 但是，发展中国家不应该，而且也不可能以捍卫民族主义为由而拒全球主义于门外。法国这样的发达国家尚且难以逃脱"跨国性世界经济"的影响，何况拉美这样的发展中国家？因此，发展中国家应面对现实，对民族主义加以扬弃，积极地参与国际经济的竞争。

当然，对外开放与维护民族主权并非"鱼和熊掌不可兼得"。相反，维护民族主权和提高民族地位的有效途径之一就是对外开放。经济上受奴役但政治上获得自由的人民终究会失去所有的自由；而经济上获得自由的人则可以继续赢得政治上的独立。今天重温伟大的古巴思想家何塞·马蒂（1853—1895年）的这一至理名言，或许依然是颇有裨益的。

（原载《战略与管理》1996年第3期）

[①] ［美］阿尔文·托夫勒：《第三次浪潮》，朱志焱、潘琪、张焱译，生活·读书·新知三联书店1983年版，第383页。

论拉美左派东山再起

最近几年,拉美左派东山再起成为拉美政治舞台上的一个新现象,引起了国际社会的关注。迄今为止,国内外学术界尚未给出拉美左派的定义。此外,拉美左派崛起的原因也众说纷纭。尽管如此,这一新现象产生的影响是不容忽视的。

一 拉美左派力量的发展进程

在世界上,拉美是共产主义运动起步较早的地区之一。19世纪40年代的欧洲革命失败后,一些革命者和进步人士流亡到拉美。巴黎公社失败后,一些公社社员也来到拉美。这些人在新大陆上并没有放弃对共产主义的追求。因此,在一定程度上,他们为拉美带去了共产主义"火种"。[1]

20世纪上半叶,十月革命的胜利以及反法西斯斗争的胜利都对拉美的共产主义运动起到了积极的推动作用。据估计,至20世纪中叶,拉美的共产党员人数已达30万—50万。[2]

在拉美,早期的最著名的马克思主义者可能是秘鲁人何塞·卡洛斯·马里亚特吉(1895—1930年)。他是秘鲁共产党创始人,也是作家和

---

[1] 高放:《拉美共运特点和拉美发展前景》(代序),载祝文驰、毛相麟、李克明《拉丁美洲的共产主义运动》,当代世界出版社2002年版。

[2] Peter Smith, *Talons of the Eagle: Dynamics of U. S. – Latin American Relations*, Oxford University Press, 1996, p. 131.

评论家。在青年时期，由于经常撰写一些批评政府和支持工人运动和学生运动的文章，马里亚特吉被政府以留学为名流放欧洲。在旅居欧洲期间，马里亚特吉深受欧洲无产阶级革命运动的影响，阅读了马克思、恩格斯和列宁的大量著作，成为马克思主义者。1923 年回国后，先后创办了多家有一定影响力的报刊，并积极宣传社会主义思想和组织工人运动。1926 年，马里亚特吉加入了激进的阿普拉党，并成为流亡海外的阿普拉党领导人阿亚·德拉托雷在国内的代言人。1928 年，马里亚特吉退出阿普拉党，创建了秘鲁社会党，任总书记。该党于 1930 年 5 月改称共产党。

马里亚特吉说，他没有抛弃的唯一东西就是他对社会主义的忠诚。他主张用马克思主义的方法研究和解决拉美的实际问题，坚决拥护列宁主义和十月革命，反对修正主义。马里亚特吉短暂的一生为马克思主义在秘鲁和其他一些拉美国家的传播做出了贡献。[①]

1959 年 1 月 1 日，卡斯特罗在古巴成功地推翻了巴蒂斯塔政权，取得了革命的胜利。1961 年 4 月 16 日，卡斯特罗宣布古巴革命是社会主义革命；5 月 1 日，他宣布古巴是社会主义国家；12 月，他宣传自己是马克思主义者。[②]

在卡斯特罗等老一辈革命家的领导下，古巴在社会主义道路上取得了举世瞩目的成就。尤其在社会发展领域，古巴人民真正享受到了社会主义的优越性。此外，古巴共产党是这个国家的唯一合法政党。除古巴共产党以外，没有一种政治力量能够领导一千多万人民。因此，古巴人民不会在"后卡斯特罗时代"放弃共产党的领导，不会放弃社会主义制度。

在古巴革命的影响下，拉美的共产主义运动取得了一定的发展。至 20 世纪 60 年代，几乎拉美的所有主要国家都建立了共产党，共产党员人数在扩大，信奉社会主义思想的人也开始增多。

必须指出的是，当时，拉美的一些革命者和左派人士未能正确地判

---

① ［秘鲁］何塞·卡洛斯·马里亚特吉：《关于秘鲁国情的七篇论文》，白凤森译，汤柏生校，商务印书馆 1987 年版，序言，第 1—11 页。
② 李明德主编：《简明拉丁美洲百科全书》，中国社会科学出版社 2001 年版，第 655 页。

断拉美的形势。因此,以格瓦拉为代表的左翼人士认为,只要有少数不怕死的革命者组成武装小分队,在边远地区发动游击战,扩大影响和吸引群众,形成一个又一个游击中心,最后必定能发展成一支强大的军队,从农村包围城市,夺取政权,建立社会主义国家。1965年4月,格瓦拉辞去古巴党、政、军职务,先到非洲的扎伊尔、后到拉美的玻利维亚搞"游击中心"。1967年10月7日,格瓦拉带领游击队进入了一个山峡。次日凌晨被当地农民告发。政府军包围了游击队。格瓦拉在掩护伤员时被捕。2天后被杀。临刑前,玻利维亚军官问他在想什么。格瓦拉说:"我在想,革命是永垂不朽的。"①

"游击中心论"的失败非常不利于拉美左派的发展和壮大。此外,在国际上,由于当时世界上社会主义国家内部在革命道路的方向和其他一些重大理论问题上产生了严重的分歧和论战,因此缺乏自己的主张的拉美共产党陷入了分裂。在相当长的一段时期内,有些拉美国家内有两个以上政党都自称"共产党"。分裂后的拉美共产党的实力大大减弱。在美国和拉美本地的右派力量的围攻下,拉美的共产主义运动在70年代陷入了前所未有的低潮。当时拉美国家的所有军政府都宣布共产党为非法组织。②

20世纪70年代拉美左派力量面临的另一个沉重打击是智利阿连德政府的垮台。1970年,被一些西方学者称为"马克思主义者"的智利社会党领导人萨尔瓦多·阿连德在大选中取胜。他组建的人民团结政府对铜矿公司等企业实行国有化,在农村地区也对大量土地进行国有化。当时的国际媒体都认为,智利正在"向社会主义过渡"。然而,一方面,由于阿连德的国有化触动了美国资本和本国资本家的利益;另一方面,由于阿连德的改良措施超越了本国实际,国民经济反而陷入了困境,因此,皮诺切特在1973年9月11日发动政变,推翻了阿连德政权。毫无疑问,阿连德政府的垮台是第二次世界大战以来拉美左派力量面临的最沉重的

---

① 陈才兴、刘文龙编著:《切·格瓦拉》,复旦大学出版社1997年版,第247—253页。
② Richard S. Hillman (ed.), *Understanding Contemporary Latin America*, Lynne Rienner Publishers, 1997, pp. 51 – 97; Jan Knippers Black (ed.), *Latin America: its Problems and its Promise*, Westview Press, 1991, pp. 171 – 196.

打击。

1979年，信奉"革命、民主、反帝"的尼加拉瓜桑地诺民族解放阵线在奥尔特加等人的领导下，推翻了索摩查政权，建立了民族复兴政府。根据1977年5月发表的《桑地诺民族解放阵线争取桑地诺人民革命胜利的政治军事总纲》，桑地诺民族解放阵线是由尼加拉瓜劳动人民中优秀分子组成的政治、军事组织和工人阶级及其同盟军农民组成的先锋队，其指导思想是马列主义和桑地诺思想，革命的方向是社会主义。当时的一些国际媒体认为，尼加拉瓜可能会仿效古巴，走社会主义道路。①

但是，桑地诺民族解放阵线总书记奥尔特加上台后推行了一系列较为激进的改良政策，触动了美国在尼加拉瓜的利益，引起了美国的不满。为推翻奥尔特加政府，美国为尼加拉瓜反政府武装力量提供了大量援助。因此，在整个80年代，尼加拉瓜实际上陷入了一种内战状态。

在1990年2月25日提前举行的大选中，奥尔特加终于不敌美国和反对派的联手，败在无党派人士查莫罗夫人手下。当然，查莫罗夫人名义上是无党派人士，但她在竞选中始终受到美国的大力支持。②

尼加拉瓜桑地诺民族解放阵线的下台使拉美的左派力量蒙受了巨大的打击。与此同时，苏联解体东欧剧变使世界社会主义运动跌入了低潮。但是，拉美的左派力量也面临着一些前所未有的有利条件。例如，随着冷战的结束，美国对拉美的关注从抵御"共产主义影响"的安全领域转到经济领域，拉美左派力量因此获得了一个喘息的机会。又如，80年代拉美的军政权"还政于民"后，政治民主化进程取得了较快的发展。

此外，在政治多元化的格局下，拉美国家的共产党和一些左派政治力量不再被视为破坏政局稳定的"罪魁祸首"，而是被当作政治舞台上一个正常的角色。事实上，在20世纪80年代的拉美民主化浪潮中，拉美国家的共产党和左派力量也参与了要求军政府还政于民的斗争。例如，巴西的共产党与其他政党一起，呼吁军政府关注社会政策，要求扩大民众

---

① 徐壮飞：《桑地诺民族解放阵线》，《当代社会民主党与民族主义政党论丛》，展望出版社1986年版。

② 托马斯·E. 斯基德莫尔、彼得·H. 史密斯：《现代拉丁美洲》，江时学译，世界知识出版社1996年版，第390—395页。

参政的范围。

同样重要的是，拉美国家的共产党和左派力量基本上不再信奉"枪杆子里面出政权"，主张通过合法的选举程序来改变现状。这一斗争策略的变化无疑使其获得了更多的民众的支持。

在1998年12月6日举行的委内瑞拉总统大选中，查韦斯作为"第五共和国运动"和其他一些政党组成的竞选联盟"爱国中心"推举的候选人，以56.5%的得票率当选总统。查韦斯的当选被视为拉美左派东山再起的"前奏曲"。迄今为止，被国际媒体视为左派领导人当政的拉美国家已达8个。它们是：委内瑞拉、阿根廷、玻利维亚、巴西、智利、厄瓜多尔、尼加拉瓜和乌拉圭。这些国家的领土面积占拉美总面积的71.8%，人口占拉美总人口的53.8%。[①]

二 如何界定拉美的左派

如果将1999年委内瑞拉总统查韦斯上台视为当前拉美左派东山再起的起点，那么，拉美"向左转"的时间已有7年之久。但是，直到今天，国内外学术界尚未对拉美左派给出一个明确的界定。

我们之所以无法确定拉美左派的定义，可能是因为，所谓拉美左派领导人实施的内政外交有着很大的差异性，此其一。其二，在许多方面，一些左派领导人与右派领导人有着明显的相似性。无怪乎有人说，拉美左派领导人之间的差异性要大于左派领导人与右派领导人之间的差异性。

左派领导人之间的差异性主要体现在以下两个方面：

一是如何看待国家的作用。查韦斯和玻利维亚总统莫拉莱斯主张，国家应该全面控制本国的国民经济支柱，应该进一步提升国家在经济生活中的作用，因此，他们先后实施了引人注目的国有化，加强了对本国能源工业部门的控制。相比之下，其他拉美国家的左派领导人则依然奉行私有化政策，没有采取任何国有化措施。他们甚至认为，查韦斯和莫

[①] 根据世界银行出版的 *World Development Indicator* （2006）计算。

拉莱斯的国有化措施可能与全球化趋势不太吻合。①

二是与美国的关系。布什总统称查韦斯为"卡斯特罗第二",并在2002年4月帮助查韦斯的政敌发动军事政变。因此,查韦斯对美国的仇恨是可想而知的。查韦斯总统不仅在国内批评美国,甚至在联合国讲坛上骂布什总统为"魔鬼"。玻利维亚总统也多次说过,他的当选对美国来说是一个"噩梦"。所以,一些国际媒体认为,西半球已出现一个以卡斯特罗、查韦斯和莫拉莱斯为核心的"反美轴心"。

如果说委内瑞拉总统查韦斯和玻利维亚总统莫拉莱斯是强硬的反美领导人,那么巴西总统卢拉和乌拉圭总统巴斯克斯等所谓左派领导人则较为重视与美国发展双边关系。

诚然,卢拉不时批评美国对拉美的许多政策,甚至与查韦斯一起抵制美国提出的建立美洲自由贸易区的设想。但巴西与美国的关系仍然保持在比较好的层面上。2005年11月,布什总统还访问了巴西。卢拉与布什总统面带笑容热情握手的照片在巴西媒体和因特网上随处可见。

乌拉圭总统巴斯克斯同样重视与美国发展关系。2006年5月4日,在美国访问的巴斯克斯总统与布什总统进行了为时45分钟的会晤。会谈中,巴斯克斯向布什总统提议,两国应该加快自由贸易协定的谈判进程,自由贸易协定的模式可参考2004年乌拉圭与墨西哥签署的自由贸易协定。布什对此建议表示赞同。巴斯克斯认为,乌拉圭如能与美国达成自由贸易协定,乌拉圭经济将受益匪浅。据报道,乌拉圭希望乌美自由贸易协定能够囊括商品、服务、知识产权和政府采购等领域。②

2007年1月10日就职的尼加拉瓜总统奥尔特加也表示,他不会废弃其前任与美国达成的《中美洲—多米尼加—美国自由贸易协定》。他还表

---

① 20世纪六七十年代,拉美曾进行过声势浩大的国有化运动。据联合国跨国公司中心统计,在1960—1976年期间,将近200家外国企业被收归国有。这些企业分布在采矿业、石油业、农业、制造业和服务业等国民经济的各个部门。当时,拉美的民族主义者和左派人士都认为,外国投资与东道国的关系并不是西方发展经济学家所说的那种"互利关系",而是一种冲突的关系。因此,东道国政府应充分发挥自身的干预作用,有效地限制外国资本的活动范围。

② 《乌拉圭和美国就进行自贸协定谈判达成共识》(http://uy.mofcom.gov.cn/aarticle/lsyg/200605/20060502102804.html)。

示,这一自由贸易协定有助于尼加拉瓜的经济发展。

拉美左派与右派的相似之处主要包括以下几个方面。

一是对社会发展的关注。拉美的左派领导人确实对如何加快社会发展进程十分关心,在各种场合经常提到要消灭贫困、促进社会公正。例如,卢拉总统实施了"零饥饿计划",因此低收入阶层非常拥护他。查韦斯总统以滚滚而来的石油美元为后盾,把大量古巴医生和教师请到委内瑞拉的边远地区和贫困地区,使那里的缺医少药状况得到改变,使穷人的孩子能够进学校。此外,查韦斯还进行了土地改革,使不少无地农民的生活得到了基本保障。

但是,我们不能说拉美国家的其他领导人不重视社会发展。例如,90年代以来,墨西哥在社会发展方面取得的成绩是不容忽视的。甚至萨利纳斯这样的大力实施新自由主义改革的总统也实施过一些扶贫计划。巴西前总统卡多佐(卢拉的前任)曾因实施过一些消除贫困的计划而在2002年12月16日获得了联合国发展署(UNDP)设立的社会发展成就奖。他甚至是该奖设立后的第一个获奖者。[①]

二是对待经济改革的态度。新自由主义理论确实是20世纪80年代末拉美经济改革的理论基础。但没有一个拉美国家的领导人公开承认自己推行的改革是新自由主义改革。尤其在这些所谓左派领导人上台前,他们都是高举反新自由主义大旗的。然而,他们上台前后的言行却完全不一致。例如,卢拉在参加2002年竞选时经常高呼反新自由主义的口号,甚至表示要实施国有化,要与国际商业银行重新谈判巴西偿债的条件,要限制外资的流入,等等。

由于国际投资者担心卢拉上台后会对经济政策作出重大调整,因此进入巴西的外资明显减少,资本外流则大幅度增加,金融市场一度出现了巨大的恐慌,巴西货币雷亚尔对美元的汇率下跌了50%,金融危机一触即发。资本流入的减少和雷亚尔贬值后导致进口的减少,使经济增长受到很大的影响。为避免危机,在大选前夕,国际货币基金组织(IMF)

[①] Brazil's President Cardoso wins award for leadership in human development.（http://www.undp.org/dpa/frontpagearchive/2002/december/16dec02/）

与当时的卡多佐政府达成了一个协议。该协议包括两方面的内容：一是国际货币基金组织承诺在必要时可以向巴西提供资金援助，以稳定金融形势，规避金融危机；二是参与总统大选的包括卢拉在内的三个候选人必须作出当选后不对卡多佐政府的经济政策作出重大调整的承诺。

国际货币基金组织的介入和三位总统候选人（尤其是卢拉）的承诺，使巴西金融市场上的不稳定因素逐渐消退。此外，卢拉的组阁也平息了国际投资者和西方观察人士的忧虑。曾在波士顿舰队金融公司（FleetBoston）中任职（年薪150万美元）的恩里克·梅雷莱斯被任命为巴西央行行长，圣保罗州里贝朗普雷图市前市长安东尼奥·帕洛奇被任命为财政部长。① 许多人认为，这两个信奉西方自由市场经济原理的人能够进入内阁，说明卢拉不会采取极端的左翼政策。② 更为重要的是，卢拉上台后并未停止偿还巴西的外债。因此，短短的几个月过去后，外国投资者对巴西的发展前景重新看好，大量外资再次流入巴西。

上台后，卢拉不仅没有实施国有化，反而实施了私有化。此外，他还保持了卡多佐总统的其他改革政策的连续性，同样开放市场，同样强调市场在配置资源方面的积极作用。

因此，有人认为，卢拉总统与其前任卡多佐总统没有什么不同的地方，唯一的差别就是卢拉总统的脸上有胡子。从2004年或2005年开始，出席"世界社会论坛"的左派人士和左派组织不再把卢拉看作穷人的总统，而是将其视为新自由主义的"帮凶"。当卢拉出现在论坛的会场时，与会者给他的不是掌声，而是蔑视他的"嘘嘘"声。

智利总统巴切莱特同样保持了她的前任拉戈斯总统的经济政策的连贯性。智利大学的马丁·佩雷斯教授认为，巴切莱特的经济政策与皮诺切特的政策毫无差别。众所周知，皮诺切特是彻头彻尾的新自由主义理论的信奉者，他完全是按照"芝加哥弟子"的建议去实施经济改革的，因此智利的改革是地地道道的新自由主义改革。

---

① 虽然帕洛奇属于劳工党，但他在担任市长期间，曾将市政府拥有的大量公用事业设施实行国有化。当时，联邦政府尚未实施私有化计划。

② http://www.ckln.fm/~asadismi/brazil.html.

三是对资本主义制度的立场。有人认为,对现存资本主义制度持批判态度的,试图通过改良或革命的手段改变资本主义制度的,就是左派。这一定义是正确的,但并非完全适用于拉美。

毋庸置疑,拉美国家的领导人对资本主义制度的弊端有一定的认识,有时甚至也是持批评态度的。例如,2005年1月30日,查韦斯在巴西阿雷格里港参加世界社会论坛时,发表了一个著名的讲演。他说:"我越来越坚信,我们需要越来越少的资本主义,越来越多的社会主义。我毫不怀疑超越资本主义的必要性。但我必须补充一点,即资本主义不会从内部超越自己。资本主义需要通过社会主义道路来实现超越。超越资本主义强权的道路在于真正的社会主义、平等和正义。"①

但在今天的拉美,除了古巴已经是社会主义国家,查韦斯提出要走"21世纪社会主义"道路以外,没有一个拉美国家的领导人表示要抛弃资本主义制度,转而实行社会主义。事实上,查韦斯的"21世纪社会主义"能否被确定为科学社会主义,也是一个值得探讨的问题。②

在界定左派的定义时,政党的性质无疑是一个非常重要的参数。然而,有些政党的意识形态、纲领和路线是会发生变化的。例如,今天的巴西劳工党显然已不再是1979年成立时的劳工党了。今天的劳工党在多大程度上还能代表劳工的利益?

此外,即便是同一个政治家,其意识形态和价值取向也会发生变化。例如,2006年11月当选尼加拉瓜总统的奥尔特加与他在20世纪80年代领导尼加拉瓜时,完全判若两人。更为令人难以理解的是,阿根廷总统基什内尔与前总统梅内姆都属于正义党。而在国际媒体的报道中,梅内姆因推行轰轰烈烈的新自由主义改革而被视为右派,而同样实施私有化、

---

① Mike Rhodes, Hugo Chavez Speaks at the World Social Forum (www. indybay. org/news/2005/01/1718352. php); Huge crowd cheers Chavez's radical speech (http://www.socialistparty.org.uk/2005/380/index. html? id = mp6. htm).

② 2005年5月1日,查韦斯领导的"第五共和国运动"在首都加拉加斯组织了一次规模庞大的庆祝五一国际劳动节的集会。在这一次集会上,查韦斯说:"要在资本主义的范围内达到我们的目标是不可能的,要找到一条中间道路也是不可能的。我现在请求全体委内瑞拉人民在新世纪走社会主义道路。我们必须为21世纪建立新的社会主义。"这是查韦斯总统首次公开使用"21世纪社会主义"的提法。

同样开放市场的基什内尔却被称作左派。

可见，由于拉美左派领导人的内政外交各不相同，而有些所谓左派领导人与右派领导人在许多方面有着非常明显的相似之处，因此我们很难为其给出一个恰如其分的定义。在一定程度上，国际媒体的报道对我们的判断有着很大的影响。换言之，因为国际媒体把巴西总统卢拉、阿根廷总统基什内尔、智利总统巴切莱特、乌拉圭总统巴斯克斯和尼加拉瓜总统奥尔特加等人视为左派，因此我们就人云亦云地称他们为左派。

一个名为"拉美晴雨计"（Latinobarometro）的民意测验机构在2006年所作的调查却与拉美"向左转"的判断似乎不尽相同。自1995年起，这个有影响力和权威性的民调机构每年都在18个拉美国家就该地区的政治民主问题进行民意测验。

在2006年的民意测验中有这样一个问题："在0—10的尺度中，你会把你自己放在什么地方？0表示最左，10表示最右。"结果表明，与1996年相比，哥伦比亚、委内瑞拉、阿根廷、巴拉圭、秘鲁、玻利维亚和乌拉圭在"向左转"，而中美洲国家、墨西哥、厄瓜多尔和巴西则在"向右转"。

这一调查有两个令人啼笑皆非的结果。一是巴西在"向右转"（从5.05向右移动到5.2）。换言之，虽然巴西总统卢拉被认为是左派，但参与民意测验的人则认为他们自己是右派，而且与10年前相比更右。二是在右派总统乌里韦当政的哥伦比亚，被调查者却认为自己在"向左转"（从5.7向左移动到5.6）。[1]

在讨论拉美左派的概念和定义时，还应该指出以下几点。

第一，今天拉美政治舞台上的所谓左派与三四十年前相比有着很重要的不同之处。例如，今天的所谓左派已放弃通过游击战的方式来获取政权的策略，不再信奉"枪杆子里面出政权"，都拥护民主程序，都希望在合法的选举政治框架内参与竞选活动。除查韦斯以外，拉美的左派政治家不再主张其国家一定要走社会主义道路。

第二，有时我们还听到"中左派"这样的称呼。"中左派"的概念和

---

[1] "The latinobarometro Poll", *Economist*, December 9–15, 2006, p. 55.

定义同样是模糊不清的，甚至更难界定。"中左派"与"左派"或"中间派"的意识形态和政治立场有什么差异？中左派领导人的内政外交与左派领导人或中间派领导人的内政外交有何不同之处？迄今为止，这些问题的答案基本上是似是而非的。

第三，我们所说的拉美"向左转"，主要是指拉美的所谓左派领导人纷纷上台执政这一现象。但有人却把最近几年拉美国家此起彼伏的社会运动也看作左派崛起的标志之一。这一归类是欠妥的。

归根结底，拉美的社会运动实际上是民众为争取自己的权益或反对政府的某些政策而开展的示威游行。这种抗议活动有时采用和平的形式，有时则采用暴力形式。例如，阿根廷的"拦路者运动"经常用点燃汽车轮胎的方法来堵塞交通干道，有时甚至还哄抢商店或破坏公共财物。如将这样的行为视为左派运动，那就玷污左派的名声了。

总而言之，我们不能轻信国际媒体的评论，不能因为国际媒体称某个政治家为左派，所以我们就拾人牙慧。事实上，在今天的所谓拉美左派政治家阵营中，可能只有查韦斯和莫拉莱斯等政治家才能被视为左派，其他人只能被看作中间派政治家。

三　拉美左派东山再起的原因

目前国内外学术界较为流行的一种观点是，拉美左派东山再起的原因是拉美国家的改革产生了大量问题，其中最为突出的是贫困问题和收入分配不公。因此，拉美选民希望左派政治家能够消除改革的弊端，实现社会公正。这一判断有一定的道理，但并非完全正确。

毫无疑问，就整体而言，拉美的经济改革应该是较为成功的。任何一种改革都会产生这样那样的问题。我们不能"把婴儿与脏水一起倒掉"，也不能因拉美改革进程中出现了一些问题而称拉美是"新自由主义的重灾区"。最近几年，拉美经济取得了快速的发展，2006年的增长率超过5%，贫困人口也在减少。这些成就与拉美国家十多年的改革显然是密切相关的。①

　　智利被认为是改革开放最成功的拉美国家之一。如果说左派上台的原因是改革不成功，那么巴切莱特为什么能够当选？事实上，正是因为智利的改革是较为成功的，所以智利选民希望巴切莱特继续执行其前任（同样是左派领导人）的经济政策，以保持改革开放的连贯性。

　　尼加拉瓜桑地诺民族解放阵线领导人奥尔特加的当选同样能说明，左派政治家当选并非完全与新自由主义改革有关。奥尔特加的前任博拉尼奥斯奉行的是地地道道的新自由主义政策。在博拉尼奥斯当政时，尼加拉瓜和其他中美洲国家一起，与美国达成了自由贸易协定。在2006年的总统竞选中，奥尔特加说，如果他能当选，他会保持博拉尼奥斯总统确定的新自由主义经济政策的连贯性。此外，奥尔特加还向尼加拉瓜的包括大资本家在内的工商界人士表示，他上台后会保护其利益，尽管他也表示，他也将捍卫穷人的权益。

　　尼加拉瓜的贫困人口占全国总人口的将近80%。按理说，这些人是新自由主义改革的受害者，他们应该投奥尔特加的票。然而，奥尔特加的得票率不足38%。可见，约一半的尼加拉瓜穷人并不信任奥尔特加这个所谓左派。至少可以得出这样的结论：奥尔特加的当选与新自由主义改革的成败无必然的联系。

　　上述分析并不完全否认拉美改革造成的收入分配不公和其他一些社会问题对一部分选民产生的影响。但是，拉美国家实施的改革并不是导致拉美左派东山再起的最重要的原因，更不是唯一的原因。

　　事实上，奥尔特加当选的原因，与其说是选民反对新自由主义改革，倒不如说是"偶然性"和其他一些因素发挥作用的结果。第一，奥尔特加在竞选中遇到的强有力的对手莱维斯特因突发心脏病而去世，从而为奥尔特加扫清了一个巨大的障碍。第二，立宪自由党和尼加拉瓜自由联盟都是奥尔特加的强有力的竞争对手，得到了美国的支持。美国始终要求这两个党联合起来，推举一位共同的候选人，以便集中力量，与奥尔

---

① 毫无疑问，在评价一个国家的改革时，不能把改革导致的暂时性的经济衰退视为改革失败的标志。

特加竞争。但美国的要求遭到了立宪自由党的反对。因此,奥尔特加面对的实际上是一个一盘散沙似的对手。这无疑也是有利于奥尔特加的。第三,2000年,奥尔特加与一些反对党达成了一个"政治交易",降低了总统当选所需的得票率。许多分析人士认为,如果奥尔特加与其对手在第二轮决一雌雄,他获胜的可能性极小。第四,奥尔特加在1990年的大选中之所以失败,既与美国的"小动作"有关,也与尼加拉瓜国内天主教教会势力的抵制密切相连。在这一次大选前夕,奥尔特加一反常态地与教会"套近乎"。他不仅公开承认他在当政时期实施了"不当的"宗教政策,而且公开声称自己是一个虔诚的天主教信徒,反对堕胎。此外,奥尔特加在竞选时还说,他已放弃过去曾经信仰的马克思主义,转而"敬仰"上帝。

总之,我们不能牵强附会地将那些所谓左派领导人的上台与拉美经济改革联系在一起,不能"把拉美的改革当作一个筐,什么坏的都往里装"。事实上,在不同的国家,左派领导人在大选中获胜的原因是各不相同的。在一些国家(如委内瑞拉),传统政党内腐败丑闻层出不穷,治理国家的能力不断减弱,而左派政治家则能够在竞选活动中提出许多令人振奋的口号和纲领,从而吸引了大量低收入阶层的选民。在一些国家(如智利),左派政治家历来有较好的政治业绩,因此选民不希望来之不易的美好生活发生变化。在一些国家(如玻利维亚),90年代以来实施的经济改革带来了巨大的社会成本,选民希望左派政治家改变这种状况,使社会发展与经济改革齐头并进。在一些国家(如厄瓜多尔),政治上的"钟摆"现象十分突出,因此昨天的"右转"被今天的"左转"取而代之是不足为怪的。

四 拉美左派东山再起的影响及其前景

拉美左派东山再起的影响是显而易见的。

第一,拉美政治格局因左派崛起而发生了重大的变化。20世纪六七十年代,右翼军政权统治着几乎拉美的所有主要国家,左派受到了不公正的待遇。80年代军政权"还政于民"后不久,苏联解体、东欧剧变导致世界社会主义运动跌入低潮，拉美左派也随之处于边缘化的境地。以查韦斯为代表的左派东山再起无疑改变了拉美的政治格局，而这一多元化政治格局的形成有利于拉美政治民主化进程，有利于民众的政治参与，有利于政党政治的发展。

第二，拉美"向左转"使美拉关系发生了显著的变化。在冷战时期，作为美国的"后院"，拉美对美国基本上是言听计从的。在"后冷战"时期，拉美国家的外交独立性不断增强。最近几年，随着拉美左派力量的上升，以卡斯特罗、查韦斯和莫拉莱斯等人为主要阵容的"反美轴心"开始形成，美拉关系发生了显而易见的变化。

但是，一方面，查韦斯等人强有力地反对美国；另一方面，绝大多数拉美国家仍然与美国保持着密切的关系。因此，今后美拉关系将继续呈现出合作与对抗并存的两重性。在这一两重性中，合作仍将是主流，但美国将不得不面对西半球"反美轴心"的威力。

第三，左派的崛起有利于拉美国家探索新的发展道路。发展道路的选择与一系列因素有关，其中之一就是国家领导人的意识形态和主观意愿。长期以来，拉美国家一直在努力探寻一条适合本国国情的发展道路。虽然20世纪90年代以来的改革使其摆脱了"失去的十年"的阴影，但在如何协调经济发展与社会发展的关系、如何处理对外开放与保护市场的关系等问题上，拉美国家尚未找到答案。

虽然左翼政治家的当政并非必然会使其国家的政治制度和社会制度发生变化，但其耳目一新的执政理念无疑会强化拉美国家对新的发展道路的探求。查韦斯的大胆而富有新意的实践已充分证明了这样一种可能性。当然，任何好高骛远和不切实际的政策是应该避免的。

第四，左派领导人的上台使拉美地区国与国之间的关系出现了变化。不容否认，拉美内部的团结在加强。例如，12个南美洲国家于2004年12月8日成立了南美洲国家共同体。查韦斯总统认为，南美洲国家共同体的成立意味着拉美人民正在实现"解放者"玻利瓦尔当年提出的"美洲联邦"的梦想。阿根廷前总统杜阿尔特说："南美洲国家共同体将像欧盟一样，拥有统一的货币、共同的议会和政治联盟。这个过程可能需要几十年，但我们正在迈出第一步。"

然而，最近几年拉美内部的不团结也变得越来越明显。而这一不团结与左派领导人奉行的外交政策有着密切的关系。例如，2006年4月22日，委内瑞拉政府因反对安第斯共同体成员国秘鲁和哥伦比亚与美国达成自由贸易协定而正式宣布退出该共同体。国际舆论认为，该事件是安第斯共同体自1969年成立以来遭遇的最为严重的危机，同时它也给当前的拉美一体化进程带来了很大的负面影响。同年4月28日，委内瑞拉总统查韦斯在国内发表讲话，用十分尖锐的言语抨击已进入第二轮总统选举的阿普拉党总统候选人、前总统阿兰·加西亚。他的讲话使本已紧张的秘委两国关系更加恶化，因此秘鲁于29日晚宣布，它将撤回其驻委内瑞拉大使。在2006年5月1日玻利维亚总统宣布对石油和天然气工业实施"国有化"后，受此影响最大的是巴西和阿根廷，它们与玻利维亚的关系变得十分微妙。① 巴西总统卢拉称，巴西政府不会与玻利维亚交恶，但玻利维亚不能将其主权建立在巴西之上，维护玻利维亚的权益并不意味着一定要损害巴西的利益。

令人不可思议的是，阿根廷和乌拉圭这两个都是由所谓左派政治家领导的国家，也因阿根廷要求乌拉圭停止在两国边境线上的乌拉圭河一侧修建造纸厂而在国际法院对簿公堂。2006年7月13日，国际法院作出初步裁决，驳回阿根廷的要求。国际法院认为，阿根廷没有证据证明乌拉圭拟建造的造纸厂会立即引起环境污染。

当然，拉美地区国与国之间的不团结不能完全归咎于左派的东山再起，但两者之间的关系是密切的。

美国对当前拉美左派的崛起感到不安，拉美大陆自身的右派势力也

---

① 2006年5月1日，莫拉莱斯总统发表了《28701号最高法令》，宣布对石油和天然气工业实行国有化。该法令包括以下五方面的内容：（1）国家控制石油和天然气的产量和价格；（2）外国公司在此后180天的时间内必须与政府进行谈判。除非接受2005年通过的《3058号法》，否则就必须停止在玻利维亚的生产活动。（3）政府在5家能源公司中的控股权提高到51%。（4）在两个最大的天然气田中开采天然气的外国公司向政府支付的税和开采费从原来的50%提高到82%。（5）对所有石油和天然气公司进行审计，以确定其未来的税率和开采的条件。或许是历史的巧合，玻利维亚是拉美历史上第一个对外资企业实施国有化的国家。1936年，通过政变上台的托罗上校宣布，玻利维亚实施"军事社会主义纲领"，推行一系列激进的改良措施，并将美孚石油公司收归国有。

对左派东山再起忧心忡忡。但是，拉美的政治格局越来越呈现出多元化的特点，因此，与冷战期间以及苏东剧变后世界社会主义低潮期（即20世纪90年代）相比，拉美左派的活动空间在扩大，它面临的外部环境也在改善。

拉美左派在未来遇到的挑战主要来自内部。首先，业已掌权的左派总统必须以实际行动发展经济，推动社会发展，以赢得选民的拥护和支持。否则，他们会像厄瓜多尔前总统古铁雷斯那样，因无法兑现自己上台前的诺言而在民众的抗议声中被迫下台。其次，这些左派领导人必须脚踏实地，使政府的各种政策符合本国实际，符合当前的全球化趋势。任何超越本国生产力发展的美好理想都会适得其反，事倍功半。再次，拉美左派必须正确处理与其他政治力量的关系，遵守民主程序，尊重各种游戏规则。

拉美的左派如能做到上述几点，其发展前景将是美好的。

（原载《国际问题研究》2007年第3期）

从拉美和东亚的发展模式看政治与经济的关系

在比较拉美和东亚的发展模式时，很容易发现这样一个事实：在一些拉美和东亚国家（地区），经济的高速增长是在军政权或文人政府的高压政治下取得的。如何认识这一现象？如何评价曾在拉美和东亚发展进程中发挥过重要作用的"官僚威权主义"政权？政治与经济相互作用及其核心是什么？

一 何谓"官僚威权主义"？

在拉美历史上，尤其在19世纪初的独立战争后，名谓"考迪罗"的军人独裁在拉美司空见惯。20世纪60年代，军人当政再次风靡拉美。但是，阿根廷政治学家奥唐奈发现，60年代上台的拉美军人与历史上的"考迪罗"大不相同：（1）历史上的"考迪罗"统治在一定程度上是一种个人之上的行为，而新的军人政权则是由整个军人体系控制。（2）"考迪罗"大权独揽，尽管它不知道如何治理经济，但新的军人政权在经济管理上则大力依靠技术专家，以弥补军人在这方面的经验的欠缺。因此，军政权的专业化和知识化程度较高。（3）"考迪罗"关心的只是如何用武力手段来满足自己的权欲和财产欲。新的军政权虽然在政治上也为了提高政府决策的权威性而实行高压统治，但它非常注重努力发展经济，以增强自己的统治地位的合法性。

由于20世纪60年代后出现的军政权不同于历史上的"考迪罗"统

治，奥唐奈将前者称为"官僚威权主义"政权。[1] 他在其70年代初出版的《现代化与官僚威权主义：对南美洲政治的研究》一书中，对60年代处于军政权统治之下的巴西和阿根廷的政治发展和经济发展进行了理论和实证分析。[2] 在奥唐奈研究的基础上，其他学者对巴西和阿根廷等南美洲国家的政治、经济状况进行了更为深入的分析和论证，从而使"官僚威权主义"理论变得更为完善和引人注目。

在"官僚威权主义"政权领导人的眼中，传统的政治格局是导致国家动荡不安的主要根源之一。这些手中握有实权的军人以一种敌视的眼光看待文人政治家，认为所有文人政治家都是无能、腐败和自私的，政党政治则使整个社会进一步分化。"官僚威权主义"政权的当权者还认为，国家安全面临的风险不是来自外部，而是来自国内的左派力量，而左派力量的日益发展壮大则是由于国家缺乏政治、经济和社会等领域的全面发展。因此，在文人技术专家的帮助下，军人对整个政治、经济体制进行了大幅度的调整，并为自己的统治作出长期的安排。与此同时，这些有权有势的军人还抑制政治活动，取缔民众政治组织，以消除他们眼中的那种所谓国内政局动乱的根源。

可见，一般而言，"官僚威权主义"政权具有以下特点：第一，将政府部门的职位交给具有技术专长的文人。第二，在政治上排斥民众。第三，抑制或完全取消政治活动。第四，积极谋求与国际经济机构（如世界银行和国际货币基金组织）以及欧美的银行和跨国公司改善关系，以振兴国民经济，提高自己的合法性地位。

二　拉美和东亚的"官僚威权主义"政权

巴西曾经是最为典型的"官僚威权主义"国家。正如斯基德莫尔等人所指出的那样："在1964—1985年期间，统治巴西的是一个接一个的

---

[1] 官僚威权主义（bureaucratic authoritarianism）又译"官僚权威主义"，国外学术界常简称之为"B-A"。

[2] Guillermo A. O'Donnell: *Modernization and Bureaucratic-Authoritarianism: Studies in South American Politics*, Institute of International Studies, University of California Press, 1973.

专制政权,其领导人都是四星将军。尽管各个政权的结构和人员不同,但它都是由军官、有一技之长的行政管理人员和老资格政治家组成的联盟构成。"① 一方面,巴西的军政权强调政治稳定,用高压手段压制民主;另一方面,军政权把稳定经济、控制通货膨胀和改善国际收支视为自己的首要任务,并为此而启用了一些文人担任经济部门的要职。例如,在布兰科将军当政时期,经济学家和外交家罗伯特·坎波斯被任命为计划部长,成为巴西政府经济决策中的关键人物。坎波斯拥有美国华盛顿大学的经济学硕士学位,在巴西的银行部门担任过重要的职务,甚至还做过大学教授。他上台后对银行体系进行了改组,修改了劳工法,简化了出口贸易的有关规则,并使股票市场和政府债券市场变得进一步体制化。

皮诺切特统治时期的智利或许可以被认为是另一个具有"官僚威权主义"特点的拉美国家。1973年9月皮诺切特上台后,立即在智利强制推行官僚威权主义政体。皮诺切特解散了国会,废除了宪法,并实施"党禁"和加强对新闻媒体的控制,甚至还命令军人接管大学。军政权在使用镇压手段方面从不犹豫不决,对发生劳工动乱和民众抗议的任何苗头尤其如此。由于智利军政权严重违反人权,镇压了大量左翼人士,其中包括旅居智利的西班牙人,1998年10月16日,英国警方应西班牙政府的引渡请求,将正在英国治病的皮诺切特拘留。这一"引渡"风波直到2000年3月才得以解决。

然而,就在皮诺切特军政权不断强化专制统治的时候,一批在美国芝加哥大学受过教育的技术专家(即"芝加哥弟子")在经济领域中实施了深刻而有力的改革。他们为智利经济开出的处方是:减少国家干预,扩大对外开放。皮诺切特曾说过:经济改革的目标是使智利"不成为一个无产者的国家,而是成为一个企业家的国家"。②

应该指出,尽管智利在80年代初曾遇到过严重的经济危机,但是,总的来说,在皮诺切特当政期间,智利的经济增长是令人瞩目的。智利甚至还被认为是拉美经济改革的"先锋"。

---

① T. Skidmore and P. Smith, *Modern Latin America*, third edition, Oxford University Press, 1992, pp. 180 – 181.

② 转引自托马斯·E. 斯基德莫尔彼得·H. 史密斯《现代拉丁美洲》,江时学译,世界知识出版社1996年版,第167页。

在东亚，韩国的朴正熙政权也具有"官僚威权主义"的特点。一般来说，朴正熙政权从 70 年代初起开始向"官僚威权主义"过渡。朴正熙对民众的民主化要求进行了有力的镇压。尤其在 1972 年推行"维新体制"后，朴正熙用军法限制工会活动，禁止政党活动，禁止罢工、罢市、罢课和游行，并加强对新闻工具的控制。但是，在经济领域，韩国的历届军政权都把加速经济增长作为其追求的首要目标。为了加强政府对经济生活的管理和调控，朴正熙于 60 年代初成立了经济企划院（Economic Planning Board），由副总理直接主管其工作。在这一近百人的机构中，20%的成员是经济学家，其他成员则是政治、工商管理和教育等方面的专家。正如朴正熙本人所言，"资本主义方式下的经济发展，不仅需要钱和物的巨大投资，而且还需要稳定的政治环境和有能力的管理者。为了实现稳定，军事革命政府暂时中止了大学生、工会和其他社会、政治组织的政治活动。这些活动在民主党统治时期曾引起政治危机和社会不安。同时，我们组织了一个由教授和专家组成的经济委员会，动员大量专家参加政府管理和决策。我们有意约束军官们的主观和草率"。[①]

除韩国以外，其他一些东亚国家（地区）也曾经出现过军政权。世界银行的《东亚奇迹》一书所确定的 7 个发展中"奇迹"经济体，都在其"二战"后的历史中表现出专制（authoritarian）或"半专制"（semi - authoritarian）的特点。例如，泰国在 70 年代中期的"民主开放"以前曾有过一段较长时间的军人统治。80 年代出现了"有管制"（controlled）的政治自由化，但 1991 年又爆发了军事政变，尽管不久以后就还政于民。在印度尼西亚的一党制统治下，军人政治已演变为制度化。中国台湾地区在 80 年代中期的"政治开放"以前，基本上也是一党统治。新加坡和马来西亚名义上是民主国家，但自独立以来，其政治权力一直被垄断在一个政党（如新加坡的人民行动党）或由一些党派构成的联合阵线（如马来西亚的国民阵线）的手中。[②]

---

① Park Chung - Hee, *To Build A Nation*, Acropolis Books, 1971, pp. 102 - 107. 转引自尹保云《韩国的现代化》，东方出版社 1995 年版，第 114 页。
② Tun - jen Cheng, Stephan Haggard and David Kang: *Institutions, Economic Policy and Growth in the Republic of Korea and Taiwan Province of China*, UNCTAD, 1996, p. 4.

值得注意的是，一些东亚国家（地区）当权者的统治方式却被许多人贴上了"软威权主义"（soft authoritarianism）的标签，他们奉行的民主被人们说成"亚洲特色的民主"（Asian-style democracy）。

"软威权主义"或"亚洲特色的民主"具有以下几个特点：第一，东亚拥有自己的以儒家学说为基础的文化传统和价值观，因此，西方社会信奉的那种民主不适合东亚。第二，不能以牺牲整个团体（community）的利益来换取个人的所谓"自由"。第三，社会秩序和政治稳定比个人的权利和民主更为重要，而且民主必须为维系整个社会的秩序和改善经济福利服务。第四，民主必须以政治家之间达成的共识为基础。这一共识就是建立一个好政府，而好政府的概念就是解决人民的温饱问题和巩固政治稳定。第五，尽管"软威权主义"不接受西方民主，但它同样认为，市场经济体制有利于经济发展。①

三　政治与经济的相互关系

在任何一个国家，发展是其政治和经济领域发生总体变化的复杂而漫长的过程，而且两者之间是一种互动的关系。政治领域的变化会影响经济领域的变化，反之亦然。"官僚威权主义"和"软威权主义"可以被看作威权主义的不同形式。威权主义是介乎于民主政治和极权政治之间的一种过渡性政治形态。它从不放弃民主，但想方设法地限制民主的发展。②

无论是"官僚威权主义"，还是"软威权主义"，都向我们提出了这样几个问题：政治与经济两者之间究竟是什么关系？什么样的政治制度最适合于经济发展？政治发展如何反作用于经济发展？

对于这些问题，无论是政治家还是学者，似乎都有不同的看法。一

---

① 关于"软威权主义"或"亚洲特色的民主"的含义，见 Yung-Myung Kim, "A Critique from East Asia", *Challenge*, No. 3-4, 1998.

② 俞可平：《现代化进程中的民粹主义》，载《战略与管理》1997年第1期。

种看法认为,只有在政治民主取得进步的国家,[1] 才能更快地推动经济发展。换言之,政治上实行专制的国家是难以实现经济的稳步增长的,因为这样的政府不能提高政府的声望,因而不利于保护私人财产,也无法调动劳动者的积极性。例如,格迪斯认为,由于民主政权能更好地赢得公众对改革的支持,民主政权同样能顺利地开展经济改革,也能加快经济发展。亨廷顿认为,阻碍经济发展的障碍就是阻碍民主的障碍。[2] 而利普塞特则从另一角度指出,"民主与经济发展密切相关……这意味着:国家越富裕,它保持民主的机会就越多"。[3]

与上述论点不同的是,也有人认为,威权主义政权有利于经济发展。例如,萨克斯指出,与民主政权相比,威权主义政权在推动经济改革方面更为成功,因为威权主义领导人不必担心自己是否会在选举中失去选民的支持,尽管有些选民受到了改革的消极影响的打击,如失业和收入水平降低。[4] 库尔斯认为,威权主义政权在推行各种政策时具有至高无上的权力,因而不会受到各种利益集团的"掣肘"。政治上专制的政府能压制工会活动和降低工资水平,甚至还能控制消费者的需求,因而能促进投资和推动经济的增长,尽管这些措施很不得人心。与此相反,民主政府为了最大限度地延长在位的时间,常常千方百计地满足选民提出的各种要求,其中包括经济上的要求,如增加政府开支和扩大消费等。其结果是,国内资本积累受到很大影响,经济的快速增长也就难以成为现实。[5]

---

[1] 国外学术界在探讨政治与经济两者之间的关系时也使用"政治体制"(political regimes)这一概念。这里所说的"体制"(regimes)主要是指政治家用来获取和控制国家权力的"方法"(methods)。(见 J. Benson Durham:"Economic Growth and Political Regimes",*Journal of Economic Growth*,March 1999,p. 81)

[2] 转引自 Larry Diamond and Marc Plattner:*The Global Resurgence of Democracy*,The Johns Hopkins University Press,1993.

[3] Seymour Martin Lipset:"Some Social Requisites of Democracy:Economic Development and Political Legitimacy",*The American Political Science Review*,March 1959.

[4] Jeffrey D. Sachs:*Social Conflict and Populist Policies in Latin America*,International Center for Economic Growth,Cambridge,MA:National Bureau of Economic Research,1989.

[5] James Kurth:"Industrial Change and Political Change:A European Perspective",in David Collier:*The New Authoritarianism in Latin America*,Princeton University Press,1979.

库尔斯还从更深的层面上分析了政治发展与经济发展的关系。他认为，欧美国家的经济发展大致经历了三个阶段：（1）生产简单的非耐用消费品；（2）生产资本货；（3）生产耐用消费品。在第一阶段，一些欧洲国家建立了议会制，第二阶段则出现了法西斯专政的德国和意大利，但在第三阶段又重新出现了十分稳定的议会民主制国家。[1] 这似乎说明，经济发展与政治发展的轨迹并非完全一致，而是呈阶段性的反复。然而，当经济发展达到一定程度后，政治民主的到来就是一种必然的趋势了。[2] 阿尔蒙德则认为，政治经济的增长、发展、现代化和进步，不论如何称呼，都包含着由4个因素支配的积极和向前发展的运动。这4个因素是2个P和2个W。2个P是政治变量，即政府的能力或权力（power）以及人民的参政（participation）或民主化，2个W是经济变量，即财富（wealth）和福利（welfare）。能否使上述4个变量都得到同等速度的进步？能否同时增强政府的能力和权力，提高人民的参政程度，加快经济发展，改善福利？阿尔蒙德的回答是否定的。[3]

20世纪五六十年代颇为流行的现代化理论更为明确地指出，经济增长与民主制度的巩固有着非常密切的关系，因为美国和英国等发达国家都是政局稳定的民主国家。但从历史上看，除英国以外的其他西欧国家和日本的工业化则基本上都是在专制政权下进行的。[4]

必须指出的是，巴西、智利和韩国等新兴工业化国家固然在政治民主停滞不前的一段时期内取得了经济高速增长的佳绩。然而，同样不容否认，许多缺乏政治民主的第三世界国家，却从来没有取得经济奇迹。可见，经济能否取得高速增长，政治民主不是一个唯一的决定性因素。至少可以这样说：威权主义与经济发展之间的正关系并非永远存在，它

---

[1] James Kurth："Industrial Change and Political Change：A European Perspective"，in David Collier：*The New Authoritarianism in Latin America*，Princeton University Press，1979.

[2] 陈晓律：《发展中国家的政党及其在发展过程中的作用》，载《战略与管理》1996年第5期。

[3] G. 阿尔蒙德：《发展中的政治经济》，载塞缪尔·亨廷顿等著《现代化理论与历史经验的再探讨》，上海译文出版社1993年版，第361—363页。

[4] Yung‐Myung Kim，"Asian‐Style Democracy：A Critique from East Asia"，*Challenge*，No. 3‐4，1998.

仅仅适合于从农业社会向工业化社会转变过程中的一个过渡时期。换言之，影响经济发展的不仅仅是政治因素（如政权的形式和民主的多寡），而且有其他一系列重要的变量，如政府的经济政策和外部机遇等。不过，拉美和东亚的发展进程似乎也表明，每一种发展模式（至少是某一特定时期的发展模式），都有相应的政治制度与之匹配。如果这种政治制度有助于经济发展，那么它就应该被视为合理的。此外，政治体制（或政权形式）的有效性似乎也取决于包括这个国家的发展水平在内的特定条件和具体情况。

但是，尽管威权主义政府确实能在一定的时期内、在一定的条件下，利用手中的权力人为地创造出经济发展所必需的秩序和稳定，但这种统治也使各种矛盾不断积累。因此，从表面上看，社会是稳定的，但这种稳定是脆弱的。换言之，威权主义的高压统治并不能永远消除各种不安定因素，相反，它甚至会制造出一些不安定因素。事实上，韩国在20多年的威权主义政府统治下，劳工运动和民主运动并没有停止，有时甚至使整个社会动荡不安。"光州民众抗争"就是一个例证。这一悲剧最初从光州大学生反对戒严和停课令开始，后来发展到工人、市民、公司职员、店员等民众与军方展开激烈的武力冲突。据戒严司令部的统计，在冲突中共有163人死亡，其中包括军人15人。[1]

此外，威权主义政治容易使政府与企业之间的关系变质，产生严重的腐败。20世纪90年代后期曝光的韩国一些财阀企业的丑闻，充分说明了这一点。

四 政治与经济的关系的核心

事实上，政治与经济两者之间的关系这一问题的核心：一是如何确立政府的权威性；二是如何维系政治稳定，为经济建设创造必要的条件。

---

[1] 姜万吉：《韩国现代史》，社会科学文献出版社1997年版，第267页。

早在 1955 年，刘易斯就指出，"软弱的政府不能维持自己境内的秩序"①。如果政府的政策调整因遭到一些利益集团的反对而无法付诸实施时，政府采用一些强硬的手段是完全可以理解的。朴永泽也认为："如果没有一个强有力的政府，韩国的决策者是无法实施那些困难的经济政策的（如降低工资水平）。确实，如果韩国政府建立的是一个非干预的、自由的经济体制，在这个体制中由价格决定市场的供求和由市场配置资源，那么，很难相信韩国会取得其经济上成功，也不会实现经济调整。"② 他还认为，韩国的一个特点是它的政府具有"集权"的性质（the centralized nature）。韩国政府用一种在西方民主制度下难以行得通的方式来保持政治、社会的稳定和推行其政策调整。它使劳工组织软弱无力，从而使工资处于低下的水平。60 年代，政府储蓄和外部储蓄（两者均由政府决定）每年为国内投资提供了 60% 的资金。在 70 年代，政府直接或间接地控制了国民经济中几乎 2/3 的投资资金。除一些社会主义国家以外，世界上没有一个国家的政府能支配如此多的可用于投资的资金。此外，政府还对金融部门的信贷分配实行管制。当然，从理论上说，政府决定资源的配置并不总是高效率的。但韩国政府在动员内部和外部资金、并将这些资金用来支持经济的高速增长方面，却是成功的。③

与政府权威性有关的一个问题是如何认识"发展型政府"（developmentalist state）？发展型政府的特点是：它对未来的经济增长有一种前后一致的构想，以发展为首要目标，具有强有力的民族主义倾向，拥有足够的相对独立性，不受利益集团的影响或有能力调和各个利益集团之间的利益冲突，从而达到促进社会整合的目的。因此，它的合法性在于有能力加快资本积累和促进国民经济持续发展。约翰逊为"发展型政府"总结的特点是：（1）经济发展是政府追求的首要目标，有时甚至是为了达到这一目标而不惜一切代价。（2）崇尚私人财产和市场规则。但政府

---

① ［美］W. 阿瑟·刘易斯：《经济增长理论》，梁小民译，生活·读书·新知三联书店 1990 年版，第 516 页。
② Yung－Chul Park: Korea, in R. Dornbusch and F. L. C. H. Helmers (eds.): *The Open Economy: Tools for Policymakers in Developing Countries*, Oxford University Press, 1988, p. 404.
③ Ibid., p. 340.

的决策者常常为了加快发展而制定带有干预性的产业政策。(3) 在政府的决策过程中，通常有一个发挥着重要作用的部门。该部门的大多数工作人员具有较为丰富的专业知识，而且工作效率高。[1]

许多学者认为，许多东亚国家（地区）的政府是典型的"发展型政府"。这些政府与传统的中央集权制政府有所不同。实践证明，发展型政府创造了远远高于早期资本主义现代化的发展速度，确实取得了令人瞩目的经济"奇迹"。

与发展型政府类似的另一个概念是所谓"强政府"（strong state）和"软政府"（weak state）。一般而言，"强政府"具有以下特点：高层领导人通常采用专制的统治手段，将工业化置于至高无上的地位，并在制定经济计划和实施经济政策等方面向技术专家授予较多的权力。而技术专家则有能力使私人部门和国内各地区的压力屈从于国家的长期发展规划，也能使政府的科层变成一个守纪律、高效和可靠的工具。[2] 简而言之，能够在不同利益集团的呼声中制定并实施有利于全社会长期发展计划的政府，就是"强政府"。[3] 毫无疑问，缺乏上述特点的政府则是"软政府"。按照缪尔达尔的定义，"软政府"既无行政管理能力，又无实施发展政策的政治意愿。[4] 琼斯等人认为，韩国之所以能获得经济"起飞"，主要是因为韩国实现了从李承晚的"软政府"向朴正熙的"强政府"转变的过渡。[5]

自 20 世纪 80 年代起，无论在拉美还是在东亚，一些国家在进行经济改革的同时开始讨论或实施不同程度的政治改革，以强化政府的管理能

---

[1] Chalmers Johnson, "The Interplay of State, Social Class, and World System in East Asian Development", in Frederic C. Deyo (ed.), *The Political Economy of the New Asian Industrialism*, Cornell University Press, 1987.

[2] David Felix, "Import Substitution and Late Industrialization: Latin America and Asia Compared", World Development, No. 9, 1989, p. 1459.

[3] Ted C. Lewellen: *Dependency and Development: An Introduction to the Third World*, Bergin & Garvey, 1995, p. 135.

[4] G. Myrdal: *Asian Drama: An Inquiry into the Poverty of Nations*, Pantheon, 1968.

[5] Leroy Jones and Sakong Il: *Government, Business and Entrepreneurship in Economic Development: The Korean Case*, Harvard University Press, 1980.

力和适应经济改革（调整）的需要。这些国家的经验表明，正确把握政治改革与经济改革之间的先后顺序是十分重要的。墨西哥前总统萨利纳斯曾指出，在完成经济自由化这个任务以前，他不会在政治上放松。他还说过，他绝不会犯戈尔巴乔夫所犯的那种错误。① 在与美国《新闻周刊》记者谈话时，萨利纳斯明确地表示："在一些国家，我们可以看到，由于经济变化失败了，盼望已久的民主变革没有成为现实……这与两种改革的不同节奏有关，但经济是当务之急。"② 但是，1995年8月出版的一期英国《经济学家》杂志则认为，"政治改革是十分必要的。如果政治改革和体制性改革没有伴随着经济改革，那么经济改革在目前来说只能意味着微不足道，在今后来说则将永远处于脆弱的地步。这仅仅是因为民主和独立的司法制度等本身是好东西"。"虽然总的来说墨西哥的过去和现在都是经济上的痛苦，但事实上这种痛苦的根源是政治上的问题……塞迪略的党（即革命制度党）统治墨西哥已经66年了。只有在它愿意不再统治墨西哥的时候，这个国家才没有必要去用迷信的方法来求得好运气。"③

毋庸置疑，萨利纳斯的那种轻视政治改革的必要性的看法是不足取的，而《经济学家》所鼓吹的那种只有革命制度党交出权力才算进行政治改革的论调则更加荒谬。此外，还应该指出，就墨西哥和其他一些发展中国家而言，如何为经济改革创造出适宜的政治环境，才是政府在处理经济改革与政治改革关系时必须要回答的首要问题。墨西哥金融危机的直接原因固然是过度利用投机性较强的短期外国资本，但这些流动性极大的外资之所以逃离墨西哥，就是因为1994年墨西哥的政治局势出现了引人注目的动荡：继恰巴斯州农民于是年元旦揭竿而起之后，又接连发生两位革命制度党要员被害、总检察长辞职和一位银行家被绑架等事件。动荡的政局与一些不良经济因素交织在一起，终于促使大量外国资本逃

---

① *Economist*, August 26, 1995, p. 19.

② Esther Wilson Hannon: "The Politics of Mexican Free Trade and the North American Free Trade Agreement", in Lowell S. Gustafson: *Economic Development under Democratic Regimes: Neoliberalism in Latin America*, Praeger, 1994, pp. 162–163.

③ *Economist*, August 26, 1995, p. 12.

离墨西哥,从而爆发了震惊全球的比索危机。

在探讨政治与经济的关系时必须要回答的另一个问题是如何维系加快经济建设所必需的政治稳定。如前所述,墨西哥的革命制度党在位70多年,较为成功地保持了国内的政治稳定,尽管60年代末和1994年曾分别爆发过学生运动和农民运动。① 墨西哥革命制度党之所以能维系国内政治稳定,主要是因为:第一,革命制度党具有意识形态的凝聚力。第二,国家的权力能以和平的方式交接。第三,政府能进行灵活的宏观政治调控。②

通过比较拉美和东亚发展模式中政治与经济的关系,还可以发现以下两个重要的现象:第一,在一些拉美和东亚国家,军队在现代化进程中的地位不容忽视。"军队的作用不只是限于用强制手段让人民接受外来而非自己的现代化生产和生活方式。军队很可能在全面的集中制,尤其是协调和控制问题上成为极为关键的力量。"③ "军队的效率、划一、机动性、组织性、纪律性和现代性使它成为发展中国家最有可能进行社会整合和构建一体化政治体系的力量。"④ 此外,军队还能以国家利益的捍卫者自居,以维护社会稳定和发展经济为理由,在国家的政治舞台上和经济舞台上扮演着一个十分重要的角色。第二,在一些国家和地区(尤其是墨西哥和印度尼西亚)长期存在着一党统治的局面,而这种局面是这

---

① 1968年学生运动的导火线是1968年墨西哥主办奥运会。在国内经济不景气的情况下,墨西哥政府投资1.5亿美元,用于建设新的体育设施。政府的这一做法被学生认为是炫耀自己的"繁荣",是"无聊"和"空虚"的表现,因而引起了学生的不满。学生的这一敌对情绪因两所学校的学生斗殴遭警察干预而导致学生与警察发生冲突,最终酿成惨案。1994年的农民运动是指位于墨西哥东南部的恰巴斯州农民暴动。是年元旦,数千农民组成的"萨帕塔民族解放军"袭击并占领了该州的一些城镇,扣押了当地政府的一些官员。"萨帕塔民族解放军"提出的口号就是要争取"工作机会、土地、住房、卫生保健、教育、独立、自由、民主、公正以及和平"。墨西哥政府紧急调集军队进行镇压,战斗中双方都有人员伤亡。此事在国内外引起了巨大的震动。虽然恰巴斯州农民起义不像过去出现在许多拉美国家的游击队或秘鲁的"光辉道路"组织那样经常诉诸暴力或恐怖活动,但他们对墨西哥政局的冲击却是非常巨大的。

② 曾昭耀:《政治稳定与现代化:墨西哥政治模式的历史考察》,东方出版社1996年版。

③ [美] M. J. 列维:《现代化的后来者与幸存者》,吴葰译,知识出版社1990年版。转引自陈明明《"军事化社会":军事管理方式的内在矛盾》,载《战略与管理》1997年第1期。

④ 陈明明:《"军事化社会":军事管理方式的内在矛盾》,载《战略与管理》1997年第1期。

些国家维系政治稳定的基本条件。在墨西哥,革命制度党自 1929 年起连续执政迄今,已在位 70 多年,成为世界上执政时间最长的政党。[①] 诚然,正如雅凯特所言,一党制在墨西哥和印度尼西亚两国都是"十分有用"的。如在 80 年代的墨西哥,为了减轻经济改革的代价,革命制度党在工会组织的支持下,实施了针对穷人的扶贫计划(PRONASOL),并与私人部门一起,达成了对付经济困难的"团结协定"。在印度尼西亚,尽管苏哈托没有面临着民众的强烈反抗,但他仍然利用一党制来维系和调整政府与企业家之间的关系。

(原载《世界经济与政治》2000 年第 11 期)

[①] 革命制度党的前身是成立于 1929 年的国民革命党。1946 年 1 月国民革命党再次改组,易名为革命制度党。

中国特色社会主义与古巴
特色社会主义之比较

目前世界上只有5个社会主义国家，中国和古巴是其中较为引人注目的两个。在人口、国土面积和经济规模等方面，中国与古巴有着显而易见的差异。例如，中国有13亿人口和960多万平方千米的国土面积，而古巴只有1142万人口和11万平方千米的国土面积。2009年，中国的经济规模高达4.9万亿美元，[①] 而古巴仅为554.3亿美元。[②] 但这两个国家都在社会主义道路上奋斗了约半个世纪。毛泽东等革命家于1949年建立了新中国。从1949年到1956年，是中国共产党领导全国各族人民有步骤地实现从新民主主义到社会主义的过渡时期。卡斯特罗等革命家于1959年1月1日取得了古巴革命的胜利。1961年4月16日，卡斯特罗在群众集会上宣布，古巴革命是"一场社会主义革命"。这标志着古巴革命从此进入了社会主义阶段。

尽管中国与古巴的基本国情有着明显的差异，而且走上社会主义道路的时间和实施改革开放的时间各不相同，但我们仍然可以对这两个国家的社会主义进行比较。

应该指出的是，古巴官方不使用"古巴特色社会主义"这样的提法，

[①] 按中国人民银行2009年12月31日公布的汇率（1美元＝6.8282元人民币）计算。根据温家宝总理在十一届全国人民代表大会第三次会议上所做的政府工作报告，2009年中国的国内生产总值为33.5万亿元。（http：//www.pbc.gov.cn/detail.asp？col=483&ID=2962）

[②] 美国中央情报局（CIA），The World Factbook，2009，https：//www.cia.gov/library/publications/the-world-factbook/geos/cu.html。

但古巴领导人也经常说，古巴的社会主义建设事业应该符合古巴的国情，古巴可以学习其他社会主义国家的成功经验，但不能照搬其模式。由此可见，每一个社会主义国家的社会主义都可被视为具有本国特色的社会主义。

一 中国特色社会主义与古巴特色社会主义之共性

中国特色社会主义与古巴特色社会主义有着以下几个相似之处。

（一）强调共产党的绝对领导地位。在社会主义国家，坚持共产党的领导是历史的必然选择。邓小平说过："离开了中国共产党的领导，谁来组织社会主义的经济、政治、军事和文化？谁来组织中国的四个现代化？"[①] 他还指出："在中国这样的大国，要把几亿人口的思想和力量统一起来建设社会主义，没有一个由具有高度觉悟性、纪律性和自我牺牲精神的党员组成的能够真正代表和团结人民群众的党，没有这样一个党的统一领导，是不可能设想的，那就只会四分五裂，一事无成。"[②]

卡斯特罗等革命家同样强调古巴共产党的领导地位。古巴共产党是3个革命组织在1961年6月合并而成的。中国有民主党派，而古巴则不允许除共产党以外的其他政党存在。古巴宪法规定，古巴共产党是马克思列宁主义的工人阶级先锋队组织，是国家和社会的最高领导力量。它组织和引导国家和社会向建设社会主义和实现共产主义的目标前进。卡斯特罗认为，古巴共产党"概括了一切，集中体现了我国历史上一切革命者的理想，具体体现了革命的思想、原则和力量"，"党是今天古巴的灵魂"[③]。1997年古共"五大"进一步强调了古巴不搞多党制和坚持共产党领导的必然性和重要性。卡斯特罗对外国记者说过："如果古巴出现两个政党，那么一个是革命的党，另一个则是美国佬的党。"[④] 在谈到古巴的

[①] 《邓小平文选》第2卷，人民出版社1993年版，第170页。

[②] 同上书，第341—342页。

[③] 卡斯特罗在古共"一大"所做的中心报告。转引自毛相麟《古巴社会主义研究》，社会科学文献出版社2005年版，第52页。

[④] 转引自毛相麟《古巴社会主义研究》，社会科学文献出版社2005年版，第53页。

一党制时,卡斯特罗说:"在我们这个半球某些我不愿提名的国家里,那些美国式的竞选花费几千万美元,有时是几亿美元。形象顾问们教导候选人如何梳头、穿衣、面对大众,以及什么该说什么不该说。这一切就像是一次狂欢节、一幕真正的闹剧、一场戏……"①

(二)把改革作为完善社会主义制度的必要手段。无论在资本主义社会还是在社会主义社会,生产力是不会停顿的,社会是在不断前进的。因此,社会主义国家同样应该随着实际情况的变化,不断地对社会主义制度进行改革,使其经常保持与生产力相适应的状况。此外,由于社会主义是新生的社会制度,有不完善和不成熟之处,因而必须对它进行不断的改革。可见,改革是完善社会主义的必要手段。只有通过改革,社会主义才能得到发展和成熟。

内部因素和外部因素都对中国和古巴走上改革之路产生了重要的影响。相比之下,促使中国走上改革之路的动力主要来自内部因素,外部因素处于次要地位。而在古巴,促使其走上改革之路的动力主要来自外部。

20世纪80年代末和90年代初发生的苏联解体、东欧剧变是影响世界上每一个国家的重大事件。在此前的几十年时间内,古巴在经济上严重依赖于以苏联为主的经互会的援助。苏联解体、东欧剧变后,古巴的外部援助不复存在,古巴经济蒙受了巨大的打击。在1991—1994年期间,古巴经济下降了35%,进口减少了75%,其中石油进口下降了50%,古巴人的热摄入量从2800卡路里跌落到1735卡路里。

美国对古巴遭受的经济困难幸灾乐祸。一些美国人甚至认为,卡斯特罗领导的社会主义古巴立刻就会垮台。

面对"特殊时期"的困难和美国的压力,卡斯特罗领导古巴人民走上了改革之路。1991年召开的古巴共产党第四次全国代表大会提出了改革开放的初步设想。1993年7月26日,卡斯特罗在纪念攻打蒙卡达兵营40周年大会上的讲话中宣布了允许本国公民持有美元等一系列重大改革

---

① [古巴]菲德尔·卡斯特罗、[法]格纳西奥·拉莫内:《卡斯特罗访谈传记:我的一生》,中国社会科学院拉丁美洲研究所组织翻译,中国社会科学出版社2008年版,第535页。

措施。因此，1993年被视为古巴改革开放的开始。① 卡斯特罗等古巴领导人曾在许多场合说过，只有改革才能使古巴渡过难关，才能粉碎美国的封锁。

（三）坚持公有制。按照新的统计分类方法，中国的非公有制经济主要包括三大类：一是个体经济（个体工商户）；二是私营经济［个人独资企业、合伙企业、私营有限责任公司、私营股份有限公司（非上市公司）、私人控股的股份有限公司（上市公司）］；三是非内资经济（外商投资企业和港澳台投资企业）。除此之外的国有企业、国有控股企业、城乡集体企业以及股份合作企业等均属公有制经济。② 中国的非公有制经济取得了令人瞩目的发展，但是公有制经济仍然是国民经济的主体。因此，中国的经济不是私有制经济。

在古巴，非公有制经济也取得了一定的发展。例如，非公有制部门的就业人数占劳动力总数的比重已从1981年的8%提高到2000年的23%。公有制部门中的就业人数比率相应地从91%下降到76%。③ 当然，与中国相比，其发展速度是非常缓慢的。

应该指出的是，古巴领导人坚决反对私有化。卡斯特罗曾说过："我们不想通过私有化在古巴建立一个富人阶级，因为这一阶级会获得巨大权力，会反对社会主义。"④ 他认为，"一个国家用它的财产和自然资源的私有化换取外国投资是很大的犯罪，等于把第三世界人民的生活资料廉价地、几乎是无偿地交了出去，将把他们引向更为便利、更加自私的新式的再殖民化"⑤。

---

① 毛相麟：《古巴社会主义研究》，社会科学文献出版社2005年版，第280页。
② http://news.xinhuanet.com/fortune//2007 - 10/01/content_6818200.htm.
③ http://en.wikipedia.org/wiki/Economy_of_Cuba.
④ 1997年10月8日卡斯特罗在古共"五大"所做的中心报告。转引自徐世澄《卡斯特罗评传》，人民出版社2008年版，第349页。
⑤ 2003年2月14日卡斯特罗在第五次"全球化与发展问题研讨会"闭幕式上的讲话。转引自徐世澄《卡斯特罗评传》，人民出版社2008年版，第350页。

二 中国特色社会主义与古巴特色社会主义之差异

中国特色社会主义与古巴特色社会主义也有以下几个方面的差异。

（一）古巴特色社会主义缺乏完整的理论体系。中国特色社会主义拥有丰富的理论基础。早在1982年，中共"十二大"就提出了"把马克思主义的普遍真理同中国的具体实际结合起来，走自己的道路，建设有中国特色的社会主义"的思想。

与中国不同的是，古巴似乎尚未建立起完整的古巴特色社会主义理论体系。1997年10月召开的古共"五大"在其核心文件《团结、民主和捍卫人权的党》中，称古巴共产党是一个以马列主义、马蒂学说和卡斯特罗的思想为指导的政党。这是古巴共产党的文件第一次使用"卡斯特罗思想"的提法。然而，至于什么是卡斯特罗思想，古巴共产党似乎没有给出答案。这或许与卡斯特罗等领导人不重视理论有关。例如，卡斯特罗在与法国记者格纳西奥·拉莫内进行著名的"100小时访谈"时说："社会主义的理论和实践有待发展……理论并不总能解决问题。"他还说："什么是马克思主义？什么是社会主义？没有确切的定义。"[1]

（二）古巴不搞市场经济。我国改革开放30多年的最大成果之一是在理论与实践的结合上建立和不断完善了社会主义市场经济体制。古巴不搞市场经济。卡斯特罗说："有人想，市场应该解决一切问题，但市场是一只发了疯的、野蛮的畜生，谁也控制不了它。人不能让非理性支配，也不能让盲目的规律支配。"[2]"我们不能将我们经济和社会的发展寄托在市场盲目的规律上。"[3] 他认为，"在我们搞社会主义的时候，经常用资本主义的那些方式。这是我们最大的忧虑之一。因为，如果我们在社会主

---

[1] 菲德尔·卡斯特罗、格纳西奥·拉莫内：《卡斯特罗访谈传记：我的一生》，中国社会科学出版社2008年版，第346页。

[2] 1998年4月28日卡斯特罗在机场为加拿大总理送行后同媒体的谈话。转引自徐世澄《卡斯特罗评传》，人民出版社2008年版，第350页。

[3] 1997年10月8日卡斯特罗在古共"五大"所做的中心报告。徐世澄：《卡斯特罗评传》，人民出版社2008年版，第350页。

义建设中以资本主义方式为手段,就会迫使所有的企业相互竞争,就会出现到处收买财物的强盗企业、海盗企业"。① 他说:"有些人曾认为可以用资本主义的方法来建设社会主义。这是重大历史性错误之一。我不愿意谈这个话题,也不想做理论分析,但我有无数例证说明,那些自恃理论家的人,那些没有正确理解马克思、恩格斯和列宁思想的人,在很多事情上没有说准。"②

2008年2月27日古巴驻华大使在接受《北京青年报》记者采访时也说:古巴"是不是实行市场经济的提法不重要,采取更多措施打开国门、吸引更多外资并做出创新,提高人民生活水平最重要,(古巴)坚持社会主义的原则不会改变"。③

在卡斯特罗心目中,市场经济是资本主义社会特有的,而"资本主义社会是堕落的社会,是人剥削人的社会。不论资本主义制度变出多少花样,它都是罪恶的。目前资本主义国家的经济在加速崩溃,资本主义制度是没有前途的,世界终将看到资本主义制度的规律把它引向没落和消亡"。④

(三)两国改革的成效不尽相同。中国的改革开放取得了举世瞩目的成就。古巴的改革开放同样取得了显著的成效。第一,古巴成功地克服了"特殊时期"的各种困难,保住了社会主义江山。第二,从20世纪90年代后期起,古巴经济开始复苏。1999年和2000年,古巴经济增长率均在6%以上。此后几年虽有下降,但在2004年又达到了4.5%。⑤ 第三,国民经济多样化程度在不断提高。除传统的蔗糖业以外,旅游业、渔业、矿业以及与生物技术、制药和医疗设备生产相关的高科技产业在国民经济中的重要性不断上升。第四,对外经济关系多元化正在形成。除美国

---

① 菲德尔·卡斯特罗、格纳西奥·拉莫内:《卡斯特罗访谈传记:我的一生》,中国社会科学出版社2008年版,第346—347页。

② 同上书,第551页。

③ http://world.people.com.cn/GB/1029/42358/6928982.html.

④ 1997年12月29日卡斯特罗在首都干部和省级领导人会议上的讲话。转引自徐世澄《卡斯特罗评传》,人民出版社2008年版,第344页。

⑤ Economic Commission for Latin America and the Caribbean (ECLAC), *Preliminary Overview of the Economies of Latin America and the Caribbean 2007*, December 2007.

以外，古巴与世界上许多国家保持着不同程度的经贸往来。

在社会发展领域，古巴的业绩是令人赞叹不已的。在中国，看病难和上学难等民生问题长期得不到很好的解决。一些网站在每年3月召开"两会"（全国人大和全国政协会议）前所作的民意调查都表明，民众对看病难和上学难这两个问题的关注和报怨非常强烈。但在古巴，全民义务教育和全民免费教育早已惠及每一个人。根据联合国统计，2005年古巴的人类发展指数（HDI）数值为0.838，跻身于"高人类发展水平"的国家，居世界第51位，在拉美排名第七。[①] 中国为0.777，属于"中等人类发展水平"的国家，排名第81位。[②] 下表的数据显示，在推动社会发展方面，古巴的成就优于中国。

表1　　　　　　中国与古巴医疗卫生和教育事业的比较

	出生时预期寿命		成人识字率（占15岁及以上人口的百分比）1995—2005年	小学、中学和大学入学率（2005年）	医生（每10万人拥有量）2000—2004年
	1970—1975年	2000—2005年			
中国	63.2	72.0	90.9	69.1	106
古巴	70.7	77.2	99.8	87.6	591

资料来源：UNDP, *Human Development Report* 2008. （http://hdr.undp.org/en/media/hdr_20072008_ch_indicators.pdf.）

但是，与中国相比，古巴人民的生活水平还比较低。在中国，大大小小的商店里各种商品琳琅满目，应有尽有。但在古巴，许多商品（包括食品）却依然实行定量供应。据美国美联社2007年5月31日报道，在古巴，每人每月得到的定量供应是：6磅大米，10盎司干豆（1盎司=28克），3磅白糖，2磅红糖，4盎司咖啡，2杯菜油，10个鸡蛋，12盎司盐，1块肥皂，1条牙膏，8盎司意大利面条，1磅饼干，10盎司鱼，8盎司可可粉，8盎司鸡肉，1磅其他肉，30个小面包，4盎司土豆，1瓶

---

① 前6个国家是巴巴多斯、阿根廷、智利、乌拉圭、哥斯达黎加和巴哈马。
② http://hdr.undp.org/en/media/hdr_20072008_ch_indicators.pdf.

洗衣液。①

古巴社会发展与经济发展之间缺乏必要的协调。有人说，"在古巴，做一个心脏移植手术比得到一片阿司匹林容易，得到一个大学文凭比得到一支圆珠笔容易。"这两句话既反映了古巴社会发展领域的成就，也表明了古巴"短缺经济"的严重性。当然，古巴人民生活尚无得到大幅度提高的原因是复杂的，其中之一就是美国对古巴实施的长达半个世纪的经济封锁。

（四）两国改革的步伐有明显的差异。如果说独联体国家和东欧国家的改革是一种"休克疗法"式的激进式改革，那么中国的改革则被视为"渐进式"改革。"渐进式"改革不等于患得患失，也不是"前怕狼后怕虎"。正确处理改革、发展和稳定三者之间的关系，是"渐进式"改革得以顺利进行的必然要求。但是，社会主义国家在推进改革时，也不能单纯为了稳定而放弃必要的改革力度。

美国的传统基金会（The Heritage Foundation）发表的"经济自由度指数"（Index of Economic Freedom）称，古巴经济的"自由度"仅为27.5%，是世界上管制最"严厉"（repressed）的经济体之一（排名第156位，仅在朝鲜之前）。中国经济的"自由度"为52.8%，在世界上排名第126位。②

这一指数衡量企业经营、贸易、财政、政府规模、货币与金融、投资、财产权、腐败和劳动力等领域中的经济自由度。由于美国传统基金会持右翼立场，对社会主义国家有很深的偏见，因此国际上对"经济自由度指数"的公正性有不同的看法。但从该基金会对中国和古巴的"经济自由度"的评判中，我们可以得出这样的结论，中国的"经济自由度"高于古巴。换言之，在发挥市场机制的作用方面，古巴不及中国。

古巴领导人在处理改革、发展和稳定三者之间的关系时，似乎过多地强调稳定，因此，在许多领域中的改革步伐很慢。例如，直到最近，古巴才允许商店销售微波炉、DVD、手机、电脑和电动脚踏车等商品。

---

① "A month's rations in Cuba"，The Associated Press，May 31, 2007.
② http：//www.heritage.org/Index/country.cfm? id=Cuba.

而这些商品在中国是极为普通的。中国的住房和工资改革早已完成,而古巴直到最近才颁布了关于住房和工资改革的新条例,使古巴民众能转让房屋的使用权,政府对企业员工的工资收入将不设限制。

古巴领导人在推动改革的过程中最令人担忧的就是收入分配不公。因此,古巴不鼓励"一部分人先富起来"。其结果是,私人企业的规模和经营活动仍然受到多方面的限制。据报道,在古巴的私人餐馆(paladares)内,座位不得超过 12 人,而且店主不能雇用家庭成员以外的劳动力。① 更为苛刻的是,开办私人餐馆需要支付很高的一笔费用,用来办理营业执照。

一般的规律是,当经济形势不佳时,古巴政府会适当放松对非公有制经济的控制,如允许个体出租车运营,允许农贸市场开业,为私人餐馆或理发店发放更多的营业执照,等等。当经济形势好转时,政府就会加大对非公有制经济的限制和管制。

古巴稳步推进改革开放步伐的意图是情有可原的。首先,美国"亡古之心"不死。这是一个非常不利于古巴改革开放的外部因素。其次,数十年的中央计划经济体制积重难返,很难在短时间内被全盘抛弃。最后,古巴领导人深刻地认识到,过快的改革步伐容易造成两极分化,从而使社会稳定得不到保障。卡斯特罗曾抱怨:"有些个体户向国民收费太高,他们一个月的收入是我们一个医生的几倍,这些医生或在危地马拉的高山上,或在非洲的偏远地区、海拔几千米的克什米尔、喜马拉雅山的山里工作,抢救生命。"②

应该注意到,从 2009 年 10 月 1 日开始,古巴逐渐关闭了国营企事业单位中的职工食堂,③ 取消了对多种商品和服务的价格补贴,并废除了模范工作人员海边休假补贴、新婚夫妇入住饭店补贴和住院病人陪护免费用餐的制度。政府表示,今后还将陆续取消天然气、自来水、节日巧克力蛋糕和贺卡等商品的价格补贴。自 2009 年 11 月 1 日起,古巴不再对土

---

① http://en.wikipedia.org/wiki/Economy_of_Cuba#Self-employment.
② 菲德尔·卡斯特罗、格纳西奥·拉莫内:《卡斯特罗访谈传记:我的一生》,中国社会科学院拉丁美洲研究所组织翻译,中国社会科学出版社 2008 年版,第 530 页。
③ 价格极低的午餐取消后,政府将为职工提供补贴。

豆和豌豆实行定量供应，消费者可以在市场上自由购买，但价格是定量供应价格的两倍。研究古巴问题的加拿大达尔豪斯大学教授约翰·柯克认为，"取消土豆和豌豆的配给制是古巴采用市场社会主义模式的第一个尝试"[①]。

对于上述改革措施，古巴的一些媒体认为，社会公正不是平均主义，而是保证权利和机会均等。定量供应是特定时期的产物，但它已阻碍了国家决策的执行，因此，取消配给制是有必要的。[②] 可以预料，以劳尔·卡斯特罗为核心的古巴领导层将继续推出一些改革措施，但改革步伐不会是激进的。

（五）两国与美国的关系大不相同。外交是内政的延续。任何一个国家的经济建设都离不开外交。美国是世界上最发达的资本主义国家，拥有庞大的市场、先进的技术和管理经验以及大量资本。因此，与美国发展经贸关系的积极意义是毋庸赘述的。

1979 年 1 月，邓小平访问美国。陪同他出访的一位资深国际问题专家曾问他，中国为何要开放，又为什么主要向美欧开放？邓小平回答说，跟着美国的那些国家都富强了。[③] 这一判断出自中国改革开放的总设计师邓小平之口，可见美国在中国改革开放战略中的地位是极为重要的。这同时也说明，邓小平看到了中美关系正常化对于中国改革开放、以经济建设为中心的转变的重大影响。

美国视古巴为肉中钉、眼中刺。美国不仅没有在经济上帮助古巴，反而长期实施经济封锁政策，从而使古巴面临着严峻的外部环境。

---

① "Cuba drops potato from ration books, signaling shift" (http://public.shns.com/content/cuba-drops-potato-ration-books-signaling-shift).

② 劳尔·卡斯特罗当政后，把发展生产和改善人民生活作为政府的首要目标，并将为实现这一目标而"取消一些已过时的限制性措施"。如在 2008 年，政府为扩大粮食生产而提高了农产品价格，允许农民租赁闲置的国有土地，允许农民购买生产资料（如农具、杀虫剂和化肥）。为刺激内需，政府允许拥有外汇的本国公民在面向外国游客的饭店内消费，允许本国公民购买手机、电脑、录像机、微波炉和电视机等家用电器和通信产品。此外，政府还加大了吸引外资的力度。

③ 袁明：《中国现代化进程中的美国因素》（http://www.ciapl.com/news.asp?Newsid=6777&type=1008）。

古巴革命胜利后不久，美国就承认古巴临时政府。同年4月，卡斯特罗以私人身份访问美国，同尼克松副总统讨论了两国关系等问题。

1959年5月，古巴开始实施土地改革。根据古巴政府的有关法令，美国资本在古巴拥有的大片土地应该被征收。美国不接受古巴提出的"赔偿"方式，古巴则拒不让步。这是古巴革命胜利后两国关系中出现的第一次对抗。

1960年5月，美国停止对古巴的一切经济援助。10月，美国开始对古巴进行贸易禁运。美国的行为无疑遭到了古巴的反对和抗议。1961年1月3日，美国与古巴断交。1961年1月20日肯尼迪就任总统后，美国加快实施军事入侵古巴的计划。4月15日凌晨，美国轰炸机从亲美的尼加拉瓜出发，对古巴多个机场进行轰炸。16日，在抗议美帝国主义的群众集会上，卡斯特罗宣布古巴革命是社会主义革命。17日凌晨，由美国训练的1500名雇佣军在吉隆滩登陆，企图用武力推翻古巴政府。经过3天的战斗，古巴击败了入侵者。

1962年2月，美国开始对古巴进行全面的经济封锁。7月，苏联运送导弹到古巴，后被美国发现。肯尼迪总统宣布用武力封锁古巴，并要苏联立即撤退其布置在古巴的进攻性武器。这一"加勒比海导弹危机"最终以苏联的退步而于1963年1月7日告终。美国与古巴的关系进一步恶化。自那时以来，美国对古巴的制裁不仅没有放松，反而变得更加严厉。

截至2009年10月，联合国大会已连续18次通过决议，要求美国停止对古巴进行经济封锁，但美国依然我行我素。美国对古巴的长达近半个世纪的经济封锁，是人类历史上持续时间最长的制裁。古巴前外长罗克在2007年9月26日的联合国大会上说，这一制裁已使古巴人民蒙受了890亿美元的巨大损失。

2009年4月13日，奥巴马政府宣布解除对（古巴裔）美国公民前往古巴探亲及向古巴亲属汇款的限制，并允许美国电信企业进入古巴电信网络建设和卫星广电服务市场，授权美国电信网络供应商与古巴方面合作，构建连接美古两国的光纤及卫星通信设施，允许美国电信服务供应商与古巴方面签订漫游服务协定，允许美国卫星广播电视服务供应商向古巴境内的客户提供服务，允许部分个人电信器材不经审查即可向古巴捐赠等。6月3日，第39届美洲国家组织大会废除了1962年通过的驱逐古巴的决议，为古巴回归该组织扫清道路。美国也一改初衷，对美洲国家组织的这一决议表示支持。对此，古巴政府在古共中央机关报《格拉玛报》发表的声明中说，古巴政府感谢"拉美各国政府本着团结、独立和公正的精神，捍卫了古巴重返美洲国家组织的权利"，但古巴不会重返美洲国家组织，因为"该组织一直在美国敌视古巴政策的实施过程中起着积极作用"。而且，对古巴来说，重返美洲国家组织就意味着抹杀了美国的一段犯罪史。

（六）腐败问题的严重性不同。事实表明，任何一种社会制度都会出现腐败。在社会主义国家，腐败同样是不可避免的。改革不是导致腐败的唯一"温床"，但改革确实为腐败创造了条件。

古巴的反腐倡廉工作是较为出色的。古巴的官员之所以较为清廉，是因为古巴共产党和政府采取了以下措施：

第一，加强思想教育。卡斯特罗曾说过，"我们正在为祖国和革命的生存而战，而加强思想政治工作是我们生存的基础"。他还告诫全党，"物质是有限的，不可能应有尽有，但精神生活是无限的"，"政治和思想精神方面的因素在我国仍然起着主要和决定性的作用"。[①] 古巴共产党的有关文件也强调，"在社会主义国家中，任何一种经济体制都无法替代政治、思想和觉悟的作用"。[②]

古巴对各级干部加强思想教育的内容之一就是廉政。90年代以来，古巴开始进行改革开放。在这一过程中，通过引进外资和发展旅游业，古巴与外部世界的接触越来越多，各级干部从事腐败活动的机会也在增加。[③] 卡斯特罗认为，腐败是导致苏联解体的原因之一。[④] 他多次指出，古巴的

[①] 转引自李锦华《古巴共产党开展"思想战"战略》，《当代世界》2007年第11期。
[②] 同上。
[③] 从1995年起，古巴政府允许个人拥有美元。由于美元能在美元商店中买到一般商店中难以买到的商品，因此，古巴当局担心外国企业或外国旅游者用送美元的方式来向对外经贸领域中的古巴领导干部行贿。
[④] Daniel Schweimler, "Cuba's anti-corruption Ministry", http：//news. bbc. co. uk/1/hi/world/americas/1311962. stm.

"革命不仅受到美国的威胁，而且也受到腐败和容许腐败滋生的自由化立场的威胁。腐败将一直伴随着我们，但是我们必须将腐败控制在踝关节以下，决不能让它达到我们的脖子位置"。① 他还对试图向古巴官员行贿的外国商人发出警告："别以为我们是能够被贿赂的。"②

古巴对各级领导干部进行思想教育的方式主要有三种：一是组织他们进党校学习；二是利用党报《格拉玛报》等媒体宣传腐败的危害性，三是在各种会议上强调反腐败的必要性。

第二，制定有利于整饬吏治的规章制度。1996年7月18日，古巴公布了《国家干部道德法规》。这一法规共有27条：（1）诚实，永远不隐瞒和歪曲事情的真相，反对谎言、欺骗、蛊惑及舞弊行为；（2）扬廉弃耻，维护荣誉及尊严；（3）自觉遵守纪律，忠于党，尊重宪法和法律；（4）严格要求自己，尊重别人；（5）严格履行自己的诺言，不食言；（6）反对麻木不仁、冷漠无情、悲观失望、吹毛求疵和失败主义；（7）为人正直，自觉开展批评与自我批评；（8）反对逃避责任、对困难和错误无动于衷、不求进取的倾向；（9）不断改进、寻求新的办法，解决老的和新出现的问题；（10）联系劳动群众和人民，尊重并信任他们，及时了解他们的想法、需求和意见；（11）同志间友好关系应建立在原则和革命精神的基础上；（12）正确掌握国家财物；（13）掌握的权力及财物只能用于工作；（14）热爱并全身心地投入工作，正确履行自己的职责；（15）在工作和社会活动中，尊重他人的生活作风；（16）对不履行职责的人，国家行政机关不给予任何特殊权利和待遇；（17）反对腐败和姑息腐败现象的行为；（18）与下属同舟共济，全力以赴克服困难；（19）发挥个人才能，同时依靠集体讨论做出决定；（20）在职权范围内当机立断，无须等待不必要的上级指示，不要怕承担责任；（21）同集体开展对话，并建立有效的联系；（22）保守秘密，对公众传播的消息要加以疏导；（23）根据政绩和能力决定干部的任免；

---

① 中共中央党校党建教研部课题组：《古巴共产党密切党群关系的基本做法和经验》，《当代世界与社会主义》2006年第4期。

② "Castro to Crack Down On Corruption in Cuba", *New York Times*, July 14, 1995. (http://query.nytimes.com/gst/fullpage.html? res = 990CE2DD103EF937A25754C0A963958260)

(24) 正确对待他人存在的问题；(25) 在考核劳动者真实才干和能力的基础上，确定其胜任什么及相应权利；(26) 应把权利视为光荣和责任，而绝不能作为牟取私利的资本；(27) 在本职工作中自觉捍卫、维护和忠于祖国、革命及社会主义原则。① 古巴党报《格拉玛报》认为，制定《国家干部道德法规》的目的就是要领导干部在个人生活和工作中都应该成为"一个无可挑剔的榜样和典范"。②

根据有关规定，领导干部即使自己有外汇也不能去旅游饭店消费；装修房子即使是用自己的钱也要事先得到有关部门的批准；政治局委员、部长不得更换新型汽车；部级以上干部及其家属不能在企业兼职或担任名誉职务；不允许高级干部子女经商；不允许企业领导人把家属和亲戚安排在本企业工作；等等。

为了监督领导干部是否能够很好地执行各项廉政规章制度，古巴的有关部门早在 90 年代就先后设立了申诉委员会和群众举报委员会。其职责是受理对党员和党员领导干部违纪行为的举报以及审理违纪党员和党员领导干部对其处分的申诉。2001 年 5 月，古巴将财政和价格部所属的国家审计局升格为审计与监察部。其基本职责是加强财政监督，防止贪污腐败，执行政府的审计政策，监督政策的实施。外电认为，这是近年来古巴在反腐败制度建设上的最重要的举措之一。

2007 年 8 月 24 日，代替因病住院的菲德尔·卡斯特罗行使最高权力的劳尔·卡斯特罗签署了一个法令（2007 年自 9 月 1 日起生效），规定各级官员不得为其家属或亲朋好友安排工作或提升职位。③

第三，党和政府的高级官员以身作则。卡斯特罗和其他高级党政领导干部在保持艰苦朴素的优良传统方面处处以身作则，不搞特殊化，从而在人民心目中拥有很好的"口碑"。根据国家的规定，党政机关干部的

---

① 转引自徐世澄：《古巴共产党是如何加强党的建设的》，《社科党建》2005 年第 3 期。
② 《格拉玛报》1996 年 7 月 18 日。转引自毛相麟《古巴社会主义研究》，社会科学文献出版社 2005 年版，第 67 页。
③ 该法令还对工人在工作场所偷窃和以公共交通工具不足为由而迟到早退的工人作出了处罚的规定。(Wilfredo Cancio Isla, "Anti-corruption laws toughened in Cuba", *Miami Herald*, August 24, 2007)。

工资不得高于同级企业领导人的工资。除极少数国家领导人以外，其他领导干部的住宅分散在各个普通居民区中，国家没有为他们建造专门的住宅。而且，他们的分房标准不是取决于官位的高低，而是视实际需要而定。除少数领导人以外，领导干部一般没有警卫员，也没有专车，都在一般医院挂号看病。

2005年，美国的《福布斯》杂志说，卡斯特罗的个人净资产为5.5亿美元，与英国女王伊丽莎白二世相差无几。这一报道立即遭到了卡斯特罗本人及古巴政府的谴责。2006年，该杂志评出了2006年度全球首脑财富排行榜，称卡斯特罗在位47年，拥有约9亿美元的个人财富（包括哈瓦那会议中心、Cimex零售集团和一个生产出口疫苗的制药厂），在全球富有首脑中排第7位。《福布斯》还表示，如果古巴国有企业的部分利润归卡斯特罗所有，并且卡斯特罗在瑞士银行拥有个人账户的传言是真实的，那么他的财富可能超过了身价5亿美元的英国女王。

针对《福布斯》杂志的无中生有，古巴中央银行行长索韦龙指出，哈瓦那会议中心和其他被提及公司的收入都被用于国家的经济建设、医疗、教育、安全、国防和外交事业，并没有装进卡斯特罗个人的腰包。针对卡斯特罗在瑞士银行拥有秘密存款的谣言，索韦龙说："政府高层领导人中绝对不可能有人在国外拥有个人账户。"

卡斯特罗在得知《福布斯》杂志的报道后，立即在电视台和电台发表讲话，称这一报道完全是"诽谤中伤"，并要求《福布斯》公开道歉。他说："他们必须向全球舆论公开道歉"，"如果他们证明我有任何海外账户，我将从现在的职位辞职，辞去所有职务"。他还说："目前，我的个人净资产是零，所有收入只有每月900古巴比索（约40美元）。"卡斯特罗经常戏称，他的全部财富只够买布什总统衬衫的一个口袋。英国左翼国会议员乔治·加洛韦也曾表示，卡斯特罗的确身无分文。[①]

第四，对违法违纪的党政官员给予严厉的处罚。整饬吏治必须以严厉处罚违规违纪领导干部为基础。拉美国家的腐败之所以得不到遏制，主要是因为有法不依、执法不严。而古巴则能严肃党纪法纪，对腐败分

[①] http：//finance.jrj.com.cn/news/2006-05-26/000001504128.html.

子毫不留情。

1989年6月12日，原古巴驻安哥拉军事使团团长阿纳尔多·奥乔亚中将在即将被任命为西部军区司令前夕被捕，因为他参与了国际贩毒和走私活动。奥乔亚曾与卡斯特罗一道，参加过马埃斯特腊山的游击战，革命胜利后曾任革命武装力量部副部长。他立功3次，得过多枚勋章，是古巴五名"共和国英雄"之一。卡斯特罗亲自过问这一案件。为了打击腐败，由47名将军组成的特别法庭对奥乔亚等人进行了审制。奥乔亚等4人被判处死刑，其余10名高级军官和官员被判处10—30年有期徒刑。

90年代以来，由于渎职和腐败等原因，先后被撤职的党和政府的高级官员有：古共政治局委员卡洛斯·阿尔达纳，古共政治局委员、国务委员兼外长罗伯托·罗瓦伊纳，渔业部长奥兰多·罗德里格斯，旅游部长易卜拉欣·费拉达斯，政治局委员、国务委员兼基础工业部长马科斯·哈维尔·波塔尔·莱昂等。[①]

三　结论

通过比较中国特色社会主义和古巴特色社会主义，我们可以得出以下几个结论：

第一，理论是实践的指南。社会主义事业的发展必须以与时俱进的马列主义理论为基础。中国特色社会主义理论体系凝聚了几代共产党人艰辛探索社会主义道路的智慧和心血，是中国共产党最宝贵的精神财富，是马克思主义中国化的最新成果。古巴共产党及其领导人应该为古巴特色社会主义提供强有力的理论基础。

第二，在推动社会主义建设事业的过程中必须坚持共产党的领导。中国共产党和古巴共产党分别是两国工人阶级的先锋队，同时也是两国

---

① 转引自徐世澄《古共中央召开重要会议采取措施加强党的执政地位》（2006年7月16日），http://ilas.cass.cn/uploadfiles/cn/xslt/%7BCE7F9AA8-880A-440D-92C1-BD99A53DE070%7D.pdf.

人民和两国民族的先锋队。两国共产党的领导地位和执政地位不是自封的，而是历史的必然选择，也体现了广大人民群众的共同心愿。

第三，社会主义国家应该相互学习，相互借鉴。古巴应该借鉴中国的经验，正确处理改革、发展和稳定三者之间的关系。古巴没有群众上访。可见，在加快社会发展方面，中国应该向古巴学习，使和谐社会具有真正的内涵。此外，在反腐倡廉方面，中国也应该努力学习古巴。

第四，社会主义国家也可以搞市场经济。古巴将市场经济拒之门外，而邓小平以巨大的政治勇气和理论勇气，把马克思主义基本原理同当代中国实际和时代特征相结合，创造性地提出了社会主义也可以搞市场经济的思想。

第五，"让一部分人先富起来"符合改革初期中国的国情，并带动了中国的经济发展。当然，在"允许一部分人先富起来"的同时，政府应该采取有效的措施，缩小收入分配中的差距。古巴不允许"一部分人先富起来"，因此其收入分配不公的现象不太突出。

（原载《中国特色社会主义研究》2010年第2期）

论 "藤森现象"

在 1990 年的秘鲁大选中，从未涉足政治舞台的技术专家藤森以最能吸引选民的竞选纲领，击败了传统政党推举的各个候选人和获胜呼声很高的国际知名作家巴尔加斯·略萨。上台后，藤森在经济领域推行大刀阔斧的改革，在政治领域实施引人瞩目的威权主义措施。国外学者和媒体把藤森这样的从传统政治格局中脱颖而出的所谓"新一代领导人"及其独特的施政模式称作"藤森现象"。在藤森当政的 10 年时间内，在国际投资者面前秘鲁呈现出一个焕然一新的形象。然而，就在人们期待着藤森取得更大的成就时，他却以一种特殊的方式辞去总统职务。同样耐人寻味的是，2005 年 11 月 7 日，藤森却搭乘私人飞机抵达智利，准备在那里为参加 2006 年的秘鲁总统大选做准备。①

本文试图分析"藤森现象"的来龙去脉以及藤森 10 年当政的成败得失，并力求从"藤森现象"中探求拉美传统政治的发展方向。

一 "藤森现象"的由来

1990 年是秘鲁的大选年。来自不同政治派别的候选人为在大选中获胜而采取了多种战略。藤森是以一个名不见经传的农业专家的身份参加竞选的。为此，他在 1989 年成立了"变革 90"（Cambio 90），将"诚信"、"技术"和"工作"作为竞选口号。

---

① 据报道，藤森在抵达智利数小时后就被智利警方逮捕。

藤森的竞选对手主要是小说家巴尔加斯·略萨。虽然两人都主张秘鲁应该进行大刀阔斧的改革，但他们也有重要的差别。巴尔加斯·略萨被认为是传统的保守派精英的代表人物。他的竞选策略是在电视媒体上频繁露面，以争取中产阶级选民、知识分子和城市选民的支持。而藤森则以"平民总统候选人"的形象走访各地，有时甚至坐着拖拉机去边远地区争取选票。1990年6月10日，在秘鲁大选前一天的晚上，藤森在接受一家媒体的独家采访时说："不久前我阅读了埃尔南多·德索托的《另一条道路》。他在这本书中所说的非正规人民，就是真正处于边缘化的秘鲁人。从那时开始，我认识到，这些秘鲁人实际上是伟大的新秘鲁的希望所在。"① 可见，在藤森的心目中，平民百姓是他战胜其他总统候选人的"法宝"。

但在多次民意测验中，巴尔加斯·略萨获胜的可能性很大。在第一轮选举中，巴尔加斯·略萨获得了28.2%的选票，藤森仅得到24.3%的选票。然而藤森并不气馁。第一轮选举结束后，他进一步调整了竞选策略。除了继续动员低收入阶层的选民以外，他还积极寻求中产阶级选民的支持。在第二轮投票中，藤森终于赢得了胜利。

事实上，巴尔加斯·略萨在第一轮选举中领先就已充分说明，秘鲁的政党制度受到了严峻挑战，而藤森的获胜则彻底改变了秘鲁的传统政治格局。

秘鲁的传统政治格局具有以下特点：阿普拉党（人民党）、人民行动党和基督教人民党是历次总统竞选的主要参与者；构成政治民主的基础的选民对传统政党的执政能力越来越产生怀疑，求变的心态很强烈；腐败现象司空见惯，从而使选民对传统政党的厌恶与日俱增；政治舞台上的明争暗斗削弱了打击恐怖主义的力度。

毫无疑问，最使选民反感的是，传统政党和政府管理经济的能力每况愈下。20世纪80年代初，秘鲁陷入了严重的债务危机和经济危机。1985年，36岁的政治新秀、即阿普拉党领袖加西亚在大选中获胜。他上台后立即颁布第24064号法令，决定从1986年1月1日起废弃货币索尔，

---

① http：//www.ild.org.pe/history - majorh - origins.htm.

以新货币印蒂取而代之（1 印蒂等于 1000 索尔）。① 新货币的发行实际上是对原来的货币进行贬值，以达到扩大出口和减少经常项目赤字的目的。此外，加西亚政府还提高了工资，降低了利率，增加了食品补贴，并禁止进口多种消费品。

加西亚政府的"非正统"经济计划使 1986—1987 年的经济出现了较高的增长率。但是，从 1988 年起，一方面由于世界经济不景气；另一方面由于加西亚政府在是年 9 月实施了不当的经济政策（paquetazo），加之国内恐怖主义活动得不到遏制，秘鲁经济再次陷入困境。

1988 年，秘鲁成为拉美地区经济形势最差的国家，且在近期内看不到复苏的希望。居高不下的失业率使"非正规部门"不断扩大。由于这一部门中的劳动者游离于政府监管之外，从不纳税，政府的财政收入难以增长。"秘鲁成了（拉美这个）贫穷大陆上最贫穷的国家。"②

与此同时，恐怖主义组织实施的切断电路、炸毁桥梁、绑架和爆炸等破坏活动进一步损害了国家的政治游戏规则和经济秩序。为了打击恐怖主义组织的活动，加西亚政府越来越依靠军队和警察的力量。由于军队和警察经常错杀无辜，加西亚在民众心目中的形象变得更加灰暗。

综上所述，传统政党的无能、经济形势的恶化、恐怖主义活动的猖獗以及民众求变心态，都为"藤森现象"的出现创造了条件。

二 "藤森休克"的成败得失

藤森上台后面临的主要挑战是：在经济领域，国民经济已连续 3 年衰退，通货膨胀率高达 7600%，宏观经济形势极不稳定；在政治领域，党派之争并没有随大选的结束而趋于缓和，藤森必须认真协调各派政治力量的利益关系，并要以良好的政绩来取信于民；在社会领域，以"光辉道路"为主的恐怖组织经常从事各种暴力活动，使整个社会处于一片

---

① 新货币印蒂问世后，索尔仍作为记账单位一直使用到 1990 年。
② ［美］托马斯·E. 斯基德摩尔、彼得·H. 史密斯：《现代拉丁美洲》，江时学译，世界知识出版社 1992 年版，第 263 页。

恐慌之中；在国际上，发达国家的政府、媒体和投资者对藤森的治理能力缺乏了解，因而不时表现出疑虑的心态。

藤森在组阁时曾希望秘鲁自由与民主研究所所长、著名经济学家德索托任总理。藤森还希望德索托帮助政府制定一个经济计划。[①] 但德索托担心自己就任总理后会丧失"独立性"，因而谢绝了藤森的提名，但他表示愿意为藤森政府提供咨询。

藤森在当选后的第三天召集了他在竞选活动中为他出谋划策的顾问以及德索托，与国际货币基金组织的代表马丁·哈迪举行会谈。藤森对哈迪说，他在竞选中提出的口号是"不对秘鲁经济实施休克疗法"，因此他上台后应该信守承诺，用渐进的方式来实施经济改革。

会后，德索托对藤森说，为了控制通货膨胀，除了实施"休克疗法"以外，没有其他选择。如果藤森能够改变其态度，自由和民主研究所愿意为他制定一个经济计划。德索托还建议藤森尽快会见国际金融机构的领导人，以便得到这些机构对秘鲁经济问题的"诊断"。藤森采纳了德索托的建议。

德索托的弟弟阿尔瓦罗·德索托时任联合国秘书长助理。在阿尔瓦罗的安排下，联合国秘书长德奎利亚尔（也是秘鲁人）答应在联合国总部主持一个会议，讨论秘鲁的改革方案。征得藤森同意后，德索托还请曾任秘鲁财政部长的卡洛斯·罗德里格斯·帕斯托（当时居住在美国旧金山）起草了一个"休克疗法"计划，以便在必要时替代藤森本人制定的渐进式稳定化计划。此外，德索托还与帕斯托提供了一个名单，供藤森在组阁时参考。

作为藤森的私人代表，德索托在藤森赴美之前就拜访了国际货币基金组织总裁康德苏。德索托对康德苏说，藤森上台后将为恢复秘鲁经济增长而采取任何措施。德索托还希望康德苏直截了当地向藤森指出秘鲁的改革之路。康德苏许诺，他不会对藤森使用外交辞令，而是要明确地向藤森提出他对秘鲁改革方案的看法。德索托除了将这一信息传递给藤森以外，还透露给美国和日本的有关政府部门。

[①] 根据藤森的想法，这一计划的重点是控制2000%的通货膨胀率和开放经济。

1990年6月29日，藤森与国际机构领导人讨论秘鲁经济形势的会议在联合国总部大楼的第38层举行。会议由联合国秘书长德奎利亚尔主持。参加会议的有国际货币基金组织总裁康德苏、世界银行行长科纳布尔和美洲开发银行行长伊格莱西亚斯，德索托也参加了会议。当藤森介绍完毕其渐进式稳定化计划时，会议室内鸦雀无声。康德苏等人没有立即作出反应，因为他们不同意藤森的改革方案。而在德索托全盘托出卡洛斯·罗德里格斯·帕斯托制定的"休克疗法"后，康德苏立即说道："这才是我爱听的美妙音乐。"

这一次会议无疑使藤森放弃了在竞选时他作出的"以渐进方式实施改革"的承诺。6月30日，在接受《纽约时报》采访时藤森说，他将按照国际货币基金组织的要求，在秘鲁实施"休克疗法"。他还说，他的当务之急是稳定秘鲁经济，偿还一部分外债，并使秘鲁融入国际金融体系。① 这是藤森第一次对外正式公开其改革计划。

7月5日，德索托领导的自由与民主研究所的研究人员在美国迈阿密召开会议。藤森也参加了这一会议。会议期间，藤森和德索托对一些有意在藤森政府中任职的人进行了面试，并选中了若干人。但由谁来出任财政部长这一职位，藤森和德索托颇为费心。他们看中的人选，不愿意接受这一职位，主动要求担任这一要职的，不被藤森和德索托接受。

回国后不久，藤森决定任命胡安·乌尔塔多为财政部长。令人不解的是，乌尔塔多是反对自由市场经济的。因此，1991年2月，乌尔塔多仅任职5个月就下台了。他的接班人是德索托推荐的旅居美国的卡洛斯·博洛尼亚。在藤森和博洛尼亚等人的配合下，秘鲁的经济改革全面展开。

秘鲁人称藤森实施的改革计划为"藤森休克"（Fujishock）。这一改革的主要内容如下：

（一）对国有企业实行私有化。在实施进口替代工业化的过程中，秘鲁政府建立了大量国有企业。如在1975年，国有企业的产值占全国矿业产值的50%和工业产值的20%。国有企业在增加值中的比重甚至高于国

---

① 采访录刊登在1990年7月1日《纽约时报》第一版。

内私人资本的比重（分别为26%和22%）。应该说，国有企业在秘鲁经济发展进程中发挥了重要的作用。它们创造了大量就业机会，提供了大量产品和服务。但是，由于管理不善和其他一些因素，秘鲁的国有企业同样面临着效率低下和亏损严重的问题。如在1975年，国有企业的亏损以及政府提供的直接补贴相当于GDP的3%。①

藤森上台后不久就制定了庞大的私有化计划。大多数国有企业在短短的3年时间内被出卖。据估计，藤森政府通过私有化获得了约90亿美元的收入，其中18亿美元用于扶贫，近20亿美元用于偿还外债，20亿美元用于国家公务员的社会保障开支，其余部分主要用于购买军火。②

在推动私有化的过程中，藤森政府实施了一种被称作"人民资本主义"的拍卖方式。根据这一方式，任何人都可以通过公开拍卖的形式获得私有化企业的股份。鉴于许多人生活在贫困线以下，政府规定，这些人可通过分期付款的方式来获得资金，首付款的比重为10%，贷款利率为12%。为了避免富人获得更多的股份，政府规定，任何人购买的股份总额不得超过相当于1400美元的上限。在1994年11月进行的第一次拍卖中，一家电话公司用这一拍卖方式在不足3小时的时间内就全部卖出其股份。在第二次拍卖中，另一国有企业的股份在45分钟的时间内就全部卖出。③

（二）降低关税壁垒，实行贸易自由化。在实施进口替代工业化时期，为了保护本国的幼稚工业，秘鲁政府高筑贸易壁垒，从而使国内企业免受外国产品的竞争。藤森上台后，把开放市场作为经济改革计划的重要组成部分。平均关税从改革前的80%降至90年代末的13%。④ 此外，藤森政府还降低了非关税壁垒。除武器、军火和毒品以外，绝大多数商品的进口不再需要进口许可证。

（三）实施金融自由化。80年代初，秘鲁政府曾试图通过降低储备金

---

① http://countrystudies.us/peru/66.htm.
② http://www.economist.com/displayStory.cfm?story_ID=1191370.
③ Carlos Graham, "People's Capitalism Makes Headway in Peru", *Wall Street Journal*, April 19, 1996.
④ http://www.foreign-trade.com/reference/reviews.cfm?report=11153020.shtml.

要求、提高利率上限和对外资开放市场等措施来推动金融自由化。但是，1983年爆发债务危机后，通货膨胀率居高不下，美元化现象越来越严重，本币在国民经济中的重要性不断降低。因此，酝酿中的金融自由化计划未能实施。①

藤森政府实施金融自由化的第一个举措是于1991年4月颁布了《金融与保险机构法》（即DL637法），②同时废弃了1931年的银行法。这一举措的目的在于增强金融业的竞争力，提高公众对金融部门的信任度。为了加快资本市场的发展，政府于1991年颁布了《证券市场法》。③1992年4月实施"自我政变"后，藤森的权力进一步扩大。5月，政府关闭了4家国有开发银行，8月又关闭了1家。地方上的国有银行与1家名为大陆银行（Banco Continental）的国有银行合并。3年后，大陆银行也被私有化。

为了进一步发挥中央银行的作用，政府于1992年12月29日颁布了《中央储备银行法》（即DL26123法）。该法规不再要求中央银行担负起加快经济增长和扩大就业的重任，而是明确规定：中央银行的首要任务是保持货币稳定和调节货币供应；除购买财政部债券以外，中央银行不得用其他方式向公共部门融资；中央银行不得设立多重汇率，不得为改变私人银行的投资组合而进行干预；中央银行只能在特殊情况下才能确定利率的上限和下限，因此，至1991年，所有利率管制措施都被放弃；至1992年，所有定向贷款也被取消，本币储蓄的储备金率不断降低（90年代中期为9%）。④

（四）稳定宏观经济形势。在加西亚当政时期，由于以下3个主要原因，秘鲁的通货膨胀率大幅度上升：一是生产得不到发展，供给难以满足需求；二是财政收支难以保持平衡，政府用增加货币供应量的办法来

---

① Patricia Ledesma Liebana, Financial Liberalization in a Dollarized Economy: Peru 1990 – 1995. （作者向美国拉美协会1997年度大会提交的论文）

② 1993年10月，DL637法被《金融与保险机构法》（即DL770法）取而代之。新的法规进一步明确了政府在金融体系中的作用和地位，并彻底放开了利率。

③ 这一法规于1996年被另一个《证券市场法》取代。此外，政府还于同年颁布了《投资基金法》。

④ 同期，外币的储备金率保持在43.5%，目的在于阻挡外国短期资本的流入。

弥补赤字；三是政府采取的控制价格和增加补贴的方法进一步扭曲了市场信号。

应该指出，在80年代，除秘鲁以外，其他拉美国家也面临着居高不下的通货膨胀率。但不同的国家采取了不同的反通货膨胀计划。秘鲁等国采用的是非正统手段，即利用行政手段来管制价格，不是在宏观经济领域实施紧缩性政策。①

事实上，藤森上台伊始就认识到，能否控制通货膨胀率是他在经济领域中面临的最大挑战；如果通货膨胀率得不到控制，他的改革计划就难以取得成功。为此，藤森政府采取了以下措施：取消价格管制和价格补贴；改进税收机制和完善征税体系；强化财政纪律，控制货币发行量；② 增加进口商品的供给，以满足市场供应。

（五）放宽对外资的限制。80年代以前，在安第斯共同体的框架内，秘鲁对外资实施较为严格的限制措施。藤森上台后，把吸引外资视为复苏经济的必要手段之一，因此政府颁布了《私人投资法》和《外国投资法》，以法律形式规定了外资能够享受的种种优惠。这些优惠措施主要包括：简化外资的审批程序；外资企业拥有国民待遇；外国投资者可以抽回所有投资，汇出所有利润；外资可进入绝大多数领域；外资企业可利用任何一种货币在商业银行转移资金。

国际上的一些权威机构（如英国经济学家情报部）认为，秘鲁对外国投资的政策，在整个拉美地区来说也是最为宽松的。③ 在1992—2001年期间，秘鲁吸引了约170亿美元的外资，主要来自西班牙、美国和英国。

（六）改革社会保障体系。作为社会稳定机制，社会保障制度在经济发展中起着重要作用。改革前，秘鲁的"现收现付"社会保障体系由国

---

① 其他拉美国家奉行较为严格的财政政策和货币政策，并在贸易领域实施一定程度的自由化。事实表明，这些国家的反通货膨胀计划比较成功。

② 例如，1993年开始实施的货币政策严格控制国内信贷的发放，以确保货币的发行完全以外汇储备为基础。

③ 秘鲁的投资政策规定：外国投资者在纳税后可自由汇出其资本及其获取的利润和专利费等收入；外国投资者可选择任何一种货币进行资金转移；投资额超过200万美元的外国投资者可签署一项为期10年的纳税合同。这一合同规定的税率在合同期内不变，而且比较低。（The Economist Intelligence Unit, *Peru: Country Profile*, 2001, p. 43）

家控制，覆盖面小，亏损严重（亏损额相当于GDP的2/3）。[1]

1993年，秘鲁成为第一个仿效智利进行社会保障制度改革的拉美国家。改革的重点同样是建立个人账户，由私人部门经营和管理。但是，秘鲁的改革也有一些不同之处：不提供最低的福利；工人既可以留在原来的"现收现付"制度中，也可以进入新的制度；新制度中工人的平均年龄仅为25岁，低于任何一个拉美国家。

最初，新制度要求工人支付更多的社会保障款，因此新制度的吸引力似乎不大。从1995年7月起，政府颁布法规，要求新旧制度的缴款额度必须相同。其结果是，至1997年9月，加入新制度的工人从最初的不足10万人快速增加到170万人，相当于正规部门中工人总数的44%。但是，被原来的"现收现付"制度排除在外的非正规部门中的劳动者（占劳动力总数的51%）并没有从改革中得到任何好处，因为他们仍然无法进入新制度。

藤森的经济改革取得了明显成效。

第一，改革使秘鲁摆脱了20世纪80年代"失去的十年"的阴影。在藤森当政的10年时间内，只有1992年和1998年的增长率为负数。此外，在10年时间内，5个年份的增长率高于拉美国家的平均增长率。（表1）1994年，秘鲁的GDP增长率高达12.7%，居拉美各国之首。1995年，秘鲁的增长率为8.6%，仅次于海地和智利。[2]

表1　　　　　　1990—2000年秘鲁、拉美的经济增长率　　　　单位:%

年份	1990	1991	1992	1993	1994	1995	1996	1997	1998	1999	2000
秘鲁	-5.6	2.6	-1.2	5.8	12.7	8.6	2.5	6.9	-0.5	0.9	2.5
拉美	0.3	3.3	2.8	3.0	5.2	1.1	3.8	5.1	2.2	0.5	3.8

资料来源：1990—1993年的数据引自ECLAC, *Preliminary Overview of the Economy of Latin America and the Caribbean*, December 1995；1994—2000年的数据引自ECLAC, *Currenet Conditions and Outlook: Economic Survey of Latin America and the Caribbean*, 2002—2003, August 2003.

---

[1] http://www.ncpa.org/studies/s221/s221b.html.
[2] 1995年海地的GDP增长率之所以高达9.5%，是因为1994年的增长率为-17.6%。

第二，藤森仅用 1 年左右的时间就使通货膨胀率从 7650% 降至 139%。1999 年，即藤森第二任期结束前夕，通货膨胀率仅为 3.7%。

第三，吸引了大量外资。一方面，私有化为外国投资者提供了众多投资机遇；另一方面，藤森政府采取了多种吸引外资的措施。更为重要的是，改革措施改善了秘鲁在国际上的形象，使其成为外国投资者青睐的投资场所。仅在 1996 年，进入秘鲁的外国直接投资净额就接近 35 亿美元。[1]

第四，金融自由化促进了金融业的发展，改善了银行业的经营状况，坏账和呆账比重从 1990 年的 20% 下降到 1995 年的 6%。[2] 资本市场取得了较快的发展。至 1997 年，股票市场上的交易量比 1990 年增长了 15 倍。[3] 银行向私人部门提供的贷款显著增加，普通消费者则更容易获得信用卡服务和自动取款机的服务，支票的使用也越来越普遍。

第五，税制改革和其他一些措施使财政形势得到了改善。一方面，藤森政府取消了多种财政补贴，从而降低了政府开支；另一方面，藤森政府通过打击偷税漏税和提高征税效率等手段，使税收总额相当于 GDP 的比重从 1990 年的不足 5% 上升到 1999 年的 12.5%。其结果是，秘鲁的财政形势得到了改善。1990 年，秘鲁的财政赤字相当于 GDP 的比重为 7.5%，至 1997 年，财政收支实现了 0.2% 的盈余。尽管此后几年又出现了逆差，但逆差相当于 GDP 的比重不大（1998—2000 年分别为 -0.8%、-31% 和 -3.1%）。[4]

第六，对外经济关系取得了较快的发展。1998 年，秘鲁加入了亚太经济合作组织（APEC），与亚太国家的关系上升到一个新的阶段。秘鲁与欧盟的关系不断发展。在 1990—2001 年期间，秘鲁与欧盟合作的项目

---

[1] ECLAC, *Current Conditions and Outlook: Economic Survey of Latin America and the Caribbean, 2002—2003*, August 2003, p. 40.

[2] Inter-American Development Bank, *Economic and Social Progress in Latin America, 1996 Report*, Johns Hopkins University Press, pp. 142–143. Patricia Ledesma Liebana, Financial Liberalization in a Dollarized Economy: Peru 1990–1995. （作者向美国拉美协会 1997 年度大会提交的论文。）

[3] C. Blevins, L. Vagassky and J. C. Wong, "Financial Liberalization and Money Demand in Peru: Implications for Monetary Policy", Intereconomics, March/April, 1999, p. 93.

[4] The Economist Intelligence Unit, *Peru: Country Profile*, 2001, p. 50.

资金总额高达 2.76 亿欧元，从而使秘鲁成为安第斯共同体中接受欧盟援助最多的国家。[①] 此外，秘鲁与日本和中国的关系也取得了较快的发展。

第七，在社会发展领域，藤森政府也取得了一些成就。例如，15 岁以上人口的文盲率从 1990 年的 14.3% 下降到 2000 年的 10.1%。其中男性的文盲率从同期的 7.9% 减少到 5.3%，女性的文盲率从同期的 20.6% 跌落到 14.6%。婴儿的死亡率从 1985—1990 年的 68‰ 下降到 1995—2000 年的 45‰。[②] 从表 2 可以看出，90 年代期间秘鲁的贫困率也有一定的下降。

表2　　　　　　　　　　　　秘鲁的贫困率　　　　　　　　　　单位：%

年份	农村	城市	全国
1991	68.0	50.3	54.0
1994	67.0	46.1	53.5
1997	64.7	40.0	49.0

资料来源：World Bank, *World Development Indicator*, 1998, 2005.

虽然藤森的改革具有上述正面作用，但它的局限性和负面影响也是不容忽视的。一是改革并没有解决长期存在的贫困问题。据世界银行的统计，1997 年秘鲁的贫困率仍然高达 49%。在 90 年代后期，由于国民经济的增长速度放慢，贫困问题变得更加突出。[③] 二是改革并没有使产业结构发生根本性的变化。藤森下台时，矿产品和鱼粉的出口收入占出口总额的比重仍然高达将近 2/3。这一出口商品结构与此前 40 年没有多大的变化。三是失业问题依然很严重。联合国拉美经委会的统计资料表明，藤森的"休克计划"启动后，首都利马的失业率立即从 1991 年的 5.9%

---

① EU, Peru: Country Strategy Paper 2002–2006. (http://europa.eu.int/comm/external_relations/peru/csp/02_06_en.pdf)

② ECLAC, *Anuario Estadistico de America Latina y el Caribe*, 2000, pp. 41, 50.

③ 必须指出的是，由于数据来源不同，对 90 年代秘鲁贫困状况的判断不尽相同。例如，*Hemisphere* 杂志刊载的一篇文章认为，在藤森当政的第一任期内，全国的穷人从 700 万上升到 1200 万。至 1995 年，全国总人口的一半生活在贫困线以下。(Juan Carlos Gamboa, "The Politics of Hope", *Hemisphere*, Fall 2001, p. 11)

上升到 1992 年的 9.4%。此后，失业率一直徘徊在 8%～9.2% 之间，一直高于拉美国家的平均水平。①

还应该指出的是，当年打着"诚信"旗号参与总统竞选的藤森，上台后虽然采取了不少反腐败的措施，但这些措施并没有从根本上遏制腐败。例如，在藤森当政时期，政府用于公共工程项目的投资总额高达 25 亿美元，因此建筑业是 90 年代发展最快的行业。这些工程通常是由政府部门与私人建筑公司共同承包的，而有些私人建筑公司的老板就是政府官员（其中之一是曾在 1993—1998 年期间任秘鲁经济部长的豪尔赫·卡梅）。藤森下台后，根据国会的调查，卡梅曾将国有企业私有化后政府获得的大量资金投入他自己承包的工程项目中。对此，藤森采取了听之任之的态度。

三 藤森的"另一种政绩"

在推动改革的同时，藤森还有力地打击了崇尚暴力活动的反政府组织。藤森的"硬拳出击"被视为其当政期间的"另一种政绩"。

秘鲁的反政府组织主要有两个：一个是"光辉道路"；另一个是图帕克·阿马鲁革命运动。由于它们经常使用恐怖主义手段，因此国际舆论经常称之为恐怖主义组织。

"光辉道路"成立于 20 世纪 60 年代后期，其创始人古斯曼曾经是一位在大学教授哲学的讲师。"光辉道路"是秘鲁最主要的反政府武装组织，曾制造无数起大大小小的恐怖事件，包括暗杀、绑架以及炸毁桥梁和其他基础设施。在藤森上台时，"光辉道路"控制了全国约 1/3 的地盘。2003 年 8 月 28 日，一个名为"真实与谅解委员会"公布了长达 400 页的调查报告。该委员会在 2 年的时间内调查了 17000 个证人。其结论是：在 1980—2000 年期间发生的各种政治暴力中，共有 69280 人被杀或

---

① ECLAC, *Preliminary Overview of the Economy of Latin America and the Caribbean*, December 1999, 2001.

失踪，其中54%的死亡与"光辉道路"从事的恐怖活动有关。①

图帕克·阿马鲁革命运动是由若干个激进的左派组织于1984年成立的。② 据估计，在成立之初，它的规模在300—600人之间，活动范围限于东部地区的丛林地带。它从事的恐怖主义活动虽然不及"光辉道路"那样频繁，但同样给秘鲁人民带来巨大的损失。

恐怖组织的暴力活动严重影响了秘鲁的投资环境，使国内外投资者趑趄不前。为了有效地打击恐怖主义组织，藤森赋予军队以任意逮捕嫌疑犯以及在军事法庭上进行秘密审判的权力。此外，藤森还鼓励农村地区的居民成立农民巡逻队（rondas campesinas），保护自己的生命和财产。

这些措施在一定程度上遏制了恐怖主义活动。1992年6月10日，图帕克·阿马鲁革命运动领导人珀雷被捕；同年9月12日，"光辉道路"头目古斯曼被擒。此后，恐怖主义活动大为减少。③ 但许多人权组织认为，秘鲁军队经常以打击恐怖主义为名，不尊重人权，甚至错杀无辜。

然而，藤森的渐进式改革并没有得到议会的支持。由于总统府与议会的矛盾无法调和，藤森依靠军队的支持，于1992年4月5日强行中止宪法，解散议会，并改组司法机构（罢免了23位大法官中的13位），集行政、立法和司法三权于一身。国际媒体称这一事件为藤森总统的"自我政变"（autogolpe）或"藤森政变"（fujigolpe）。翌年，新宪法问世。它规定，总统可以连任一届；对恐怖主义组织的头目可以处死刑；议会改为一院制。④

"自我政变"在国际上引起了众多非议。国际金融机构、美国、德国和西班牙暂停了一些援助计划的实施，委内瑞拉中止了与秘鲁的双边外

---

① Lucien Chauvin, "Peru: Truth, but No Reconciliation", *World Press Review*, November 2003.
② 图帕克·阿马鲁是印加王国最后一位国王。他于1572年被西班牙殖民主义者杀害。2个世纪后，他的曾孙率领一批人向西班牙人发动进攻，但因寡不敌众而被捕，于1781年被杀。
③ 当时的秘鲁财政部长Carlos Boloña对2000年出版的《藤森的档案：1990—2000年秘鲁与它的总统》（El Expediente Fujimori: Peru y su Presidente 1990 – 2000）一书作者说，如果藤森在那时还不能逮捕古斯曼，藤森政府可能就会倒台。（《藤森的档案：1990—2000年秘鲁与它的总统》一书的书评，载 *Foreign Policy*, Summer, 2000）
④ 一些观察家认为，藤森发动"自我政变"的根本目的是颁布新宪法，从而使他自己能够连选连任。

交关系，阿根廷则召回了其驻秘鲁的大使，阿根廷和智利甚至还要求美洲国家组织停止秘鲁在该组织中的席位。然而，仅仅过了2周，布什总统就承认藤森是秘鲁的"合法"总统。据报道，美国之所以默认藤森的"自我政变"，主要是因为藤森在打击"光辉道路"等暴力组织方面出手不凡。美国国务院负责拉美事务的一位高级官员说，如果"光辉道路"在秘鲁掌权，这个拉美国家会出现大规模的"种族大屠杀"。

藤森的"自我政变"不仅得到了军队和警察的支持，而且拥有较为坚实的群众基础。民意测验表明，藤森的支持率最高时曾达到73%。在1993年的全民公决中，藤森推出的新宪法获得了通过。这一宪法使藤森得以再次参加竞选。

毋庸置疑，藤森在经济领域中取得的成绩以及他在打击"光辉道路"时采取的强硬手段，使他在1995年4月的总统大选中以64%的选票击败了曾任联合国秘书长的候选人德奎利亚尔，趾高气扬地蝉联总统，并控制了议会。

藤森的第二任期开始后不久，秘鲁就与厄瓜多尔签署了和平条约，结束了在亚马孙地区长达一个多世纪的边界争端。此外，秘鲁还与智利解决了一些历史遗留问题。

但1996年12月发生的日本使馆人质事件使藤森陷入了非常尴尬的境地。12月17日晚，日本驻秘鲁大使在大使官邸为庆祝日本天皇63岁生日而举行招待会。正在宾主举杯畅饮之际，一伙恐怖分子冲进大使官邸，扣押了600多名人质。一场举世瞩目的人质危机由此开始。恐怖分子提出的要求之一是藤森政府必须释放数年前被抓获的图帕克·阿马鲁革命运动领导人。双方僵持数月之久，恐怖分子先后释放了300余名人质，但藤森政府始终没有让步。后来，在美国反恐怖特种部队的协助之下，藤森成功地解救了人质。①

人质危机的解决以及经济的复苏，在一定程度上增加了藤森的知名

---

① 1997年4月22日当地时间15时27分，军警突击队首先把通向官邸大厅的地道口炸开，当场炸死5名正在大厅内踢室内足球的恐怖分子。200多名政府军和特种警察在藤森的亲自指挥下冲入使馆，顺利救出人质。一场持续了126天的人质危机，在38分钟内得到彻底解决。

度。但经济形势的好转以及恐怖活动的减少，使秘鲁人开始把注意力转向人权、民主和腐败等问题上。与此同时，经济改革的副作用以及藤森在反腐败和民主建设等问题上的无所作为，为反对派向藤森发动进攻提供了难得的机会。因此，藤森的第二个任期远远不如第一个任期风光。

2000年4月的大选是藤森政治生涯的转折点。本次大选是秘鲁历史上竞争最为激烈的一次。在第一轮大选中，他与反对派候选人托莱多的得票都没有超过半数，按规定应举行第二轮选举。托莱多指责藤森在大选中有舞弊行为，要求推迟举行第二轮选举，但遭到藤森拒绝。托莱多愤然宣布退出竞选。5月28日，藤森在没有对手的第二轮选举中顺利地实现了第三次蝉联总统的计划。

虽然藤森在这一次有争议的大选中获得了胜利，但他面临的压力也与日俱增。同年9月，藤森的亲信、国家情报局局长蒙特西诺斯用重金收买反对派议员的"录像带丑闻"曝光后，秘鲁政局出现了动荡。据报道，藤森本人在电视上看到录像时，他的感觉就像"脸上中了一枚导弹"。

面对国内外的各种攻击和指责，藤森终于作出了一个举世震惊的选择。2000年11月17日，他赴文莱参加亚太经济合作组织领导人非正式会议后，未按计划到巴拿马出席伊比利亚美洲国家首脑会议，而是去了日本，并于20日在东京向秘鲁议会递交了辞呈。21日，秘鲁议会不是接受了藤森的辞职请求，而是将其罢免。

四 从"藤森现象"看拉美传统政治的发展方向

"藤森现象"的兴衰在一定程度上也是90年代以来拉美政治发展进程的缩影。这一缩影的特点是：以传统的老牌政党为基础的政治家失去了民众的支持，名不见经传的政治家脱颖而出，成为"新一代领导人"；"新一代领导人"推行的大刀阔斧的改革虽然取得了明显的成效，但改革的副作用使许多选民大失所望；国内政治格局的变化与社会转型过程中出现的矛盾和反对派的攻击结合在一起，使"新一代领导人"处于非常不利的地位。

在拉美政治舞台上,"藤森现象"的衰落与左派力量的东山再起几乎是同时出现的。众所周知,20世纪90年代初以前,随着拉美各国工业化进程的加快、工人阶级队伍的壮大以及政党政治的不断发展,该地区的左派力量在政治舞台上占据了重要的一席之地。一些左派人士甚至提出了各种理论,其中包括主张与世界经济"脱钩"的"依附论"以及希望用武力手段夺取政权的"游击中心论"。事实上,即便在六七十年代,面对军政府的残酷迫害,左派力量仍然在推动拉美政治民主化的斗争中发挥了重要作用。

苏联解体、东欧剧变后,世界社会主义运动遇到了挫折,拉美的左派力量陷入了低潮。许多人或退出左派党,或放弃原来的政治主张后转向右派党。曾几何时,拉美的右翼力量为能在拉美政治舞台上独霸天下而兴高采烈。美国更是为自己在西半球成功地"抵御共产主义影响"而沾沾自喜。

然而,最近几年,委内瑞拉、巴西和乌拉圭等拉美国家的左派通过民主选举的方式取得了总统选举的胜利;在不少拉美国家的地方选举和议会选举中,拉美的左派也有出色的表现,赢得了许多选民的支持。与此同时,主要由左派政党参与的"圣保罗论坛"正在不断地扩大自身的影响。无怪乎有人说,正当美国快速向右转的时候,拉美在向左转。

拉美左派力量的主张一般都包括以下内容:注重社会公正,推动社会发展,强化政府的作用,反对私有化,捍卫国家主权和反对霸权主义,等等。这些主张得到了拉美国家的许多非政府组织和反全球化人士的积极呼应。因此,当2004年11月亚太经济合作组织领导人非正式会议在智利首都圣地亚哥举行时,迎接布什的除了智利官方的外交礼节以外,还有无数智利人的抗议和示威,甚至还有人高呼:"布什滚回去!"

最近几年拉美左派力量能东山再起的内部原因是许多选民有求变的心态。当然,这一心态与他们面对的现实密切相关。

90年代以来,拉美国家进行了声势浩大的经济改革。其内容包括:对大量国有企业实施私有化,减少政府对经济生活的干预;实行以大幅度降低贸易壁垒为核心的贸易自由化;放松政府对金融部门的管制,搞金融自由化;取消对外资的多种限制,扩大国民经济的对外开放度。上述改革措施固然取得了一些成效，但同时也产生了不容忽视的副作用。例如，由于政府在社会发展领域中的作用被降低，许多社会问题不仅得不到解决，反而变得更加严重。又如，在国民经济对外开放的过程中，许多中小企业面临巨大的竞争压力，有些企业或缩小生产规模，或倒闭。其结果是，失业问题变得越来越严重。在一些国家，城市失业率高达20%。再如，虽然改革使不少人的生活水平得到提高，但贫困问题没有得到根本解决，而且收入分配不公的现象越来越严重。

这些问题使拉美的左派力量和广大选民认识到，拉美不能听凭新自由主义的摆布，必须与之作坚决的斗争。因此，拉美左派力量的复兴无疑向世人表明，拉美敢于向新自由主义说"不"！

此外，在许多拉美国家，政府官员的腐败和社会治安的恶化等问题，也使为数不少的拉美人对现实感到不满、甚至愤慨。他们希望自己的国家能出现一个不同于过去历届总统的"能人"，以一种超凡的手法解决各种问题。

乌拉圭或许是一个典型的例子。在2004年乌拉圭大选以前，这个国家一直由两个传统政党（代表大地主利益的白党和城市资产阶级利益的红党）轮流执政。2001—2002年邻国阿根廷爆发金融危机后，乌拉圭经济受害匪浅，危机的负面影响长期不能被消除。在大选前夕，乌拉圭的外资负担高达128亿美元，相当于GDP的107%，失业率为15%，32%的人生活在贫困线以下。因此，许多选民希望塔瓦雷·巴斯克斯这个政治立场有所不同的政治家能够扭转乾坤，使乌拉圭经济出现全面复苏。巴斯克斯本人似乎也很愿意担当这个历史重任。在就职典礼上，他说，乌拉圭人今后划分时间段的时候应该用"塔瓦雷之前"和"塔瓦雷之后"这样的提法（乌拉圭人常直呼其名，称总统为塔瓦雷）。言下之意是，巴斯克斯想以自己的当政来告别乌拉圭的过去。

2004年4月联合国发展署公布的题为《拉美的民主》的报告也能在一定程度上证明，拉美人对现实非常不满。该报告指出，在被调查的18个国家中，超过一半的人认为，如果专制统治能够解决拉美的经济问题，他们宁愿不要民主。该报告还说，许多拉美人对传统政党和政府的无能感到厌倦，因而希望新的领导人（即便是铁腕政治家也无妨）能够为国家带来新的气象，能够加快经济发展。

就外部因素而言，以下两个方面为拉美左派力量重振雄风提供了不可多得的契机。首先，中国经济的崛起与苏联解体、东欧剧变后这些国家出现的政局动荡、经济衰退和社会发展倒退这两种不同的"示范效应"，使拉美的许多左派人士认识到，资本主义并不是人类社会和拉美的最佳选择。其次，"第三条道路"的问世在一定程度上为拉美左派力量探索自己的前途提供了理论上的指导。在它的影响下，由左派政党和进步力量发起并参加的"圣保罗论坛"甚至提出了拉美国家应该进行"人民的革命""进步的革命""民主的革命"的主张。

应该指出，与传统意义上的左派不同的是，今天的左派人士不主张采用"对总统府发起武装攻击"这样的暴力手段来获取政权，也不愿意通过在农村或城市打游击战的方式来发动革命，而是希望实现"协商一致的变革"（乌拉圭总统语），即各派政治力量和社会各阶层通过和平的方式，在民主的框架内以法律手段解决分歧，在国家的各种大事方针上达成最大限度的共识。因此，即便是曾用枪杆子夺取政权的尼加拉瓜的桑地诺民族解放阵线，现在也放弃了用暴力手段推翻现政权的激进主张；而智利总统拉戈斯则不仅不像其他地区的反全球化人士那样反对自由贸易协定，反而积极地与有关国家探讨建立自由贸易区的可能性。巴西总统卢拉更是被许多人视为"一个现实的左派总统"。虽然他上台提出了引人注目的"零饥饿计划"，以缓解长期存在的社会问题，但在经济领域，他基本上延续了前政府的政策，以至于许多人在2005年年初召开的主要由反全球化人士和左派人士参加的"世界社会论坛"上指责他在经济领域中"向右转"。

面对当前拉美左派力量的兴起，必须要回答这样一个问题：在可预见的将来，拉美的左派力量能走多远？必须注意到，拉美毕竟是美国的"后院"，因此美国绝对不会允许拉美国家的左派力量在拉美一统天下。想当年，古巴革命胜利后，美国为抵御所谓"共产主义影响"在拉美扩散而实施了"争取进步联盟"。尽管这一经济援助计划并没有彻底奏效，但它毕竟使拉美的许多右翼政权获得了一个喘息的机会。美国的媒体指出，拉美左派力量的兴起将在一定程度上促使美国调整其拉美政策，用自由贸易和经济手段来控制拉美。

不容否认，有些拉美左派组织过去曾不择手段地用暴力手段（其中包括绑架、暗杀、炸毁桥梁和输电站）来扩大自己的声势。因此，许多人常把拉美的左派力量与恐怖主义联系起来。这一错误的观念，在反恐成为世界头等重大任务的今天，无疑是不利于拉美左派力量的发展前景的。

尽管拉美的左派力量不会在拉美政治舞台上一统天下，但查韦斯、卢拉和巴斯克斯等左派政治家接二连三地掌握政权，无疑印证了这样一个事实："钟摆现象"在拉美政治舞台上和经济领域中是司空见惯的。

（原载《拉丁美洲研究》2006 年第 3 期）

拉美外交

基于"一带一路"倡议的中国—拉美命运共同体探究

2013年9月和10月，中国国家主席习近平在出访哈萨克斯坦和印度尼西亚期间，先后提出共建"丝绸之路经济带"和"21世纪海上丝绸之路"（以下简称"一带一路"）的重大倡议，得到国际社会高度关注。据报道，习近平主席在2017年5月举行的"一带一路"国际合作高峰论坛上发表主旨演讲时，全程响起近30次掌声。这在一定程度上说明，国内外的与会者对"一带一路"有着积极的肯定和热忱的期盼。在中国共产党十九大的报告中，习近平主席五次提到"一带一路"。

2014年7月18日，习近平主席在巴西利亚出席中拉领导人会晤时发表了题为《努力构建携手共进的"命运共同体"》的主旨讲话。他说："让我们抓住机遇，开拓进取，努力构建携手共进的'命运共同体'，共创中拉关系的美好未来！"在十九大报告中，习近平总书记再次呼吁："各国人民同心协力，构建人类命运共同体，建设持久和平、普遍安全、共同繁荣、开放包容、清洁美丽的世界。"他还指出："世界命运握在各国人民手中，人类前途系于各国人民的抉择。中国人民愿同各国人民一道，推动人类命运共同体建设，共同创造人类的美好未来！"[1]

拉美是发展中世界的重要组成部分，在国际舞台上处于不容低估的

---

[1] 习近平：《决胜全面建成小康社会 夺取新时代中国特色社会主义伟大胜利——在中国共产党第十九次全国代表大会上的报告》，新华网，2017年10月27日，http://news.xinhuanet.com/politics/19cpcnc/2017-10/27/c_1121867529.htm.

地位。因此，将拉美视为"21世纪海上丝绸之路"的自然延伸，有利于扩大"一带一路"的覆盖面，有利于提升"一带一路"的国际地位，有利于调动拉美在构建人类命运共同体的过程中发挥更大的作用。

一 拉美是21世纪海上丝绸之路的自然延伸

根据中国国家发展改革委员会、外交部、商务部在2015年3月28日联合发布的《推动共建丝绸之路经济带和21世纪海上丝绸之路的愿景与行动》（以下简称《愿景与行动》）的介绍，"一带一路"贯穿亚欧非大陆，一头是活跃的东亚经济圈，一头是发达的欧洲经济圈，中间广大腹地国家经济发展潜力巨大。丝绸之路经济带重点畅通中国经中亚、俄罗斯至欧洲（波罗的海）；中国经中亚、西亚至波斯湾、地中海；中国至东南亚、南亚、印度洋。21世纪海上丝绸之路重点方向是从中国沿海港口过南海到印度洋，延伸至欧洲；从中国沿海港口过南海到南太平洋。[1] 由此可见，《愿景与行动》并未将大洋彼岸的拉美包括在内。

2017年5月14—15日，中国在北京主办"一带一路"国际合作高峰论坛。习近平主席在致开幕词时说："'一带一路'源自中国，但属于世界。'一带一路'建设跨越不同地域、不同发展阶段、不同文明，是一个开放包容的合作平台，是各方共同打造的全球公共产品。它以亚欧大陆为重点，向所有志同道合的朋友开放，不排除、也不针对任何一方。"[2] 在论坛开幕式的演讲中，习近平主席说："一带一路"建设植根于丝绸之路的历史土壤，重点面向亚欧非大陆，同时向所有朋友开放。不论来自亚洲、欧洲，还是非洲、美洲，都是"一带一路"建设国际合作的伙伴。"一带一路"建设将由大家共同商量，"一带一路"建设成果将由大家共

---

[1] 国家发展改革委、外交部、商务部：《推动共建丝绸之路经济带和21世纪海上丝绸之路的愿景与行动》，新华社经国务院授权发布，2015年3月，http://news.xinhuanet.com/2015-03/28/c_1114793986.htm.

[2] 《习近平在"一带一路"国际合作高峰论坛圆桌峰会上的开幕辞》，新华网，2017年5月15日，http://news.xinhuanet.com/politics/2017-05/15/c_1120976082.htm.

同分享。①

智利总统巴切莱特和阿根廷总统马克里出席了这一高峰论坛。5月13日，习近平主席在人民大会堂同智利总统巴切莱特举行会谈。习近平指出，双方要以双边自贸协定升级为主线，构建多元合作格局，在"一带一路"建设框架内对接发展战略，促进相互投资，推进两国在基础设施建设、地区互联互通、清洁能源、信息通信等领域重大合作项目。巴切莱特表示，很高兴来华出席"一带一路"国际合作高峰论坛并对中国进行访问。智中两国虽然相距遥远，但拥有广泛的共同利益，全面战略伙伴关系发展势头良好。② 5月17日，习近平主席在人民大会堂同阿根廷总统马克里举行会谈。习近平赞赏阿根廷支持并积极参与"一带一路"建设，强调拉美是21世纪海上丝绸之路的自然延伸。中方愿同拉美加强合作，包括在"一带一路"建设框架内实现中拉发展战略对接，促进共同发展，打造中拉命运共同体。马克里总统热烈祝贺刚刚闭幕的"一带一路"国际合作高峰论坛取得圆满成功，并表示，阿方致力于推动阿中全面战略伙伴关系深入发展。③

2017年5月18日，中国外交部发言人华春莹在回答记者提问时说：智利和阿根廷总统以及近20位拉美和加勒比国家部级官员及地区组织负责人出席"一带一路"国际合作高峰论坛。联合国拉美经委会执行秘书巴尔塞纳女士参加高级别会议政策沟通平行会议并代表拉美发言。参加论坛的拉美代表均表示愿推动地区和本国发展战略同"一带一路"倡议对接，加速南半球基础设施建设，促进南南合作。这反映出"一带一路"倡议契合拉美国家发展的需要，响应了拉美各国加强互联互通和互利合作的迫切愿望。她还指出，拉美和加勒比是发展中国家和新兴经济体集中的地区，是中国重要的合作伙伴。近年来，中拉各领域合作全面快速

---

① 《习近平在"一带一路"国际合作高峰论坛开幕式上的演讲》，新华网，2017年5月14日，http://news.xinhuanet.com/politics/2017-05/14/c_1120969677.htm.
② 《习近平同智利总统巴切莱特会谈》，《人民日报》2017年5月14日，http://paper.people.com.cn/rmrb/html/2017-05/14/nw.D110000renmrb_20170514_1-01.htm.
③ 《习近平同阿根廷总统马克里会谈》，《人民日报》2017年5月18日，http://paper.people.com.cn/rmrb/html/2017-05/18/nw.D110000renmrb_20170518_1-01.htm.

发展，进入了携手打造命运共同体的发展新阶段。"一带一路"建设是开放包容的发展平台，各国都是平等的参与者、贡献者和受益者。我们欢迎拉美国家积极参与"一带一路"国际合作，加强经济政策协调和发展战略对接，用共建'一带一路'的理念、原则和合作方式推动各领域务实合作，让"一带一路"倡议惠及更多国家和地区，更好地促进世界繁荣稳定。

"一带一路"国际合作高峰论坛是各方共商、共建"一带一路"，共享互利合作成果的国际盛会，也是加强国际合作、对接彼此发展战略的重要合作平台。这一会议的联合公报指出，"一带一路"能够在挑战和变革中创造机遇，我们欢迎并支持"一带一路"倡议。该倡议加强亚欧互联互通，同时对非洲、拉美等其他地区开放。

在"一带一路"高峰论坛期间及前夕，各国政府、地方、企业等达成一系列合作共识、重要举措及务实成果，中方对其中具有代表性的一些成果进行了梳理和汇总，形成高峰论坛成果清单。清单主要涵盖政策沟通、设施联通、贸易畅通、资金融通、民心相通五大类，共76大项、270多项具体成果。在这些成果中，与拉美有关的是：中国农业部与阿根廷农业产业部签署农业合作战略行动计划，与智利农业部签署关于提升农业合作水平的五年规划（2017—2021年），中国国家质量监督检验检疫总局与阿根廷和智利的相关部门签署检验检疫合作协议，中国国家旅游局与智利经济、发展与旅游部签署旅游合作备忘录。[①]

2017年6月13日，中国外交部部长王毅同巴拿马副总统兼外交部长德圣马洛签署了两国建交公报后表示，中方欢迎巴方积极参与"一带一路"建设。

2017年11月11日，王毅在越南岘港应约会见秘鲁外长卢纳。王毅欢迎秘方共同推动亚太自由贸易区进程，欢迎拉丁美洲积极参与"一带一路"建设。

[①] 《"一带一路"国际合作高峰论坛成果清单（全文）》，"一带一路"国际合作高峰论坛官方网站，2017年5月16日，http://www.beltandroadforum.org/n100/2017/0516/c24-422.html。

二 拉美与"一带一路"中的政策沟通

《愿景与行动》指出,"一带一路"的合作重点是"五通",即政策沟通、设施联通、贸易畅通、资金融通以及民心相通。因此,拉美被确定为21世纪海上丝绸之路的自然延伸后,如何使中拉双方从中受益,应从分析"五通"入手。

加强政策沟通是"一带一路"建设的重要保障。中国国家发展改革委、外交部和商务部发布的《推动共建丝绸之路经济带和21世纪海上丝绸之路的愿景与行动》表示,中国愿意与"一带一路"沿线国家"加强政府间合作,积极构建多层次政府间宏观政策沟通交流机制,深化利益融合,促进政治互信,达成合作新共识。沿线各国可以就经济发展战略和对策进行充分交流对接,共同制定推进区域合作的规划和措施,协商解决合作中的问题,共同为务实合作及大型项目实施提供政策支持"。[①]

应该指出的是,在"一带一路"倡议问世以前,中国就已同许多拉美国家建立了政策沟通机制,其中最常见的是:政府间常设委员会、高层协调与合作委员会、外交部政治磋商制度、外长级全面战略对话机制、经贸混合委员会以及科技混合委员会等。

在多边层面上,中国与拉美之间最重要的政策沟通机制就是中国—拉美和加勒比国家共同体(以下简称拉共体)论坛部长级会议。2015年1月8—9日,中国—拉共体论坛首届部长级会议在北京举行。拉共体成员国中29国外长、部长或高级代表出席,联合国拉美经委会、美洲开发银行、拉美开发银行等地区组织和机构代表作为嘉宾与会。习近平主席发表了题为《共同谱写中拉全面合作伙伴关系新篇章》的致辞。李克强总理集体会见与会拉方代表团团长。会议发表了《中拉论坛首届部长级会议北京宣言》《中国与拉美和加勒比国家合作规划(2015—2019)》

---

① 国家发展改革委、外交部、商务部:《推动共建丝绸之路经济带和21世纪海上丝绸之路的愿景与行动》,新华社经国务院授权发布,2015年3月,http://news.xinhuanet.com/2015-03/28/c_1114793986.htm.

《中拉论坛机制设置和运行规则》。[①]

上述对话机制呈现出三个显著的特点：一是规格高，例如，中国与巴西之间的高层协调与合作委员会是由中国副总理和巴西副总统主持的。二是由来已久，例如，早在1978年，中国和智利就成立了经贸混合委员会。这可被视为中拉政策沟通中最早成立的机制。三是覆盖面广，涉及政治、外交、经贸和科技等领域。

除上述较为机制化的政策沟通以外，中国与拉美之间还有一些非机制化的对话。例如，中国外交部官员经常性地与拉美国家驻华使节进行工作交流。2017年11月28日，外交部部长助理秦刚与拉美和加勒比19国驻华使节进行集体工作交流。秦刚在致辞中回顾了近年来中拉关系取得的开创性成就，介绍了新时代中国特色大国外交为拉美发展带来的机遇。他说中方愿在"一带一路"框架内同拉方加强发展战略对接，共同构建中拉命运共同体，引领中拉合作再上新台阶。此外，他还同各国使节就中拉务实合作、人文交流和中拉论坛合作等议题交换了意见。拉美国家的使节们高度评价中国发展成就，赞赏中方对拉政策，一致表示愿与中方一道，推动中拉关系和各领域合作不断深入发展。[②]

在"一带一路"倡议的推动下，中国与拉美之间的政策沟通必然会进一步完善。为使政策沟通富有成效，应该关注以下几个问题：

一是如何落实"对接"。2017年5月14日，中国国家发展改革委主任何立峰在"一带一路"国际合作高峰论坛"政策沟通和战略对接"平行主题会议上说："经过三年多来与各国共同推进'一带一路'建设的实践，我们体会到，做好国与国之间的政策沟通，需要重点加强四个层面的对接。"这四个对接是：发展战略的对接、发展规划的对接、机制与平台的对接以及具体项目的对接，其中最重要的是发展战略的对接和发展规划的对接。但是，绝大多数拉美国家缺乏明确的发展战略和发展规划，因此，在落实上述四个层面的对接时，必须考虑到这一不利因素。

[①] 中国—拉共体论坛第二届部长级会议于2018年1月在智利首都圣地亚哥举行。
[②] 《外交部部长助理秦刚与拉美和加勒比国家驻华使节进行集体工作交流》，外交部网站，2017年11月29日，http://www.fmprc.gov.cn/web/wjbxw_673019/t1514920.shtml。

二是如何正确处理双边与多边的关系。在中国与拉美之间现有的政策沟通机制中，只有中国—拉共体的部长级会议、中国—拉共体"四驾马车"外长对话和国家协调员会议是在多边层面上进行的，其他都是双边的。诚然，多边层面上的政策沟通既能节省双方的外交资源，又能推动中国与拉美的整体合作；既能讨论全球性的重大问题，也能讨论区域性的和次区域性的问题。但是，拉共体正处于不断完善和成熟的初级阶段，在拉美事务中的作用不大，因此，中拉关系主体依然是双边关系。换言之，中国与拉美在各个领域展开的合作，最终还是应该在双边层面上加以落实。

三是如何使双方的智库为政策沟通做出更大的贡献。如要使政策沟通事半功倍，就应该向对方展示深思熟虑的、正确的、切实可行的和义利兼顾的政策。中国和拉美国家的外交部门的外交艺术越来越高超，决策能力越来越强。但这并不意味着智库的作用是可有可无的，事实上，智库能从学术的角度出发，为参与政策对话的政府官员提供坚实的学术支撑。

三 拉美与"一带一路"中的设施联通

设施联通的核心是基础设施互联互通，也是"一带一路"建设的优先领域。《愿景与行动》指出，"在尊重相关国家主权和安全关切的基础上，沿线国家宜加强基础设施建设规划、技术标准体系的对接，共同推进国际骨干通道建设，逐步形成连接亚洲各次区域以及亚欧非之间的基础设施网络"。

该文件还确定了设施联通的6个重点领域：（1）抓住交通基础设施的关键通道、关键节点和重点工程，优先打通缺失路段，畅通瓶颈路段，配套完善道路安全防护设施和交通管理设施设备，提升道路通达水平。（2）推进建立统一的全程运输协调机制，促进国际通关、换装、多式联运有机衔接，逐步形成兼容规范的运输规则，实现国际运输便利化。（3）推动口岸基础设施建设，畅通陆水联运通道，推进港口合作建设，增加海上航线和班次，加强海上物流信息化合作。（4）拓展建立民航全面合作的平台和机制,加快提升航空基础设施水平。(5)加强能源基础设施互联互通合作,共同维护输油、输气管道等运输通道安全,推进跨境电力与输电通道建设,积极开展区域电网升级改造合作。(6)共同推进跨境光缆等通信干线网络建设,提高国际通信互联互通水平,畅通信息丝绸之路。加快推进双边跨境光缆等建设,规划建设洲际海底光缆项目,完善空中(卫星)信息通道,扩大信息交流与合作。①

虽然人类无法在太平洋上修桥铺路,但中国与拉美之间的海上航道和空中航线早已有之,并在双方的贸易和人员交往中发挥着重要的作用。当然,为了进一步推动双方的设施联通,有必要在不损害商业价值的条件下增加更多的航道和航线。

事实上,在中拉关系中,设施联通也应该包括中国与拉美基础设施领域中的合作。众所周知,在拉美,由于基础设施部门长期以来缺乏足够的投资,"瓶颈"效应日益明显。英国《金融时报》的一篇文章认为,"高成本让巴西厂商难以承受。将一瓶葡萄酒从米奥罗位于葡萄园山谷的葡萄园运输至不到500公里之外的最近港口,成本与将这瓶葡萄酒发运至中国一样多"。②

中国愿意为改善拉美的基础设施做出贡献。2014年7月16日,正在拉美进行国事访问的中国国家主席习近平与巴西总统罗塞夫和秘鲁总统乌马拉在巴西利亚举行会晤,就扩大南美洲交通基础设施建设,推动南美洲和亚洲市场相互连接交换意见。三国领导人表示,愿意共同挖掘潜力,实现巴西同秘鲁铁路线贯通。为此,他们指示各自政府相关部门共同努力,就建设连接巴西和秘鲁的两洋铁路进行可行性基础研究。③翌日,习近平主席出席中国—拉美和加勒比国家领导人会晤并发表题为

---

① 国家发展改革委、外交部、商务部:《推动共建丝绸之路经济带和21世纪海上丝绸之路的愿景与行动》,新华社经国务院授权发布,2015年3月,http://news.xinhuanet.com/2015-03/28/c_1114793986.htm.

② 李若瑟:《桑巴国度的葡萄酒雄心》,《金融时报》(中文版)2013年6月19日,http://www.ftchinese.com/story/001050964?full=y.

③ 《中国—巴西—秘鲁关于开展两洋铁路合作的声明》,新华网,2014年7月18日,http://news.xinhuanet.com/world/2014-07/18/c_1111686230.htm.

《努力构建携手共进的命运共同体》的主旨讲话。他说，中方希望与拉美共同构建"1+3+6"合作新框架，推动中拉务实合作在快车道上全面深入发展。"6"就是包括基础设施在内的"六大领域"。他还宣布，为推动双方在上述领域互利合作，中方将正式实施100亿美元中拉基础设施专项贷款，并在这一基础上将专项贷款额度增至200亿美元。①

2017年6月1日，第三届中国—拉美和加勒比国家基础设施合作论坛在澳门开幕。商务部副部长兼国际贸易谈判副代表俞建华出席开幕式并致辞。他说，拉美是21世纪海上丝绸之路的自然延伸，中方愿与拉美国家一道，在中拉基础设施合作领域秉承和平合作、开放包容、互学互鉴、互利共赢的丝路精神，共同促进双方基础设施领域的合作和繁荣发展。②

为了使中国和拉美在"21世纪海上丝绸之路"倡议下进一步做好设施联通，有必要认真对待以下三个问题：

一是能否寻求最佳的合作模式。基础设施领域的投资具有资金需求量大、施工期限长、技术难度高以及投资回报慢等特点。根据以往合作的经验及拉美的现实条件，公私合营模式（PPP）以及建设—经营—转让（BOT）模式具有一定的优势。

二是能否最大限度地规避各种风险。在拉美，由于基础设施领域的工程项目在当地乃至全国都会产生重大的影响力，因此，各种利益集团与政府、执政党和反对党的关系遂变得极为复杂，由此而来的风险不容低估。墨西哥的高铁项目就是一个典型的案例。③

三是能否认真做好可行性研究。基础设施领域的绝大多数工程项目

---

① 《习近平在中国—拉美和加勒比国家领导人会晤上的主旨讲话》，新华网，2014年7月18日，http://news.xinhuanet.com/world/2014-07/18/c_1111688827.htm。

② 《第三届中国—拉美和加勒比国家基础设施合作论坛在澳门举行》，商务部网站，2017年6月5日，http://www.mofcom.gov.cn/article/ae/ai/201706/20170602586121.shtml。

③ 2014年11月4日，墨西哥通信和交通部宣布，中国铁建与中国南车及4家墨西哥本土公司组成的联合体中标墨西哥城至克雷塔罗高速铁路项目。但在2天后，它刚发布了取消该项目中标结果的消息，并决定重启投标程序。2015年1月30日，墨西哥财政和公共信贷部发布公告，宣布无限期搁置墨西哥城至克雷塔罗高铁项目。中国国家发展改革委新闻发言人说，中国企业为参与该项目招标开展了大量工作，付出了很大的人力和财力。中方希望墨西哥政府妥善处理项目搁置引起的后续问题，切实保障中国企业的合法权益，并采取积极措施促进两国务实合作向前发展。

耗资巨大，因此，能否提升商业价值以及能否盈利，应该是难以轻视的重大问题。为了避免如委内瑞拉高铁项目之类的"停工"再次发生，有必要认真做好可行性研究，正确处理义利关系。①

四 拉美与"一带一路"中的贸易畅通

贸易畅通主要是投资贸易合作，也是"一带一路"建设的重点内容。《愿景与行动》指出，"宜着力研究解决投资贸易便利化问题，消除投资和贸易壁垒，构建区域内和各国良好的营商环境，积极同沿线国家和地区共同商建自由贸易区，激发释放合作潜力，做大做好合作'蛋糕'"。该文件还指出，贸易畅通要做到以下几点：（1）沿线国家宜加强信息互换、监管互认、执法互助的海关合作，以及检验检疫、认证认可、标准计量、统计信息等方面的双多边合作，推动世界贸易组织《贸易便利化协定》生效和实施。（2）拓宽贸易领域，优化贸易结构，挖掘贸易新增长点，促进贸易平衡。（3）加快投资便利化进程，消除投资壁垒。加强双边投资保护协定、避免双重征税协定磋商，保护投资者的合法权益。（4）拓展相互投资领域，开展农林牧渔业、农机及农产品生产加工等领域深度合作，积极推进海水养殖、远洋渔业、水产品加工、海水淡化、海洋生物制药、海洋工程技术、环保产业和海上旅游等领域合作。（5）推动新兴产业合作，按照优势互补、互利共赢的原则，促进沿线国家加强在新一代信息技术、生物、新能源、新材料等新兴产业领域的深入合作，推动建立创业投资合作机制。（6）优化产业链分工布局，推动上下游产业链和关联产业协同发展，鼓励建立研发、生产和营销体系，提升区域产业配套能力和综合竞争力。②

---

① 当年，委内瑞拉总统查韦斯向中国求助，以获取铺设一条从迪纳科至阿纳科（全长480公里）的铁路项目的工程技术和融资。2009年，这条合同总金额为75亿美元的铁路开工建设，承包商为中国中铁股份有限公司，但工程进度非常缓慢，最终被迫全面停工。

② 国家发展改革委、外交部、商务部：《推动共建丝绸之路经济带和21世纪海上丝绸之路的愿景与行动》，新华社经国务院授权发布，2015年3月，http://news.xinhuanet.com/2015-03/28/c_1114793986.htm。

双边贸易是中拉经贸关系的主体。如表1所示，2000年，双边贸易额仅为126亿美元，2007年突破1000亿美元，2014年达到前所未有的2632亿美元。但此后开始连续下降，2016年下降到2170亿美元，2017年有望终止负增长。如果2017年的双边贸易额增长的态势能够维持，2025年中拉双边贸易额达到5000亿美元的目标是有望实现的。[1]

表1　　　　　　　　中国与拉美国家的双边贸易额

年份	2000	2004	2007	2010	2014	2015	2016
亿美元	126	400	1027	1836	2632	2359	2170

资料来源：中国国家统计局，http：//data.stats.gov.cn/easyquery.htm？cn = C01.

在"一带一路"倡议中，贸易畅通不仅包括贸易，而且涉及投资。中国在拉美的直接投资也在稳步增长。1992年12月，首钢购买了秘鲁铁矿公司98.4%的股份及其所属670.7平方千米矿区的永久性开采权、勘探权和经营权。[2] 这是中国在拉美的第一个较大规模的直接投资项目。根据中国商务部、国家统计局、国家外汇管理局联合发布的《2016年度中国对外直接投资统计公报》，截至2016年，中国在拉美的直接投资存量已高达2071.5亿美元，占中国在全球范围内直接投资总量的15.3%。应该指出的是，中国在拉美的直接投资主要分布在开曼群岛、英属维尔京群岛、巴西、委内瑞拉、阿根廷、厄瓜多尔、牙买加、秘鲁、特立尼达和多巴哥、墨西哥等。[3]

将拉美作为21世纪海上丝绸之路的自然延伸，必然会有力地促进中拉经贸关系。为了进一步推动贸易畅通，有必要采取以下措施：

---

[1] 2015年1月8日，习近平主席在中国—拉共体论坛首届部长级会议开幕式上致辞时说："我们要共同努力，实现10年内中拉双方贸易规模达到5000亿美元、中国在拉美地区直接投资存量达到2500亿美元的目标。"转引习近平《共同谱写中拉全面合作伙伴关系新篇章》，新华网，2015年1月8日，http：//news.xinhuanet.com/world/2015 - 01/08/c_1113929589.htm.

[2] 《海外事业：秘鲁铁矿》，首钢网站，http：//www.zs.com.cn/cn/bltk.asp.

[3] 商务部合作司：《2016年度中国对外直接投资统计公报》，2017年9月30日，http：//fec.mofcom.gov.cn/article/tjsj/tjgb/201709/20170902653690.shtml.

一是要正确认识中拉经贸关系中的互补性。中国的比较优势是制造业能力强，拉美的比较优势是自然资源丰富。双方的比较优势奠定了互补性的基础，也为双边贸易提供了动力。但是，拉美国家对中拉贸易模式很不满意，认为这一模式导致拉美国家无法改善其产业结构，助长了拉美经济的"大宗商品化"和"再第一产业化"。诚然，这样的批评当然是毫无道理的，因为中拉经贸关系有利于拉美发挥其比较优势，有利于拉美获取更多的出口收入，甚至还有利于拉美实现其对外经济关系的多元化。但是，中国确实也应该尽量照顾拉美的利益诉求，进一步向拉美的非传统出口商品开放市场。

二是要积极应对贸易失衡。中国并非与所有拉美国家的贸易都是顺差，但顺差的国家为数不少，而且数额很大。如在 2016 年，中国与墨西哥的双边贸易总额为 427 亿美元，中国出口 324 亿美元，进口 103 亿美元，中国顺差 221 亿美元，大大超过墨西哥对中国的出口额。根据墨西哥的统计数字，中国的顺差额更大。同年，中国与哥伦比亚的双边贸易总额为 93 亿美元，中国出口 67.6 亿美元，中国进口 25.4 亿美元，中国顺差 42.2 亿美元，同样大大超过哥伦比亚对中国的出口额。[①] 当然，压缩中国的顺差并非减少对拉美的出口，而是要进一步扩大从拉美的进口。

三是要力求与更多的拉美国家签署自由贸易协定。迄今为止，中国与 3 个拉美国家（智利、秘鲁和哥斯达黎加）签署了自由贸易协定。中智自由贸易协定甚至已成功地升级。[②] 事实表明，这 3 个协定是实实在在

[①] 中国国家统计局。http://data.stats.gov.cn/easyquery.htm?cn=C01.

[②] 2017 年 11 月 11 日，在习近平主席和智利总统米歇尔·巴切莱特的共同见证下，中国商务部部长钟山与智利外交部部长埃拉尔多·穆尼奥斯分别代表两国政府，在亚太经合组织第二十五次领导人非正式会议所在地越南岘港正式签署中国与智利自由贸易协定升级谈判的成果文件《中华人民共和国政府与智利共和国政府关于修订〈自由贸易协定〉及〈自由贸易协定关于服务贸易的补充协定〉的议定书》。该议定书不仅对原有协定的货物贸易市场准入、服务贸易、原产地规则和经济技术合作 4 个领域进行升级，而且增加了海关程序和贸易便利化、电子商务、竞争、环境与贸易 4 个章节的内容。（见《商务部国际司负责人解读中国—智利自贸协定升级《议定书》》，中华人民共和国商务部网站，2017 年 11 月 11 日，http://www.mofcom.gov.cn/article/ae/ag/201711/20171102668840.shtml.

的双赢，对推动中国与上述三国的经贸关系做出了重大贡献。因此，中国应该与更多的拉美国家达成自由贸易协定，尤其要尽快结束中国—哥伦比亚自由贸易协定的可行性研究，以便向拉美和世界昭示中国积极参与开放型世界经济的决心，并使更多的拉美国家受益于21世纪海上丝绸之路。①

四是要继续加大在拉美制造业和农业等实体经济部门投资的力度。虽然中国在拉美的投资不断扩大，但大多数投资流向开曼群岛和英属维尔京群岛。如在2016年，这两个投资目的地的存量高达1929.7亿美元，占中国在整个拉美地区直接投资存量的93.2%。就行业分布而言，租赁和商务服务业占33.3%，信息传输、软件和信息技术服务业占18.4%，批发和零售业占17.9%，金融业占11.7%，采矿业占7.7%。② 由此可见，制造业和农业尚未成为中国投资拉美的重点领域。这显然不符合中方倡导的"1+3+6"务实合作框架。因此，落实21世纪海上丝绸之路在拉美的"自然延伸"，有必要更加重视在拉美制造业和农业等实体经济部门投资的力度。

五 拉美与"一带一路"中的资金融通

资金融通是"一带一路"建设的重要支撑。《愿景与行动》提出，（1）扩大沿线国家双边本币互换、结算的范围和规模；（2）支持沿线国家政府和信用等级较高的企业以及金融机构在中国境内发行人民币债券；（3）加强金融监管合作，推动签署双边监管合作谅解备忘录，逐步在区域内建立高效监管协调机制；（4）充分发挥丝路基金以及各国主权基金的作用，引导商业性股权投资基金和社会资金共同参与"一带一路"重

---

① 2012年5月9日，中国—哥伦比亚自由贸易协定的可行性研究正式启动。（见"中国与哥伦比亚启动自贸区联合可行性研究"，中国自由贸易区服务网，中国商务部，2012年5月10日。http://fta.mofcom.gov.cn/article/chinacolumbia/chinacolumbianews/201509/28687_1.html.）

② 《2016年度中国对外直接投资统计公报》，商务部合作司：2017年9月30日9时27分。http://fec.mofcom.gov.cn/article/tjsj/tjgb/201709/20170902653690.shtml.

点项目建设。①

在当今国际经济关系中,伴随着金融全球化的发展,经贸关系的推进必然会提升资金融通的必要性和可行性,中拉经贸关系亦然。在中方倡导的"1+3+6"务实合作框架内,"三大引擎"之一就是金融合作。②这与"一带一路"建设的资金融通是不谋而合的。

中国与拉美在资金融通领域的合作已初见成效。例如,2015年9月1日,中国人民银行宣布,为推进中拉产能合作,中国人民银行、国家外汇管理局会同国家开发银行成立了中拉产能合作投资基金,首期规模100亿美元。依照《中华人民共和国公司法》,中拉产能合作投资基金有限责任公司已于2015年6月16日在北京注册成立。中国人民银行有关负责人表示,该基金秉承商业化运作、互利共赢、开放包容的理念,尊重国际经济金融规则,通过股权、债权等多种方式,投资于拉美地区制造业、高新技术、农业、能源矿产、基础设施和金融合作等领域。③

2016年1月12日,中拉合作基金正式投入运营。该基金是由习近平主席在2014年7月出席中国—拉美和加勒比国家领导人会晤时宣布启动的,由中国进出口银行和国家外汇管理局共同发起,总规模100亿美元。它将通过股权、债权等方式投资拉美地区能源资源、基础设施建设、农业、制造业、科技创新、信息技术、产能合作等领域,支持中国和拉美各国间的合作项目,符合拉美经济和社会的可持续发展。

2017年5月30日,中国—巴西扩大产能合作基金正式启动。该基金是中国国务院总理李克强在2015年5月访问巴西期间双方达成共识后决定成立的。经过商定,它由双方共同出资、共同管理,共同决策、共同受益,体现了共商、共建、共享的合作精神。根据协议,中方向基金出

---

① 国家发展改革委、外交部、商务部:《推动共建丝绸之路经济带和21世纪海上丝绸之路的愿景与行动》,新华社经国务院授权发布,2015年3月,http://news.xinhuanet.com/2015-03/28/c_1114793986.htm.

② 其他两个"引擎"是贸易和投资。

③ 《中拉产能合作投资基金起步运行》,新华网,2015年9月1日,http://news.xinhuanet.com/2015-09/01/c_1116441150.htm.

资 150 亿美元，巴方出资 50 亿美元。双方将遵循商业原则，按照市场化运作机制，共同寻找合作机会。

亚洲基础设施投资银行（亚投行）是一个政府间性质的亚洲区域多边开发机构，按照多边开发银行的模式和原则运营，重点支持亚洲地区基础设施建设。迄今为止，秘鲁、委内瑞拉、智利、玻利维亚、阿根廷和厄瓜多尔已获准成为其正式成员。2015 年 3 月 27 日，巴西总统府发表新闻公告，表示巴西将以意向创始成员国身份加入亚洲基础设施投资银行。①②

中国人民银行已与巴西、阿根廷、苏里南和智利四国签署了本币互换协议（见表 2），并分别在 2015 年 5 月和 9 月指定中国建设银行智利分行和中国工商银行阿根廷分行为人民币清算行。中国工商银行、中国银行、中国建设银行和中国交通银行已在拉美开设了十多家分支机构。③

表 2　中国人民银行和其他中央银行或货币当局双边本币互换一览表

国家	协议签署时间	互换规模	期限
阿根廷	2009 年 4 月 2 日	700 亿元人民币/380 亿阿根廷比索	3 年
	2014 年 7 月 18 日（续签）	700 亿元人民币/900 亿阿根廷比索（续签）	
	2017 年 7 月 18 日（续签）	700 亿元人民币/1550 亿阿根廷比索（续签）	
巴西	2013 年 3 月 26 日（已失效）	1900 亿元人民币/600 亿巴西雷亚尔	3 年
苏里南	2015 年 3 月 18 日	10 亿元人民币/5.2 亿苏里南元	3 年
智利	2015 年 5 月 25 日	220 亿人民币/22000 亿智利比索	3 年

资料来源："中国人民银行和其他中央银行或货币当局双边本币互换一览表（截至 2017 年 7 月底）"。http://www.pbc.gov.cn/huobizhengceersi/214481/214511/214541/3353326/index.html.

2014 年 7 月 17 日，习近平主席在中国—拉美和加勒比国家领导人会晤上发表主旨讲话时表示，"中方将正式实施 100 亿美元中拉基础设施专

---

① 根据亚投行的有关政策，2015 年 3 月 31 日是其接收意向创始成员国申请的截止日期。此后申请加入的国家，可以普通成员加入。

② https://www.aiib.org/en/about-aiib/governance/members-of-bank/index.html.

③ 《日媒：亚投行成员增至 84 个，白俄罗斯等四国正式加入》，环球网，2017 年 12 月 19 日，https://m.huanqiu.com/r/MV8wXzExNDYwNTY5XzEyNTlfMTUxMzY2OTA4MA.

项贷款,并在这一基础上将专项贷款额度增至200亿美元。中方还将向拉美和加勒比国家提供100亿美元的优惠性质贷款"①。截至2017年6月,中国已向拉美提供了超过1400亿美元贷款,相当于美洲开发银行、安第斯开发银行和世界银行对拉美提供的贷款之和。②

拉美被确定为21世纪海上丝绸之路的自然延伸后,中拉经贸关系有望出现新的发展态势。为使资金融通在这一关系中扮演更为重要的角色,有必要关注以下几个问题:

一是如何确保中国的资金符合"三性原则"(安全性、流动性和盈利性)。在金融全球化时代,资金的"三性原则"的重要性不仅没有降低,反而更为突出。作为发展中国家,中国应该珍惜资金的来之不易。因此,在与拉美国家推动资金融通时,必须高度关注拉美的"国家风险",最大限度地确保"三性原则"得到应有的尊重。

二是如何大力发展普惠金融。为使拉美得益于21世纪海上丝绸之路,不能轻视中小企业的地位和作用。但是,在拉美,中小企业无法获得足够的资金。因此,中国与拉美在资金融通领域的合作,应该关注普惠金融。只有通过扩大金融服务的覆盖面和包容性,让更多的人分享到金融的好处,才能使经济增长更持久、更强劲。国际货币基金组织最近的研究表明,更具金融包容性的国家的经济增长率要比金融包容性较差的国家高出2—3个百分点。③

三是如何消除国际上的一些错误认知。国际上对中国与拉美的资金融通有不少错误的认知,有些认知甚至是毫无根据的臆想。概而言之,这些错误的认知主要包括:(1)中国的贷款加重了拉美债权国的债务负担,使其蒙受了爆发债务危机的巨大风险;(2)中国的贷款导致拉美沉湎于一种"不思进取的文化"(a culture of complacency)中,削弱了拉美

---

① 《努力构建携手共进的命运共同体——在中国—拉美和加勒比国家领导人会晤上的主旨讲话》,新华网,http://news.xinhuanet.com/politics/2014-07/18/c_1111688827.htm.
② 《专访:资金融通助力中拉产能合作——访中国驻巴西大使李金章》,2017年5月31日,http://news.xinhuanet.com/fortune/2017-05/31/c_1121065209.htm.
③ 《国际货币基金组织总裁拉加德发言实录》,中国人民银行网站,2017年7月14日,http://www.pbc.gov.cn/rmyh/3339765/3339842/3339769/index.html.

国家强化自身竞争力的紧迫性;(3)中国的贷款主要流向委内瑞拉,从而使委内瑞拉政府得以"苟延残喘"。① 毫无疑问,这些不正确的看法既不利于中国的国际形象,也有害于中拉在资金融通领域中加强合作的舆论氛围。

四是如何加大与美洲开发银行合作的力度。美洲开发银行在拉美经济和社会发展进程中发挥着举足轻重的地位。中国自 1991 年起每年都应邀派团以观察员身份参加美洲开发银行年会。1993 年 9 月,中国人民银行正式向该行提出加入申请。2009 年 1 月,中国人民银行代表中国正式加入美洲开发银行集团。此后,双方的关系不断发展。如在 2016 年 4 月,全国政协副主席、中国人民银行行长周小川率团出席在巴哈马首都拿骚举行的第 57 届年会期间,见证中拉产能合作投资基金与美洲行及其下属美洲投资公司签署三方框架性合作协议。

毫无疑问,这样的合作既能强化中国与该行的合作,也能扩大中拉资金融通的覆盖面;既能推动中国、拉美、美洲开发银行三方之间的合作,也能借助外力实现中国资金的"三性原则"。因此,在落实拉美是 21 世纪海上丝绸之路的"自然延伸"时,要重视该行在中拉资金融通中的重要作用。

六 拉美与"一带一路"中的民心相通

民心相通是"一带一路"建设的社会根基。《愿景与行动》要求"一带一路"沿线国家能"传承和弘扬丝绸之路友好合作精神,广泛开展文化交流、学术往来、人才交流合作、媒体合作、青年和妇女交往、志愿者服务等,为深化双多边合作奠定坚实的民意基础"。该文件还提出了促进民心相通的具体建议:(1)扩大相互间留学生规模,开展合作办学。(2)互办文化年、艺术节、电影节、电视周和图书展等活动,合作开展

---

① Andres Oppenheimer, "China loans to Latin America causing alarm", *Miami Herald*, February 28, 2015. http://www.miamiherald.com/news/local/news-columns-blogs/andres-oppenheimer/article11399156.html.

广播影视剧精品创作及翻译，联合申请世界文化遗产，共同开展世界遗产的联合保护工作。深化沿线国家间人才交流合作。（3）加强旅游合作，扩大旅游规模。（4）强化与周边国家在传染病疫情信息沟通、防治技术交流、专业人才培养等方面的合作，提高合作处理突发公共卫生事件的能力。（5）加强科技合作。（6）整合现有资源，积极开拓和推进与沿线国家在青年就业、创业培训、职业技能开发、社会保障管理服务、公共行政管理等共同关心领域的务实合作。（7）充分发挥政党、议会交往的桥梁作用，加强沿线国家之间立法机构、主要党派和政治组织的友好往来。（8）开展城市交流合作。（9）加强沿线国家民间组织的交流合作。（10）加强文化传媒的国际交流合作，积极利用网络平台，运用新媒体工具，塑造和谐友好的文化生态和舆论环境。

"国之交在于民相亲，民相亲在于心相通。"实现民心相通的有效手段之一就是人文交流。早在中华人民共和国成立之初，为了打破西方的封锁和遏制，中国与拉美之间就已开始致力于民心相通。在最近的一二十年，随着中国改革开放步伐的不断加快，中拉人文交流也随之提速。例如，拉美的学者、记者、艺术家和政府官员常应邀来华访问、进修或考察，有些活动的时间持续数周或数月，根本不是"走马观花"；越来越多的拉美文学作品（尤其是诺贝尔文学奖获得者的作品）被译成中文，中国的许多文学作品也被译成西班牙语或葡萄牙语；中国已在许多拉美国家开设了数十个孔子学院，吸引了大量当地人去学习汉语；《中国日报》《今日中国》等外文报刊早已在拉美发行。在中方的倡议下，2016年被确定为"中拉文化交流年"。毫无疑问，这些形式的人文交流为推动中拉双方的民心相通做出了贡献。但是必须承认，中国与拉美的相互认知有待加深。

"唯以心相交，方能成其久远。""相交"是双向的，亦即既要了解对方，又要被对方了解。但是，中国与拉美相距遥远，还面临着文化、语言、思维和行为方式等方面的巨大差异。因此，民心相通的难度是可想而知的。但这并不意味着双方可以知难而退。相反，双方应该充分利用拉美被视为21世纪海上丝绸之路的自然延伸这一不可多得的历史机遇，采取以下措施：

一是要充分利用全球化、网络化和信息化的优势。传统的书刊报纸依然在人文交流中发挥着重要作用，但在全球化、网络化和信息化时代，信息流通的速度更快，范围更广，方式方法更新颖。因此，有必要创新人文交流的手段，使双方的宣传更容易深入人心。

二是要大力培养更多的"亲华""知华"人士。2014年7月17日，习近平主席在巴西利亚举行的中国—拉美和加勒比国家领导人会晤上宣布，在未来5年内，中方将向拉美和加勒比国家提供6000个政府奖学金名额、6000个赴华培训名额以及400个在职硕士名额，邀请1000名拉美和加勒比国家政党领导人赴华访问交流，并于2015年启动"未来之桥"中拉青年领导人千人培训计划。这些人文交流项目将使一万多名拉美的各界人士受益。如能使其成为真正意义上的"亲华""知华"人士，中国与拉美之间的民心相通将出现质的飞跃。

三是要改善对外宣传的方式方法。一方面，美国媒体在拉美的普及面既深又广，对拉美人的影响大；另一方面，拉美人长期接受西方文化的熏陶，很难全盘接受东方文化。这就加大了中拉民心相通的难度。因此，我们在向拉美人宣传中国的方方面面时，必须增强中国形象的亲近感，以细水长流、循循善诱等方式讲好中国故事，传播中国声音，阐释中国道路。

四是要大力发展旅游业。世界各国的经验表明，旅游业既能促进经济发展，也能通过"眼见为实"，加深相互理解，推动民心相通。迄今为止，中拉之间的游客往来为数不多。这与中拉之间路途遥远导致费用居高不下有着十分密切的关系。虽然中国的旅行社都是按照市场化机制运作的，但是，为了开拓拉美旅游业市场，同时也是为了吸引更多的拉美游客，有关政府部门有必要采取一些刺激性的优惠措施。

五是要努力打消各自的"有色眼镜"。在"有色眼镜"的支配下，人们对任何人或任何事物的认知都会发生偏差。应该指出的是，"有色眼镜"并非拉美人的"专利"。"拉美病""拉美化""拉美陷阱""拉美现象"等术语在中国的流行充分说明，我们在观察拉美时，同样难免受到"有色眼镜"的影响。毫无疑问，"有色眼镜"不利于民心相通，但打消"有色眼镜"的最佳方法依然是人文交流。

七　结束语

中国与拉美国家的关系进入了新的发展阶段。一方面，中方希望与拉美努力构建携手共进的命运共同体，共创中拉关系的美好未来；另一方面，拉美已被确定为"一带一路"之一的21世纪海上丝绸之路的自然延伸。两者相辅相成，相得益彰，必将使"百尺竿头"的中拉关系更上一层楼。

当然，在落实21世纪海上丝绸之路的自然延伸时，还应该需要双方的共同努力，在政策沟通、设施联通、贸易畅通、资金融通和民心相通的过程中采取多种多样的有效措施。

（原载《社会科学战线》2018年第7期）

如何反驳污蔑中拉关系的
三种错误论调

中国特色大国外交的特色之一就是全方位外交。在这一外交方略中，中国既希望与发达国家发展南北关系，也愿意与发展中国家推动南南合作。

中国的发展离不开广大发展中国家的共同发展。拉美和加勒比国家（以下简称拉美国家）是发展中国家的重要组成部分，是维护世界和平与发展、推动构建人类命运共同体的重要力量。中国同拉美国家相距遥远，但中拉人民友谊源远流长。1949年中华人民共和国成立后，在几代人共同努力下，中拉关系稳步推进，走过了非凡历程。尤其在过去的十多年，中拉关系取得了长足的发展。毫无疑问，中拉关系业已进入有史以来的最佳时期。

但是，随着中拉关系的快速发展，国际上对这一关系的误读、误解和误判也时有所闻。例如，有人认为，中国使拉美出现了"非工业化"，中国破坏了拉美的生态环境，中国在拉美制造了"债务陷阱"。这些论调无中生有，混淆是非，甚至是信口雌黄，对中国的国际形象、对中拉关系都造成了不容低估的负面影响。因此，我们有必要摆事实、讲道理，反击这些错误论调。

一 驳斥"中国使拉美出现'去工业化'"

马克思在《资本论》第一卷第一版序言中写道，"工业较发达的国家向工业较不发达的国家所显示的,只是后者未来的景象"。工业化是人类社会进步的必然结果,也是经济现代化的重要组成部分。工业化是建成现代化强国的经济驱动力,因此,工业化可以被认为是经济现代化。① 换言之,今天的现代化就是工业化的"产品",没有工业化,就没有今天的现代化。②

"去工业化"是相对于工业化而言的。既然工业化就是现代化,那么"非工业化"就是有害的,因为它不利于扩大投资,不利于增加就业,不利于实现国民经济的可持续发展,③ 然而,"去工业化"有时也可以成为那些业已成功实现工业化的发达国家追求的产业发展战略。这意味着,"去工业化"有主动和被动之分。例如,日本在实现工业化后,经济发展面临着生产成本上升、人口老龄化、劳动力短缺、环境保护意识增强等一系列新现象的巨大压力,因此,日本希望通过"去工业化",把经济发展的重心转向服务业,改善社会生活基础设施,治理工业化过程中产生生态环境污染。由此可见,日本的"去工业化"是一种主动的产业发展战略。④ 当然,发展中国家尚未走完工业化道路,因此,"去工业化"确实是一种不良现象。

国外学术界对"去工业化"有多种多样的定义,较为常见的一种是:工业产值(或制造业产值)在国内生产总值(GDP)中的比重下降,或工业部门的就业人数在全国就业总人数中的比重在下降,或工业部门创造的增加值的减少。⑤

---

① 黄群慧:《以高质量工业化进程促进现代化经济体系建设》,《行政管理改革》2018 年第 4 期。
② Dani Rodrik, "Premature deindustrialization", *Journal of Economic Growth*, Volume 21, Issue 1, March 2016, p. 1.
③ José Gabriel Palma, "De–Industrialization, 'Premature' De–Industrialization and the Dutch Disease", *The New Palgrave Dictionary of Economics*, London: Palgrave Macmillan, pp. 1297–1306.
④ 孙丽:《日本的"去工业化"和"再工业化"政策研究》,《日本学刊》2019 年增刊。
⑤ Chong–Sup Kim and Seungho Lee, "Different Paths of Deindustrialization: Latin American and Southeast Asian Countries from a Comparative Perspective", *Journal of International and Area Studies*, Volume 21, Number 2, 2014, pp. 65–68.

"去工业化"的动因或根源何在？国际上的研究主要归纳为以下5个方面：一是与第三产业（或产业政策）有关。随着收入的增加，消费者的需求开始从更多的工业制成品转向更多的服务。这一转变既体现了经济活动和资源的重组，也反映了社会的进步。因此，这一与服务业（第三产业）息息相关的所谓"去工业化"，其影响未必是负面的。[①] 二是与技术进步有关。与技术进步息息相关的劳动生产率的提高，必然导致工业部门对劳动力的需求下降，亦即较少的劳动力能产出同样数量的GDP。而且，技术进步还能降低工业制成品的价格，从而减少工业在GDP中的比重。这样一种"去工业化"似乎同样是无可非议的。三是与劳动力成本有关。由于不同国家的劳动力成本差距很大，加之许多制造业活动具有劳动密集型的特点，因此，在全球化的背景下，一些企业会将某些劳动密集型的生产线或服务从劳动力成本较高的国家（发达国家）转移到劳动力成本较低的国家（发展中国家）。这种被称为"外包"（Outsourcing）的产业转移也会导致前者出现所谓"产业空心化"，从而加剧"去工业化"。四是与"荷兰病"有关。有些国家在自然资源禀赋方面有着显而易见的比较优势。在不当的产业政策指导下，这样的国家不必大力发展工业，只要通过出口自然资源就能获得源源不断的出口收入，进而推动经济增长。但是，这种出口收入容易提升本国货币的币值，使工业制成品出口面临不利的条件，从而遭遇"荷兰病"的打击。[②] 五是与竞争力有关。有些国家的工业制成品的竞争力较弱，既不能在国际市场上与他国同类产品竞争，也无法在国内市场上抵御同类产品。其结果是，本国工业无法得到长足的发展，陷入"去工业化"

---

① 罗森等人甚至认为，"去工业化"是经济增长成功的一种特征。（见 Robert Rowthorn and Ramana Ramaswamy, "Deindustrialization: Causes and Implications", IMF Working Paper 97/42, 1997. https://www.imf.org/external/pubs/ft/wp/wp9742.pdf.）

② 20世纪60年代，荷兰发现了蕴藏量丰富的天然气。随着开采量和出口量的上升，天然气出口收入快速增长。但是，天然气带来的不仅仅是源源不断的财富，还有一系列不利于国民经济结构正常运转的副作用：天然气出口收入的急剧增长提高了荷兰货币（盾）的汇率，从而使制造业部门在面对外部竞争时处于不利的地位，而工业生产的下降又导致失业率上升。这种由初级产品出口收入的剧增所导致的不良后果被称为"荷兰病"。

的困境。①

在理论上,"去工业化"应该是在早已实现了工业化的发达国家出现的一种经济现象,但在现实中,正在追求工业化的发展中国家,似乎同样会遭遇"去工业化"趋势。美国学者达尼·罗德里克(Dani Rodrik)将此称作"不成熟的去工业化",即在实现工业化之前就已出现了"去工业化"趋势。他认为,这是一种"令人困惑"的现象。②

拉美国家是否出现了"去工业化"趋势?国际上的一些研究结果给出的答案似乎是肯定的。例如,美国大西洋委员会在2016年8月出版的一个题为"中国在拉美工业发展中的作用"的研究报告认为,拉美地区的"去工业化"不是虚构,而是事实。该报告写道:"在过去的12年中,阿根廷和巴西的制造业在GDP中的比重都在下降,阿根廷下降了约一半,巴西下降了约三分之一……此外,在过去的十年中,由于工业制成品的进口在扩大,本国工业制成品在拉美消费品总额中的比重却下降了5%～6%。2001年,进口商品在巴西消费品中的比重为13%,2014年已上升到23%。"③ 美国学者大卫·布雷迪等认为,拉美工业化进程的起步早于其他发展中国家,曾被视为"成功的榜样"。而且,拉美还拥有对工业化有利的大量廉价劳动力。但从20世纪90年代开始,拉美却出现了"非

---

① Robert Rowthorn and Ramana Ramaswamy, "Deindustrialization: Causes and Implications", IMF Working Paper, WP/97/42, April 1997; Robert Rowthorn and Ramana Ramaswamy, "Growth, Trade, and Deindustrialization", IMF Staff Papers, Volume 46, No.1, March 1999; Chong – Sup Kim and Seungho Lee, "Different Paths of Deindustrialization: Latin American and Southeast Asian Countries from a Comparative Perspective", Journal of International and Area Studies, Volume 21, Number 2, 2014, pp. 65 – 81; Jeffrey D. Sachs and Andrew M. Warner, "Natural Resource Abundance and Economic Growth," NBER Working Paper, No. 5398, 1995; G. Palma, "Four Sources of 'De – industrialisation' and a New Concept of the 'Dutch Disease'," in José Antonio Ocampo (ed.), Beyond Reforms: Structural Dynamics and Macroeconomic Vulnerabilities, New York: Stanford University Press, 2005; Sukti Dasgupta and Ajit Singh, "Manufacturing, Services and Premature De – Industrialisation in Developing Countries: A Kaldorian Empirical Analysis", Centre for Business Research, University of Cambridge Working Paper No. 327, June 2006; Rhys Jenkins and Alexandre de Freitas Barbosa, "Fear for Manufacturing? China and the Future of Industry in Brazil and Latin America", The China Quarterly, March 2012, pp. 59 – 81.

② Dani Rodrik, "Premature Deindustrialization", Journal of Economic Growth, Volume 21, Issue 1, March 2016, p. 1.

③ Jorge Guajardo, Manuel Molano, and Dante Sica, "La industria latinoamericana ¿Y el rol de China cuál es?", Atlantic Council, Agosto 2016.

工业化",因为制造业在就业人数中的比重在下降。① 韩国学者金钟燮等人在其题为《去工业化的不同路径:拉美与东南亚国家的比较研究》一文中引用了世界银行的关于制造业的增加值在 GDP 中的比重数据:拉美的这一比重从 1990 年的 19.8% 下降到 2010 年的 15.7%。他们的结论是:拉美的"去工业化"确实是存在的,而且早在 1990 年就开始了。② 英国学者瑞斯·金吉斯认为,在 90 年代中期以后的近 20 年时间内,巴西的制造业在 GDP 中的比重确实下降了,但是,从 20 世纪 90 年代末至爆发国际金融危机的 2008 年,巴西制造业的增加值和就业都有大幅度的增加。此后几年,虽然制造业的增加值有所下降,但就业继续在扩大。由此可见,2008 年后巴西出现的"去工业化"是一种相对而言的现象,而非绝对意义上的"去工业化"。③

拉美为什么会遭遇"去工业化"? 国际上的一些学者将其归咎于中国。他们的结论来自以下三个方面:第一,中国从拉美进口了大量的自然资源,而这种出口产品毫无技术含量可言,增加值也乏善可陈。④ 第二,拉美国家通过向中国出口自然资源,轻而易举地获得了大量财富。其结果是,拉美罹患了"荷兰病",导致拉美的产业结构出现了"第一产业化",进而演变为"去工业化"。⑤ 第三,中国向拉美国家出口了大量

---

① David Brady, Yunus Kaya and Gary Gereffi, "Why is Latin America Deindustrializing?" September 4, 2008. https://www.researchgate.net/publication/228430638_Why_is_Latin_America_Deindustrializing.

② Chong – Sup Kim and Seungho Lee, "Different Paths of Deindustrialization: Latin American and Southeast Asian Countries from a Comparative Perspective", *Journal of International and Area Studies*, Volume 21, Number 2, 2014, pp. 65 – 81.

③ 应该注意到,巴西学者对巴西是否出现了"去工业化"有着不同的看法。有人认为,工业化进程过快,现在应该使其降速,回到正常的轨道。还有人认为,巴西工业的增长速度在 20 世纪 90 年代下降是一种周期性的现象,不是长期性的趋势。(见 Rhys Jenkins, "Is Chinese Competition Causing Deindustrialization in Brazil?" *Latin American Perspective*, July 2015, pp. 1 – 22.)

④ Enrique Dussel Peters, "China's Recent Engagement in Latin America and the Caribbean: Current Conditions and Challenges", The Carter Center, August 29, 2019.

⑤ Rhys Jenkins, "Is Chinese Competition Causing Deindustrialization in Brazil?" *Latin American Perspective*, July 2015, pp. 1 – 22.

工业制成品，使拉美国家的制造业处于极为不利的地位。[1] 第四，中国的工业制成品与拉美国家的同类产品在美国和欧洲国家市场上展开竞争，同样挤压了拉美制造业的发展空间。[2]

将拉美的"去工业化"归咎于中国，无论在逻辑上还是在事实上，都是难以成立的。

首先，中国从拉美进口自然资源，有利于发挥拉美国家的比较优势。众所周知，拉美国家的比较优势在于其自然资源禀赋。因此，中国从拉美进口大量出口自然资源，为拉美发挥其比较优势提供了一个良机。

毋庸赘述，工业化的必要条件之一就是拥有较为充裕的资金。在一定程度上，资金的重要意义不亚于技术，甚至比技术更重要，因为技术引进或技术开发都需要大量资金。正是中国从拉美进口了大量大宗商品，才使拉美获得了巨额出口收入，才使拉美国家的政府或企业有能力开展技术开发或引进高新技术。

诚然，中国从拉美进口了大量自然资源和初级产品。这是一个无法否认的事实。但是，如果中国不从拉美国家进口自然资源，难道拉美就会停止出口这些产品？毫无疑问，如果中国不从拉美进口，其他国家也会取而代之，成为拉美自然资源的出口市场。换言之，拉美不会因中国减少大宗商品进口而减少对农业和矿业的依赖。

其次，中国向拉美出口工业制成品，有利于丰富拉美的市场供应。在20世纪30—70年代期间，拉美国家为了实施其"进口替代"工业化而对外高筑贸易壁垒，以保护本国市场。这一内向发展模式受到了联合国拉美经济委员会等机构以及许多经济学家的批评。20世纪80年代的拉美债务危机爆发后，拉美国家开始奉行贸易自由化，大大降低了贸易壁

---

[1] 例如，拉美钢铁工业协会认为，由于世界上的一些国家限制中国的钢铁出口，中国对拉美出口的钢铁产量就大幅度上升，从而使拉美的钢铁工业出现了"去工业化"。（见 Alacero, "China Deepens the Deindustrialization of Latin America", Sao Paulo, Brazil, May 14, 2019, https://www.alacero.org/en/page/prensa/noticias/china-deepens-the-deindustrialization-of-latin-america.）

[2] Jorge Guajardo, Manuel Molano, and Dante Sica, "La industria latinoamericana ¿Y el rol de China cuál es?", Atlantic Council, Agosto 2016.

垄。正是在这一外向发展模式的驱使下，拉美经济与世界市场的接轨程度越来越紧密，拉美市场上的商品供应越来越丰富。

在全球化时代，商品流通的速度加快，国与国之间的竞争越来越激烈。一个国家的出口产品能否占领国际市场，取决于它的国际竞争力。中国的劳动力成本较低，因此其出口产品具有价廉物美的优势。这是中国产品在拉美市场上占有一席之地的重要原因之一。

还应该指出的是，中国出口的工业制成品具有价廉物美的特点，因而深受拉美消费者的青睐。英国《金融时报》（2011年4月22日）的一篇文章写道，在巴西圣保罗的帕赖索波利斯贫民区，低收入者非常喜欢较为廉价的中国商品，因为巴西生产的同类商品在价格上要高出4倍。该贫民区的一位店主说，他的商品必须如此便宜，否则这里的很多穷人买不起。《金融时报》的这一文章认为，中国的廉价商品有助于巴西政府控制通货膨胀压力。①

再次，拉美的市场开放是全方位的，不是仅仅面向中国开放。这意味着，在拉美市场上，除了中国产品以外，还有许多其他国家的多种多样的工业制成品。因此，如果说拉美的"去工业化"是由进口工业制成品导致的，那么，仅仅指责中国显然是有失公允的，因为许多国家都向拉美出口工业制成品。

如前所述，国际上的一些研究结果表明，拉美的"去工业化"始于20世纪90年代。须知，那时中国与拉美国家的经贸关系尚处于较低的水平。2000年，中国与拉美国家的双边贸易额仅为126亿美元，直到2018年才超过3000亿美元。②

事实上，任何一个国家出现的"去工业化"，都是多种因素发生作用的结果。就拉美的"去工业化"而言，最根本的原因是缺乏有利于推动工业化的产业政策。

产业政策是政府制定的引导国民经济各部门协调发展的经济政策。20世纪30年代的世界经济大萧条爆发后，拉美国家制定了以"进口替

---

① http://www.ftchinese.com/story/001038207/en.
② 国家统计局："国家数据"。http://data.stats.gov.cn/easyquery.htm? cn = C01.

代"工业化为核心的产业政策。这一政策延续了约半个世纪,拉美的工业基础就是在此期间建立的。但自20世纪90年代开始,在推动市场化改革的过程中,政府在经济和社会发展中的作用被大大降低,市场的作用则显著上升。其结果是,政府基本上不再制定真正意义上的有利于工业发展的产业政策。

正是因为缺乏有利于推动工业化的产业政策,所以,拉美国家工业部门面临的以下问题无法得到有效的解决:一是科技创新滞后,先进技术严重依赖于进口;二是融资成本高,大量工业企业缺乏再投资的动力;三是整个国家的基础设施落后,制约了工业发展的后劲。

二 驳斥"中国在拉美破坏生态环境"

直接投资可以进入制造业、农业、矿业和其他任何一个经济部门。因此,与进出口贸易相比,直接投资(尤其是绿地投资)与生态环境的关系更为密切。

1992年12月,中国企业首钢公司购买了秘鲁铁矿公司98.4%的股份及其所属670.7平方千米矿区的永久性开采权、勘探权和经营权。这是中国在拉美的第一个较大规模的直接投资项目。自那时以来,尤其在过去的十多年,中国在拉美的直接投资不断增加。根据中国商务部、国家统计局和国家外汇管理局在2019年9月12日联合发布的《2018年度中国对外直接投资统计公报》,截至2018年,中国在拉美的直接投资总额已高达4068亿美元,主要分布在开曼群岛、英属维尔京群岛、巴西、委内瑞拉、阿根廷、厄瓜多尔、牙买加、墨西哥、秘鲁、特立尼达和多巴哥、智利和巴哈马等地。[①]

中国在拉美的直接投资为拉美国家弥补资本短缺、创造就业和推动经济及社会发展做出了贡献。但是,国际上污蔑中国企业在拉美破坏生态环境的不实之词时有所闻。例如,英国伦敦大学学院研究人员麦克

---

① 《商务部等部门联合发布〈2018年度中国对外直接投资统计公报〉》,2019年11月4日,商务部。http://www.fdi.gov.cn/1800000121_33_12938_0_7.html。

斯·纳桑森说，中国在阿根廷、伯利兹、玻利维亚、巴西、哥伦比亚、哥斯达黎加、厄瓜多尔、圭亚那、洪都拉斯秘鲁和委内瑞拉建造的水坝对生态环境造成了极大的破坏。他认为，拉美国家之所以"看中"中国，是因为中国在提供信贷时从不附加任何条件。① 美国外交关系协会网站刊登的一篇题为《中国的绿色投资不会减少对拉美环境的破坏》的文章写道，出于生态环境方面的考虑，国际金融机构不愿意为厄瓜多尔建造科卡科多—辛克雷水电站融资，但中国则不附加任何条件地提供信贷。这一文章还说，中国与美国的贸易摩擦爆发后，中国从拉美进口了更多的大豆。这使得亚马孙雨林的大片土地被用来种植大豆，并使当地居民受到农药的侵害。而且，中国还从智利、墨西哥和秘鲁等国进口鳄梨（又名牛油果），从而使这些国家砍伐树木，以扩大种植面积。② 美国波士顿大学全球经济治理倡议中心等智库在2015年4月联合发表的一个题为《中国在拉美：可供南南合作与可持续发展借鉴的经验教训》的研究报告（以下简称《中国在拉美》）认为，巴西对中国出口大量大豆和其他农产品，是"造成亚马逊地区毁林问题的驱动因素之一"。该报告甚至认为，除了"对中国的出口直接导致的碳排放"以外，还应该注意到：为了把更多的大宗商品运输到港口，然后出口到中国，拉美国家用中国的资金架桥铺路；为了向中国投资的矿区和油田提供能源，拉美国家用中国的资金建造了水坝。③ 这一报告的言下之意是，中国破坏了拉美的生态环

---

① Max Nathanson, "How to Respond to Chinese Investment in Latin America", *Foreign Policy*, November 28, 2018, https://foreignpolicy.com/2018/11/28/how-to-respond-to-chinese-investment-in-latin-america/.

② Shannon K. O'Neil, "China's Green Investments Won't Undo Its Environmental Damage to Latin America", April 25, 2019, https://www.cfr.org/blog/chinas-green-investments-wont-undo-its-environmental-damage-latin-america.

③ 参与该研究报告的其他几个智库是：美国塔夫茨大学全球发展与环境研究所、阿根廷转型研究中心以及秘鲁太平洋大学研究中心。（Rebecca Ray, Kevin P. Gallagher, Andres Lopez, Cynthia Sanborn, "China en Latinoamérica: Lecciones para la cooperación Sur-Sur y el desarrollo sostenible", Boston University, Centro de Investigación para la Transformación, Tufts University, and Universidad del Pacífico, 2015. https://open.bu.edu/bitstream/handle/2144/27512/GEGI_ChinaLAC_Spanish.pdf?sequence=4&isAllowed=y.）

境。① 甚至美国国务卿蓬佩奥也信口雌黄地说，加勒比国家轻而易举地从中国获得了资金，但它们的生态环境却遭到了破坏。

上述指责是有失公允的，甚至是荒唐的。中国政府历来重视企业在"走出去"的过程中如何遵守东道国的有关法律，要求企业崇尚绿色发展理念，积极履行环境保护社会责任，规范对外投资活动中的环境保护行为，支持东道国的可持续发展，树立中国企业在国际上的形象。例如，中国商务部、环境保护部在2013年制定了《对外投资合作环境保护指南》，要求各地商务主管部门、环境保护部门加强对这一指南的宣传，并要求企业在海外自觉遵守。该指南规定，"企业应当秉承环境友好、资源节约的理念，发展低碳、绿色经济，实施可持续发展战略，实现自身盈利和环境保护'双赢'"，"应当了解并遵守东道国与环境保护相关的法律法规的规定"，"应当将环境保护纳入企业发展战略和生产经营计划，建立相应的环境保护规章制度，强化企业的环境、健康和生产安全管理"，"应当审慎考虑所在区域的生态功能定位，对于可能受到影响的具有保护价值的动、植物资源，企业可以在东道国政府及社区的配合下，优先采取就地、就近保护等措施，减少对当地生物多样性的不利影响。鼓励企业使用综合环境服务"。②

"一带一路"倡议的实施必将进一步推动中国企业"走出去"。为了提升这一倡议的"绿色化"水平，中国政府的四个部门（环境保护部、外交部、发展改革委以及商务部）在2017年4月24日发布了《关于推进绿色"一带一路"建设的指导意见》。这一文件要求企业自觉遵守国际经贸规则和东道国生态环境保护法律、法规、政策和标准，高度重视东道国民众对生态环境保护的诉求，加强企业信用制度建设，防范生态环境风险，保障生态环境安全。③ 同年5月，环境保护部印发了《"一带一

---

① Michael R. Pompeo, "Toward Closer U. S. – Caribbean Ties", Kingston, Jamaica, January 22, 2020; https://www.state.gov/expanding-americas-commitment-to-the-caribbean/.
② "商务部 环境保护部关于印发《对外投资合作环境保护指南》的通知"，商务部，2013年2月28日。http://www.mofcom.gov.cn/article/b/bf/201302/20130200039930.shtml.
③ 《关于推进绿色"一带一路"建设的指导意见》，环境保护部，2017年4月26日。http://www.mee.gov.cn/gkml/hbb/bwj/201705/t20170505_413602.htm.

路"生态环境保护合作规划》，再次要求中国企业在东道国开发使用低碳、节能、环保的材料与技术工艺，推进循环利用，减少在生产、服务和产品使用过程中污染物的产生和排放。①

确实，如何处理生态环境保护与经济增长两者之间的关系，是许多国家（尤其是发展中国家）亟待解决的重大问题。在不同的拉美国家，甚至在同一个国家内，政府、企业、非政府组织以及环境保护主义者对这一问题的立场和姿态是不尽相同的。这能说明为什么2019年8月巴西亚马孙河流域的雨林发生火灾后，巴西总统博索纳罗不仅与一些非政府组织相互指责，而且与法国总统马克里在媒体上进行"对骂"。但是，中国并没有强迫拉美国家出口大豆、鳄梨或其他大宗商品，也没有强迫拉美国家建造水坝。中国与拉美国家的经贸关系是建立在两相情愿、互利共赢的基础上的。

在国际上，任何一种投资行为都是以东道国的招标和企业的投标为基础的，中国企业在拉美的投资行为亦非例外。一方面，随着环境保护意识的增强，拉美国家对包括中国在内的任何一个国家的企业的要求越来越高；另一方面，为了中标，中国企业必然会接受东道国在生态环境保护领域提出的所有要求，中标后并未违反双方的约定。

事实上，几乎所有中国企业会为了兑现承诺而想方设法地采用新技术。这方面的例子数不胜数。例如，中国石油天然气公司在厄瓜多尔的生态敏感地区采用三级沉降处理法，提高了污水处理的效果。为了减少对植被的破坏，该企业在运输钻机时用直升机开展吊装作业。该企业旗下的厄瓜多尔安第斯石油公司因在生产过程中出色地保护了雨林地区的生态环境而荣获世界石油组织评选的"最佳HSE/可持续发展奖"。②

应该注意到，中国企业在拉美的投资行为也得到了国际上的一些智库的正面评价。例如，前述《中国在拉美》报告以不符合逻辑的推理批评中国企业，但也指出了这样一个事实：一些中国企业执行的环境保护

---

① 《关于印发〈"一带一路"生态环境保护合作规划〉的通知》，2017年5月12日，http://www.mee.gov.cn/gkml/hbb/bwj/201705/t20170516_414102.htm.
② 中国石油天然气集团公司：《中国石油在拉美》，2013年，http://csr.cnpc.com.cn/cnpccsr/xhtml/PageAssets/lmbg2012 - cn. pdf.

标准高于东道国确定的标准，甚至优于其他国家的表现。[1] 该报告的作者之一——波士顿大学全球经济治理倡议中心的研究员吕贝卡·雷在接受德国媒体采访时表示，如果拉美国家制定了较高的环境保护标准，中国企业是愿意，而且有能力执行这些标准的。例如，中石化公司在阿根廷、哥伦比亚和厄瓜多尔三国的业绩很出色。因此，该公司在厄瓜多尔的生产活动遭遇的抗议活动，要少于其他国家的石油公司遭遇的抗议，甚至少于厄瓜多尔本国石油公司遭遇的抗议。[2] 波士顿大学的两位研究人员将首钢秘鲁铁矿（Shougang Hierro Peru）与其他国家的企业和秘鲁企业作比较后，得出了这样一个结论：虽然该公司在维护当地生态环境方面可以更上一层楼，但比美国在秘鲁矿业中的企业以及秘鲁本国的矿业企业做得好。[3]

联合国拉美和加勒比经济委员会也认为，为了在社会领域和生态环境领域实现可持续发展，拉美国家和外国投资者应该共同做出努力。拉美国家的政府应该为采掘业中本国企业和外国企业的行为制定更为完善的法律，并加强执法检查。此外，拉美国家还应该在各级政府中加强协调，并听取当地社区的意见。[4]

如果东道国认为投资项目可能会破坏生态环境，中国企业既不会置之不理，也不会使其强行上马。例如，中国的宝山钢铁公司和武汉钢铁公司曾希望在巴西建立钢铁厂，但最终都被迫放弃，原因之一就是未能通过环境保护部门的审查。又如，2014 年 7 月 16 日，正在拉美进行国事访问的中国国家主席习近平与巴西总统罗塞夫和秘鲁总统乌马拉在巴西

---

[1] Rebecca Ray, Kevin P. Gallagher, Andres Lopez, and Cynthia Sanborn, "China in Latin America: Lessons for South - South Cooperation and Sustainable Development", Boston University, Centro de Investigación para la Transformación, Tufts University, and Universidad del Pacífico, 2015, p. 3.

[2] Gabriel Domínguez, "Examining China's Environmental and Social Impact in Latin America", DW, 15.04.2015. https://www.dw.com/en/examining-chinas-environmental-and-social-impact-in-latin-america/a-18385274.

[3] Amos Irwin, Kevin P. Gallagher, "Chinese Mining in Latin America: A Comparative Perspective", *The Journal of Environment & Development*, Volume 22, Issue 2, pp. 207 – 234, 2013.

[4] United Nations Economic Commission for Latin America and the Caribbean (ECLAC), *Latin America and the Caribbean and China: Towards a New Era in Economic Cooperation*, May 2015, p. 62.

利亚举行会晤，就扩大南美洲交通基础设施建设，推动南美洲和亚洲市场相互连接交换意见，发表了三国关于开展两洋铁路合作的声明。三国领导人表示，愿意共同挖掘潜力，实现巴西同秘鲁铁路线贯通。为此，他们指示各自政府相关部门共同努力，就建设连接巴西和秘鲁的两洋铁路进行可行性基础研究。但是，受政府更迭、资金短缺和生态环境保护等因素的影响，该铁路何时开工尚不得而知。

还应该指出的是，国际上的一些非政府组织经常性地利用外国企业在东道国的一些不足之处而小题大做、随意发挥，使本来应该对东道国经济和社会发展做出贡献的投资项目无法上马或半途而废。

三 驳斥"中国在拉美制造债务陷阱"

中国的对外经济关系是多元化的。这一关系既有双边贸易和投资（包括对外投资和吸引外来投资），也有引进技术和输出技术；既有工程承包和劳务输出，也有包括信贷、货币互换等形式在内的金融往来。近几年，随着中国经济实力的不断增强，金融领域的合作不断加快。

中国与拉美国家的经贸关系是南南合作的重要组成部分。随着中拉双边贸易和投资的发展，金融合作已初见成效。在中方倡导的"1+3+6"务实合作框架内，"三大引擎"之一就是金融合作。[1] 2015年9月1日，中国人民银行宣布，为推进中拉产能合作，中国人民银行、国家外汇管理局会同国家开发银行发起成立了中拉产能合作投资基金。[2] 2016年1月12日，由中国进出口银行和国家外汇管理局共同发起的中拉合作基金正式投入运营。[3] 2014年7月17日，习近平主席在中国—拉美和加勒比国家领导人会晤上发表主旨讲话时表示，中方将正式实施100亿美元中

---

[1] 其他两个"引擎"是贸易和投资。
[2] 《中拉产能合作投资基金起步运行》，新华网，2015年9月1日，http://news.xinhuanet.com/2015-09/01/c_1116441150.htm.
[3] 该基金是由习近平主席在2014年7月出席中国—拉美和加勒比国家领导人会晤时宣布启动的。

拉基础设施专项贷款,并在这一基础上将专项贷款额度增至200亿美元。① 2019年4月22日,中拉开发性金融合作机制在北京成立。② 中国人民银行已与巴西、阿根廷、苏里南和智利四国签署了本币互换协议,并分别在2015年5月和9月指定中国建设银行智利分行和中国工商银行阿根廷分行为人民币清算行。中国工商银行、中国银行、中国建设银行和中国交通银行已在拉美开设了十多家分支机构。③ 截至2017年6月,中国向拉美提供了超过1400亿美元的信贷,相当于美洲开发银行、安第斯开发银行和世界银行对拉美提供的贷款之和。④

中国与拉美国家之间的金融合作引起了美国的忧虑和反感。无怪乎污蔑中国在拉美制造"债务陷阱"的论调并不少见,甚至美国政府的高级官员也经常胡说八道。如在2018年2月1日,时任美国国务卿蒂勒森说,中国向拉美提供的信贷是"令人焦虑不安"的,也是"缺乏可持续性"的。虽然他未使用"债务陷阱"这一词语,但他污蔑中国向拉美提供信贷的用意是显而易见的。⑤ 2019年4月12日,美国国务卿蓬佩奥在智利发表演讲时扬言,美国会永远鼓励拉美国家避免中国制造的"债务陷阱"。他说:"南美洲真的已认出了那些伪装的朋友,并对他们提高警惕。中国和俄罗斯正在你们的家门口,一旦他们进入你们的家里,我们知道,你们看到的就是债务陷阱。他们会制造债务陷阱,对规则漠视无睹,在你们家里搞得乱七八糟。令人欣慰的是,你们南美洲并没有搭理

---

① 《努力构建携手共进的命运共同体——在中国—拉美和加勒比国家领导人会晤上的主旨讲话》,新华网,http://news.xinhuanet.com/politics/2014-07/18/c_1111688827.htm。

② 这是中国与拉美国家建立的首个多边金融合作机制,由中国国家开发银行牵头成立,成员包括阿根廷投资与外贸银行、拉美对外贸易银行、墨西哥国家外贸银行、巴拿马国民银行、秘鲁开发金融公司、厄瓜多尔国家开发银行、哥伦比亚国家金融发展公司。

③ 《日媒:亚投行成员增至84个,白俄罗斯等四国正式加入》,环球网,2017年12月19日,https://m.huanqiu.com/r/MV8wXzExNDYwNTY5XzEyNTlfMTUxMzY2OTA4MA==。

④ 《专访:资金融通助力中拉产能合作——访中国驻巴西大使李金章》,2017年5月31日(http://news.xinhuanet.com/fortune/2017-05/31/c_1121065209.htm),美国智库"美洲对话组织"认为,自2005年至2018年,中国向拉美国家提供的信贷约为1400亿美元。(https://www.thedialogue.org/map_list/)

⑤ Rex W. Tillerson, "U. S. Engagement in the Western Hemisphere", University of Texas at Austin, Austin, Texas, February 1, 2018, https://www.state.gov/u-s-engagement-in-the-western-hemisphere/。

他们。你们应该知道,美国会支持你们。"① 2020 年 1 月 18 日,美国国家安全委员会主管西半球事务的高级官员毛里西奥·克拉韦尔—卡罗内在接受埃菲社记者采访时也说,如果拉美倒向中国,进入中国的"轨道",那么拉美就会跌入债务陷阱。②

美国政府官员的上述论调完全是张冠李戴,无稽之谈,其目的无非是挑拨中国与拉美国家的关系。

一个国家是否在另一个国家制造"债务陷阱",应对以下四个方面的事实作出正确的判断:一是债务国是否需要债权国的信贷;二是双方建立的债权债务关系是否符合国际规则;三是这一关系是否互利共赢;四是债权国的信贷是否对债务国的支付能力产生了实质性的负面影响或是否加快债务国的债务违约风险。

构成"债务陷阱"的上述四个要素并不适用于中国向拉美国家提供的信贷。众所周知,拉美国家的资本积累能力较弱,对外资的依赖性较重。许多拉美国家甚至为了解决资金短缺的问题而利用大进大出、投机性极强的短缺资本(又称"热钱"),从而加大金融风险。1994 年墨西哥爆发的金融危机的罪魁祸首之一就是"热钱"的大进大出。

国际上的许多研究结果表明,拉美国家的基础设施落后是影响经济增长的重要因素之一。基础设施落后的状况之所以难以改变,主要是因为缺乏资金,导致投资不足。因此,中国向拉美国家提供的信贷和直接投资,能在一定程度上解决其资金短缺问题。

作为负责任的大国,中国在与拉美国家发展经贸关系(包括金融领域的合作)时,始终严格恪守国际规则。中国向拉美国家提供的信贷,无论是偿还期限还是利率,都是双方在自愿的基础上,通过协商和谈判,按照国际规则的要求达成协议的。

事实上,中国提供的信贷在拉美国家举借的外债中的比重是极低的。

---

① Michael R. Pompeo, "Seizing the Opportunity for Freedom in the Americas", Vitacura, Chile, April 12, 2019; https://www.state.gov/remarks-on-u-s-latin-american-policy/.

② Alvaro Mellizo, "US: LatA7-America will be mired in dependency, debt, corruption if it leans on China" efe-epaBy Lima18 Jan 2020; https://www.efe.com/efe/english/world/us-latam-will-be-mired-in-dependency-debt-corruption-if-it-leans-on-china/50000262-4153350.

根据联合国拉美和加勒比经济委员会的统计，2018年，拉美的外债总额已超过2万亿美元。这意味着，中国在拉美债务中的比重不足7%。[①]

诚然，拉美国家曾经爆发过多次或大或小的债务危机，但没有一次债务危机是中国制造的。相反，美国则几乎与拉美国家的每一次债务危机都有直接或间接的关系。如在20世纪70年代，以美国商业银行为首的债权人向拉美提供了大量信贷。一方面，正在实施负债发展战略的拉美国家亟须多多益善的外资；另一方面，美国商业银行迫切希望尽快将大量"石油美元"存款放贷出去，因而将利率压得很低。这为拉美国家举借外债提供了千载难逢的良机。其结果是，墨西哥的外债总额从1973年的40亿美元快速增加到1981年的430亿美元，平均每年增长约30%。[②]就整个拉美地区而言，外债相当于GDP和出口总额的比重，分别从1970年的约18%和180%快速上升到1982年的约45%和330%。[③]

1981年上半年，美国联邦储备委员会开始大幅度提升利率，从而使拉美的还本付息负担变得沉重不堪。此外，国际市场上多种初级产品的价格下跌，使拉美国家的出口收入显著减少。这两个不利的外部因素终于使肩负巨额外债的拉美国家陷入了岌岌可危的地步。

1982年8月12日，墨西哥财政部告知国际货币基金组织以及美国财政部和美国联邦储备委员会，墨西哥无法按时对8月16日到期的800亿美元的债务进行还本付息，墨西哥债务危机终于爆发。在一年多的时间内，拉美地区的几乎所有国家都先后爆发了债务危机。

为了应对债务危机，拉美国家被迫向国际货币基金组织求助。根据国际货币基金组织的要求，拉美国家实施了严厉而痛苦的以紧缩为主要内容的结构性改革。其结果是，拉美国家既不能继续得到美国商业银行

[①] 美国智库美洲对话组织的数据表明，在2005—2018年期间，中国的国家开发银行和进出口银行等金融机构向委内瑞拉、巴西、厄瓜多尔和阿根廷等15个国家提供了1400亿美元的信贷，https://www.thedialogue.org/map_list/.

[②] James M. Boughton, *Silent Revolution: The International Monetary Fund 1979–1989*, the IMF, October 1, 2001, p.282; https://www.imf.org/external/pubs/ft/history/2001/index.htm

[③] José Antonio Ocampop, "The Latin American Debt Crisis in Historical Perspective", in Joseph E. Stiglitz and Daniel Heymann (eds.), *Life after Debt: the Origins and Resolutions of Debt Crisis*, New York: Palgrave Macmillan, 2014.

的信贷，又要为其还本付息，而且还要实施以财政紧缩为核心内容的结构性改革。这一切使拉美经济陷入了前所未有的"双重危机"（债务危机和经济危机）。因此，20世纪80年代被视为拉美的"失去的十年"。由此可见，20世纪七八十年代将拉美推入债务陷阱的，不是中国，而是美国。

拉美已被确定为"21世纪海上丝绸之路"的自然延伸。可以预料，中国与拉美国家之间的包括资金融通在内的"五通"必将稳步推进，中国向拉美国家提供的信贷也会有所增加。但中国不会在拉美制造"债务陷阱"，因为中国在与拉美国家共建"21世纪海上丝绸之路"时，恪守共商、共建、共享的原则。

在拉美，反对"债务陷阱论"的有识之士为数不少。例如，多米尼加学者爱德华多·克林格·佩韦在多米尼加《今日报》（2020年1月27日）发表的一篇文章中写道，污蔑中国在拉美制造"债务陷阱"的美国政府官员毛里西奥·克拉韦尔—卡罗内可能只有40多岁，因此不知道20世纪80年代的拉美债务危机是美国造成的。这一文章指出，拉美国家的基础设施需要1000亿—1500亿美元的资金，中国的投资正好可以弥补这一缺口。因此，如果美国真的希望促进拉美的发展，它就应该摒弃地缘政治上的考量。[1]

中国向委内瑞拉提供的信贷在国际上引起了极大的关注。有人认为，自2007年开始，中国向委内瑞拉提供的信贷超过600亿美元。[2] 且不论这一数据是否真实，可以肯定的是，中国并没有在委内瑞拉制造"债务陷阱"。这一结论与以下事实有关：首先，中国与委内瑞拉之间的债权债务关系是两个主权国家之间的经济关系，与此相关的协议符合国际规则；其次，中国提供的信贷有助于委内瑞拉政府实施其经济和社会发展规划；再次，双方采用的"石油换贷款"方式能确保双方的利益得到有效的

---

[1] Eduardo Klinger Pevida, "EEUU contra China", Hoy Digital, 27 enero, 2020, https：//hoy.com.do/eeuu – contra – china/.

[2] Matt Ferchen, "China, Venezuela, and the Illusion of Debt – Trap Diplomacy", Carnegie – Tsinghua, August 16, 2018; https：//carnegietsinghua.org/2018/08/16/china – venezuela – and – illusion – of – debt – trap – diplomacy – pub – 77089.

保障。

近几年,受美国经济制裁及委内瑞拉国内政治动乱的影响,委内瑞拉的石油产量大幅度下降,从而对"石油换贷款"计划的实施产生了一些负面影响。但这并不意味着中国在委内瑞拉制造了"债务陷阱"。正如中国外交部发言人洪磊所说的那样,"中委融资合作是双方金融机构和企业开展的商业性合作,有关资金主要用于委经济社会发展项目和两国间的合作项目,给双方带来了实实在在的好处。考虑到当前国际油价变动,双方同意按照平等互利的原则,探讨增强两国融资合作机制灵活性的有效方式。中委互为重要的经贸合作伙伴,中方愿与委方在平等互利的基础上,继续开展包括金融合作在内的各领域务实合作,促进双方共同发展"。①

四 结束语

随着中拉关系的快速发展,国际上对这一关系的认知也伴随着多种多样的误读、误解和误判,甚至出现了"妖魔化"的迹象。迄今为止,在国际上比较流行的三种论调是:中国导致拉美出现了"去工业化",中国在拉美破坏生态环境,中国在拉美制造"债务陷阱"。

中国是否导致拉美出现了"去工业化"这个问题与"去工业化"的定义有关,因此,这个问题的讨论可在一定程度上被视为与学术争论有关的学术问题。但是,关于中国破坏拉美生态环境的指责,或缺乏足够的事实依据,或将极少数中国企业的不规范行为放大化,攻其一点,不及其余。污蔑中国在拉美制造"债务陷阱",则完全是无稽之谈,张冠李戴,有着不可告人的政治动机。

应该注意到,污蔑中国在拉美制造"债务陷阱"的错误论调,主要出自美国政府的高级官员之口。这一奇怪现象完全是近几年"门罗主义"死灰复燃的必然结果。众所周知,早在 2018 年 2 月 1 日,时任美国国务

---

① 2016 年 5 月 17 日外交部发言人洪磊主持例行记者会,外交部,https://www.fmprc.gov.cn/web/fyrbt_673021/jzhsl_673025/t1364086.shtml。

卿蒂勒森就说过,"我们已经忘记了门罗主义的重要性,忘记了门罗主义对西半球、对我们共同享有的价值观来说意味着什么。因此,我认为,与 200 年以前门罗主义问世时相比,门罗主义在今天同样是重要的"。[1]

中国奉行全方位外交,愿意同世界上所有国家发展友好合作关系。拉美是充满生机和活力的大陆,是 "21 世纪海上丝绸之路" 的自然延伸。因此,中国与拉美在共商、共建和共享基础上开展合作的潜力十分巨大。中拉合作符合双方需要,不针对第三方,不受第三方影响,也不受任何一种奇谈怪论影响。

(本文原载《人民论坛》2020 年第 21 期)

---

[1] Rex W. Tillerson, "U. S. Engagement in the Western Hemisphere", University of Texas at Austin, Austin, Texas, February 1, 2018; https: //www. state. gov/u－s－engagement－in－the－western－hemisphere/.

中拉关系五问

中拉关系的快速发展是21世纪以来国际关系中最引人注目的现象之一。中拉关系的发展既促进了拉美国家对外关系的多元化，也大大提升了中国的国际地位和软实力；既增进了中拉人民之间的友谊，也极大地丰富了南南合作的内容。

任何一种双边关系的发展都是没有止境的，真可谓没有最好而只有更好。为使中拉关系百尺竿头更进一步，无论在学术上还是在政策层面上，都应该关注以下5个重要的问题：拉美的重要性何在？如何加大中国企业投资拉美的力度？如何加强相互了解？如何认识中拉关系中的美国因素？如果看待中国对拉美经济的贡献？

一　拉美的重要性何在？

在国际关系中，高层往来是两国关系的"晴雨表"。2004年11月胡锦涛主席访问拉美后，曾庆红副主席在2005年初也访问拉美，两次访问间隔时间仅为2个月左右。2008年11月胡锦涛主席访问拉美后，习近平副主席在2009年初也访问拉美，两次访问间隔时间同样只有2个月左右。2013年5月中旬李源潮副主席访问拉美后，习近平主席在5月底也访问拉美。一个国家的主席和副主席在如此短的时间内访问拉美，在世界上是绝无仅有的。这充分说明，中国非常重视与拉美发展关系。

迄今为止，中国政府仅发表了3个对外关系的政策文件，其中之一就是 2008 年 11 月 5 日发表的《中国对拉丁美洲和加勒比政策文件》。①该文件指出,"中国政府从战略高度看待对拉关系,致力于同拉丁美洲和加勒比国家建立和发展平等互利、共同发展的全面合作伙伴关系"。

如何理解"中国政府从战略高度看待对拉关系"这一政策宣誓的深层次含义?中国为什么如此重视拉美?中国与拉美发展关系的动机是什么?简而言之,拉美的重要性何在?

西方媒体在分析中国与拉美发展关系的动机时,常使用这样一种推理:因为拉美是美国的"后院",所以,中国扩大在拉美的存在是为了遏制美国。例如,针对不久前习近平主席的拉美之行,美国《迈阿密先驱报》专栏作家安的列斯·奥本海默于 2013 年 6 月 1 日在该报网站上发表了一篇题为《习的拉美之行是为了回敬奥巴马》的文章中说:"习近平主席在其首次拉美之行中没有访问古巴、委内瑞拉和中国在该地区的其他政治盟友,是非常奇怪的。"他说,据他从北京和拉美的外交圈子中听到的,习近平主席选择特立尼达和多巴哥、哥斯达黎加和墨西哥三国,是为了回敬奥巴马总统 2012 年 11 月访问缅甸以及美国的"重返东亚"战略。习近平想告诉奥巴马:'你可以到我的后院,我可以去你的后院。'"②

美国提出"重返亚洲"战略后,中国的一些网民也建议,为反击美国的"重返亚洲"战略,中国应该采取反制措施,其中之一就是"扶持"美国在拉美的"仇敌","利用这些国家特殊的地理位置,对美国进行有效的战略牵制……在美国背后死死地插上一把尖刀"。③

上述判断和建议是极为片面的。诚然,作为强大的主权国家,中国敢于捍卫自身利益。但是,中国与拉美发展关系的动机和目的不是针对任何一个第三方,更不是为了"插刀子"。

事实上,"插刀子"之类的做法,必然是得不偿失的。众所周知,20世纪 60 年代初,苏联为与美国抗衡而在古巴部署中程导弹,从而诱发了

---

① 其他两个是对非洲和对欧盟的政策文件。

② http://www.miamiherald.com/2013/06/01/3426950/andres-oppenheimer-xis-latin-america.html.

③ http://bbs.tiexue.net/post2_5558173_1.html.

举世瞩目的导弹危机。这一危机的结果表明,苏联并没有从中得分。

中国之所以重视与拉美发展关系,主要是因为:

第一,拉美能在构建和谐世界的过程中发挥作用。作为发展中国家的重要组成部分,拉美是当今国际舞台上的一支重要力量。拉美积极参与国际事务,奉行独立自主、友好共处和不干涉他国内政的对外政策。此外,绝大多数拉美国家的经济社会发展基础良好,发展潜力巨大。由此可见,中国完全可以与其齐心协力地为构建和谐世界做出贡献。

第二,拉美拥有丰富的资源。[①] 虽然中国政府已认识到调整经济增长方式的重要性,但对海外资源的需求不会大幅度地减少。换言之,为了维持较高的经济增长率,中国必须继续进口大量资源。由于拉美地大物博,拥有多种多样的资源,因此,巩固与拉美的友好关系,用互利合作的方式开发其资源,体现了南南合作的可能性和必要性。

第三,拉美可以成为中国企业"走出去"的重要场所。随着中国经济实力的不断增强,鼓励中国企业"走出去"已成为中国的国策和改革开放战略的重要组成部分。拉美不仅提供了巨大的市场,而且邻近美国,甚至拥有多种处于世界领先地位的科学技术。因此,在中国企业"走出去"的过程中,拉美的重要地位是不言而喻的。

第四,双方可在治国理政方面交流经验。中拉双方拥有共同的发展理念,同样面临着如何加快经济和社会发展的艰巨任务,都有必要提防"中等收入陷阱"。因此,中拉双方可以相互取长补短,互鉴共进,密切交流,相互学习有益经验,共同促进人类文明发展进步。

二 如何认识"中国因素"对拉美经济的贡献?

中国经济的崛起及中拉经贸关系对拉美产生的影响,在国际上被称

[①] 例如,拉美的生物燃料产量占世界总产量的31%,石油产量占13%,铜产量占47%,钼产量占28%,锌产量占23%,大豆产量占48%,牛肉产量占31%,牛奶产量占23%,玉米产量占16%。

作"中国因素"。① 如何评价"中国因素"对拉美的影响,在国际上是一个争论不休的问题,褒之者有之,贬之者亦有之。

毋庸讳言,对"中国因素"的批评、非议和误解很多,其中最引人注目的就是所谓"再第一产业化"(re-primarization)和"再大宗商品化"(re-commodification),即中国对拉美初级产品的需求导致拉美的产业结构发生不利的变化。②

人类社会的发展进程表明,工业化是现代化的必由之路。拉美国家为推动工业化付出了巨大而艰辛的努力,成效显著。例如,巴西和墨西哥等国已成为新兴工业化国家。

一方面,减少对第一产业的依赖,大量推动工业化是十分必要的;另一方面,拉美国家不能无视其自然资源丰富这一不可多得的比较优势。从亚当·斯密到大卫·李嘉图,从迈克尔波特到林毅夫,都指出了发挥比较优势的重要性。这些经济学家都认为,只有发挥比较优势,才能形成竞争优势;不发挥比较优势,竞争优势就无法形成。③

"中国因素"的出现有利于拉美国家发挥其比较优势。众所周知,中

---

① 在讨论"中国因素"对拉美的影响时,经济合作与发展组织(OECD)的经济学家曾在其研究报告中提出了这样的问题:中国是"天使"还是"魔鬼"?(Jorge Blazquez-Lidoy, Javier Rodriguez and Javier Santiso, "Angel or Devil? Chinese Trade Impact on Latin American Emerging Markets", OECD, November 12, 2004, http://www.oecd.org/dev/34264853.pdf)

② 自然资源开采属于第一产业。历史上,拉美经济增长严重依赖自然资源的开采和出口。进口替代工业化的开展导致第一产业的重要性下降。但是,由于中国对拉美初级产品的需求不断扩大,拉美的第一产业再次在国民经济中发挥重要的作用,从而出现了所谓"再第一产业化"。(见Nanno Mulder, "Latin America's Entry in the Global Offshore Services Industry", International Trade and Development Division, ECLAC, Geneva, 9 April, 2013; http://www.cepal.org/comercio/tpl/contenidos/Presentacion_Mulder_Ginebra_9_abril_2013.pdf)"再大宗商品化"的含义与之极为相似。因为拉美的自然资源丰富,所以其出口贸易以大宗商品为主。同样,在"中国因素"出现之前,拉美的工业制成品在该地区出口贸易中占据较大的比重。但是,由于中国需要大量初级产品,因此拉美国家不得不再次大量出口大宗商品,从而形成"再大宗商品化"。(Osvaldo Rosales and Mikio Kuwayama, *China and Latin America and the Caribbean: Building a Strategic Economic and Trade Relationship*, ECLAC, April 2012)

③ 林毅夫还将阿根廷与澳大利亚作对比。他认为,这两个国家在19世纪末都是世界上较为富有的国家,都拥有丰富的自然资源。澳大利亚选择了发展自然资源产业的道路,而阿根廷选择了发展制造业的道路。"这就是现在前者仍然是世界最富有的国家之一,而后者落入中等收入国家的原因。"(见林毅夫《论积极发展战略》,北京大学出版社2005年版,第13—17页)

国经济的快速发展扩大了对海外资源的需求,从而使世界市场上初级产品的价格长期保持在较高的水平上。这使大量出口初级产品的拉美受益匪浅。世界银行、联合国拉美和加勒比经济委员会、经济合作与发展组织以及美洲开发银行等多边机构的经济学家都以有力的数据和扎实的研究证明,中国对初级产品的巨大需求与拉美出口收入的增长密切相关。[①]事实上,拉美经济增长率与中国对资源的需求如此息息相关,以至于中国经济"软着陆"与否经常成为拉美的忧虑。

虽然"中国因素"有利于拉美发挥其比较优势,并使中拉经济的互补性实现最大化,但有人却认为,迄今为止中拉经贸关系的主体是"产业间"(inter-industry)贸易,而非"产业内"(intra-industry)贸易,因而是不可持续的。[②] 这一判断的言下之意是:中国不应该仅仅从拉美进口初级产品,而是应该多多进口拉美的工业制成品。

如何使中拉经贸关系从"产业间"贸易向"产业内"贸易过渡,实际上是一个伪命题。诚然,无论是中国还是拉美,都应该优化其出口商品的结构。但是,中拉贸易关系的可持续性,不是取决于"产业间"贸易或"产业内"贸易的孰优孰劣,而是取决于能否最大限度地使中拉经济的互补性实现最大化。拉美的比较优势是其拥有丰富的自然资源,而中国经济的快速发展需要从国外进口多种多样的资源。只有这样的互补性才能维系中拉经贸关系的可持续性。

对"中国因素"的另一种指责与进入拉美市场的中国出口产品有关。由于中国的出口产品具有很强的竞争力,拉美制造业面临着不小的压力。美国学者凯文·加拉格和乌拉圭学者罗伯特·波泽卡恩斯基在其合著的《房间里的龙:中国与拉美工业化的未来》一书中将拉美受到中国"威

[①] 例如,联合国拉美和加勒比经济委员会执行秘书阿莉西亚·巴尔塞纳认为,中拉经贸关系使拉美的贸易条件得到改善,经济增长率上升,并使拉美获得了能被投资于教育、基础设施和创新领域的资金。(见 http://www.eclac.cl/cgi-bin/getProd.asp?xml=/prensa/noticias/comunicados/8/47228/P47228.xml&xsl=/prensa/tpl-i/p6f.xsl&base=/prensa/tpl/top-bottom.xslt)

[②] 联合国拉美和加勒比经济委员会的有关出版物对此有较为深入的分析。见 Osvaldo Rosales and Mikio Kuwayama, *China and Latin America and the Caribbean: Building a Strategic Economic and Trade Relationship*, ECLAC, April 2012.

胁"的产业分为三类：一是"受威胁"，即拉美工业制成品出口在世界市场上的份额下降，而中国的份额在扩大；二是"部分受威胁"，即拉美和中国的工业制成品在世界市场上的份额都在增加，但中国增加的份额更大；三是"不受威胁"，即拉美工业制成品在世界市场上增加的份额大于中国的份额。该书认为，截至 2009 年，92% 的拉美工业制成品出口受到了中国的威胁。因此，这两位学者说，中国竞争力的加强损害了拉美未来长期发展的能力。[1]

这一结论显然是值得商榷的。这两位学者忽视了以下两个事实：拉美工业制成品在世界市场上份额降低的趋势，早在中国"崛起"之前就已出现，此其一。其二，拉美份额的降低是由多种原因导致的，不能全部归咎于中国。[2]

众所周知，在全球化时代，一个国家的国际竞争力是至关重要的。一国能否在世界市场上占领更大的份额，与多种因素有关，其中最重要的就是其产品的国际竞争力的大小。中国的出口产品价廉物美，具有极强的竞争力。因此，拉美不应该以反倾销等手段抵御中国产品，而是应该努力提升自身的竞争力。

事实上，中国出口到拉美的价廉物美的产品还有利于拉美国家控制通货膨胀压力。英国《金融时报》（2011 年 4 月 22 日）的一篇文章写道，在巴西圣保罗的帕赖索波利斯贫民区，低收入者非常喜欢较为廉价的中国商品，因为巴西生产的同类商品在价格上要高出 4 倍。该贫民区的一店主说，他的商品必须如此便宜，否则这里的很多穷人买不起。《金融时报》的这一文章认为，中国的廉价商品有助于巴西政府控制通货膨胀压力。[3]

---

[1] Kevin Gallagher and Roberto Porzecanski, *The Dragon in the Room: China and the Future of Latin American Industrialization*, Stanford University Press, 2010.

[2] 如在巴西，沉重的税赋、政府部门的官僚作风、居高不下的劳动力价格、落后的基础设施以及其他一些不利于经济活动的成本，被形象地称作"巴西成本"（custo Brasil, Brazil cost）。英国《金融时报》的一篇文章认为，将一瓶米奥罗葡萄酒从位于"葡萄园山谷"的葡萄园运输至不到 500 公里之外的最近港口的成本，与将这瓶葡萄酒发运至中国的成本相差无几。（http://www.ftchinese.com/story/001050964?full=y）

[3] http://www.ftchinese.com/story/001038207/en.

还应该指出的是，"中国因素"具有双向效能：中国向拉美出口和在拉美进行投资，拉美同样可以向中国出口和在中国进行投资。例如，中国已成为智利葡萄酒的主要进口国之一。2005 年，中国在智利葡萄酒出口市场的排名中位居第 24 位，2012 年已上升到第 6 位。2000 年，智利最大的酒庄 Concha y Toro 仅向中国出口了 780 箱葡萄酒，2011 年已增加到 16.4 万箱。据估计，至 2020 年，智利有望向中国出口价值 30 亿美元的葡萄酒。[1] 中国对拉美的投资也在与日俱增。据美洲开发银行统计，巴西、墨西哥、阿根廷和智利等国在中国的投资额已超过 8 亿美元。墨西哥食品制造商宾堡公司（Bimbo）在中国的 27 个城市有食品厂，阿根廷特钦特集团（Techint）在中国建立了一家生产钢管的工厂，巴西的 IT 企业 Stefanini 在中国也有投资。

综上所述，"中国因素"对拉美产生的积极影响大于负面影响。这一"双赢"是中拉经贸关系不断向前发展的动力。

三　如何加大中国企业投资拉美的力度？

一方面，鼓励中国企业"走出去"早已成为国策；[2] 另一方面，拉美不时抱怨中国在推动中拉经贸关系时重贸易而轻投资。由此可见，加大中国企业投资拉美的力度，可谓"一石二鸟"，即既能扩大境外投资，又能减缓拉美人的抱怨。

毋庸置疑，中国在拉美的投资取得了较快的增长。2003 年，中国在拉美的投资的存量仅为 46 亿美元；2011 年已高达 552 亿美元，即在不足

---

[1] Adam Thomson, "Wine: Chilean Winemakers Set Sights on China", *Financial Times*, October 1, 2012. http://www.ft.com/intl/cms/s/0/5d6afed2-0889-11e2-b37e-00144feabdc0.html#axzz2Clh2iQFm.

[2] 《中华人民共和国国民经济和社会发展第十二个五年规划纲要》第 52 章指出，坚持"引进来"和"走出去"相结合，利用外资和对外投资并重，提高安全高效地利用两个市场、两种资源的能力，按照市场导向和企业自主决策原则，引导各类所有制企业有序开展境外投资合作。

10年的时间内增长了10多倍。①

但是，在中国对拉美的投资中，加勒比的开曼群岛和英属维尔京群岛却最受青睐。如在2011年，这两个"避税天堂"吸引了510亿美元，占中国在拉美投资总额的92.4%。这意味着，中国在拉美的非"避税天堂"的投资仅为42亿美元。② 由此可见，扩大中国在拉美实体经济领域的投资是当务之急。

为扩大在拉美的投资，当务之急是如何刺激中国企业投资拉美的积极性。诚然，中国政府的有关部门已为实施"走出去"战略而采取了多方面的措施，但这些措施并非必然会转化为投资拉美的热情。众所周知，巨大的国内市场充满了商机，许多企业不必进军拉美就能用各种手段获取巨额利润。有些企业愿意"走出去"，但它们更青睐美国、欧盟、非洲或中东欧市场。

为吸引更多的中国投资，拉美必须进一步改善投资环境。投资环境有"软""硬"之分。"硬环境"是人不可改变的地理位置、气候、自然条件、资源禀赋等。"软环境"则是人能够想方设法改变的，如经济政策、发展水平、政治民主、社会治安、法律体系和基础设施等。

拉美投资环境中的"硬环境"是有口皆碑的，其中最引人注目的就是该地区拥有丰富的自然资源。此外，拉美的经济实力在上升，中产阶级队伍在不断扩大，一些领域的科技处于世界领先地位。

但拉美投资环境中的"软环境"不尽人意，其中尤为突出的是：政策多变，政府部门工作效率低下，基础设施落后，融资条件差，宏观经济形势不稳定，对外资企业雇佣当地工人有很高的要求，工会组织的战斗性强，社会治安状况差，腐败问题严重，等等。令人失望的是，改变这些"软环境"的难度很大。

应该指出的是，国际投资是一种双向行为。为了扩大在拉美的投资，中国也要关注以下几个问题：

---

① 商务部、国家统计局、国家外汇管理局：《2011年度中国对外直接投资统计公报》，中国统计出版社2012年版。

② 同上。

第一，要正确选择最佳投资领域。根据约翰·邓宁的国际投资理论，对外直接投资的动机不外乎以下四种：寻求市场、寻求资源、寻求效率以及寻求战略资产。毫无疑问，拉美拥有丰富的资源，因此自然资源领域应该是中国企业的首要选择。但是，拉美的其他领域（如基础设施、制造业、农业和旅游业）也是很好的投资场所，也是中国企业在"走出去"的过程中不应该忽视的。

第二，要塑造良好的企业形象。企业形象是企业的无形资本，因此，在一定程度上，企业形象的好坏会对企业本身的业务发展产生重大影响。不仅如此，在全球化和信息化时代，企业形象的优劣还会提升或贬损国家形象和软实力。因此，中国企业在投资拉美的过程中，必须重视如何塑造良好的企业形象这个重大问题。

第三，要积极承担社会责任，恪守诚信，严格遵守东道国的法律，最大限度地融入当地社会。

四　如何加强相互了解？

推动国际关系的必要条件之一就是加强相互了解，中拉关系亦然。古今中外，不同国家、不同民族、不同文化之间沟通交流，在和而不同中取长补短，在求同存异中相得益彰，是推动人类文明进步的持久动力，对于增进互信与友谊、消除偏见与误解、促进人类社会和谐与繁荣具有不可替代的作用。

然而，如何加强中国与拉美之间的相互了解，既是一个必须回答的问题，也是一个极难回答的问题。

确实，中国与拉美都认为加强相互了解是必要的，并为此而采取了不少措施。例如，与过去相比，拉美的研究中国的智库或研究机构犹如雨后春笋，研究中国的拉美学者也越来越多，关于中国的出版物也层出不穷。又如，中国已在拉美成立了数十个孔子学院，用西班牙语、葡萄牙语和英文出版的中国书籍及报刊在拉美随处可见，中国的杂技团和歌舞团时常访问拉美，介绍中国文化的各种形式的展览接连不断。

然而，由于两地相距遥远、文化差异大、语言障碍高，中国人对拉美的了解极为肤浅,拉美人对中国同样所知甚少。此外,一些拉美人还受到了西方媒体的极大影响,对中国的认识充满了偏见。①

太平洋不可能消失,因此地理因素对相互了解的制约将是永恒的;中国与拉美的文化差异虽能缩小,但不可能完全趋同,因此文化差异也是难以克服的;中国人不可能改说西班牙语或葡萄牙语,拉美人也不可能改说汉语,因此语言上的障碍也将是永远存在的。② 但我们不能因无法克服地理、文化和语言上的"鸿沟"而听之任之。

为使拉美更为深刻地了解中国,以下几点是十分重要的:

一是要进一步强化中国对外宣传的功效。传媒学中有这样一句名言:"告诉我并非意味着你我在交流"(To inform is not to communicate)。国外的一些学者认为,中国的出版物仅仅是把中国"告诉"外部世界,而非与之"交流"。这一判断无疑是片面的,但并非一无是处。例如,在语言的使用、内容的选择、口径的定位、受众的确定以及手段的运用等方面,中国媒体还应该作出更大的努力。

二是要进一步发挥中国驻拉美使馆及领事馆的重要作用。中国的外交机构拥有出色的人才和充足的经费,与社会各界保持着密切的联系,并对东道国的形势了如指掌。因此,它们在宣传中国时能发挥媒体难以发挥的作用。③

三是要尽快建立中拉合作论坛。中国与非洲和亚洲的发展中地区都建立了对话合作平台,如中非合作论坛、中国与东盟领导人会议(10 + 1)。实践证明,这样的对话平台有助于推动中国与作为一个整体的非洲和亚洲的发展中地区的全方位的交流和合作。

中国与若干拉美国家和区域性组织业已建立了多种形式的对话机制,

---

① 例如,在一次讨论中拉关系的研讨会上,一位阿根廷学者说,中国的经济总量已跃居世界第二,因此中国已离开了"第三世界阵营",进入了发达国家行列,与美国平起平坐。在他看来,中拉关系已不再是南南关系,而是南北关系。

② 令人欣慰的是,中国的许多大学开设了西班牙语和葡萄牙语课程。这些专业的毕业生无疑将为推动中拉关系做出重要贡献。

③ 除了举办更多的宣传活动以外,中国驻拉美的使馆和领事馆还应该重视其网站的功能,加快网站内容的更新速度,加大宣传力度。

但尚未与作为一个整体的拉美建立合作论坛。中国领导人多次表示，中方倡议建立中拉合作论坛，为加强中拉整体合作搭建更高平台。①

四是要进一步推动人文交流。与高层往来不同的是，人文交流具有更多的"草根性"，而且涵盖面广，形式多种多样，因而在推动相互了解的过程中发挥着特别重要的作用。

2012年6月26日国务院总理温家宝在圣地亚哥联合国拉丁美洲和加勒比经济委员会发表演讲时呼吁中拉双方积极开展文明对话，扩大教育、文化、新闻、体育等领域的合作，促进不同种族、宗教信仰和文化的相互尊重、和谐共处。他说，中国政府支持在拉美设立中国文化中心，未来五年内将向拉美国家提供5000个奖学金留学生名额。他还表示，中方倡议成立中拉科技创新论坛，在航空航天、新能源、资源环境、海洋、极地科研等领域加强合作，支持举办中拉青年政治家论坛，为双方青年提供更多交流机会，尽快建立中拉旅游工作促进机制，相互推介旅游资源，支持企业开通更多直航航线，为双方人员往来提供便利。②

中国领导人的上述倡议和表态指明了中拉双方加强相互了解的努力方向，并且具有很强的可操作性。但最后能否成为现实，还需要中拉双方作出共同努力。

当然，加强相互了解是一个渐进的、缓慢的过程，不能指望一蹴而就。而且，相互认知不能仅仅指望一方努力，而是要双方共同作出努力。在这个问题上，拉美国家为认识中国而作出的努力显然不及中国为认识拉美而付出的心血。

事实上，相互了解是没有止境的。拉美与美国的关系由来已久，难道它们之间的相互了解已达到尽善尽美的地步？

最后应该指出的是，相互了解既包括主动认识对方，也包括积极地向对方展示自己。只有具备这样一种双向的互动，相互了解才能事半功

---

① http://news.china.com.cn/world/2013-07/20/content_29479061.htm.
② 2013年7月19日中国国家主席习近平在人民大会堂会见委内瑞拉副总统阿雷阿萨时也表示，中国重视加强同拉美和加勒比国家的友好关系，愿同包括委内瑞拉在内的拉美国家一道，推动早日建立中拉合作论坛，提升中拉整体合作水平。（http://www.fmprc.gov.cn/mfa_chn/ziliao_611306/zt_611380/ywzt_611452/2012zt/2012wcxlhgccxdhd_611388/t945701.shtml）

倍。令人遗憾的是，拉美的努力显然不及中国。拉美人希望认识中国的愿望在增强，但拉美人向中国人展示其美貌风姿的主观愿望和积极性似乎不强。中央外事办公室前副主任裘援平的下述评论不无道理："中国与拉美之间的人文交流还很不够，国内很少看到拉美地区的演出、展出等，应该大大加强。"①

五 如何看待中拉关系中的"美国因素"？

随着中拉关系的快速发展，美国的忧虑和警觉也十分明显。2006年4月，美国国务院甚至派出主管西半球事务的助理国务卿托马斯·香农访华，与中国外交部拉美司司长曾钢进行中美拉美事务对口磋商。双方就各自与拉美国家的关系、对拉美国家的政策、拉美地区的形势和中美在拉美的合作等议题举行了会谈。美国政府的高级官员不远万里，到中国来磋商中国对拉美的政策，可谓破天荒。②

美国国会多次举行听证会，分析中国"进入拉美"的动机以及对美国的影响。美国学术界对中拉关系更是展开了深入的研究。除举办各种类型的研讨会以外，还出版了多本探讨中拉关系的专著，发表了大量论文。有些美国学者甚至亲自来华进行调研。

美国媒体经常报道中拉关系的动态和进展。尤其在中国领导人访问拉美时，更是将其作为重点报道的重大新闻或头条新闻。此外，美国工商企业界和民众对中拉关系表现出浓厚的兴趣。甚至美国驻华使馆也多次会见中国学者，了解中国与拉美发展关系的动机。

美国之所以对中国与拉美国家发展关系表现出忧虑和警觉，无非因为它担心自己在拉美这个"后院"中的势力范围会受到影响。③ 例如，美

---

① http://news.china.com.cn/2013lianghui/2013-03/11/content_28208236.htm.
② 2012年3月8日，外交部拉美司司长杨万明在美国华盛顿与美国务院负责西半球事务的代理助理国务卿雅各布森共同主持两国战略与经济对话战略对话框架下的第五次拉美事务磋商。
③ "后院"的概念在国内外尚无公认的定义。当美国的政府官员或其他人称拉美为美国的"后院"时，许多拉美人会表达其强烈的不满。但是，美国与拉美之间的难以消除的地缘政治关系以及拉美经济对美国经济的严重依赖性，意味着拉美难以否认"拉美是美国的'后院'"这一事实。

国众议员丹·伯顿在2005年4月6日美国国会举行的一次关于中拉关系的听证会上说："美国在拉美的传统目标一直是促进政治稳定、推动民主、提供市场准入和遏制霸权的崛起。中国会不会遵守公平贸易的规则？会不会负责任地参与跨国问题的解决？在我们得到肯定的答案以前，我认为我们应该谨慎地把中国的崛起视为与我们在拉美的目标背道而驰，因此我们应该遏制它。可能我们还应该把中国在拉美采取的行为看作是一个霸权在我们西半球的活动。"①

非常巧合的是，中拉关系的发展与拉美左派东山再起几乎是同时发生的，尽管两者之间无任何必然的因果关系。这一巧合无疑助长了美国对中拉关系的忧虑，因为美国不愿意看到拉美左派的影响力上升。2006年4月香农在首次访华时说："有些美国人对中国在几十年前支持拉美的游击队、共产党或左翼组织记忆犹新。目前拉美的左翼很有影响力，因此有些美国人怀疑中国与拉美左翼政权发展关系的目的不仅仅是经济上的考虑。令人遗憾的是，怀疑中国的人比拥有好奇心的人更多。美国是一个多元化社会，任何人可以有任何想法。美国政府必须面对这一现实。"香农还表示，"美国政府不是反对中国与拉美发展关系，而是担心近几年拉美出现的复杂性。例如，近几年，委内瑞拉总统查韦斯使拉美事务变得越来越复杂"。他还说："美国不希望拉美的复杂性会因中国的介入而变得更加严重，更不希望美中关系因中拉关系的发展而出现误会。毫无疑问，中国对拉美的兴趣刚刚起步，因此，从一开始美中两国就应该加强沟通，增进了解，避免出现误解。"②

中拉关系是全方位发展的双边关系。除贸易和投资以外，中拉军事交往也是中拉关系的组成部分之一。因此，美国对中拉军事交往同样心存芥蒂。例如，美国国务院主管西半球事务的副助理国务卿查尔斯·夏皮罗在2005年9月美国国会举行的一次关于中拉关系的听证会上说："美国把中国参与联合国在海地开展的维和任务视为有利于联合国的维和

---

① http://commdocs.house.gov/committees/intlrel/hfa20404.000/hfa20404_0f.htm.
② 2006年4月13日，笔者应邀参加美国驻华使馆公使谢伟森（David Dedney）为欢迎香农来华访问而举行的晚宴。晚宴在公使官邸举行。这是香农在晚宴上说的话。

行动，但美国正在密切关注中拉双方的军事合作关系，包括双方军队之间的教育合作。"他表示："美国希望中拉军事合作不会损害拉美军人支持民主和拥护文人掌权的决心。由于中国向拉美出口军火，因此美国将奉行其寻求透明度和责任心的政策。美国担心中国出口到拉美的武器会被转移到影响西半球和平与安全的非法武装力量。"他还认为，美国没有掌握中国向拉美提供军事援助的确切数据，但美国鼓励中国采纳美国向拉美提供军事援助时奉行的基本原则，即有利于强化政府的管理能力和提高透明度。[①]

必须指出的是，美国的媒体对中拉关系的报道基本上是负面的。例如，《华尔街日报》高级编辑玛丽·奥格拉迪在2004年9月3日该报发表的一篇文章中说，"中国进入拉美时带去了资金和市场。无怪乎中拉关系发展很快。这一关系（对美国）还没有产生严重的安全挑战，但中国正在成为美国自己后院中的一个政治上的竞争者……中国在拉美的崛起会使美国为控制非法移民、武器走私、毒品贸易和洗钱而作出的努力变得复杂化，因为中国正在与那些对美国上述努力不太友好的国家进行合作。那些拉美国家可能会利用中国来挑战美国的霸权"。[②] 类似的评论在美国媒体上俯拾皆是。

美国学术界对中拉关系的评论难以一概而论，有的较为公正，有的则助长了"中国威胁论"。例如，美国国防大学西半球防务研究中心的学者埃文·埃利斯在一篇题为《中国的新后院》的文章中问道："华盛顿是否知道，北京已把旗帜深深地插在拉美的土地上？"他说："具有讽刺意味的是，正是在（墨西哥这个）离美国最近的国家，中国占据了不少地盘。培尼亚总统（在2013年4月和6月）两次与中国国家主席习近平套近乎，这一做法与其前任卡尔德隆总统是背道而驰的。"[③]

[①] Charles Shapiro, "The Role of China in Latin America: Diplomatic, Political, and Economic Consequences", Testimony before the US Senate Subcommittee on the Western Hemisphere, Peace Corps and Narcotic Affairs, September 20, 2005.

[②] Mary Anastasia O'Grady, "The Middle Kingdom in Latin America", *Wall Street Journal*, September 3, 2004.

[③] R. Evan Ellis, "China's New Backyard", *Foreign Policy*, June 6, 2013.

为减少"美国因素"对中拉关系的影响，两国外交部门主管拉美事务的官员有必要继续进行"战略对话"。中国应利用这一对话机制，向美方表明中国对拉美的政策以及中美关系的重要性。在国际学术交流的平台上，中国学者应该多介绍中国政府的拉美政策。此外，中国政府应该积极利用各种媒体，加大对外宣传力度。尤其在中国领导人出访拉美时，各种媒体应有的放矢地宣传中国对拉美的政策以及中拉关系在推动南南合作方面发挥的重要作用。

美国与拉美国家的经贸关系由来已久。在开发拉美市场和自然资源的过程中，美国的优势不仅体现在雄厚的资本实力上，而且反映在美国业已在拉美建立的庞大的市场营销网络和先进的管理经验上。相比之下，作为一个"后来者"，中国对拉美的市场条件和投资环境所知甚少，中国企业的资本实力也是有限的。因此，在开拓拉美市场和开发拉美资源时，中国应该与美国加强合作。合作的方式可以是中美双方建立合资企业，甚至可以由中国、美国、拉美三方建立合资企业。

六　结束语

中国重视与拉美发展关系的目的不是在美国的"后院""插刀子"，而是与拉美一起在构建和谐世界的过程中发挥作用。此外，拉美拥有丰富的资源，并且还可以成为中国企业"走出去"的重要场所，在治国理政方面双方也可交流经验。

"中国因素"对拉美产生的积极影响大于负面影响。这一"双赢"是中拉经贸关系不断向前发展的动力。"中国因素"的出现既有利于拉美国家发挥其比较优势，也能为拉美的产品和资本提供庞大的市场。

为了加大投资拉美的力度，必须刺激中国企业"走出去"的积极性。此外，投资者还应该正确选择最佳投资领域，塑造良好的企业形象，积极承担社会责任，恪守诚信，严格遵守东道国的法律，最大限度地融入当地社会。拉美国家面临的艰巨任务就是如何进一步改善投资环境。

中国与拉美相距遥远，文化差异大，语言障碍高，因此中国人对拉美的了解极为肤浅，拉美人对中国同样所知甚少。此外，一些拉美人还受到了西方媒体的极大影响，对中国的认识充满了偏见。为使拉美更为深刻地了解中国，要进一步强化中国对外宣传的功效，发挥中国驻拉美使馆及领事馆的重要作用，尽快建立中拉合作论坛，大力推动人文交流。令人遗憾的是，拉美人希望认识中国的愿望在增强，但他们向中国人展示其美貌风姿的主观愿望和积极性似乎不强。

美国对中拉关系的忧虑和警觉是不必要的，因为中拉关系和中美关系并行不悖，中国和美国完全可以发挥各自优势，在充分尊重拉美国家意愿的前提下，与拉美发展关系，开展合作，共同为拉美国家的发展发挥积极作用。

（原载《拉丁美洲研究》2013年第5期）

中国与拉美国家的关系
并未进入"困难"时期

美国学者陈懋修认为，中国与拉美国家的关系正在从"比较轻松、比较容易的一段时期"进入"困难"时期。他之所以称前一段时期为"轻松""容易"，是因为中拉贸易出现了爆炸性的增长，而目前"中国和拉美的经济及双边关系都面临着不少严峻的挑战"。因此，中拉关系已开始进入一个"困难"的时期。① 无独有偶，美国学者戴维·马拉斯也认为，"在当前宏观经济背景下，中拉关系正在步入一个困难时期……过去一直说中拉合作是'赢—赢'模式，如今有可能变为'赢—输'模式"。②

上述两位美国学者的观点是否正确？中拉关系的现状如何？如何正确判断当前及未来中拉关系的走向？如果中拉关系真的进入了"困难"时期，其原因何在？毫无疑问，探讨这些问题的答案，对于我们正确把握中拉关系的发展前景以及如何进一步提升这一关系，是大有裨益的。

一 如何判断双边关系的亲疏远近

衡量和判断双边关系的"难""易"或好坏，绝非易事。有人曾试图

---

① 陈懋修的这一观点引自http://finance.sina.com.cn/hy/20150828/141323107286.shtml及其在另一会议上的发言。

② http://m.caijing.com.cn/api/show?contentid=3961727.

用定量分析的方法来达到这一目的。例如，为了判断欧盟成员国与中国的双边关系的密切程度，陈志敏等选取了 7 个指标，其中经济关系指标 3 个（对华贸易、对华投资和金融关系），政治关系指标 4 个（双边关系定位、外交互动、军事交流和欧盟国家的达赖政策）。他们给予每一个指标一定量的分值。例如，欧方的国家元首或政府首脑来访，一次记 3 分，外交部部长来访，一次记 1 分。中国领导人或外交部部长出访，得同样的分值。萨科齐总统曾会见达赖，须扣除 5 分。经贸关系可以采用同样的方法。例如，2011 年波罗的海国家立陶宛的对华贸易仅占其国际贸易总额的 1.2%；而德国的比重高达 4.6%。因此，德国的分值高于立陶宛的分值，德国与中国的关系比立陶宛与中国的关系更好。

该论文认为，7 个指标的分值的大小与欧盟成员国与中国的双边关系的好坏或密切程度成正比。中国与德国、英国、法国和意大利的政治经济水平都比较高，与西班牙、葡萄牙和希腊的政治关系水平高。

这一分析方法是否科学另当别论。然而，应该指出的是，在当代国际关系中，影响两国关系的因素不胜枚举。在一定的条件下，貌似微不足道的"鸡毛蒜皮"，也能反映双边关系的亲疏远近。换言之，仅仅用 7 个经济和政治因素来判断双边关系的好坏，未必经得起推敲。例如，在多种情况下，如果中国愿意把大熊猫租借给他国，或许比接待一位总统、总理或部长来访更能说明两国关系的融洽程度，更能推动双边关系的发展。又如，加入亚投行（AIIB）或许比进口一定量的中国产品更能说明两国关系的亲密度。而一般的定量分析是很难把大熊猫或 AIIB 等可能会影响双边关系的因素都考虑进去的。

还应该指出的是，在经济全球化时代，经贸关系是双边关系的基础。但在现实中，双边关系有时还呈现出"政冷经热"或"经冷政热"等奇怪的特点。这些特点再次说明，判断双边关系的亲疏远近是多么艰难。

二 中拉关系的现状

虽然我们难以用定量分析的方法来界定中拉关系或中国与其他国家的双边关系，但是，以下几点充分说明，中拉关系并未进入"困难"时期。相反，可以断言，目前的中拉关系处于1492年哥伦布"发现"美洲新大陆以来的最佳时期。

第一，高层互访为中拉关系注入了强大的政治动力。过去的十多年，推动中拉关系快速发展的动力之一就是高层互访频繁。2004年11月胡锦涛主席访问拉美后，曾庆红副主席在2005年初也访问拉美。两次访问间隔时间仅为2个月左右。2008年11月胡锦涛主席访问拉美后，习近平副主席在2009年初也访问拉美，两次访问间隔时间同样只有2个月左右。李源潮副主席在2013年5月9日至16日访问拉美后，习近平主席在同年5月31日至6月6日也访问拉美。一个国家的主席和副主席在2个月内、甚至不足一个月的时间内访问拉美，在世界上是绝无仅有的。这一切充分说明，中国非常重视与拉美发展关系。

拉美国家的领导人也经常访问中国。通过频繁的互访，双方的最高领导人可探讨如何进一步提升双边关系，也能就重大国际问题交流看法。令人欣慰的是，近几年，中拉高层互访的势头并没有减弱。在中共十八大以来短短的三年多时间内，习近平主席已两次访问拉美，李克强总理也在2015年5月访问拉美。因此，中拉关系并未进入所谓"困难"时期。

第二，经贸关系日益多元化。古往今来，贸易是经贸关系的主体。随着双边贸易的发展，两国经贸关系会进一步多元化。在这一过程中，贸易的重要性会下降，投资的重要性会不断凸显。这一变化不等于两国关系进入了困难时期。中国与拉美、非洲、美国和欧洲的经贸关系都经历了这一过程。

诚然，近几年中国经济的增长率因产业结构变化和增长方式调整而有所下降。受此变化和调整的影响，中国对海外资源的需求在减少，中国从拉美进口的初级产品在数量上并未继续保持十年前的那种"井喷式"的增长。但这并不意味着中拉经贸关系停滞不前了。相反，随着中国对拉美投资的快速增加，中拉经贸关系日益呈现出多元化的趋势。这一变化既符合国际经济关系的性质，也表明中拉经贸关系在"更上一层楼"。这同样说明中拉关系并未进入所谓"困难"时期。

第三，合作领域不断拓展。随着经贸关系的发展，其他领域的交往也会不断扩大。这是当代国际关系的一个规律。中拉关系亦非例外。

今天，经贸关系依然是中拉关系的主体，但政治关系、人文交流以及多边场合的合作也在不断发展。尤其是2008年中国发表对拉美政策文件后，中拉关系越来越呈现出全方位、多领域、"全面开花"的特点。从政党到民间，从议会到军队，从文化到体育，从科技到卫生，从媒体到智库，都能感受到中拉关系并未进入"困难"时期。

综上所述，所谓中拉关系进入"困难时期"的说法是不符合事实的。

三　如何进一步提升中拉关系

否认中拉关系进入"困难"时期，并不意味着这一关系已进入尽善尽美的境界。毋庸置疑，中拉关系确实面临着一些问题。

中拉关系面临的突出问题是什么？这是一个见仁见智的问题。例如，有人认为，拉美国家经常对中国出口产品实施反倾销。因此，中拉关系面临的最大问题是贸易争端。

拉美国家确实经常用反倾销的方式来保护其国内市场和企业。但是，与庞大的双边贸易额相比，受拉美的反倾销影响的中国出口产品在双边贸易额中的比重极小。而且，随着经贸关系的发展，出现一些贸易争端是难以避免的。因此，贸易争端不是中拉关系的主要问题。

中拉关系的最大问题是双方相互了解不深不透。这一问题的危害性之一就是"中国威胁论"以及对中国恐惧的心态在拉美很有"市场"，甚至在不断蔓延。例如，一些拉美的媒体经常将中国视为发达国家，并称昨天的美国与拉美的关系就是明天的中国与拉美的关系。又如，"中国帝国主义""中国新殖民主义"等不雅词汇经常出现在拉美的媒体上。在一些反对中国企业的游行示威中，甚至还出现了"中国人滚出去"的标语和口号。

中国与拉美不仅远隔重洋，相距遥远，而且在政治制度、文化传统、思维方式和语言等方面存在着巨大的差异。此外，美国媒体对中国的不实报道在拉美有很大的影响。因此，改变一些拉美人对中国的不正确的认知，绝非一蹴而就的易事。

为了最大限度地消除"中国威胁论"和对中国恐惧的心态，除了加大对拉美等宣传力度以外，还应该采取以下措施：一是要鼓励中国企业在拉美承担更多的社会责任，严格遵从东道国法律，妥善处理投资项目与其所在地政府和民众的关系；二是要吸引更多的拉美游客来华旅游，使其对中国的国家形象获得一个眼见为实的认知；三是要鼓励更多的拉美青年来华留学，为中拉关系的可持续发展奠定基础；四是我国驻拉美国家的使馆要多举办一些宣传和介绍中国的活动。

四 对中拉关系中若干问题的认识

为了进一步提升中拉关系，除了加强相互了解以外，还应正确认识以下几个问题：

（一）中拉经贸关系是否应该"超越互补性"？巴西是最大的拉美国家，因此中国与巴西的关系对整个中拉关系的影响是巨大的。2014年，中巴贸易额占中拉贸易总额的比重超过30%。

众所周知，中国在制造业拥有显而易见的比较优势，巴西的比较优势是其拥有的丰富的自然资源。这意味着，中巴两国在经贸领域的互补性是不容低估的。但巴西总统罗塞夫却在2011年4月访华时说，中国与巴西应该"超越互补性"，以便"使双边关系向充满活力的、多元化的和均衡的方向发展"。[①]

确实，中巴经贸关系或中拉经贸关系应该不断实现多元化。但是，经贸关系的基础是各国发挥自身比较优势，扬长避短，互通有无。超越这一互补性，双边经贸关系的活力就会减弱。

巨大的中国市场为巴西和其他拉美国家扩大出口提供了机遇。但中国市场上的竞争是很激烈的。且不论中巴贸易和中拉贸易是否应该"超越互补性"，要想在中国市场上占有一席之地，包括巴西在内的所有拉美国家都应该进一步强化其竞争力。否则，"超越互补性"仅仅是美好的愿望而已。

---

① 转引自 Ana Fernandez, "Brazil's Rousseff wants 'new phase' in China ties", April 12, 2011, https://au.finance.yahoo.com/news/Brazil-Rousseff-wants-new-afp-2838520022.html.

（二）"一带一路"倡议是否冷落了拉美？2013年9月和10月，中国国家主席习近平在出访中亚和东南亚国家期间，先后提出共建"丝绸之路经济带"和"21世纪海上丝绸之路"（"一带一路"）的重大倡议。根据国家发展改革委、外交部、商务部在2015年3月28日联合发布的《推动共建丝绸之路经济带和21世纪海上丝绸之路的愿景与行动》，"一带一路"贯穿亚欧非大陆，一头是活跃的东亚经济圈，一头是发达的欧洲经济圈，中间广大腹地国家经济发展潜力巨大。丝绸之路经济带重点畅通中国经中亚、俄罗斯至欧洲（波罗的海）；中国经中亚、西亚至波斯湾、地中海；中国至东南亚、南亚、印度洋。"21世纪海上丝绸之路"重点方向是从中国沿海港口过南海到印度洋，延伸至欧洲；从中国沿海港口过南海到南太平洋。

由此可见，"一带一路"未包括拉美。无怪乎中国和拉美的一些学者颇为失望。

其实，这一是失望是多余的。首先，"一带一路"坚持开放合作，因此，"一带一路"涉及的国家并不限于古代丝绸之路的范围，各国和国际、地区组织均可参与。其次，"一带一路"的合作重点是"五通"，即政策沟通、设施联通、贸易畅通、资金融通和民心相通。虽然《推动共建丝绸之路经济带和21世纪海上丝绸之路的愿景与行动》未提及拉美，但中拉关系的发展进程实际上早已囊括"五通"。

在一定程度上，"一带一路"有狭义和广义之分。广义是"五通"，狭义则仅仅是设施联通。设施联通包括完善交通基础设施和提升道路通达水平。由于中国与拉美隔海相望，在太平洋上铺设铁轨或兴建道路是天方夜谭。就此而言，中国学者和拉美学者关心的应该是如何实现"五通"，而非"一带一路"是否应该包括拉美这一伪命题。

（三）如何应对拉美的"国家风险"（country risks）？"国家风险"是一国政治、经济、外交、社会等领域的不安全因素。在一定意义上，"国家风险"实际上就是投资环境。投资环境又有所谓"硬环境"和"软环境"之分。"硬环境"是人的主观愿望不可改变的，如地理位置、气候、自然条件和资源禀赋等。"软环境"则是人能通过其自身的意志设法加以改变的，如经济政策、发展水平、政治民主、社会治安、法律体系和基础设施等。因此，在预测和分析拉美的"国家风险"时，不妨从投资环境，尤其是"软环境"入手。

拉美国家的"国家风险"可谓无所不包：既有政局不稳定，也有政府的低诚信度；既有经济危机、金融危机、银行危机和货币危机的风险，也有汇率不稳定和通货膨胀压力；既有司空见惯的小偷小摸，也有毛骨悚然的绑架和暗杀；既有无处不在的腐败，也有政府的低效率；既有战斗力极强的工会组织，也有烦琐复杂的税法、劳工法和其他法律。这意味着，中国企业在开拓拉美市场时，必须重视该地区的"国家风险"。

"国家风险"的最佳应对之道无疑是准确地预测风险能否发生或何时发生。有些风险是可预测的。例如，左翼政治家当政后，必然会高举民族主义大旗，对外资采取一些限制性政策，有时甚至会实施国有化；又如，如果一个国家长期奉行"寅吃卯粮"的赤字财政政策，债务危机迟早会爆发；再如，在收入分配严重不公、社会凝聚力极为弱化或中产阶级微不足道的国家，日积月累的社会矛盾必然会损害社会治安，甚至可能会演化为政府难以遏制的大规模的社会动荡。

但是，有些"国家风险"是难以预料的。例如，中国铁建公司在兴高采烈之余绝对没有预料到墨西哥政府最终会取消墨西哥城至克雷塔罗高速铁路项目。[①]

中国企业必须强化规避风险的意识，千万不要以为强盛的祖国就能使企业在拉美高枕无忧。强盛的祖国能在"国家风险"演变为危机后通过外交手段或经济实力将危机的损失降到最低限度，但并不能遏制拉美"国家风险"的发生。因此，中国企业在进入拉美市场之前必须时刻提放各种各样的风险，真正做到有备无患。

有些"国家风险"是东道国不遵守商业规则或违反商业信用等不良行为导致的。对此，企业必须积极诉诸法律手段，以最大限度地减少

---

① 2014年11月3日，墨西哥通信和交通部宣布，由中国铁建公司、中国南车股份有限公司及4家墨西哥本土公司组成的联合体（CRCC－CSR－GIA－PRODEMEX－TEYA－GHP）中标墨西哥城至克雷塔罗高速铁路项目。但在11月6日，墨西哥方面却发布了取消该项目中标结果的消息，并决定重启投标程序。2015年1月30日，墨西哥财政和公共信贷部发布公告，由于国际油价大跌导致政府收入锐减，墨西哥政府决定无限期暂停这一项目。

损失。

（四）如何认识拉美和加勒比国家共同体（拉共体）在推动中拉关系中的作用？拉共体成立于 2011 年 12 月。其宗旨是：在加强团结和兼顾多样性的基础上，深化地区政治、经济、社会和文化一体化建设，实现本地区可持续发展；继续推动现有区域和次区域一体化组织在经贸、生产、社会、文化等领域的对话与合作，制定地区发展的统一议程；在涉拉共体重大问题上进行协调并表明成员国共同立场，对外发出"拉美声音"。[①]

2015 年 1 月 8—9 日，中国—拉共体首届部长级会议（又名中拉论坛）在北京举行。毫无疑问，这一论坛的建立为中拉双方开展广泛领域的合作搭建了重要平台，也为双方加强政策对话提供了难得的机遇。双方表示，今后将以这一论坛为对话与合作的新平台、新起点、新机遇，进一步深化中拉全面合作伙伴关系。

但是，拉共体与欧盟的作用和影响力不可同日而语。经过半个多世纪的努力，尤其在《里斯本条约》生效后，欧盟已成为世界上一体化程度最高的国家集团，实现了商品、人员、资本和服务的自由流通。除统一市场、欧元和共同贸易政策以外，欧盟成员国还在外交、安全和司法等领域实现了较高程度的一体化。目前，欧盟正在向政治联盟、银行业联盟、财政联盟、能源联盟和数字联盟的大方向阔步前进。面对这样一个国家集团，中国有必要与其保持密切的关系。换言之，中国既要与欧盟成员国发展关系，也要与欧盟发展关系，两者缺一不可。

相比之下，拉共体是一个羽毛未丰的组织，未能从其成员国中获得从属于国家主权的任何职能。除了在首脑会议上发表一个联合声明或公报以外，拉共体的影响力极为有限。因此，中国在与拉美国家发展关系时，应把重点置于双边层面上，不宜高估中拉论坛的作用。

（五）并非所有拉美国家都能与中国进行国际产能合作。作为中拉经贸关系多元化的产物，国际产能合作越来越受到重视。但是，必须注意到，中拉产能合作面临着以下几个方面的掣肘：第一，在拉美的 33 个国

---

① http://www.fmprc.gov.cn/web/gjhdq_676201/gjhdqzz_681964/lmhjlbgjgtt_683624/jbqk_683626/.

家中，半数以上的国家市场规模小。因此，现代化工业的大规模的批量生产极易造成市场饱和。第二，虽然一些拉美国家的制造业落后，但其推动工业化建设的愿望和决心根本不存在，因为它们担心制造业会破坏其青山绿水。第三，地理优势及较高的经济发展水平使拉美国家能很容易地从美国进口任何工业制成品，根本没有必要兴建自己的工厂，因此也就没有必要与中国进行产能合作。否则，美国制造业企业早就在拉美各国"安营扎寨"了。

　　由此可见，在与拉美国家开展国际产能合作的过程中，必须考虑到东道国的国情，千万不要认为每一个国家都是中国向其转移产能的理想场所。而且，中国不应该将碳排放量大、技术落后的产能转移到拉美。

（原载《当代世界》2016年第1期）

对中国与巴西全面战略伙伴关系的认识

在中国与数十个国家建立的各种"伙伴关系"中,战略伙伴关系被认为是最高的层次。巴西是最早与中国建立战略伙伴关系的国家。1993年11月,江泽民主席访问巴西,两国领导人就建立中国与巴西长期稳定、互利的战略伙伴关系达成共识。这是中巴双边关系史上的一个里程碑,对进一步推动两国友好合作具有重要意义。巴西是与中国建立战略伙伴关系的第一个发展中国家。这足以说明巴西这个西半球最大的发展中国家在中国外交战略版图中居于极为重要的地位。

一 中国与巴西关系的发展进程

19世纪初,葡萄牙要求中国澳门总督为巴西招募一批中国茶农。与此同时,中国湖北省的一些茶农因自然灾害而被迫外出谋生。因此,数百名茶农携带了一些茶树苗,经澳门前往巴西,最终在里约热内卢等地定居和从事茶叶种植业。这一事实无疑说明,澳门在中国与巴西的历史交往中发挥了举足轻重的作用。

在历史上,巴西的经济基础是热带作物种植业。这一劳动密集型产业需要大量劳动力,因此,灭绝人性的黑奴贸易正好弥补了巴西热带作物种植园对劳动力的需求。直到19世纪中叶,巴西才废除奴隶制。而巴西社会的这一巨大进步却使巴西的种植园出现了严重的劳动力短缺。

当时的巴西在得知美国、古巴和秘鲁等国从中国输入大批华工后,也向中国提出了招募华工的要求。1880年,中国与巴西在天津签署了

《中国—巴西和好通商航海条约》。条约的主要内容包括：两国建立外交关系；两国"永存友好，永敦友谊，彼此皆可前往侨居……"；在平等互利的基础上发展贸易。

1913年4月9日，巴西宣布承认中华民国。1915年12月，中巴两国在北京签订《中巴修改条约》，以进一步密切双边关系。1943年8月20日，国民党政府驻巴西公使与巴西外交部部长在里约热内卢签署了两国友好条约。1946年3月27日，两国又达成了文化交流协议，"以求于科学技术、文艺及其他文化文明作积极之交换"。①

令人遗憾的是，在冷战期间，受美国反共思维的影响，中华人民共和国成立后并未立即得到拉美国家的承认。直到1960年9月2日中国与古巴建交后，中国与拉美国家的关系才发生了重要的变化。如在1961年8月，巴西副总统古拉特应中国国家副主席董必武的邀请访问中国。这是中华人民共和国成立后来自拉美的第一位国家领导人。

古拉特当选巴西总统后，在外交领域加大了与中国发展关系的力度，当然中国也作出了积极的回应。1961年，新华社在里约热内卢建立了新华社分社。1963年6月，中国国际贸易促进委员会在巴西设立了代表处。1963年，中国又先后派出了建筑师代表团、学生代表团和教育代表团访问巴西。但翌年发生的"九人事件"使中巴关系蒙受了创伤。此后相当长的一段时间内，中巴关系十分冷淡。②

1971年中国重返联合国以及1972年美国总统尼克松访华，使中国的对外关系发生了翻天覆地的变化。在这一背景下，巴西和其他一些拉美国家对中国的国际地位获得了新的认识。1974年8月15日，中国与巴西建立了外交关系。翌日，巴西《圣保罗之页》报以头版头条报道了这一重大消息。

1984年5月，巴西总统若昂·巴普蒂斯塔·德奥利维拉·菲格雷多应邀访问中国。他是两国建交后第一位来访的巴西总统。中国领导人邓

---

① 沙丁等著：《中国和拉丁美洲关系史》，河南人民出版社1986年版，第252页。
② 1964年3月31日，巴西发生军事政变。4月3日，九名在巴西从事新闻报道和筹办贸易展览的中国公民被捕。[见王泰平主编《新中国外交50年》（下），北京出版社1999年版，第1640—1652页]

小平在会见菲格雷多总统时提出了著名的"东西南北"理论。邓小平说，当前世界上的问题很多，但突出的问题有两个：一是和平问题，要争取和平就必须反对霸权主义，反对强权政治；二是南北之间的问题，南北问题不解决，就会对世界经济的恢复和发展带来障碍。邓小平说，我们主张加强第三世界国家间的合作，也就是南南合作。第三世界国家相互间进行合作，可以解决许多问题，前景是很好的。[1]

1988年7月，巴西总统萨尔内访华。邓小平在会见萨尔内总统时说，中国和巴西两国的历史地位相同，责任相同，应该互相补充，取长补短。中巴两国加强合作有很好的政治基础，两国各有优势。他还说，第三世界的发展是保证世界和平的主力。我们要为人类做贡献主要靠自己努力，第三世界国家要加强合作。[2]

1993年中国与巴西建立战略伙伴关系后，两国在各个领域的合作与交往日益增多。除经贸、科技、文化、教育及军事等领域以外，两国在联合国、世界贸易组织、二十国集团、金砖国家和"基础四国"等国际组织和多边机制中也有密切的合作，并在国际金融体系改革、多边贸易体制、气候变化以及南南合作等问题上保持良好沟通与协调。巴西政府一贯坚持一个中国政策，在台湾、涉藏等重大核心利益问题上给予理解和支持。如在2007年8月，巴西外交部发表新闻公报，重申坚持一个中国政策，支持中国和平统一，反对台湾"入联公投"。[3]

二 中国与巴西关系中的误解

虽然中国与巴西的关系在快速发展，但这一双边关系也时常受到以下几个误解的困扰。

---

[1] http://www.showchina.org/zwgxxl/zgbx/200705/t115398.htm.
[2] 同上。
[3] 但是，巴西的一些非官方出版物有时却把中国台湾视为一个国际政治实体。例如，巴西四月出版社编辑出版的《四月年鉴》，一直将中国大陆与台湾地图在地图上以两种颜色标示。（引自张宝宇《中国与巴西关系三十年》，2005年5月18日。http://ilas.cass.cn/zxcg/zhongla_gx/20050918/143912.htm）

误解之一:"中国从巴西进口大量初级产品和资源,从而导致巴西无法提升产业结构,无法摆脱'荷兰病',无法避免'资源诅咒'。"

这一误解低估了中国与巴西经贸关系的互补性。中国确实从巴西和其他国家进口了大量资源。这与中国长期维系高速经济增长和经济效率低下密切相关。但是,必须指出,中国的这一贸易行为至少在以下两个方面为巴西的发展做出了不容低估的贡献:

一是有利于巴西获得更多的出口收入。众所周知,无论在国内市场上还是在国际市场上,需求与价格密切相关。中国对初级产品和资源的巨大需求使其在国际市场上的价格保持在高位,这无疑使巴西受益匪浅。

二是有利于巴西发挥其自然资源丰富的比较优势。提升产业结构固然是必要的,但也不能无视本国的比较优势。巴西的比较优势之一就是拥有多种多样的、丰富的自然资源。例如,巴西的铁矿砂储藏量占世界储藏量总额的 22.5%,产量占世界的 20.5%;[1] 铝矾土储藏量和产量占世界的 7.8% 和 12.3%,镍储藏量和产量占世界的 6.1% 和 3.3%,锰的储藏量和产量占世界的 2.5% 和 11.8%。[2] 目前巴西全国各地正在开采的矿产资源约为 80 种。

可以想象,如果国际市场对巴西的初级产品和资源需求疲软,巴西就无法扩大出口,其比较优势就无法发挥。

美国《商业周刊》的一篇文章写道:"巴西淡水河谷公司(CVRD)是世界最大的铁矿砂公司。在淡水河谷公司的大型露天铁矿内,机器轰鸣声不绝于耳,工人们昼夜不停地辛勤工作。这是为什么?答案很简单,只有一个词——中国。该公司计划与战略部门主管加布瑞尔·斯托利亚表示,'如果要完成中国方面所有的订单,我们公司的规模必须扩大一倍'。为了尽可能满足中国的需求,巴西淡水河谷公司正在努力提高产

---

[1] 巴西的铁矿砂开采业始于 1942 年。2008 年的产量已达 3.8 亿吨,占世界产量的 19%,为世界第二大开采国,仅次于中国的 6 亿吨。(Instituto Brasilero de Mineracao (IBRAM): Brazilian Mineral Economics: Information and Analysis, 3rd edition, 2008)

[2] http://www.bhpbilliton.com/bbContentRepository/brazilpresentationtoanalystsmarch2007.pdf.

量,并计划在今年斥资12亿美元扩张生产规模。"① 这一描述表明,中国为巴西提供了不可多得的商机。

世界银行、联合国拉美和加勒比经济委员会、经济合作与发展组织以及美洲开发银行等多边机构的经济学家都以有力的数据和扎实的研究证明,中国对初级产品的巨大需求与巴西和其他拉美国家的出口收入的增长密切相关。事实上,中国经济"软着陆"与否经常引起巴西和其他拉美国家的忧虑。

令人遗憾的是,巴西总统罗塞夫却认为,巴西与中国的经贸关系应该"超越互补性"。她说,中国不应该仅仅购买巴西的大豆、铁矿砂和石油,而是应该购买附加值更高的巴西产品(如飞机)。②

中国当然可以从巴西购买多种多样的产品,但是,国与国之间的双边经贸必须以互补性为基础关系。否则,中国与巴西经贸关系的发展前景必然是黯淡的。

误解之二:"中国仅仅希望从巴西进口初级产品和资源,不愿意在巴西进行直接投资。"

这一观点无疑对中国实施的"走出去"战略一无所知或知之甚少。事实上,通过"走出去"战略扩大在国外的直接投资,既是中国对外开放的重要组成部分,也是中国国力不断强盛的必然结果。

中国的"走出去"战略是在20世纪90年代提出的。1992年10月12日,江泽民在中国共产党第十四次全国代表大会上的报告中提出了努力实现10个关系全局的主要任务,其中第二个任务就是进一步扩大对外开放,更多更好地利用国外资金、资源、技术和管理经验,积极扩大我国企业的对外投资和跨国经营。③ 2011年3月14日第十一届全国人民代表大会第四次会议批准的《中华人民共和国国民经济和社会发展第十二个

---

① http：//digest.icxo.com/htmlnews/2004/10/28/429131.htm.

② http：//www.cpdcngo.org/stvincent/index.php?option=com_content&view=article&id=74：brazils-rousseff-wants-new-phase-in-china-ties&catid=3：news&Itemid=57.

③ 江泽民在中国共产党第十四次全国代表大会上的报告：《加快改革开放和现代化建设步伐,夺取有中国特色社会主义事业的更大胜利》,http：//news.xinhuanet.com/ziliao/2003-01/20/content_697148.htm.

五年规划纲要》(以下简称《十二五规划》)再次确定了"走出去"战略的重要性。《十二五规划》的第52章指出,坚持"引进来"和"走出去"相结合,利用外资和对外投资并重,提高安全高效地利用两个市场、两种资源的能力,按照市场导向和企业自主决策原则,引导各类所有制企业有序开展境外投资合作。《十二五规划》甚至还要求做好海外投资环境研究,强化投资项目的科学评估,健全境外投资促进体系,提高企业对外投资便利化程度,维护我国海外权益,防范各类风险。① 中国共产党第十八次全国代表大会的报告也指出,要加快走出去步伐,增强企业国际化经营能力,培育一批世界水平的跨国公司。

巴西拥有丰富的自然资源和市场规模,而且还临近美国市场,因此,巴西必然会成为中国实施"走出去"战略的主要场所。至2012年年底,中国在巴西的直接投资存量已达14亿美元。② 这一投资既有利于中国扩大其海外经济存在,也弥补了巴西的资本短缺,因而是一种实实在在的双赢。

应该指出的是,中国企业家不时抱怨巴西的投资环境,如税收体系复杂、审批程序拖沓、社会治安不佳、腐败严重、基础设施落后以及融资成本高等。国际上将这一切称之为"巴西成本"(Custo Brasil)。换言之,巴西如要吸引更多的中国投资,有必要实实在在地降低"巴西成本"。

还应该指出的是,一些巴西人受西方媒体的误导,指责中国未能在2010年使中国在拉美的直接投资达到中国国家主席胡锦涛许诺的1000亿美元。这与一些国际媒体的错误报道有关。这些媒体将中国希望在2010年实现的中国与拉美的双边贸易额(1000亿美元),说成中国希望在2010年投资拉美的数额。③ 事实上,当时中国在拉美的投资仅为

---

① http://politics.people.com.cn/GB/14163512.html.
② Ministry of Commerce, National Bureau of Statistics and SAFE: *2012 Statistical Bulletin of China's Outward Foreign Direct Investment*, China Statistics Press, 2013, p. 42.
③ 2004年11月12日,中国国家主席胡锦涛在巴西国会发表了题为《携手共创中拉友好新局面》的重要演讲。他说:"双方采取积极行动,争取双边贸易额在现有基础上到2010年再翻一番半,突破1000亿美元,同时力争在投资方面取得较大进展,实现总量翻番,相互成为更重要的投资对象。" http://news.xinhuanet.com/newscenter/2004-11/13/content_2213620_1.htm.

40 亿美元。①

误解之三："人民币汇率削弱了巴西产品的国际竞争力。"

令人遗憾的是，持有这一误解的不仅仅有巴西工商界人士和学者，而且有巴西的政府高官。例如，2010 年 4 月在华盛顿召开的二十国集团财政部长和中央银行行长会议前夕，巴西及印度的中央银行行长对人民币汇率表达了"最有力的不满"。②而且，他们的表态是在巴西主办的金砖国家领导人峰会闭幕后不久作出的。当时，这一峰会发表的联合声明墨迹未干。

据报道，面对雷亚尔的升值，罗塞夫总统也将人民币汇率视为巴西的国际竞争力面临的威胁。她认为，中国依靠不当的人民币汇率向巴西出口大量商品。③

当然，始终对人民币汇率发难的美国起到了挑拨离间的作用。如在 2011 年 2 月，美国财政部长盖特纳在访问巴西时要求罗塞夫总统"对北京进行更多的游说"，以促使人民币汇率自由浮动。④

2012 年 11 月 5 日，巴西向世界贸易组织提出讨论人民币汇率的动

---

① 2007 年，我应邀为美国学者里奥登·罗伊特和瓜达鲁佩·帕斯主编的《中国进入西半球：对拉美和美国的影响》（*China's Expansion into the Western Hemisphere: Implications for Latin America and the United States*）一书撰写一章。我在文章中明确写道："胡锦涛主席在巴西国会的演讲中没有承诺要在 2010 年以前向拉美投资 1000 亿美元。他说的 1000 亿美元是指中拉双边贸易额，不是投资额。"著名的美国智库布鲁金斯学会在 2008 年 4 月 30 日为该书举办了一个讨论会。该智库的东北亚研究项目主任理查德·布什（中文名叫卜睿哲）在评论该书时说："我们能从本书中学到一些知识。这方面的一个例子就是关于胡锦涛主席在 2004 年访问巴西时许诺的在拉美投资 1000 亿美元这一令人好奇的数据。一些严肃的学者也多次重复地引用胡锦涛主席说的这个数字。有些观察家甚至据此而把中国描绘成掠夺者的形象。其他一些分析人士（包括本书的一些作者）指出，中国在拉美的投资步履缓慢，因此中国可能会食言。但江时学在本书中明确地写道，这个 1000 亿美元不是投资额，而是预计要在 2010 年达到的双边贸易额，即增长 2.5 倍。就投资而言，仅仅是总量翻番。所以说，我们要感谢江时学纠正了这一巨大的误解。"http://www.brookings.edu/~/media/events/2008/4/30%20china%20latin%20america/20080430_china.

② http://www.ft.com/cms/s/0/1d692fd2-4d1c-11df-baf3-00144feab49a.html#axzz2R6Hg7uxv.

③ http://en.mercopress.com/2011/02/14/china-not-too-worried-about-india-brazil-s-criticism-of-yuan-policy.

④ http://en.mercopress.com/2011/02/14/china-not-too-worried-about-india-brazil-s-criticism-of-yuan-policy.

议。巴西的这一动议认为，世界贸易组织"在系统上无法应对汇率对贸易产生的微观经济影响和宏观经济影响"，但世界贸易组织成员可以考虑用贸易救济的方法应对这些影响。①

中国当然反对巴西的动议，因为货币问题是国际货币基金组织管辖的范围，与世界贸易组织无关。解决汇率问题的关键是拥有储备货币地位的少数几个大国（尤其是美国）应该承担更多的义务。当然，这并不意味着中国不必使人民币汇率具有更大的灵活性。

巴西难以向中国扩大出口的根本原因不是人民币汇率的高低，而是巴西产品缺乏足够的国际竞争力。此外，中巴两国的经贸摩擦在一定程度上也是两国经贸关系快速发展的结果。正如2009年3月24日巴西驻华大使胡格内（Clodoaldo Hugueney）在接受中国媒体采访时所说的那样："中国和巴西之间的贸易关系发生了一些小摩擦，主要是因为中国对巴西的贸易增长速度非常快，在某种程度上也威胁到了巴西本土的产业。这种问题的发生并不奇怪，因为只有在贸易速度飞速增长时才能发生这样的问题，它是正常的。"② 巴西巴中工商总会会长唐凯千（Charles Tang）也认为，用保护主义措施来限制与中国的贸易是不明智的。③ 2011年，胡格内大使在评价巴西希望中国扩大市场开放度时说，中国的反应是积极的，尤其在进口巴西的肉类和飞机这个问题上。他认为，巴西的私人部门应该确定中国这个人口最多的国家对巴西产品的需求是什么，然后实施一个扩大对中国出口的战略。④

误解之四："中国的出口商品充斥巴西市场，使巴西制造业处于极为不利的地位。"

作为世界上的制造业大国，中国的出口能力是不容低估的。2001年，中国对巴西的出口额仅为13.5亿美元，2013年大幅度上升到361.9亿美元，即在短短的十多年中增长了将近27倍。

---

① http://www.reuters.com/article/2012/11/26/us-wto-currencies-idUSBRE8AP0XJ20121126.
② http://www.china.com.cn/international/txt/2009-03/24/content_17494718_3.htm.
③ http://www.vermelho.org.br/diario/2005/1012/1012_brasil-china.asp.
④ Conselho Empresarial Brasil - China, "Interview with the Brazilian Ambassador to China, Clodoaldo Hugueney" *China Brazil Update*, Issue 2, April - May, 2011, p. 5.

1989年12月，巴西首次对中国的出口商品进行反倾销。自那时以来，巴西每年都对若干种中国商品进行反倾销。2004年11月12日，即在中国国家主席胡锦涛访问巴西期间，中国商务部部长薄熙来和巴西外长阿莫林分别代表两国政府在巴西利亚签署了《中华人民共和国和巴西联邦共和国关于贸易投资领域合作谅解备忘录》。尽管巴西政府在备忘录中正式承认中国的市场经济地位，但巴西并没有停止或减少对中国商品的反倾销。

与反倾销等贸易保护主义措施遥相呼应的是一些巴西人对中国的偏见。例如，巴西圣保罗州企业家协会主管贸易事务的官员罗伯特·吉安内蒂（Roberto Giannetti）说，中国不是巴西的战略伙伴，中国仅仅是想购买拉美的资源，同时向拉美出口消费品。[①] 该联合会主席保罗·斯卡夫（Paulo Skaf）甚至认为，卢拉政府承认中国完全市场经济地位的做法是一个错误。[②]

事实上，中国对巴西的出口既是一种极为常见的商业行为，也是两国经贸关系的组成部分。中国的劳动力成本低，导致其出口产品价廉物美。这有利于丰富巴西的市场供应，也有利于巴西控制通货膨胀的压力。英国《金融时报》（2011年4月22日）的一篇文章写道，在巴西圣保罗的帕赖索波利斯贫民区，低收入者非常喜欢较为廉价的中国商品，因为巴西生产的同类商品在价格上要高出4倍。该贫民区的一店主说，他的商品必须如此便宜，否则这里的很多穷人买不起。《金融时报》的这一文章认为，中国的廉价商品有助于巴西政府控制通货膨胀压力。[③]

误解之五："中国不支持巴西成为联合国安理会常任理事国。"

作为拉美的地区大国，巴西始终希望在本地区和国际事务中扮演更为重要的角色，成为联合国安理会常任理事国就是巴西宏伟的外交战略的一大目标。

巴西认为，联合国改革与重组安理会是不能分割的，而且，安理会

[①] "Brazil and China: Falling out of Love", *Economist*, August 4, 2005.

[②] http://www.vermelho.org.br/diario/2005/1012/1012_brasil-china.asp.

[③] http://www.ftchinese.com/story/001038207/en.

必须增加透明度和更大规模的代表性。这意味着安理会的席位必须增加，不同地区的发展中国家应该获得常任理事国或非常任理事国席位。在联合国改革的过程中，巴西不会放弃其责任。[1] 此外，巴西还认为，它成为联合国安理会常任理事国的愿望，符合国际社会的理想，也会使联合国的合法性和代表性更加完善。[2] 2003年9月，卢拉在联大发言时指出，"联合国改革是一项急迫的任务。必须赋予安理会更大的权力来解决危机和对和平的威胁。必须配备采取有效行动的工具。必须考虑到发展中国家在国际舞台上的兴起"。安理会必须反映当代的现实。他明确指出，"巴西是南美和拉美最大和最受欢迎的国家。我们有权争取成为安理会常任理事国"。[3]

在2004年9月59届联大召开一般性辩论期间，日本、印度、巴西和德国宣布结成同盟，相互支持对方竞争新的安理会常任理事国席位。但这些国家在各自所在的地区都面临着一些阻力。例如，巴基斯坦反对印度成为常任理事国，意大利反对德国，阿根廷和墨西哥反对巴西。朝鲜和韩国等国都表示反对日本获得这一席位。[4]

在2004年5月巴西总统访问中国时，两国元首在《中华人民共和国和巴西联邦共和国联合公报》中指出，"双方重申支持加强联合国的权威及其在维护世界和平、安全和促进发展方面的核心作用，认为有必要对联合国、包括安理会进行改革，支持通过对安理会进行必要和合理的改革，加强发展中国家的作用，以使安理会更具代表性和民主性。中方重

---

[1] http://www.mre.gov.br/ingles/politica_externa/discursos/discurso_detalhe.asp?ID_DISCURSO=2704.

[2] http://www.brasil.gov.br/ingles/about_brazil/brasil_topics/foreign/categoria_view.

[3] 转引自贺双荣《联合国安理会改革与巴西"入常"问题》，《拉丁美洲研究》2005年第4期。

[4] 2005年3月21日，联合国秘书长科菲·安南向联合国大会提交了题为《大自由：为人人共享发展、安全和人权而奋斗》的联合国改革报告。安南说，这次改革的一号方案是增加6个没有否决权的常任理事国以及3个经选举产生的非常任理事国，其中非洲和亚太地区各有2个常任席位，欧洲和美洲各增加1个常任席位。日本、印度、巴西和德国当天联合发表声明，对安南提出的联合国改革报告表示欢迎。安理会改革的二号方案是：增加8个任期4年、可连选连任的半常任理事国和1个非常任理事国，非洲、亚太、欧洲和美洲将分别获得2个半常任席位。两套方案的共同点在于，新增的常任理事国或半常任理事国都不拥有否决权。

视巴西在地区和国际事务中的影响和作用,支持巴西作为西半球最大的发展中国家在联合国等多边机构中发挥更大作用。中方愿在此问题上与巴方加强沟通与合作"。[①]

此外,对于安理会改革问题,中方强调支持安理会改革。改革的目的是增强安理会维护国际和平与安全的能力,提高安理会工作效率,维护安理会权威。中方支持安理会扩大,主张优先解决发展中国家代表性不足的问题。改革事关重大,会员国需要通过民主协商,争取达成广泛一致。不应为改革设定时限,也不应强行推动表决。[②]

总之,中国并非反对巴西在联合国改革中发挥重要作用,并非反对巴西成为联合国安理会常任理事国的决心和愿望,但坚决反对拒不承认战争罪行的日本成为联合国安理会常任理事国。

三 中国与巴西的关系前景美好

虽然中国与巴西的关系中存在一些问题,如经贸摩擦频繁、相互了解不够、文化差异巨大和地理上相隔遥远,但这一双边关系的发展前景是美好的。这与以下几个因素有关:一是两国在经贸合作领域具有显著的互补性;二是两国领导人拥有进一步加深战略伙伴关系的政治愿望;三是两国在联合国改革、二十国集团及金砖国家等多边舞台上的合作已起步。

2012年6月,温家宝总理对巴西进行正式访问,双方签署了两国政府10年合作规划,发表了联合声明,并宣布建立外长级全面战略对话。2014年巴西世界杯足球赛开幕前夕,罗塞夫总统正式向中国国家主席习近平发出邀请,希望他能够前往巴西观看7月13日的世界杯决赛。7月14日,习近平抵达福塔莱萨,出席金砖国家领导人第六次会晤。15日,习近平抵达巴西利亚,开始对巴西进行国事访问。16日,习近平在巴西

[①] http://www.people.com.cn/GB/paper464/12073/1086837.html.
[②] http://www.chinadaily.com.cn/gb/doc/2005-04/14/content_434300.htm.

国会发表题为《弘扬传统友好 共谱合作新篇》的演讲。① 17 日，两国发表了《中华人民共和国和巴西联邦共和国关于进一步深化中巴全面战略伙伴关系的联合声明》。在习近平访问巴西期间，两国签署了 56 项合作文件，其中 32 项是在两国元首见证下签署的。② 这些合作文件的签署意味着两国全面战略伙伴关系的未来是极为美好的。

[原载《江苏师范大学学报》（哲学社会科学版）2016 年第 4 期]

---

① 习近平在演讲中说，两国应该以两国建交 40 周年为新起点，承前启后，继往开来，以更加长远的眼光、更加宽广的胸怀、更加坚定的信心，在更高水平、更宽领域、更大舞台上推进中巴全面战略伙伴关系。为达到这一目标，习近平提出了 3 个建议：把握战略协作方向；做好共同发展的文章；肩负国际责任担当。

② http：//www.mfa.gov.cn/mfa_chn/ziliao_611306/zt_611380/dnzt_611382/xzxcxhw_668266/zxxx_668268/t1175756.shtml.

论美洲的毒品问题

近几年来，毒品问题在我国死灰复燃。为了有效地控制这一趋势，了解美洲毒品问题的来龙去脉或许是大有裨益的。

一 美洲毒品问题的严重性

在美国，"毒品"一词的含义似乎较为宽泛。例如，烟草和烈性酒有时也被视作"毒品"，因为它们对人的精神及身体是有害的。但是，由于历史和传统的原因，它们是被定为"合法"的。本文所说的"毒品"是指非法毒品，主要包括大麻、可卡因和海洛因等。

下列数据足见美国毒品问题的严重性：在20世纪80年代末，由滥用毒品诱发的事故所造成的经济损失每年达600亿美元，吸毒妇女生下的残疾婴儿每年超过20万个，政府用于扫毒的各种开支每年在100亿美元以上，毒品市场上的非法交易额则高达每年110亿美元，是《财富》（*Fortune*）杂志所列500家大公司年利润的2倍多。[1]

面对持续恶化的毒品问题和公众舆论的呼声及压力，尼克松总统于1971年成立了"控制大麻和毒品委员会"，试图通过行政手段和法律手段的结合来遏制毒品泛滥。里根总统上台后不久就宣布向毒品"开战"。他的决心得到了国会的大力支持。1982年，国会通过了严厉的禁毒法，扩大了联邦政府用于禁毒的经费拨款，批准军队可参与国内和国外的扫毒

---

[1] Peter H. Smith, *Drug Policy in the Americas*, Westview Press, 1992, p. 1.

活动，增加对拉美的毒品生产国和转运国的援助，强化边境口岸的检查，并加紧在公海上缉查毒品走私。此外，里根政府还在外交上向拉美国家施加压力，并对那些不愿在毒品问题上与美国"合作"的国家进行经济制裁。

1988年，国会又通过了一个更为严厉的禁毒法。该法令除了进一步强化控制毒品走私入境等措施以外，还把控制国内的毒品需求作为反毒战略的一个组成部分。因此，用于控制国内毒品需求的经费在扫毒经费总额中的比重有所上升。

布什总统同样十分重视毒品问题。他上台后不久就说，毒品问题是美国社会面临的头号难题。但是，如同里根政府的扫毒战略那样，布什政府的战略重视控制毒品的"供给"，轻视国内对毒品的"需求"。布什政府坚持认为，美国的毒品问题之所以如此严重，是因为以拉美国家为主的毒品和生产基地源源不断地向美国"供给"毒品；因此，如能压缩"供给"，那么，根据经济学原理，美国毒品市场上的毒品价格就会上升，从而使毒品使用者因无力购买毒品而戒毒或减少毒品使用量。这一简单的逻辑推理使布什政府将反毒经费总额中的70%用于控制"供给"，30%用于压缩国内"需求"。

二 拉美国家的毒品生产

如果说美国是世界上最大的毒品市场，那么拉美则是世界上最大的毒品产地。拉美之所以能成为美国所需毒品的主要来源，主要是因为：

第一，拉美的地理位置和自然条件十分有利。印度支那的毒品"黑三角"与美国远隔重洋，为运输带来诸多不便。而拉美则可通过加勒比海的海上通道、墨西哥的陆上走廊或空中航线进入近在咫尺的美国。此外，就自然条件而言，主要产地安第斯国家拥有适合于种植毒品植物的气候、土壤及海拔高度。

第二，毒品植物在拉美被视为"穷人的命根子"。由于以下两个原因，毒品种植者（主要是偏远地区或落后地区的农民）一直不能提高其生活水平。一是政府的重工轻农经济政策阻碍了农业发展。为了加快进口替代工业化进程,政府采用了压低农产品价格的政策,试图以此来降低城市工人的劳动力价格。虽然这一政策使制造业部门获得不少利益,但农业部门却受害匪浅,农民也无法享受工业化进程带来的好处。二是最近几十年安第斯国家的饮食习惯发生了较大的变化。原来的主食(如白薯、大麦和玉米等)正在迅速地让位于大米、奶制品、肉制品和半成品食品。因此,数百年来农民生产的传统食品的市场越来越小,粮食种植业陷入了不景气状态。为了生存,农民只能在良田上改种经济收入较高的毒品植物。

第三,不少拉美国家具有使用毒品的悠久历史传统。据考证,拉美土著人早在18世纪后半叶就开始大量使用大麻了。如在墨西哥,人们常在一些宗教活动中服用被称作"可敬的圣子"的大麻。有些印第安人部落用独特的工艺技术从仙人掌等植物中提取用于治病的毒品。有些部落则为了获取古柯叶中的特殊味道而大量咀嚼古柯叶。这些传统习惯和风俗或多或少地延续至今。如在印第安人血统较重的秘鲁农村,约50%的居民仍以咀嚼古柯叶为乐事。即使在首都利马的12—45岁居民中,仍有5.5%的人保持这种习惯。

第四,在拉美的工业化和现代化进程中,由于受到西方文化的影响,不少人(主要是青年)为追求"反抗"和"自我"而使用毒品。此外,20世纪80年代期间,由于拉美经济陷入了危机,穷人阶层不断壮大,流浪者和失业者从毒品中寻求"精神慰藉"的现象越来越严重。

三 拉美国家毒品问题的危害性

毒品问题同样为拉美国家带来了严重的危害性。

第一,毒品卡特尔的恐怖活动使人民的生命和财产,乃至国家的政局稳定和社会治安面临着极大的威胁。毒品卡特尔是由从事毒品生产和贩运活动的人员组成的暴力集团。他们用滚滚而来的"毒品美元"购置了精良的武器和先进的通信、运输工具,并组织了一支敢于与政府的反毒力量决一死战的武装部队,除了通过制造爆炸和绑架等一系列恐怖事件来反击政府的扫毒斗争以外,它们还直接杀害那些主张以强硬手段对付毒品问题的政府官员、司法人员、新闻人员以及社会名流等要人。据报道，仅1988年，哥伦比亚共有4500多人（即平均每天有12人）被毒品卡特尔直接杀害或在有关恐怖活动中丧生；近几年来，被暗杀的重要人物包括3位总统候选人、最高法院院长、大法官、报社社长、国家总检察长和多名参议员。

此起彼伏的"毒品暴力"不仅来自毒品卡特尔对政府反毒斗争的报复和反抗，而且来自以下两个方面：一是毒品卡特尔之间的"狗咬狗"。这种火并主要起因于争夺毒品市场。在哥伦比亚，麦德林和卡利的毒品卡特尔不时发生冲突，而每次冲突总会殃及不少无辜的局外人。有时这种冲突还延伸到周边国家和美国的街头。二是毒品卡特尔与游击队之间的斗争。腰缠万贯的毒品卡特尔成员常常是主要由穷人组成的左派游击队的攻击对象，因此，手中拥有精良武器的双方也不时发生武装冲突。有时，为反击政府而与毒品卡特尔结成联盟的游击队还会因分配"毒品美元"不均而诉诸武力。

第二，毒品问题成为拉美政坛进一步腐败的根源。毒品卡特尔对政府的反毒斗争除了采取"以牙还牙"的报复策略以外，还用重金贿赂政府、军队、警察和司法部门中的要员，以瓦解其斗志或使自己逃避法律制裁。如哥伦布亚麦德林的毒品卡特尔第二号头目奥乔亚被捕后，其同伙用将近200万美元的重金贿赂有关官员，使奥乔亚得以重操旧业。又如，麦德林的毒品卡特尔头号人物埃斯科瓦尔在向政府"投降"后，却在豪华的所谓"监狱"中接待一批又一批的亲朋好友和妓女，并继续指挥贩毒活动。最后，他竟然神不知鬼不觉地逃出了"监狱"。美国和拉美的不少新闻媒介认为，埃斯科瓦尔之所以能这样做，完全是因为他的同伙早就用不义之财收买了上至政府官员、下至"监狱"看守在内的许多关键人物。再如巴拿马军方前领导人诺列加利用手中的实权帮助毒品卡特尔"洗钱"，① 或直接参与毒品活动。可以这样说，拉美政坛上的腐败

---

① 毒品交易主要使用5美元、10美元和20美元的纸币。因此，毒品卡特尔常积聚了重达数千公斤的纸币。所谓"洗钱"（money laundering），就是把这些不义之财变为合法的资金，以便存入银行、进行投资或作其他用途。

使禁毒斗争变得困难，而毒品问题则使固有的腐败更为严重。

第三，反毒斗争提高了军队在拉美政治中的作用和地位，从而对拉美政局的稳定构成了潜在的威胁。反毒斗争的对象是武装到牙齿的毒品卡特尔，宣传和教育是根本不起作用的。因此，政府不得不借助军队的力量。尽管目前军队在反毒斗争中的参与尚是有限的，但拉美政治的发展进程表明，军队作用的强化是不利于民主化的。安第斯国家的文人政府就是处于这样一种进退两难的境地，或把禁毒和打击毒品卡特尔的重任交托给军队，以取得军事上的优势；或使脆弱的民主政治面临军队的威胁，使80年代期间出现的以军政权"还政于民"为主要内容的民主化潮流面临巨大的挑战。

第四，毒品生产还在一定程度上破坏了生态环境。为了扩大毒品植物的种植面积，毒品生产者除了将一部分可种植合法农作物的良田改种毒品植物以外，还砍伐树林和毁坏牧场草地。如在秘鲁，迄今为止，已有70万公顷的林地被毁，直接或间接地用于种植古柯。这一数字占20世纪秘鲁境内亚马孙河流域森林面积减少总量的10%。[①]

四　美拉关系中的毒品问题

在解决美洲毒品问题的过程中，美国和拉美双方既有合作，又有分歧和摩擦。1989年9月，布什总统制订了一个被称作"安第斯倡议"的禁毒计划。其核心内容包括：（1）帮助安第斯地区的三个主要毒品的生产国（玻利维亚、哥伦比亚和秘鲁）强化其政治和经济实力，以有效地同毒品卡特尔作斗争；（2）帮助上述三国的军队和执法部门提高其战斗力；（3）通过追捕毒品卡特尔头目和收缴其资产等方法来镇压贩毒组织；（4）帮助安第斯国家的毒品植物种植者克服因杜绝毒品植物种植业而产生的不良影响。

同年11月，布什总统又提出了"安第斯贸易优惠法"，并把它作为其"安第斯战略"的重要组成部分。国会于1991年11月通过了该法令。

---

① Peter H. Smith, *Drug Policy in the Americas*, Westview Press, 1992, p. 82.

根据这个贸易优惠法，美国应为来自安第斯国家的总额为 3.25 亿美元的出口商品（其中包括鲜花和蔬菜等农产品）降低关税；以鼓励安第斯国家的农民发展能替代毒品植物的合法种植业。

为了平息许多拉美国家对美国入侵巴拿马这一粗暴举动表示的不满，也为了体现美国在解决毒品问题上的决心和"合作"态度，布什总统于 1990 年 2 月亲自赴哥伦比亚的卡塔赫纳参加美拉四国反毒首脑会议。在会上，布什没有公开触及是否让本国军队和外国军队参与扫毒斗争这一敏感的问题，而是明确地指出，美国与拉美的合作是十分必要的。布什还作出许诺：为了帮助安第斯国家在 1991—1995 年期间逐步减少直至完全停止生产古柯叶，美国将提供 22 亿美元的援助。为了使这次首脑会议能达成一个为安第斯国家接受的公报，美国在军队在反毒斗争中的作用等问题上作出了一定的让步。

1992 年 1 月底，在布什总统的倡议下，墨西哥、哥伦比亚、秘鲁、玻利维亚和厄瓜多尔五国总统以及委内瑞拉的总统代表在美国德克萨斯州的圣安东尼奥与布什举行了第二次美拉七国反毒首脑会议。在会上，布什提出了 30 点建议，其中 14 点涉及美国如何切断毒品走私入境，9 点关于安第斯国家种植替代农作物的问题，而在美国本身如何控制国内毒品需求方面却没有实质性的措施。这次首脑会议还建议成立两个能协调多边政策的机构："地区性检查会议"和"地区性行动组织"。

令人欣慰的是，作为西半球上最大的区域性组织，美洲国家组织一直在重视美洲的毒品问题。1986 年，该组织通过了致力于解决毒品问题的"里约热内卢行动纲领"。这个文件指出：毒品问题已对整个西半球的社会经济发展和民主体制的稳定构成了威胁；因此，西半球上的每一个国家都有必要和义务采取有效的行动，以控制毒品需求和打击毒品的非法生产和交易。会后不久，美洲国家组织在危地马拉召开的成员国大会设立了"泛美地区控制滥用毒品委员会"（CICAD）。迄今为止，该机构已在以下几方面开展了积极的工作，并取得了不容忽视的成效：（1）收集与毒品生产、走私和消费有关的数据；（2）组织和举办与解决毒品问题有关的学术讨论会；（3）开展劝导人们不要滥用毒品的宣传教育活动；（4）在制订和实施有关法规方面与联合国、国际警察组织、欧洲共同体和美国毒品管制署等机构开展合作；（5）向国际机构和一些欧洲国家筹措扫毒经费。

五 美洲毒品问题中的"供给"与"需求"

既然美国和拉美国家都为解决毒品问题而作出了不小的努力，那么为什么这个问题始终得不到有效的解决？

美国不能控制其毒品市场的需求是美洲毒品问题得不到解决的根本原因。那么为什么这种需求总是居高不下？这是一个十分复杂的问题。其答案除了包括资本主义制度中固有的弊端促使一些人试图从毒品中寻求刺激和冒险以外，还应包括以下几个方面：第一，长期以来，美国政府的反毒斗争一直重视控制毒品的供给，轻视国内毒品市场上需求的膨胀。第二，以"吸毒有害"为主题的宣传教育活动常因不少名人要员难以以身作则而功亏一篑。这方面最为典型的例子就是华盛顿市前市长巴利，他在白天呼吁中、小学生"对毒品说'不要'"，晚上却与情妇在旅馆里享用毒品。第三，争论不休的"能否使毒品合法化"这一问题在一定程度上促使不少人滋生了吸毒无害的侥幸心理。有人认为，与其耗费巨大的人力、物力和财力去对付滥用毒品，不如使毒品合法化，以高税率等经济手段来迫使人们对毒品敬而远之。也有人认为，毒品可分为毒性较弱的"软"（soft）毒品（如大麻）和毒性较强的"硬"（hard）毒品（如海洛因、可卡因和夸克）两种，① 因此，"软"毒品的合法化可使人们不用或者少用"硬"毒品。第四，美国毒品市场具有销售渠道广和毒品价格低廉等特点，从而使人很容易就能获得毒品。

有需求就有供给。哥伦比亚前总统巴尔科曾说过，需求与供给的法则是无法无天的毒品卡特尔没有违反的唯一法则。而驱使它们甘冒天下之大不韪的动机正是获取巨额不义之财。据估计，在80年代中期，安第斯国家的毒品卡特尔每年可以向美国出口可卡因的交易中获取50亿—60亿美元。在1987年，流入哥伦比亚、秘鲁和玻利维亚的毒品收入分别相

---

① 夸克（crack）是一种从可卡因中提炼出来的毒性较强的毒品。

当于这三个国家的合法出口收入的 10%—20%、25%—30% 和 50%—100%。① 此外，由于种植毒品植物的农民也能从这一行业中得到可观的经济收入，地方官员总是不愿意积极配合和参与政府的反毒斗争，有时甚至还阻碍政府的缉查行动。② 而毒品生产和加工地点的分散性和隐蔽性则使政府的反毒斗争面临更大的困难。

美国与拉美之间以及拉美各国之间缺乏必要的配合和协调也是美洲毒品问题得不到解决的原因之一。众所周知，毒品生产具有所谓的"汽球效应"，即一国毒品生产的下降会引起另一国生产的上升，如同汽球一端凹下去使另一端凸出来那样。70 年代后期，哥伦比亚在取缔大麻生产方面作出了巨大的努力，并取得了显著的成效。但墨西哥的大麻生产却因此而迅速发展。当墨西哥在美国的压力下成功地控制大麻生产后，美国国内的大麻生产却开始上升。

此外，毒品卡特尔为使其产品适应市场需求的变化或便于走私者携带而不断提高毒品的毒性和增加产品种类，从而使更多的人能获得低价、质优的毒品。这也使官方的缉查工作面临更大的困难。

总之，因为美国对毒品的需求得不到控制，而毒品卡特尔却能千方百计地满足这一需求，所以美洲的毒品问题长期得不到解决。尤其令人失望的是，解决这一问题的前景并不乐观。这是因为：(1) 美国因自身经济困难而不能为拉美国家提供更多的反毒援助。(2) 毒品问题在美国已是根深蒂固，积重难返。美国政府似乎找不到更有效的办法来对付这一问题。(3) 毒品植物仍将是安第斯地区 150 万农民的"命根子"，因为政府难以在经济上弥补他们放弃这一"命根子"后遭受的损失。(4) 美国关注的是如何阻止拉美毒品流入美国，而拉美关注的却是如何减少在自己的国度内发生的与毒品有关的暴力活动，或不使毒品问题影响政局稳定。美拉双方之间的这种利益差异在近期内无法彻底消失。(5) 毒品

---

① Rensselaer Lee, "Dimensions of the South American Cocaine Industry", *Journal of Interamerican Studies and World Affairs*, Summer – Fall, 1988, p. 89.

② 在拉美国家，许多人认为，传统的合法农产品出口（如咖啡、烟草、蔗糖和香蕉等农作物）只能对少数农场主和出口商有利，因此这些种植业无益于改善收入分配。而毒品植物则能给农民带来较多的和直接的经济利益，因此这些种植业是有利于改善收入分配的，应加以鼓励。

卡特尔的能力与日俱增，而且还出现了各国卡特尔相互勾结、协同反抗的趋势。这为拉美各国政府的反毒斗争带来了更大的挑战。

六　结束语

美洲毒品问题的来龙去脉为我们的反毒斗争提供了以下几点有益的启示：第一，除了注重切断境外毒品供给渠道以外，还要在控制和杜绝国内毒品需求方面作出更大的努力。第二，为了对付毒品生产的"气球效应"，我们应与周边国家（尤其是印度支那"黑三角"所在国）密切地配合，协同作战。第三，毫不留情地打击从事毒品生产和走私活动的人员，以防他们结成毒品卡特尔。第四，严防毒品走私分子进行"洗钱"活动。第五，加强对执法人员的管理和教育，以免他们被毒品生产者和走私者收买。

（原载《世界经济与政治》1993 年第 6 期）

从南北关系的新变化看欧盟与拉美关系的特点

自邓小平提出著名的"东西南北"命题以来，已过去了三十多年。在此期间，世界发生了翻天覆地的变化。这些变化对世界格局产生了重大影响，也对南北关系产生了不容忽视的影响，甚至还对作为南北关系的组成部分的欧盟与拉美和加勒比国家的关系（以下简称欧拉关系）产生或大或小的影响。

中国与欧盟和拉美都保持着密切的关系。中国与欧盟在2003年建立了全面战略伙伴关系，与拉美在2014年建立了平等互利、共同发展的全面合作伙伴关系。因此，总结欧盟与拉美关系的特点，对进一步提升中欧关系和中拉关系是大有裨益的，对我们深刻理解变化中的南北关系也有显而易见的积极意义。

一 国际关系领域及南北关系的重大变化

1984年5月29日，邓小平在会见巴西总统菲格雷多时说，现在世界上问题很多，有两个比较突出：一是和平问题，二是南北问题。[①] 同年10月31日，他在会见缅甸总统吴山友时再次指出："国际上有两大问题非常突出，一个是和平问题，一个是南北问题。还有其他许多问题，但都

[①] 《邓小平文选》第3卷，人民出版社1993年版，第56页。

不像这两个问题关系全局,带有全球性、战略性的意义。"① 1985年3月4日,邓小平在会见日本商工会议所访华团时又强调:"现在世界上真正大的问题,带全球性的战略问题,一个是和平问题,一个是经济问题。和平问题是东西问题,经济问题是南北问题。概括起来,就是东西南北四个字。南北问题是核心问题。欧美国家和日本是发达国家,继续发展下去,面临的是什么问题?你们的资本要找出路,贸易要找出路,市场要找出路,不解决这个问题,你们的发展总是要受到限制的。"② 邓小平所说的南北问题,就是发达国家与发展中国家之间的关系。

自邓小平提出这一著名的"东西南北"命题以来,已过去了三十多年。在此期间,世界发生了翻天覆地的变化。在国际关系领域,最重要的变化主要包括:

一是苏联的解体导致冷战结束。1991年12月8日,俄罗斯联邦、白俄罗斯、乌克兰三个加盟共和国领导人在别洛韦日签署《独立国家联合体协议》,宣布组成"独立国家联合体"。12月21日,除波罗的海三国和格鲁吉亚外的苏联11个加盟共和国签署《阿拉木图宣言》和《独立国家联合体协议议定书》。12月26日,苏联最高苏维埃共和国举行最后一次会议,宣布苏联停止存在。至此,苏联解体,俄罗斯联邦成为完全独立的国家,并成为苏联的唯一继承国。时隔多年后,被许多俄罗斯人视为导致苏联解体的"罪魁祸首"的戈尔巴乔夫认为,他在任时推行的改革政策为美国等西方国家与苏联开展友好合作奠定了基础,但是西方却怀着胜利者的心态,未能向苏联提供援助,而是兴奋地坐视苏联土崩瓦解。他说:"他们(西方)兴奋地摩拳擦掌,说'太好了,我们几十年来都想着怎么对付苏联,现在它自己吃掉了自己'。"③

二是经济全球化趋势不断发展。马克思和恩格斯早在一个多世纪以前就说过,"资产阶级,由于开拓了世界市场,使一切国家的生产和消费都成为世界性的了……新的工业的建立已经成为一切文明民族的生命攸

---

① 《邓小平文选》第3卷,人民出版社1993年版,第96页。
② 同上书,第104页。
③ 《戈尔巴乔夫谈苏联解体:西方兴奋地摩拳擦掌》,新华社,2016年12月14日,http://www.xinhuanet.com/world/2016-12/14/c_129403025.htm。

关的问题；这些工业所加工的，已经不是本地的原料，而是来自极强遥远的地区的原料；它们的产品不仅供本国消费，而且同时供世界各地消费。旧的、靠国产品来满足的需要，被新的、要靠极强遥远的国家和地带的产品来满足的需要所代替了。过去那种地方的和民族的自给自足和闭关自守状态，被各民族的各方面的互相往来和各方面的互相依赖所代替了。物质的生产是如此，精神的生产也是如此。各民族的精神产品成了公共的财产。民族的片面性和局限性日益成为不可能……"① 最近几十年，马克思和恩格斯描述的那种"世界性"，在某种程度上亦即今天人们所说的经济全球化，越来越成为一股不可抗拒的潮流。

诚然，反全球化情感从未绝迹，近几年甚至更为嚣张，但是，经济全球化趋势不断发展是一个不争的事实。正如中国国家主席习近平在世界经济论坛2017年年会开幕式上所指出的那样："经济全球化是社会生产力发展的客观要求和科技进步的必然结果，不是哪些人、哪些国家人为造出来的。经济全球化为世界经济增长提供了强劲动力，促进了商品和资本流动、科技和文明进步、各国人民交往"。②

三是发展中国家（尤其是以金砖国家为代表的新兴经济体）的国际地位显著上升。2017年2月，普华永道会计师事务所发布了题为《2050年的全球经济秩序》的报告。该报告预测，至2050年，世界经济的重心将从发达国家转向新兴经济体。届时，中国、印度、印度尼西亚、巴西、俄罗斯和墨西哥将跻身于全球十大经济体的排行榜。③ 且不论这一预测能否成为现实。毋庸置疑的事实是，发展中国家和新兴经济体的地位早已今非昔比。例如，国际货币基金组织和世界银行的数据表明，巴西、中国、印度、印度尼西亚、墨西哥、俄罗斯和土耳其七国的经济产值占世界总量的比重从20世纪90年代的14%提高到2010—2016年的24%。在

---

① 《共产党宣言》，《马克思恩格斯选集》第一卷，人民出版社1972年版，第254—255页。
② 习近平：《共担时代责任 共促全球发展——在世界经济论坛2017年年会开幕式上的主旨演讲》，2017年1月18日，外交部网站，http：//www.fmprc.gov.cn/web/ziliao_674904/zt_674979/dnzt_674981/xzxzt/xjpdrsjxgsfw_688636/zxxx_688638/t1431319.shtml.
③ PwC, *The Long View: how Will the Global Economic Order Change by 2050?*, February 2017, https：//www.pwc.com/gx/en/issues/economy/the-world-in-2050.html.

2000年，世界经济增长率为4.4%，7个发达国家组成的七国集团（G7）的贡献率为2.2%，上述7个新兴经济体的贡献率仅为1%。至2016年，世界经济增长率为2.4%，上述新兴经济体的贡献率为1%，而G7仅为0.7%。[1] 国际货币基金组织总裁拉加德认为，包括新兴经济体在内的发展中国家占全球人口的85%，在全球经济总量中的比重已从10年前的不足50%扩大到目前的60%。在2008年国际金融危机后的世界经济复苏中，新兴经济体的贡献率高达80%。[2] 所有这一切数据都表明，发展中国家在国际经济舞台上的地位在上升。此外，经济实力的增强使其抵御外部风险的能力也有所提高。国际上的一些经济学家认为，"1990年代，当世界经济感冒时，新兴经济体就会罹患肺炎；而在2008年，当七国集团罹患肺炎时，新兴经济体仅仅得了感冒"。[3]

四是科技革命日新月异。以互联网为核心的新一轮科技革命来势凶猛，为产业革命、人工智能、数字化、自动化和网络化的应运而生创造了条件。科技革命是科学技术在发展和升华的过程中发生的根本性的、革命性的、质的进步。这一革命具有极大的冲击力，已经并将更加有力地为人类社会带来难以估量的影响。这一影响既会引发世界经济政治格局出现深刻的调整，也会改变国家竞争力在全球的位置；既会颠覆现有很多产业的形态、分工和组织方式，也会改变国与国之间的关系以及人与世界的关系。

五是国际社会越来越关注发展问题。如何加快发展和消灭贫困始终是人类社会面临的难题。令人欣慰的是，国际社会对这一难题的关注度达到了前所未有的程度。例如，2000年9月6日至8日在联合国总部召开的联合国千年首脑会议通过了"千年发展目标"（Millennium Develop-

---

[1] Ayhan Kose, "The Growing Economic Clout of the Biggest Emerging Markets in five Charts", The World Bank, July 26, 2017. http://blogs.worldbank.org/developmenttalk/growing－economic－clout－biggest－emerging－markets－five－charts.

[2] Christine Lagarde, "The Role of Emerging Markets in a New Global Partnership for Growth", February 4, 2016. https://www.imf.org/en/News/Articles/2015/09/28/04/53/sp020416.

[3] Eduardo Levy Yeyati and Tomas Williams, "Emerging Economies in the 2000s: Real Decoupling and Financial Recoupling", World Bank Policy Research Working Paper 5961, February 2012.

ment Goals）。根据这一宏伟的发展规划，2015 年以前要实现 8 大目标：在 1990 年基础上将全球贫困人口减半、普及小学教育、促进男女平等、降低儿童死亡率、改善孕妇健康、抗击艾滋病和疟疾等疾病、促进环境可持续发展和推动全球合作伙伴关系。① 发达国家支持和参与了这一议程。又如，2015 年 9 月 25 日在联合国总部召开的联合国发展峰会通过了"2030 年可持续发展议程"（The Sustainable Development Agenda）。这一议程是对"千年发展目标"的继承和升级，包括 17 个可持续发展目标及 169 个具体目标。其重点依然是消除贫困和饥饿、促进经济增长、全面推进社会进步和促进可持续发展。② 发达国家表示，要为实现这些目标做出应有的贡献。

六是全球问题越来越严重。全球问题层出不穷，名目繁多，数不胜数。较为突出的主要是恐怖主义、气候变暖、网络犯罪、难民、传染病以及局部战争。这些问题的危害性超出一国范围，对各国的非传统安全构成了巨大的挑战，而且难以在短期内根治。

过去 30 多年国际关系领域发生的上述变化对南北关系产生了不容忽视的重大影响。

第一，发展中国家终于能在一超多强的世界格局中占有重要的一席之地。冷战的结束使美苏两个超级大国争霸世界的局面不复存在。诚然，苏联解体后，美国依然是超级大国，在国际舞台上居于举足轻重的地位，但是，多极化趋势势不可当，飞速发展，形成所谓一超多强的格局。在这一多极化格局中，一方面，发展中国家的地位不断上升，从而为推动南北关系创造了条件；另一方面，发展中国家终于摆脱了在美苏争霸的"夹缝"中求生存的被动局面，从而能灵活地实施较为独立的外交政策。

第二，经济全球化趋势的快速发展极大地强化了发达国家与发展中国家之间的相互依存性。经济全球化包括生产全球化、贸易全球化和金融全球化。在生产、贸易和金融等领域，发达国家和发展中国家的关系

---

① United Nations, "News on Millennium Development Goals", http：//www. un. org/millenniumgoals/.
② United Nations, "The Sustainable Development Agenda", http：//www. un. org/sustainabledevelopment/development – agenda/.

已上升到前所未有的紧密程度。诚然，发达国家从中获得的收益大于发展中国家，但双方的相互依存性则随经济全球化的深化而不断深化。理查德·库珀将这一相互依存性称作"双向敏感性"（two – way sensitivity），[1] 亦即双方在国际经济体系中处于"你中有我""我中有你"的格局。换言之，虽然国际经济体系中的不平等性质尚未彻底消失，而且在可预见的将来也难以消失，但发达国家与发展中国家的关系则因全球化的不断发展而变得更为密切，在全球价值链中各得其所。

第三，发展中国家（尤其是新兴经济体）的崛起使其与发达国家在南北关系中的力量对比发生了根本性的变化。正是因为发展中国家（尤其是新兴经济体）的讨价还价能力显著上升，所以，发达国家能在一些问题上作出让步和妥协。例如，在以金砖国家为代表的新兴经济体的强烈要求下，国际货币基金组织在2010年11月通过的份额改革方案已落实。这一改革使中国的份额从3.72%升至6.39%，投票权从3.65%扩大到6.07%，超过德国、法国和英国，仅次于美国和日本。[2]

第四，科技革命的加速发展并未缩小大多数发展中国家与发达国家在科技领域的差距。科技创新需要巨额资金和大量优秀的人才。但在财力和人力两个方面，大多数发展中国家缺乏优势。因此，虽然中国和韩国等新兴经济体在科技创新领域取得了显著的成就，但大多数发展中国家与发达国家的差距在扩大是一个不争的事实。例如，信息化领域的巨大进步早已使网络化和信息化成为发达国家经济发展和社会发展进程的重要组成部分。但在许多发展中国家（尤其是那些最不发达国家），能够获取互联网服务的人口和中小企业为数不多，因此网络化和信息化无法使经济发展和社会发展受益。国际上的许多学者认为，在可预见的将来，南北关系中的"数字鸿沟"（digital divide）不会缩小，而是将继续扩大。[3]

---

[1] Richard N. Cooper, "Economic Interdependence and Foreign Policy in the Seventies", *World Politics*, Vol. 24, No. 2, January 1972, p. 160.

[2] 美国的投票权（16.75%）有所下降，但继续保持超过15%的重大决策否决权。

[3] L. A. Ogunsola and T. O. Okusaga, "Digital Divide between Developed and Less-Developed Countries: The Way Forward", *Journal of Social Sciences*, Vol. 13, No. 2, 2006, pp. 137 – 146.

第五，国际社会对发展问题的重视为改善南北关系提供了动力。欧盟认为，在发展中国家获得的发展援助中，超过50%的资金来自欧盟及其成员国。欧盟向发展中国家提供援助的宗旨是：减少贫困、维护民主价值观和帮助其实施发展战略。① 美国认为，美国对发展中国家的援助促进了美国自身的国家安全和经济繁荣，体现了美国的慷慨，有利于发展中国家实现自力更生和强化经济活力。② 日本认为，作为亚洲的第一个发达国家，日本为帮助发展中国家完善基础设施、开发人力资源和推动制度建设而提供了大量发展援助，为其经济和社会发展做出了巨大的贡献。③ 且不论美、欧、日的上述表态是否言过其实，可以肯定的是，作为国际社会的重要成员，发达国家对发展中国家提供的多种形式的援助能在一定程度上减缓发展中国家的贫困问题。当然，应该注意到，根据经济合作与发展组织公布的数据，迄今为止，只有6个发达国家（丹麦、荷兰、挪威、卢森堡、瑞典和英国）实现了联合国在1970年确定的对外援助相当于国内生产总值0.7%的指标。④

第六，全球治理的紧迫性为南北关系开辟了新的合作领域。全球问题层出不穷，从而凸显了全球治理的必要性和紧迫性。发展中国家既是全球问题的受害者，也是全球治理的参与者。随着经济实力的增强，发展中国家（尤其是以金砖国家为代表的新兴经济体）在全球治理中的地位和作用不断上升。毫无疑问，在全球治理的各个领域，它们既是重要的参与者，也是发达国家的不可或缺的合作伙伴。当然，全球治理并非一蹴而就。而且，发展中国家既要与发达国家合作，也要为维护自身的权益而与之斗争。

---

① Eurostat, "Archive: Development Aid Statistics", http://ec.europa.eu/eurostat/statistics-explained/index.php/Archive:Development_aid_statistics#Further_Eurostat_information.

② https://www.usaid.gov/.

③ Government of Japan, Ministry of Foreign Affairs and Economic Co-operation Bureau, "Japan's Official Development Assistance Charter", August 29, 2003. http://www.mofa.go.jp/policy/oda/reform/revision0308.pdf.

④ 转引自 Ben Quinn, "UK among Six Countries to Hit 0.7% UN Aid Spending Target", *The Guardian*, January 4, 2017. https://www.theguardian.com/global-development/2017/jan/04/uk-among-six-countries-hit-un-aid-spending-target-oecd.

二 欧盟与拉美关系的特点

拉丁美洲和加勒比地区（以下简称拉美）曾是欧洲列强的殖民地。圣基茨和尼维斯联邦直到1983年9月19日才摆脱英国的殖民主义统治，宣告独立，成为拉美的第33个国家。① 毫无疑问，欧盟与拉美的这一特殊的历史渊源使双方在政治、经济和文化等方面保持着无法分割的联系。欧洲议会的一份出版物写道，欧盟与拉美是"天然盟友"（natural allies），因为双方密切的经济和文化关系与历史息息相关。②

如前所述，在过去的30多年，国际格局发生了重大变化，南北关系也今非昔比。这一切必然会体现在欧盟与拉美的关系（以下简称欧拉关系）之中，使之呈现出以下几个方面的显著特点：

一、战略伙伴关系是欧拉关系的政治基础。任何一种双边关系都是建筑在一定的政治基础之上的。这一基础是否坚实，必然会对其发展进程产生重大影响。欧盟与拉美之间的战略伙伴关系构成了欧拉关系的坚实的政治基础。

在1982年爆发的英国与阿根廷之间的马尔维纳斯群岛战争（以下简称马岛战争）中，除西班牙以外的欧洲共同体（以下简称欧共体）成员国都明确支持英国，并对阿根廷采取了制裁，而绝大多数拉美国家则同情阿根廷。③ 毋庸赘述，马岛战争对欧拉关系产生了极为不利的负面影响。

1999年6月28—29日在巴西里约热内卢举行的首届欧盟—拉美首脑会议，是欧拉关系的里程碑。当时，世界格局正处于"后冷战"时代的大变革中，欧盟和拉美都认识到了对方在世界格局多极化中的重要地位，

---

① 迄今为止，加勒比地区和南美洲地区尚有多个欧洲国家的殖民地。
② European Parliamentary Research Service, "EU-Latin America Relations", 26/03/2014, http://www.europarl.europa.eu/RegData/bibliotheque/briefing/2014/140763/LDM_BRI（2014）140763_REV2_EN.pdf.
③ 拉美始终要求英国承认阿根廷对马尔维纳斯群岛的主权，并要求双方通过谈判解决争端。

都认为有必要更为有力地推动双方在政治、经济、外交和文化关系的交流和合作，以"构建一种符合双方利益的战略伙伴关系"。① 这一伙伴关系的核心内容是：在政治领域，双方将强化对话机制，巩固民主，促进人权和自由，应对国际和平和安全面临的威胁。在经济领域，双方将强化多边贸易体制和开放的地区主义，加强经贸往来，推动自由贸易，减少资本流动不稳定带来的负面影响，鼓励在经济规模较小的拉美国家扩大直接投资规模。在文化领域，双方将保护文化遗产、促进全民教育和鼓励文化多样性当作合作的重点。②

此次峰会还宣布，双方决定建立战略伙伴关系。③ 这一伙伴关系将以双方共同的文化遗产和共同的价值观为基础，全面提升双方在政治、经济、文化和科技等领域的合作。此后几届峰会都反复强调这一跨大西洋合作的宗旨。

2011年12月2—3日，拉美和加勒比地区的三十三国国家元首、政府首脑或代表在委内瑞拉首都加拉加斯举行会议，宣布正式成立拉美和加勒比国家共同体（以下简称拉共体），以替代里约集团和拉美峰会。为适应上述重大变化，始于1999年的欧盟—拉美首脑会议在2013年被改名为欧盟—拉共体峰会。首届欧盟—拉共体峰会于2013年1月26—27日在智利首都圣地亚哥举行。会议的主题是共同推进以扩大投资和提升社会及环境质量为内容的可持续发展。会议发表的《圣地亚哥宣言》指出，此前的欧盟—拉美峰会为强化双方在共同感兴趣的问题上开展合作做出了贡献。改名后的新的制度安排将使两个地区的合作更均衡、更有效、更具有建设性和系统性，并将使两个地区的互补性得到更好的发挥，也会进一步促进两个地区之间的团结。④

第二届欧盟—拉共体峰会于2015年6月10—11日在布鲁塞尔举行。

---

① 来自拉美32个国家和欧盟15个国家的元首或政府首脑通过了《里约热内卢声明》和《行动计划》。这两个文件确定了两个地区面向21世纪的战略伙伴关系。

② http://ec.europa.eu/external_relations/lac/rio/rio_1999_en.pdf.

③ EU External Action, "The EU's Relations with Latin America and the Caribbean" http://eeas.europa.eu/lac/index_en.htm.

④ Council of the European Union, "Santiago Declaration", Santiago de Chile, January 27, 2013.

本届峰会发表的行动纲领确定了双方将在未来加强合作的10个领域：科学技术、研究和创新；可持续发展、环境、气候变化和生物多样性以及能源；区域一体化及互联互通；移民；教育和就业；打击毒品走私；性别公平；为推动可持续发展而扩大投资和强化企业家精神；发展高等教育；公民的安全。[1] 在这一届峰会上，欧盟还宣布，它将投资2500万欧元，在大西洋铺设一条连接欧盟与拉美的海底宽带光缆。

2016年6月28日，欧盟发表了题为《共同愿景，共同行动：一个更强大的欧洲》（Shared Vision, Common Action: A Stronger Europe）的全球战略文件。该文件认为，"在更为广泛的安全议程中，美国将继续是我们（欧盟）的核心伙伴。欧盟将与美国和加拿大在危机管理、反恐、网络安全、移民、能源和气候行动等领域加强合作"。但这一文件也指出，"在更为广泛的大西洋空间中，欧盟将与拉美和加勒比构建更为有力的伙伴关系。欧盟将与拉共体发展多元化的关系，并根据拉美的不同地区的比较优势，与不同的一体化组织发展关系。我们将在移民、海上安全和海洋生物保护、气候变化和能源、裁军、核不扩散和军控、打击有组织犯罪和反恐等领域与拉美进行更多的对话"。此外，该文件还表示，欧盟将在签证、学生交流和科技合作等领域加强与拉美的合作，并谋求与南方共同市场尽快达成自由贸易协定，与古巴落实2016年3月达成的《政治对话与合作协定》。[2] 由此可见，欧盟在重视美国的同时，也会与拉美在多个领域加强合作。这一愿望显然是欧拉战略伙伴关系稳步推进的必要条件和基础。

二、经贸往来是双边关系的动力。如果说战略伙伴关系是欧拉关系的政治基础，那么经贸往来则是这一关系的动力。这与双方在经贸领域的比较优势息息相关。欧盟的比较优势在于市场、资本和技术。根据世界银行的统计，2016年，按汇率计算，欧盟是世界上第二大经济体

---

[1] The second EU – CELAC / 8th EU – LAC summit, "EU – CELAC Action Plan", Brussels, 10 – 11 June, 2015.

[2] 欧盟与古巴的《政治对话与合作协定》于2014年4月启动谈判，经过6轮谈判后宣告结束。该协定确定的合作领域主要包括：政治对话、经济合作和部门政策协调。（EU External Action, "EU Relations with Cuba", http://www.eeas.europa.eu/cuba/index_en.htm）

(16.5万亿美元），仅次于美国的18.6万亿美元，高于中国的11.2万亿美元。① 此外，欧盟拥有很好的投资环境，如市场经济体系成熟，工业基础雄厚，科技水平高，研发能力强，产品质量上乘。

拉美的比较优势是自然资源丰富。该地区被誉为"世界上的下一个面包篮"。② 此外，它还拥有世界上最丰富的生物多样性，天然森林面积占世界总量的1/5，可耕地面积占世界总量的12%，地球表面的淡水占世界总量的1/3，生物燃料占世界总量的25%。③

欧盟与拉美拥有的上述比较优势为其推动经贸关系提供了动力。根据欧盟的统计，拉美已成为欧盟的第五大贸易伙伴。在过去的10年中，欧盟与拉美的商品贸易额增长了一倍。2015年，欧拉双边贸易已高达2132亿欧元（相当于欧盟对外贸易总额的6.1%），其中欧盟从拉美进口959亿欧元，对拉美出口1174亿欧元。此外，欧盟也是拉美的主要投资者。截至2014年，欧盟在拉美投资的存量已高达6420亿欧元，高于欧盟在俄罗斯、中国和印度三国投资的存量的总和（3542亿欧元）。④ 2015年10月14日欧盟公布的题为《惠及所有人的贸易：迈向更负责任的贸易与投资政策》（Trade for All: Towards a more Responsible Trade and Investment Policy）的重要文件指出，欧盟与拉美是贸易和投资领域的"长期伙伴"。

当然，欧盟与拉美的经贸关系并非一帆风顺。如在1996年，美国联合厄瓜多尔、危地马拉、洪都拉斯和墨西哥等国，向世界贸易组织（WTO）提起诉讼，认为《洛美协定》对加勒比香蕉的特殊待遇违反了世界贸易组织的贸易规则。⑤ 世界贸易组织作出了不利于欧盟的裁决，但

---

① https://data.worldbank.org/indicator/NY.GDP.MKTP.CD.

② The Inter-American Development Bank, *The Next Global Breadbasket: How Latin America Can Feed the World*, 2014.

③ http://periododesesiones.cepal.org/35/sites/default/files/gi/images/eclac_rrnn.jpg.

④ "EU-CELAC Relations", Brussels, 26/10/2016, https://eeas.europa.eu/headquarters/headquarters-homepage/13042/eu-celac-relations_en.

⑤ 1975年2月28日，欧共体与非洲、加勒比海地区和太平洋地区的46个发展中国家在多哥首都洛美签署了《洛美协定》。该协定于1976年4月1日生效，有效期5年。2000年6月23日，非洲、加勒比和太平洋地区的77个国家与欧盟的15国在贝宁首都科托努签订《非洲、加勒比海地区和太平洋地区国家与欧共体及其成员国伙伴关系协定》，即《科托努协定》（Cotonou Agreement），以取代《洛美协定》。

欧盟认为，帮助非洲、加勒比海和太平洋地区的发展中国家是其义务，它为这些穷国提供的力所能及的帮助不能被视为违反了世界贸易组织的贸易规则。直到2009年12月15日，欧盟与拉美终于达成协议，结束了长达14年的香蕉战。① 这是世界上持续时间最长的贸易战。

欧盟与拉美的两个区域经济一体化组织（加勒比共同体、中美洲共同市场）和4个国家（墨西哥、智利、秘鲁和哥伦比亚）达成了自由贸易协定，但它与南方共同市场进行的自由贸易协定谈判则久拖不决。这无疑说明，欧盟与拉美的经贸关系并非完美无缺。

一方面，拉美迫切需要欧盟的市场、资本和技术；另一方面，在开拓世界市场的过程中，欧盟希望与发展中国家签署自由贸易协定。作为拉美地区最有活力的一体化组织，南方共同市场在拉美事务中的重要性在不断上升。② 因此，欧盟与其开展自由贸易是有利可图的。目前，欧盟是南方共同市场的最大的贸易伙伴，南方共同市场是欧盟的第六大出口市场。

1995年，欧盟与南方共同市场签署了《跨区域框架合作协定》（Interregional Framework Cooperation Agreement）。③ 这一协定的宗旨是在现有的合作基础上进一步扩大合作的范围和加大合作的力度，其中包括在适当的时间启动"联系协定"（Association Agreement）的谈判。"联系协定"的内容之一就是签署双边自由贸易协定。

2000年，"联系协定"的谈判正式启动。2004年，自由贸易谈判因

---

① 世界上香蕉出口总量的80%来自拉美。根据《洛美协定》，非洲、加勒比和太平洋地区出产的香蕉可免税进入欧洲市场。1993年欧盟问世后，各成员国对香蕉征收的不同关税被统一成单一关税。受自然条件的限制，加勒比的香蕉都是在小块土地上种植的。中美洲和南美洲的香蕉种植业则以大片土地为主，技术先进，产量高，规模经济效益明显，成本也较低。在加勒比，一吨香蕉的成本为500美元，而在厄瓜多尔仅为162美元。但在欧洲市场上，受《洛美协定》的制约，中美洲和南美洲的香蕉仍然无法与加勒比香蕉竞争。金吉达（Chiquita）、都乐（Dole）和德尔蒙（Del Monte）等美国公司在中美洲和南美洲的香蕉种植业中占有十分重要的地位。因此，欧盟对加勒比香蕉的优惠打击了美国公司的利益。
② 南方共同市场成立于1991年，现有6个成员国（阿根廷、巴西、巴拉圭、乌拉圭、委内瑞拉和玻利维亚）。委内瑞拉于2012年7月加入，玻利维亚于2015年7月加入。苏里南和圭亚那于2015年7月成立联系国。
③ 该协定于1999年生效。

双方无法弥合巨大的分歧而暂停。① 这一暂停持续了6年，直到2010年5月17日才重启谈判。然而，时至今日，这一谈判尚未完成。谈判的主要障碍是农产品贸易。欧盟是南方共同市场农产品的主要出口市场，而南方共同市场则不是欧盟农产品的主要市场。② 此外，虽然拉美的农产品在国际市场上具有较强的优势，但在面对欧盟的极为丰厚的农业补贴时，拉美的优势受到了很大的负面影响。由此可见，在农产品贸易领域中，双方的利益诉求不尽相同，最终从双边自由贸易协定中获得的利益也将是不均衡的。

欧盟与南方共同市场的自由贸易谈判已延续了近20年，可谓"世界之最"。这一谈判的久拖不决，对欧拉关系的打击不容低估，甚至对双方的国际声誉也会产生一定的负面影响。作为发达经济体，欧盟在与发展中国家交往时应该展现足够的大度和谦让。换言之，这一协定的谈判如能早日完成，不仅有利于强化欧拉关系，而且可使欧盟获得自由贸易的推动者和支持者的美誉。

三、合作领域不断拓宽。欧盟和拉美都认识到，战略伙伴关系的发展不应局限于贸易和投资，而是应该拓展到更多的领域。经过双方的努力，欧盟与拉美的合作领域已拓展到气候变化、社会发展以及政府治理等领域。③

气候变化及其不利影响是人类社会面对的重大挑战之一。欧盟积极推动"气候外交"，将应对气候变化的行动融入对外援助与发展政策中。拉美的碳排放量约占全世界排放总量的11%。④ 为了帮助拉美国家有效地应对气候变化的挑战，欧盟既为其提供技术支持，也提供经济援助。如

---

① 《虽然自由贸易谈判半途而废，但双边政治关系谈判则继续进行》，http://eeas.europa.eu/mercosur/index_en.htm.

② 南方共同市场主要向欧盟出口大豆及其制成品、油籽、咖啡、橙汁、烟草、肉、水果和干果。欧盟对南方共同市场主要出口饮料、奶产品和可可制品。

③ https://ec.europa.eu/europeaid/regions/latin-america/security-development-nexus_en.

④ Guy Edwards and Timmons Roberts, "Latin America: An Indispensable Region in the Fight Against Climate Change?" Brookings Institute, May 8, 2014, https://www.brookings.edu/blog/planet-policy/2014/05/08/latin-america-an-indispensable-region-in-the-fight-against-climate-change/.

在2015年12月，欧盟决定向拉美提供7500万欧元的援助，以帮助拉美应对气候变化。欧盟的新闻公报指出，这一援助意味着，欧盟与拉美都关注气候变化，并拥有积极应对气候变化的共同决心。①

拉美的社会问题极为严重。因此，信奉"以人为本"的欧盟极为重视拉美的社会发展进程，并将强化拉美的社会凝聚力作为双方在社会发展领域的首要目标。为此，欧盟将双方的合作领域确定为：改善企业（尤其是中小企业）的运营环境，增加就业机会，改革劳动力市场，加强职业培训，重视妇女和青年的生活状况，改进执法机关的执法能力。双方在这些领域开展合作的内容包括经济援助和技术援助。经济援助是欧盟为拉美国家的社会发展项目提供资金，技术援助则以欧盟提供技术性支持或咨询为主。

政府治理能力至关重要。欧盟认为，拉美国家在经济和社会发展领域面临的许多问题与政府的治理能力弱息息相关。因此，欧盟力图通过以下途径，帮助拉美国家的政府改进其治理的能力：推动公共财政改革、强化政府部门提供公共服务的能力、改善民主体制的合法性、责任心和透明度。为了实现上述目标，欧盟与拉美国家共同制定并实施了多个合作项目，其中最为引人注目的是"欧盟—拉美社会发展项目"（EUROsociAL）。迄今为止，该项目已实施了两期，成效显著。②

四、欧盟与拉美次区域的关系稳步推进。拉美是由南美洲、中美洲和加勒比等不同的次区域组成的。拉美国家的经济规模、政治影响力具有显而易见的差异性。因此，除欧盟—拉美峰会（欧盟—拉共体峰会）以外，欧盟还经常性地与不同的国家或不同的次区域国家发展关系。

20世纪70年代末爆发的中美洲危机使多个中美洲国家陷入了战乱，政局动荡不安，经济停滞不前，人民的生命和财产蒙受了巨大的

---

① "News Summary – New EU projects to help Latin America cope with climate change announced at COP21", 11 December, 2015, https：//ec. europa. eu/europeaid/sites/devco/files/news – summary – 11122015 – _la – cop21_en. pdf.

② http：//www. eurosocial – ii. eu/en/pagina/el – programa.

损失。① 为了尽快解决危机，欧共体与联合国、美洲国家组织密切配合，开展了卓有成效的斡旋和调停，并大力支持主张用和谈方式解决危机的孔塔多拉集团所作出的努力。② 1984 年，欧共体与中美洲国家建立了"圣何塞对话"。这一对话机制的宗旨是通过谈判的形式结束中美洲危机。1985 年，欧共体还与中美洲国家达成了一个双边合作协定，以推动该地区的经济发展。

中美洲危机的原因之一是经济发展水平低下。为扶持该地区的发展，欧共体在 1993 年初与 6 个中美洲国家（哥斯达黎加、萨尔瓦多、危地马拉、洪都拉斯、尼加拉瓜和巴拿马）达成了加强双边合作的框架协定（该协定于 1993 年 3 月 1 日生效）。该协定确立了双方在贸易、投资、金融、科技、能源、知识产权、交通运输、矿业、信息化和通讯、旅游业、生物多样性、农业、环境、卫生、打击毒品走私、文化和民主等领域开展合作的原则、宗旨及方式方法。由此可见，这一协定确定的经济合作领域可谓无所不包。③

为强化政治对话，欧盟与中美洲国家在 2003 年 12 月 15 日签署了政治合作协定。双方表示，政治合作的原则是尊重联合国宪章确定的民主原则；保护基本人权；恪守法治。该协定共有 60 条，既涉及政治领域的合作，也包括经济合作的一些内容。因此，与其说这是一个政治合作协定，还不如说它是一个囊括政治和经济所有领域的全方位合作的协定。④

为进一步加强双边关系，欧盟与中美洲国家在 2012 年 6 月 29 日签署

---

① 1979 年，尼加拉瓜桑地诺民族解放阵线革命推翻了得到美国支持的索摩查政权。在美国的干预下，尼加拉瓜革命迅速演变为波及中美洲地区的政治动荡和军事冲突。国际媒体将这一动荡和冲突称之为中美洲危机。

② 在瑞典首相帕尔梅和三位诺贝尔和平奖获得者（哥伦比亚作家加西亚、墨西哥外交家阿方索·加西亚·罗夫莱斯和瑞典社会活动家缪尔达尔）的倡议下，哥伦比亚、墨西哥、委内瑞拉和巴拿马四国总统为中美洲国家斡旋。1983 年，四国外交部部长在巴拿马领土孔塔多拉岛上举行会议，决定成立孔塔多拉集团。

③ Acuerdo-marco de cooperación entre la ComunidadEconómicaEuropea y lasRepúblicas de Costa Rica, El Salvador, Guatemala, Honduras, Nicaragua y Panamáhttp：//www. sice. oas. org/TPD/CACM_EU/CACM_EU_e. ASP.

④ "Political Dialogue and Cooperation Agreement"（2003）, http：//eeas. europa. eu/ca/index_en. htm.

了"联系协定"(EU – Central America association agreement)。[①] 该协定的核心内容包括推动政治对话、扩大合作领域和提升经贸关系。鉴于欧盟仅与其认为重要的国家达成"联系协定",因此,这一协定的签署意味着欧盟与中美洲国家的关系已上升到相当高的程度。

加勒比地区曾经是欧洲的殖民地。时至今日,英国和法国等欧盟成员国在加勒比地区还拥有一些"海外领地"。因此,该地区也在欧盟对拉美政策中占有重要的地位。

除《洛美协定》和《科托努协定》以外,欧盟还用其他方式与加勒比地区保持密切的关系。如在1994—2016年期间,欧盟共向加勒比地区提供了约5.09亿欧元的援助(加勒比地区唯一最不发达国家海地获得了约3.53亿欧元)。[②] 2008年,欧盟与加勒比国家达成了《经济伙伴协定》。2010年,双方还签署了题为"加勒比—欧盟伙伴战略"(Joint Caribbean – EU Partnership Strategy)的重要文件。这一文件确定的合作领域包括:推动加勒比地区的一体化进程,并使欧盟成员国在加勒比地区的海外领地和属地参与这一进程;帮助加勒比地区的小国家强化其抵御外部冲击的能力;改善加勒比国家的投资环境;促进私人部门在服务业(尤其是金融业、旅游业和创意文化产业)、农业和制造业的投资;推动创新和竞争;完善基础设施;实现能源多样化;追求绿色发展,保护生物多样性和水资源;加强技术教育;确保食品安全和改善卫生条件;通过扶贫等措施,强化社会凝聚力。[③]

五、西班牙与拉美国家保持着极为密切的关系。虽然意大利人哥伦布"发现"了新大陆,但西班牙人科尔特斯和皮萨罗在征服新大陆的过程中扮演的角色和发挥的作用则更为引人注目。此外,西班牙语在拉美的特殊地位也进一步强化了西班牙与拉美之间的亲近感。无怪乎西班牙

---

① "EU – Central America Association Agreement", http://trade.ec.europa.eu/doclib/press/index.cfm?id=689.
② http://ec.europa.eu/echo/where/latin-america-carribbean/caribbean_en.
③ Council of the European Union, Council Conclusions on the Joint Caribbean – EU Partnership Strategy, 3199th Foreign Affairs Council meeting, Brussels, 19 November, 2012, http://www.eeas.europa.eu/caribbean/index_en.htm.

学者苏珊内·格拉蒂斯（Susanne Gratius）认为，西班牙与拉美关系中的"情感"比"理性"更为浓重。① 这一特殊的"情感"使西班牙在与拉美国家发展关系时获得了得天独厚的优势和便利。尤其在推动双边合作的过程中，双方加强相互认知和共识的必要性不会成为一个障碍。

在苏亚雷斯当政时期（1976—1981年），西班牙的外交政策发生了重大的变化，对拉美的关注度进一步上升。苏亚雷斯首相和卡洛斯国王都访问了拉美。经贸领域的交往也与日俱增。更为引人注目的是，在1982年马岛战争期间，尽管西班牙反对阿根廷的军政府，但支持阿根廷对马岛提出的主权要求。

1982年西班牙工人社会党上台后，进一步重视与拉美发展关系。当时的西班牙外交大臣莫兰曾说过，西班牙能对欧洲和美国施加多少影响力，取决于西班牙与欧美以外的地区（尤其是拉美）保持着什么样的关系。为此，工人社会党在1985年制定了一个给予拉美国家大量援助的计划。此外，西班牙还积极参与孔塔多拉集团为解决中美洲冲突而开展的政治对话。

西班牙不是欧盟的经济大国，但西班牙在拉美的经济存在则是其他欧盟成员国望尘莫及的。尤其是在始于20世纪80年代末的拉美私有化大潮中，西班牙充分利用其在该地区拥有的天时地利人和等优势，捷足先登地进行了大规模的投资。联合国拉美和加勒比经济委员会的研究报告《拉美和加勒比的外国直接投资》认为，在大多数拉美国家，电信市场基本上是被墨西哥的美洲移动公司（América Móvil）和西班牙的电讯公司（Telefónica）控制的。②

西班牙还希望在拉美扩大其政治影响。在西班牙的倡议下，它与同处伊比利亚半岛的葡萄牙以及拉美大陆上19个官方语言为西班牙语和葡萄牙语的拉美国家联手，于1991年7月18—19日在墨西哥瓜达拉哈拉召开了首届伊比利亚美洲国家首脑会议。在2013年以前，会议每年召开一

---

① Susanne Gratius, "Why does Spain not Have a Policy for Latin America？" *FRIDE Policy Brief*, No. 29, January 2010.
② UN Economic Commission for Latin America and the Caribbean, *Foreign Direct Investment in Latin America and the Caribbean*, 2016, p. 27.

次。2013年10月18—19日，第23届首脑会议在巴拿马首都巴拿马城举行。这一次会议决定，从2014年起，首脑会议由每年一届改为每两年一届，与欧盟—拉共体首脑会议交叉举行。第25届伊比利亚美洲国家首脑会议于2016年10月29日在哥伦比亚的卡塔赫纳举行。

令人遗憾的是，伊比利亚美洲首脑会议越来越具有"空谈俱乐部"的特征。虽然每一次峰会都会发表联合声明、共同宣言或行动计划，但是，这些文件提出的众多宏大的目标，常常是"雷声大雨点小"，很少能付诸实施。拉美领导人的兴趣似乎也在减退。如在2011年的峰会上，22个应该出席的国家领导人中，有11人缺席，其中包括巴西和阿根廷等大国的领导人；在2013年的峰会上，有9个国家的领导人缺席。

还必须注意到，西班牙与拉美国家的关系有时也会遭遇一些波折或纠葛。例如，西班牙雷普索尔公司是阿根廷国内最大的石油天然气公司YPF最大的股东。[①] 在2012年4月16日阿根廷政府宣布对国内最大的石油天然气公司YPF实施国有化后不久，西班牙外交部就约见阿根廷驻西班牙大使，对阿根廷政府的决定表示强烈的不满，并在翌日召回驻阿根廷大使。当时正在墨西哥参加世界经济论坛拉美分会的西班牙首相拉霍伊说，他对阿根廷的国有化措施深感不安，认为这"对任何人而言都是一个负面的决策"。西班牙工业大臣何塞·曼纽尔·索里亚表示，要在外交领域和产业领域对阿根廷采取一些报复行为。[②] 西班牙外交大臣何塞·曼努埃尔·加西亚—马加略说，阿根廷"以一种不好的方式做了一件蠢事"。他认为，国有化将影响阿根廷进入国际资本市场和出口市场，由此而来的损失将是非常巨大的。[③] 雷普索尔公司总裁安东尼奥·布鲁福认为，阿根廷的国有化是一种"非法行为"，是政府为了掩盖阿根廷面临的一系列社会问题和经济问题而采取的措施。他希望阿根廷能给予雷普索

---

① 1993年，西班牙石油公司雷普索尔（Repsol）购买了YPF的98%的股份。此后，阿根廷埃斯克纳西家族拥有的彼得森集团获得了YPF的25.46%的股份，使雷普索尔的股份降低到57.43%。

② http：//www.reuters.com/article/2012/04/17/us-spain-argentina-ypf-eu-idUS-BRE83G0QU20120417.

③ http：//www.guardian.co.uk/world/2012/apr/17/argentina-oil.

尔足够的赔偿，否则将会把阿根廷诉诸国际仲裁。① 而许多阿根廷人则认为，阿根廷政府的国有化措施将彻底摧毁西班牙对阿根廷的长达5个多世纪的殖民主义统治。

雷普索尔向阿根廷提出了高达180亿美元的赔偿要求，而阿根廷政府则表示，赔偿金应该由阿根廷的有关法庭决定。经过多次讨价还价，雷普索尔仅获得了50亿美元。②

令人欣慰的是，西班牙曾多次提出要为中国在与拉美国家发展关系时发挥"桥梁"的作用。如在2005年7月，西班牙首相萨帕特罗在访问中国时表示，中西两国拥有很多共同利益。中国对拉美感兴趣，拉美也对中国感兴趣，西班牙与拉美国家有深厚的历史渊源，西班牙愿意帮助中国进入拉美，扩大与中国的合作领域。他还透露，中西两国外交部将成立一个共同工作小组，帮助中国参与拉丁美洲的经济合作，共同促进拉美的发展、和平与稳定。③ 同年11月13—15日，中国国家主席胡锦涛对西班牙进行国事访问。访问期间，两国发表了联合公报。这一公报指出，"双方还表达了将在全球其他地区，尤其是拉丁美洲地区加强合作的坚定意愿"。④ 2011年1月4日，西班牙副首相萨尔加多在与到访的中国国务院副总理李克强会谈时表示，希望中西双方"合作开拓拉美等第三方市场"。⑤ 2015年1月8日，西班牙国王费利佩在接受中国新任驻西班牙大使吕凡递交国书时说，西班牙与拉美国家有着很深的文化和历史渊源，可成为中国与拉美之间的桥梁。⑥

---

① http：//www.canadianbusiness.com/article/79977--repsol-blasts-argentina-over-oil-nationalization.
② http：//www.repsol.com/es_en/corporacion/prensa/notas-de-prensa/ultimas-notas/25022014-acuerdo-ypf.aspx.
③ 《西班牙将帮助中国开拓拉美市场》，中青在线，2005年7月25日，http：//zqb.cyol.com/content/2005-07/25/content_1148300.htm.
④ 《中华人民共和国和西班牙王国联合公报》，外交部网站，2005年11月15日，http：//www.fmprc.gov.cn/web/ziliao_674904/1179_674909/t537541.shtml.
⑤ 《西班牙：中国-拉美合作的"新桥梁"》，新华网，2011年2月19日，http：//news.xinhuanet.com/world/2011-02/19/c_121096688.htm.
⑥ 《西班牙国王表示西愿做中拉关系桥梁》，新华网，2015年1月9日，http：//news.xinhuanet.com/world/2015-01/09/c_1113938708.htm.

西班牙的这一良好愿望既符合西班牙的外交战略利益,也符合中国和拉美的外交政策目标;既能促进中拉关系的发展,也能推动中国与西班牙的关系。因此,西班牙的"桥梁"作用能形成三方共赢的局面,因而有重要的现实意义。

六、"美国因素"并未构成欧拉关系的巨大障碍。众所周知,在中国与拉美国家的双边关系中,"美国因素"是一个不容忽视的障碍。美国的一些国会议员、记者和学者对中国在拉美的存在总是忧心忡忡,甚至极为警觉。但是,对于欧盟与拉美关系的发展,美国则听之任之,甚至乐见其成。

在历史上,美国对欧洲在拉美的势力范围极为反感。如在1823年,美国总统门罗说,美洲不应该永远是欧洲强国的殖民地,美洲是美洲人的美洲。门罗总统的这一表态被称作"门罗主义"。"门罗主义"出笼之日,正是美国在拉美扩张之时。尤其在进入20世纪后,国际格局中的力量对比发生了重大变化,美国在国际舞台上的地位不断上升,欧洲在拉美的传统势力范围逐渐被美国的影响力取而代之。对此,欧洲似乎采取了甘拜下风的姿态,但这并不意味着它完全唯美国马首是瞻。美国与古巴的关系就是一个例证。

1962年,美国开始对古巴实施全方位的经济封锁。一方面,欧盟追随美国,在1996年制定了针对古巴的"共同政策",并经常不断地批评古巴的人权政策;[①] 另一方面,欧盟并未切断其与古巴在1988年建立的外交关系。欧盟甚至于2003年在古巴首都哈瓦那设立了代表处,并在2008年将这一代表处升格为使团。此外,欧盟的所有28个成员都与古巴保持着正常的外交关系。

应该注意到,与美国不同的是,欧盟不是以强制性的高压手段迫使古巴就范,而是希望通过适当的接触(包括正常的经贸往来),以一种温和的方式促使古巴调整其内政外交。当然,美国并不赞赏欧盟与古巴发展关系,但它无法阻止欧盟的所作所为。换言之,在欧盟古巴发展关系的过程中,"美国因素"并不是一个不可逾越的障碍。

---

① 古巴始终不接受欧共体的"共同政策",认为这一政策是对古巴内政的干涉。

美国对中拉关系和欧拉关系的不同姿态显然与冷战思维有关。众所周知，在冷战期间，美国在拉美追求的战略目标是抵御所谓"苏联的共产主义影响力"。为了实现这一目标，美国不惜使用"萝卜"和"大棒"等手段。冷战结束后，世界格局发生了重大变化，但美国似乎并没有放弃其以意识形态为基础的冷战思维，将奉行社会主义制度的中国在拉美的存在视为威胁。由于欧盟与美国拥有相同的社会制度和价值观，而且美国的拉美的势力范围早已根深蒂固，因此，欧拉关系的发展不会导致美国的不安。

三　结束语

自邓小平提出英明的"东西南北"命题以来，已过去了 30 多年。在此期间，世界发生了翻天覆地的变化。在国际关系领域，最重要的变化主要包括：苏联的解体导致冷战结束，经济全球化趋势不断发展，发展中国家（尤其是以金砖国家为代表的新兴经济体）的国际地位显著上升，科技革命日新月异，国际社会越来越关注发展问题，全球问题越来越严重。

上述变化对南北关系产生了不容忽视的重大影响：发展中国家终于能在一超多强的世界格局中占有重要的一席之地，经济全球化趋势的快速发展极大地强化了发达国家与发展中国家之间的相互依存性，发展中国家（尤其是新兴经济体）的崛起使其与发达国家在南北关系中的力量对比发生了根本性的变化，科技革命的加速发展并未缩小大多数发展中国家与发达国家在科技领域的差距，国际社会对发展问题的重视为改善南北关系提供了动力，全球治理的紧迫性为南北关系开辟了新的合作领域。

南北关系的变化也体现在欧盟与拉美的关系之中。概而言之，欧拉关系具有以下几个方面的显著特点：战略伙伴关系是欧拉关系的政治基础，经贸往来是双边关系的动力，合作领域不断拓宽，欧盟与拉美次区域的关系稳步推进，西班牙与拉美国家保持着极为密切的关系，"美国因素"并未构成欧拉关系的巨大障碍。

（原载《国际观察》2018 年第 4 期）

加勒比国家与美国的关系

美国临近加勒比国家。因此，同美国的关系是加勒比国家对外关系中的一个重要组成部分。长期以来，双方相互依赖，各有所求。当然，这一相互依赖不是平等的。笔者力图阐述双方的相互依赖，并对这一关系的演变过程作出评估。

一 加勒比国家与美国的相互依赖

在美国的全球战略中，加勒比地区虽不如欧洲和中东那样重要，但是，由于它所处的特殊地理位置，美国始终认为，该地区对美国拥有不容忽视的"利益"。第一，尽管在核武器时代，地理位置的重要性在下降，但是，加勒比作为美国南部地区天然屏障的作用并没有消失。第二，加勒比是连接北、中、南美洲的枢纽，也是沟通两洋的交通要道。美国有12条航线经过加勒比海。在和平时期，美国进出口商品的44%和进口石油的45%都经过加勒比海。[1] 一旦发生战争，加勒比航线的作用必将更加突出。第三，加勒比向美国供应着一些重要的战略物资。如牙买加、多米尼加、圭亚那和苏里南向美国提供的铝矾土和氧化铝分别占美国所

---

[1] James R Greene and Brent Scowcroft, *Western Interests and U. S. Policy Options in the Caribbean Basin*: *Report of the Atlantic Council's Working Group on the Caribbean Basin*, Oelgeschlager, Gunn & Hain, Publishers, 1984.

需进口的85%和40%。①此外，美国的相当一部分进口石油在该地区的库腊索、阿鲁巴、特立尼达和多巴哥、美属维尔京群岛和巴哈马等地冶炼。第四，加勒比也是美国的投资场所和商品出口市场。第五，美国在加勒比地区建立了不少军事设施，在一些岛屿上设立了监听站、导航站和军事科学技术实验站。鉴于此，美国始终认为，如果加勒比这个近邻不听命于美国，那么美国的"世界警察"作用将降低，它在国际舞台上的"威望"也将大受影响。

对于大多数加勒比国家来说，美国这个强大的邻居是不可缺少的。即使美国在加勒比的"利益"不是以经济为主，加勒比也还是可以在经济上从美国那里获得巨大的好处。例如，美国每年都向加勒比提供蔗糖和其他一些出口产品的配额。这种配额对于国民经济严重依赖单一产品的加勒比国家（地区）来说，无疑是获得出口收入的一种保障。美国经常向一些加勒比国家（地区）提供经济援助和赠款。美国还是加勒比的主要出口市场和最大的直接投资来源。旅游业是加勒比的新兴部门，是其外汇收入的主要来源。到加勒比观光、旅游的外国游客主要来自美国。美国还是加勒比移民的最大接收国。1970—1978年期间进入美国的合法移民中，17.5%来自加勒比地区。②

由此可见，无论是对于美国，还是对于大多数加勒比国家来说，发展双边关系是以各自"利益"为基础的。当然，加勒比国家与美国的双边关系不是一种平等的伙伴关系，而是一种依附与被依附、控制和被控制的关系。

二 加勒比国家与美国关系的发展阶段

加勒比国家与美国关系的发展进程，可分为以下几个阶段：
（一）美国通过"美西战争"实现了对加勒比地区的初步控制。美国

---

① Jorge Heine and Leslie F. Manigat, *The Caribbean and World Politics: Cross Currents and Cleavages*, Holmes & Meier Publishers, 1988.

② Jorge I. Dominguez, "U. S. Interests and Policies in the Caribbean and Central America", *American Enterprise Institute Special Analyses*, March 1, 1982.

加紧争夺加勒比地区以使这些在美国大门口的天然屏障服务于美国的国家安全。早在1805年，代表美国南部寡头利益的杰弗逊总统就把吞并古巴作为美国外交政策的一个目标。1848年，波尔克总统向西班牙提出了以10万美元的价格购买古巴的要求，遭到拒绝。① 1854年，皮尔斯总统将价格提高到1.3亿美元，再次遭到拒绝。1898年，业已进入帝国主义发展阶段的美国通过"美西战争"，获得了古巴和波多黎各。至此，美国终于实现了控制加勒比的第一步。

（二）至第二次世界大战，美国通过武力手段实现了对加勒比地区的全面控制。进入20世纪后，美国在加勒比地区更加为所欲为。1901年，美国强迫古巴接受《普拉特修正案》②。1906年，当古巴人民爆发反对帕尔马政府的起义后，美国以维持和平为名，派军队占领古巴达3年之久。此后，美国又利用《普拉特修正案》，于1912年和1917年对古巴进行两次军事干预。

对当时加勒比地区的另外两个主权国家（多米尼加和海地），美国同样采取强硬的武力手段。如在1904年，美国以索债为名，派海军陆战队入侵多米尼加；翌年又强行接管其海关，将其55%的关税收入用于偿债。1916年，多米尼加人民发动起义，美国为镇压起义派海军陆战队占领这个岛国直到1924年。1915年，海地发生严重的政治动乱，美国以保护美国公民和财产为由，派海军陆战队占领海地长达20年之久。

如果说第二次世界大战前欧洲国家（如英国）在加勒比地区还有一定的势力范围和影响，那么，战后日益强大的美国则实现了在加勒比地区的一统天下。这是因为：在军事上，不论是第二次世界大战中的战败国还是美国在欧洲的盟友，都无法与美国相匹敌；在经济上，欧洲国家忙于重建，无暇顾及西半球；在政治上，尚处于发展阶段的苏联对加勒比事务的兴趣不大。在加勒比内部，民族主义力量仍然处于萌芽状态，尚难与帝国主义势力抗争。

---

① 参见［委］德梅特里奥·博埃斯内尔《拉丁关洲国际关系简史》，殷烜民译，商务印书馆1990年版，第104、135页。

② 按照这个修正案，美国控制了古巴内政和外交，并有权对古巴进行武装干预。

（三）古巴革命后，美国将遏制苏、古势力作为其对加勒比政策的重点。50年代末，美国在加勒比地区的霸权主义势力受到了古巴和苏联的有力挑战。1959年古巴革命的胜利为苏联介入加勒比地区提供了一个良机。苏联在加勒比的战略目标是试图利用该地区的特殊地理位置，分散和牵制美国的实力，以期在世界其他地区战胜美国。

对于苏联的介入和古巴的崛起，美国自然不甘坐视。美国除了同古巴断交、策动"猪湾事件"、实行全面经济封锁和在"导弹危机"中进行军事封锁以外，还对加勒比其他国家（地区）采取了隐蔽或公开的霸权主义手段。例如在圭亚那，1963—1964年，美国为了推翻它认为具有"共产主义倾向"的契迪·贾根政府，由中央情报局策划了一起长达80天的大罢工，并向反对派势力提供多方面的援助。在多米尼加，当亲美的卡夫拉尔政府1965年被推翻后，美国担心以胡安·博什为首的民族主义政府会走古巴道路，便派出2万名海军陆战队士兵入侵这个岛国。

（四）70年代期间，美国与加勒比关系有所缓和。1969年尼克松入主白宫后，美、苏关系出现了新的缓和，美国对加勒比的强硬政策也有所松弛。对于古巴，美国采取了"低烈度遏制"政策。对于加勒比其他地区，美国则采取了"软硬兼施"的手法。当1970年特立尼达和多巴哥政府因遭到反对派势力的攻击而岌岌可危时，美国立即派出海军力量，以威慑反对派；1975年，美国以1亿美元的贸易信贷为诱饵，收买牙买加曼利政府，使其在古巴向安哥拉出兵问题上保持中立。

越南战争后，尤其是卡特上台后，美国的对外政策发生了重大变化，这种变化也反映在美国对加勒比的政策上。卡特政府认为：加勒比地区正在发生急剧的变革，越来越多的殖民地实现了政治上的独立。但是这些新国家在经济发展中遇到许多难题，因而难以在政治上保持稳定。为了不使它们投入古巴和苏联的怀抱，美国应在经济上给予支持，在政治上容忍一定程度的意识形态多元化。

基于这一认识，美国政府提出了对加勒比政策的五项原则：（1）大力支持经济发展；（2）坚定不移地推动"民主"和"人权"；（3）明确地接受意识形态多元主义；（4）充分尊重民族主权；（5）积极鼓励地区性合作和提高该地区在世界事务中的作用。

为了贯彻这些原则,卡特政府采取了一系列措施。首先,美国试图与包括古巴在内的一些左翼政府改善关系。美国与古巴开展了一些对话,这些对话在某些方面取得了一定的进展;美国促使国际货币基金组织向牙买加提供了一些经济援助,从而防止了这个岛国进一步倒向苏联。其次,在经济上,美国通过世界银行的帮助于 1977 年成立了加勒比经济发展合作集团。至 1979 年,该集团已向加勒比地区提供了 6.12 亿美元的援助。① 此外,美国还单方面向该地区提供发展援助和食品,从 1976 年的 7000 万美元提高到 1979 年的 1.3 亿美元。最后,美国向加勒比地区派出一些高级官员,与该地区领导人进行接触和沟通。

但是,70 年代末发生的一系列事件,诸如苏联入侵阿富汗;古巴向埃塞俄比亚出兵;格林纳达政变,毕晓普上台;尼加拉瓜革命爆发,亲美独裁政权被推翻,苏联向古巴派遣武装人员和提供军火等,使美国对加勒比的政策发生了逆转。美国国内的保守派势力抬头,对加勒比地区重新采取强硬政策。

在卡特政府后期,美国已把加勒比地区视为一个新的"热点"。为了控制这个热点和抵御苏、古挑战,美国又采取了一系列有力措施。一是美国在军事上不断施加压力,如举行有 2 万军人和 42 艘军舰参加的"坚固盾牌行动"军事演习;美国军舰经常在加勒比海上游弋,在佛罗里达的基韦斯特建立加勒比特别行动联合司令部,以协调美军在加勒比地区的行动,搜集苏、古军事活动情报。二是美国将其经济和军事援助范围扩大到圣卢西亚和圭亚那,以便将它们纳入自己的势力范围;对于明显地倾向苏联和古巴一边的格林纳达,在外交和军事上施加压力。三是在外交和宣传方面努力扩大其在加勒比地区的影响,如在安提瓜开设领事馆,建立"美国之音"转播站等。

总之,至卡特政府后期,美国已彻底放弃了所谓"五项原则"中的大部分内容,重新诉诸以"门罗主义"为基础的"炮舰政策"和"金元

---

① 该集团的创立由美国发起,参加国有 30 多个,其中包括委内瑞拉、日本、巴西、加拿大和一些欧洲国家。(见 Anthony Payne, *The International Crisis in the Caribbean*, Croom Helm, 1984, p.46)

外交"。里根政府的加勒比政策就是在这一背景下问世的。

（五）80年代美国对加勒比政策的特点是软硬兼施，以压促变。里根政府对加勒比的政策与卡特政府后期的政策是一脉相承的。这种政策充分体现了对美国外交方针有着巨大影响的"新右派"思想。[①] 这一思想认为，美国必须承担起指导国际事务的责任，必须抛弃孤立主义；世界面临的主要威胁是共产主义，美国必须不惜一切代价地抵御其影响；美国在西半球面临的威胁来自苏联，因此必须遏制苏联的扩张。

里根政府的首要目标是古巴。在经济上，美国向其他西方国家施加压力，联手对古巴实行经济封锁；在军事上，美国对古巴以武力相威胁；在外交上，美国试图通过联合国等国际机构孤立古巴。

对于格林纳达，里根政府采取了更为强硬的手段。1979年3月格林纳达斯宝石运动领导人毕晓普通过政变组成的人民革命政府，一直是美国的一块"心病"。例如，毕晓普上台后，邻近的圣文森特、圣卢西亚和多米尼加联邦等地也出现了使美国担心的左派运动。

毕晓普的上台是继古巴革命后加勒比地区出现的左派力量通过武装斗争夺取政权的又一范例。为了除掉格林纳达这个被美国称为"第二个古巴"和"苏联在加勒比的另一艘不沉的航空母舰"，美国联络6个加勒比国家，组成"多国部队"，于1983年10月入侵格林纳达。

此外，里根总统还于1982年2月24日在美洲国家组织的一次会议上宣布，美国将实施一个名为"加勒比地区倡议"（Caribbean Basin Initiative）的援助计划。[②] 其主要内容包括：（1）在为期12年的时间内，加勒比可向美国免税出口除纺织品和服装以外的所有商品；（2）向在加勒比进行资产投资的美国投资者提供税收优惠，以鼓励他们扩大向该地区投资；（3）提供财政和军事援助；（4）在投资、市场和技术转移等领域扶植私人部门；（5）美国将继续与墨西哥、委内瑞拉、哥伦比亚、加拿大、日本、西欧以及国际机构磋商，向加勒比提供更多的援

[①] "新右派"思想的温床和发源地主要是美国的一些右翼智库。

[②] 与卡特政府不同的是，里根政府将加勒比和中美洲合二为一，称之为加勒比地区（basin）。里根政府认为，尽管加勒比和中美洲有许多不同之处，但它们在地理上都邻近美国，都具有重要的战略地位。

助；（6）对美国在加勒比地区的殖民地（波多黎各和美属维尔京群岛）提供更多的特殊优惠。1982年3月17日，里根在美国国会的讲话中声称，他推出"加勒比地区倡议"的目的是"帮助加勒比地区消灭经济停滞的根源"，复兴加勒比地区经济和"维持以自由、公正为基础的政治和社会稳定"。

然而，事实表明，"加勒比地区倡议"的作用是有限的。首先，在"倡议"实施之前，加勒比地区向美国出口的商品中已有87%享受了普惠制待遇，不在"倡议"之列的纺织品和服装约占4%—5%。可见，"倡议"只能使其余的8%左右的出口商品受益。其次，"倡议"所期望的美国投资并没有大量进入加勒比，因为许多投资者认为该地区的基础设施不足，缺乏必要的投资环境。而且，即使投资得到增长，最大的受益者不是加勒比民族经济，而是美国的投资者。最后，如同肯尼迪的"争取进步联盟"那样，里根的"倡议"不可能彻底消除导致加勒比贫困的根源：如经济结构畸形、收入分配不均以及国际经济秩序不公正等。

对于加勒比国家来说，在冷战时期，加勒比地区对美国的关系中有三种不同的趋向：（1）反对美国。卡斯特罗是举世公认的反美先锋。此外，毕晓普、曼利和伯纳姆也在不同程度上表现出反美倾向。[①]（2）积极亲近美国。加勒比在许多方面（尤其在经济上）严重依赖于美国，许多加勒比国家（地区）的对外政策必然会受到这种依附性的影响，从而对美国采取亲近、有时甚至是屈从的姿态（如一些加勒比国家与美国一起入侵格林纳达）。（3）通过对外关系的多样化减轻对美国的依赖，进而增强对外政策的独立性。例如，海地利用它与法国的历史关系，积极谋求法国的援助。英联邦加勒比大力发展与西欧的关系，并已经从"洛美协定"中获得了不少好处。此外，它们还为发展与加拿大的关系作出了努力。80年代末以来，包括古巴在内的许多加勒比国家（地区）与墨西哥

---

① 例如，在联合国就谴责苏联入侵阿富汗的决议进行表决时，格林纳达投了反对票；牙买加在70年代中期对美国在牙买加的铝土公司征收新的开采税，并经常批评美国在加勒比的干预政策；美国入侵格林纳达后，圭亚那与尼加拉瓜等国一起，在联合国提出了一项反对美国入侵的决议草案。

和委内瑞拉等周边国家开展了密切的合作与联系。但是，在发展对外关系多样化的同时，加勒比仍然与美国保持着良好的关系。

冷战后，一直存在着上述三种趋向，其中亲美趋向尤为明显，但是，发展多样化外交的愿望也在进一步增强，因为越来越多的加勒比国家（地区）已认识到他们是美国的"邻居"，而不应该是美国的"后院"。

（六）世界格局变化后，加勒比在美国对外政策中的地位相对减弱。布什上台后不久，世界格局即发生了急剧变化，其显著标志之一就是苏联的势力锐减，进而导致冷战结束。在这一形势下，美国对外政策的重点也发生了转移。除古巴外，加勒比其他地区不再像以前那样引起美国的重视。这是因为：其一，苏联的退却以至最终的解体，使战后以来美国对加勒比担忧的理由（共产主义影响）已不复存在。其二，除古巴以外，强烈的反美倾向已基本消失。牙买加的曼利1989年东山再起后，业已改变了前任执政时对美政策，积极改善同美国的关系。其三，古巴因受到国内经济状况的掣肘，难以在加勒比地区扩大影响。

目前，加勒比在美国对外政策中的地位不断下降。这一趋势对于加勒比来说意味着：一方面，由于美国认为它在该地区的地位已得到巩固，它对古巴以外地区的干预有可能减少，其霸权主义行径会有所收敛。这对加勒比地区国家开展独立自主的外交和维持该地区的稳定是有利的。另一方面，如果说，在冷战期间，美国为抵御苏联和古巴的影响而被迫向加勒比提供一些援助，那么冷战后，美国可能会减少这种援助。事实上这一变化已初露端倪。例如，美国取消了原定在1990年向牙买加提供的2000万美元援助。

三　结束语

可以预料，美国不可能完全忽视加勒比的重要性。这是因为：无论世界格局发生什么变化，加勒比的战略地位都不会改变；布什为了使其设计的"世界新秩序"成为现实，必将在第三世界争取更多的支持，因此不可能丢弃加勒比地区的这些重要伙伴；冷战后联合国的作用日益加强，加勒比在这个国际机构中的作用和地位（尤其反映在投票权方面）

必然会被美国利用；社会主义古巴仍然存在，美国不可能忽视处在它大门口的古巴的影响，必然会在军事、外交和经济上对古巴施加更大的压力。

(原载《拉丁美洲研究》1992年第5期)

论《北美自由贸易协定》

　　1992年12月，美国、加拿大和墨西哥签署了《北美自由贸易协定》。如获三国议会批准，协定将于1994年1月生效。美、加、墨三国为什么要签署《北美自由贸易协定》？这个协定对三国将产生什么影响？本文拟就此问题和其他几个有关问题谈一些初步看法。

一　美、加、墨西哥三国签署自由贸易协定的动机

　　在南北经济关系问题上，始终持强硬的不合作立场的美国为什么愿同墨西哥这个发展中国家进行自由贸易？要回答这个问题，首先应当分析美国为什么要同加拿大进行自由贸易，因为布什政府同墨西哥进行自由贸易谈判的动机与当年里根政府同加拿大签署自由贸易协定的动机大同小异。

　　里根政府之所以要同加拿大进行自由贸易，是因为：（1）美国企图以双边自由贸易协定来弥补关贸总协定（GATT）的不足，并改变其在这一多边协定中的不利地位；（2）面对不断深化的西欧经济一体化以及日本和亚洲"四小龙"对世界市场上美国产品发起的挑战，美国认为，联合加拿大这个最大的贸易伙伴，将会提高自身产品的竞争力；（3）美国企图通过美、加自由贸易协定，迫使加拿大降低贸易壁垒和开放投资场所；（4）美国通过美、加自由贸易协定，更易于获得加拿大的石油和天然气等资源；（5）里根政府企图通过美、加自由贸易协定，消除国际社会对美国采取的一系列贸易保护主义措施的不满，并向世界表明，无论

在国内还是国外，美国追求自由市场的决心是巨大的。

里根政府的上述动机与布什政府追求美、墨自由贸易的动机如出一辙。例如，由于"乌拉圭回合"的前景仍然捉摸不定，组建一个以美国为中心的贸易集团似乎比80年代中期更加必要，因为欧洲统一大市场的形成已迫在眉睫。又如，墨西哥也像美、加自由贸易协定生效前的加拿大那样，对不少美国产品筑有较高的贸易壁垒。美国企图通过自由贸易协定，迫使墨西哥开放市场。再如，墨西哥拥有丰富的石油资源。自由贸易协定将确保墨西哥对美国的石油供应。此外，美国还能利用墨西哥的廉价劳动力资源，提高其产品的国际竞争力。

与里根政府的动机不同的是，布什政府还希望美、墨自由贸易协定为美国的对外政策提供一定的战略利益。对于美国外交政策的目标来说，墨西哥的政治稳定十分重要。实现政治稳定的最佳途径，就是使墨西哥经济得到发展。墨西哥经济发展水平的提高，能有效地阻止墨西哥的非法移民进入美国。

值得指出的是，北美自由贸易协定谈判是从美、墨自由贸易谈判演变而来的。1990年6月11日，布什总统和萨利纳斯总统宣布，美国和墨西哥将为达成一个双边自由贸易协议而开始谈判。白宫的声明指出：布什总统已在6月10日将此决定电话通知加拿大总理马尔罗尼，并准备随时向加拿大通报谈判的进展情况。显然，当时美、墨两国并没有指望加拿大会参与，或至少不想立即就建立包括美、加、墨三国在内的北美自由贸易区问题开始谈判。

然而，马尔罗尼总理并不仅仅满足于了解美、墨自由贸易谈判的进展情况，而是要参与其谈判进程。1990年9月24日，加拿大决定同美、墨一起，谈判关于建立北美自由贸易区的问题。

究竟什么原因促使加拿大加入美、墨谈判，从而揭开北美自由贸易协定谈判序幕？这个问题，可从三方面来分析。

首先，加拿大试图通过北美自由贸易协定谈判，解决美、加自由贸易协定中的遗留问题。《美、加自由贸易协定》于1986年初开始谈判，次年10月签字，1989年1月生效。虽然总的说来这个协定的运转是顺利的，但是双方在原产地规则的解释和实施、争端的仲裁和解决、政府采购、第三产业领域的进入、能源以及补贴等方面却一直存在分歧。因此,加拿大希望重新谈判这些问题,以摆脱自己的不利地位。

其次,加拿大力求通过北美自由贸易协定谈判,巩固其在美国市场上的传统地盘。加拿大深知,如果美、墨达成双边自由贸易协议,美国就会为墨西哥产品进入美国市场提供便利,从而使加拿大产品在美国市场将面临墨西哥产品的竞争。同理,加拿大在开辟墨西哥市场时也会遇到美国的挑战。一些加拿大人甚至认为,如果加拿大不参加北美自由贸易协定谈判,那么加拿大蒙受的损失将超过它从美、加自由贸易协定中获得的好处。

最后,加拿大产品在世界市场上同样面临着来自多方面的挑战,因此它不希望墨西哥的廉价劳动力优势被美国独占,而是试图利用墨西哥的这一优势来提高自己的国际竞争力。

二 《北美自由贸易协定》对美国经济的影响

《北美自由贸易协定》对美国经济将带来什么影响?这是一个争论不休的问题。反对者认为,这个协定将损害美国工人的利益,因为美国企业为利用墨西哥的廉价劳动力,会把工厂转移到墨西哥,把原来应该投在美国的资本投到墨西哥,从而影响美国就业机会的增加。有人估计,从《北美自由贸易协定》生效到20世纪末,美国将把310亿—530亿美元的资本投入墨西哥。这意味着,美国工人将失去50万个就业机会(这些就业机会的工资收入总额将高达3200亿美元)。[1] 此外,由于受墨西哥出口商品的冲击,美国的许多企业将减产甚至倒闭,从而加剧失业问题。

反对者还指出,由于墨西哥实施了贸易和投资自由化政策,美国对墨西哥的直接投资从1986年的5.5亿美元上升到1990年的21亿美元。这种增长是在牺牲美国本国投资和就业机会的基础上实现的。以汽车工业为例,美国三大汽车公司(通用、福特和克莱斯勒)在墨西哥创造的

---

[1] Timothy Koechlin and Mehrene Larudee, "The High Cost of NAFTA", *Challenge*, Volume 35, 1992, p.19.

就业机会从1980年的2.2万人增加到1988年的8万人。而美国国内汽车工业的就业却在1978—1989年期间减少了15万人。[①] 美国劳联—产联（AFL-CIO）领导人托马斯·多纳霍指出，美、墨自由贸易对于美国工人来说是一个经济和社会的灾难，对大多数墨西哥工人也不是一件好事。[②]

毋庸置疑，《北美自由贸易协定》的反对者在强调该协定对美国经济的消极影响时，却忽视了它的积极作用。事实上，这个协定将使美国商品进一步扩大在墨西哥的市场，从而为美国创造更多的就业机会。墨西哥早已成为美国的第三大贸易伙伴，1991年两国间的贸易额高达472亿美元。[③] 如按人口平均计算，墨西哥人对美国商品的需求量几乎相当于日本人的需求量。80年代后期，尤其是萨利纳斯执政以来，尽管墨西哥的经济开放速度不断加快，但美国商品在进入墨西哥市场时仍然遇到不低的贸易壁垒，美国资本仍然不能自由进入墨西哥的许多部门。例如，在汽车市场，美国的关税为2.5%，墨西哥则高达20%。美国方面预计，如果墨西哥取消限制进口美国汽车的壁垒，并使经济继续保持良好的增长势头，美国每年就能向墨西哥多出口10万辆汽车，获取10亿美元的出口收入。对于美国来说，每增加100万美元的出口收入，就能带来30个就业机会。据此计算，在过去几年中，同从墨西哥获得的50亿美元的贸易顺差为美国创造了15万个就业机会。

一方面，《北美自由贸易协定》将进一步降低墨西哥的贸易壁垒，从而进一步扩大美国对墨西哥的出口；另一方面，墨西哥经济发展的前景将继续看好。因此，可以预料，不少美国企业将从这个协定中获益。尽管美国有些企业和部门会受到《北美自由贸易协定》的不良影响，但由此损失的就业机会不会超过这个协定创造的就业机会。受到这个协定打击的企业主要在缺乏竞争力的劳动力密集型部门中。这些所谓"夕阳工业"早晚会被某种外部力量推向衰落的边缘。

---

① Timothy Koechlin and Mehrene Larudee, "The High Cost cf NAFTA", *Challenge*, Volume 35, 1992, p. 20.

② Rüdiger Dornbusch, "North American Free Trade: What it Means", *The Columbia Journal of World Business*, Summer, 1991.

③ Economist Intelligence Unit, *Country Profile: Mexico*, 1992 – 1993.

此外，自由贸易协定还能使美国企业更好地利用墨西哥的廉价劳动力，达到增强美国产品的国际竞争力的目的。最近一二十年，随着生产国际化趋势的不断发展，西欧国家和日本的企业为降低生产成本和提高竞争力，正在与劳动力价格相对低下的发展中国家进行"合作生产"。对于美国来说，墨西哥显然是一个理想的"合作生产"场所，因为它不仅拥有众多的廉价劳动力，而且有着邻近美国的有利条件。这种优势已在墨西哥的"客户工业"中得到印证。在美国国际贸易委员会调查的美国企业中，85%的企业因在"客户工业"中利用墨西哥廉价的劳动力而降低了生产成本，从而提高了它们的产品在国际市场上的竞争力。[1]

从上述分析中可以看出，北美自由贸易协定对美国经济的发展既有利又有弊，但利大于弊。这正是布什政府急于签署这个协定的主要原因之一。

同美、墨两国相比，加拿大从《北美自由贸易协定》中得到的利益最小。这与以下几个因素有关：（1）加、墨两国的贸易关系有限。虽然加拿大是墨西哥的第五大进口国，但是墨西哥却不是加拿大的主要出口国（仅占第20位），如在1990年，加拿大向墨西哥出口（包括商品、劳务）和从墨西哥进口（包括商品、劳务）分别为6亿美元和16亿美元，在其出口总额和进口总额中均占1%左右。两国这种有限的贸易关系，在《北美自由贸易协定》生效后也不会有很大的发展，因为加拿大的出口同美国的出口有很大的相似性，而一般来说前者的竞争力往往低于后者的竞争力。（2）加拿大同墨西哥的大部分贸易已实现自由化。加拿大对其进口的墨西哥商品征收的实际关税税率只有2.4%，并且对墨西哥的主要商品（如纺织品和服装）不加以配额限制。事实上，加拿大进口的墨西哥商品中，80%已享受免税优惠。（3）加、墨相互间的直接投资微不足道。1989年，加拿大在墨西哥的投资额仅为3.61亿美元，不足墨西哥外国直接投资总额的1.5%；墨西哥在加拿大的直接投资额为4亿美元，在加拿大外国直接投资总额中所占的比重微乎其微。即使在《北美

---

[1] Sandra Masur, "The NAFTA: Why It's in the Interest of U. S. Business", *The Columbia Journal of World Business*, Summer 1991.

自由贸易协定》生效后，加、墨相互间的投资额也不会大幅度增加，因为对加、墨双方来说，美国始终是最大的投资场所。

三 《北美自由贸易协定》对墨西哥的影响

《北美自由贸易协定》对墨西哥的积极影响是显而易见的。

首先，它有利于进一步密切墨西哥同美国的经济关系。美国既是墨西哥最大的贸易伙伴（墨西哥对外贸易的 2/3 以上是同美国进行的），又是向墨西哥投资最多的国家（墨西哥近 2/3 的外国投资来自美国）。然而，长期以来，墨西哥产品在进入美国市场时，面临着不低的贸易壁垒。即使在墨西哥于 1986 年加入关贸总协定后，美国仍然对墨西哥产品采取各种保护主义手段。因此，如果美国能根据《北美自由贸易协定》的要求对墨西哥开放市场，墨西哥的出口将获得大幅度增长。据估计，到 20 世纪末，北美自由贸易协定将使墨西哥出口收入增长近 1 倍。这对于刚刚摆脱"失去的 10 年"的墨西哥来说，无疑是一种很大的刺激。

其次，《北美自由贸易协定》将极大地增强墨西哥对外国投资的吸引力。这主要体现在三方面：

（1）根据自由贸易协定，墨西哥将放宽对外国投资的限制，因此美、加两国资本更易于进入墨西哥。以墨西哥保险业为例。过去墨西哥对外国资本在这个部门的投资有各种限制性规定，其中最重要的一条规定是：外国资本在全部股权中所占的比重不得超过 49%。

《北美自由贸易协定》则规定：从 1996 年起，已经进入墨西哥保险业的美、加资本，可以购买墨西哥保险公司的全部股权；新投资在 2000 年以后也可享受这种优惠。美国全国独立保险公司协会副主席 T. 特罗克塞尔认为，这个协定将使美国资本很容易地进入保险市场规模高达 20 亿美元的墨西哥保险业。[1]

（2）《北美自由贸易协定》将使更多的西欧和日本资本为积极利用墨西哥的"跳板"作用而进入墨西哥。尽管协定中有原产地规则等内容，

---

[1] *The Journal of Commerce*, October 26, 1992.

但对于美、加以外的外国资本来说，墨西哥在地理位置上邻近美国市场的优势仍然具有不容低估的吸引力。

（3）《北美自由贸易协定》还能向世界表明，墨西哥的经济改革不会逆转。长期以来，外国投资者一直担心萨利纳斯总统开创的改革会在其执政期满后被新总统的民族主义政策取代。这种忧虑显然无益于增强外国投资者的信心。自由贸易协定能打消他们的这种忧虑，因为协定将以法律形式保障萨利纳斯总统的改革继续进行下去。

当然，墨西哥在获得上述好处的同时，也将付出沉重的代价：①许多中、小企业将被迫倒闭，因为大部分墨西哥企业生产技术落后，规模经济效益低下，且长期受到政府的保护，根本无法同美国和加拿大企业展开竞争。据估计，在墨西哥130万家不同规模的企业中，只有2365家大企业才能在竞争中生存。[1] ②面临来自美、加两国农产品的直接竞争，约有370万墨西哥农民（尤其是粮农）将陷入悲惨境地。③墨西哥的环境问题将更加严重。首先，美、加两国一些企业将为逃避本国环境保护法的约束而把生产活动转移到墨西哥。虽然墨西哥制定了有关环境保护的法规，但是这些法规一般比较松弛，并且未能有效地实施。因此，美、加的企业必将乘机在墨西哥进行不负责任的生产活动。其次，随着美、加、墨三国自由贸易活动的全面展开和投资规模的迅速扩大，墨西哥的工业生产规模也将迅速扩大。其结果是，某些工业部门生产规模的扩大，必将给生态环境带来不良影响。例如，墨西哥为满足美国和国内对石油的大量需求，势必大力扩大石油生产规模，加紧进行石油资源的开发。这就不能不给这个国家的环境带来潜在的破坏性影响。又如，随着制造业活动的不断扩大，工业排废量也将上升，而墨西哥处理工业废料的设施却严重不足。因此，可以预料，随意排放污染物的可能性将增加。

《北美自由贸易协定》对墨西哥的政治发展进程是否会产生某种影响？这也是一个引起争论的问题。有人认为，这个协定不会使墨西哥的

---

[1] Peter H. Smith, "The Political Impact of Free Trade on Mexico", *Journal of Interamerican Studies and World Affairs*, Spring, 1992, p. 23.

政治发展进程发生任何有意义的变化。这是因为，在阿根廷、巴西和智利等南美国家，80年代期间出现的"民主化"不是来自自由市场经济，而是来自文人政治家追求民主的勇气和毅力。同理，墨西哥的政治发展进程也不会取决于北美自由贸易协定及其推崇的自由经济思想，而是依赖于墨西哥政治领导人（包括执政党和反对党的首脑）追求"民主化"的能力和信心。由于他们缺乏这种能力和信心，墨西哥的政治发展进程不会发生变化。

虽然不少人认为这个协定对墨西哥的政治民主会产生一定程度的影响，但是，在它究竟会产生何种影响这个问题上，又有两种不同的回答。一种观点认为，这个协定将强化墨西哥政治制度中的专制性。这是因为，它不但会促使许多中、小企业倒闭和大量农民失业，而且会加剧社会不平等和两极分化。为了平息民众由此而产生的不满和保证经济自由化政策的顺利贯彻，当局必将采取强硬的压制手段。韩国和中国台湾地区的经验证明了这一点。在那里，经济自由化政策与政治上的专制是携手并进的。墨西哥反对党领导人卡德纳斯指出：萨利纳斯试图用《北美自由贸易协定》提供的美国资本来收买中产阶级和缓解人民的不满，从而压制他们对民主化的追求。① 也就是说，《北美自由贸易协定》将为墨西哥的特权阶层维护其权力提供一种手段。

另一种观点则认为，这个协定将促进墨西哥的"民主化"。其主要理由是：①如同70年代期间欧洲经济共同体要求希腊、葡萄牙和西班牙在加入欧共体前必须加快民主化建设那样，美国在《北美自由贸易协定》生效前后也会要求墨西哥努力发展民主。②随着墨西哥经济的发展和中产阶级力量的壮大，中产阶级追求民主的愿望将会更加强烈。③自由贸易将使墨西哥的经济力量出现多样化，从而为政治、经济领域中的竞争奠定基础。墨西哥财政部长佩德罗·阿斯佩指出：在开放的经济中，封闭的政治制度是不能长久生存的。② 言下之意是，《北美自由贸易协定》将使墨西哥的政治制度变得更加民主和自由。

---

① *New York Times*, April 1, 1990, p. 19.

② Ibid..

毫无疑问，经济增长同政治发展进程的关系是密不可分的。既然《北美自由贸易协定》将在墨西哥经济发展中发挥作用，那么它也会给墨西哥的政治发展进程带来不容忽视的影响。首先，这个协定将使墨西哥进一步削弱国家的作用，实现经济决策的分散化。其次，由于这个协定将加快墨西哥经济发展和提高人民生活水平，墨西哥的政治局势也将会更加稳定。最后，经济的增长和政治的稳定，将促进墨西哥社会各阶层的政治参与，从而为各党派在政治舞台上展开公平竞争创造条件。

总之，《北美自由贸易协定》不但不会强化墨西哥政治中的专制性，反而会加快政治民主的发展。

四 对若干问题的看法

在研究《北美自由贸易协定》时，以下几个问题值得进一步探讨。

（一）关于美、墨自由贸易与美、加自由贸易的不同之外。经济理论认为，自由贸易能发挥比较利益和规模经济的优势。比较利益来自不同国家相对生产成本之间的差异；规模经济来自市场规模的扩大。一般说来，就经济发展水平相近的国家（如美国、加拿大）而言，它们在自由贸易中获得的好处，主要来自规模经济。在实现规模经济效益的过程中，任何一方生产结构和贸易模式的变化，主要发生在部门之间，而不是部门内部。与此相反，对于经济发展水平相差很大的国家来说，它们在自由贸易活动中获得的好处，则主要来自比较优势的发挥。而由此引起的生产结构和贸易模式的变化和调整，主要发生在部门之间，而不是部门内部。换言之，自由贸易能使那些拥有比较优势的部门获得较多的好处，并得到较快的发展；而那些缺少比较优势的部门则不仅得不到发展，反而会迅速衰落。

墨西哥和美国是两个经济发展水平相差很大的国家。前者的国民生产总值和制造业产值只相当于后者的 4.1% 和 5.3%；[1] 两国平均工资水

---

[1] Rüdiger Dornbusch, "North American Free Trade: What it Means", *The Columbia Journal of World Business*, Summer, 1991.

平也有很大差别（有些行业和部门相差6倍）。可见，就美国和墨西哥的自由贸易而言，两国从比较利益中获得的好处，要大于从规模经济中获得的好处。具体来说就是，墨西哥因拥有丰富的廉价劳动力资源，而能在劳动力密集型部门中发挥优势；美国则能在资本和技术密集型部门中发挥优势。这是美、墨自由贸易与美、加自由贸易之间一个重要的不同之处。

还应该指出，由于美、加、墨之间（尤其是墨同美、加之间）在许多方面存在较大的差异，《北美自由贸易协定》与1989年1月生效的《美、加自由贸易协定》相比，必然会在实施过程中呈现出明显的不同之处。例如，这个协定的"分阶段时期"要长于《美、加自由贸易协定》：后者为10年，前者则为15年。又如，美国和加拿大在《美、加自由贸易协定》中承担的义务基本相同；而在《北美自由贸易协定》中，墨西哥承担的义务将少于另外两国，享受的优惠则多于另外两国，这种情况在《北美自由贸易协定》生效后的最初几年将表现得尤为明显。再如，就三国整体而言，在"分阶段时期"内，不受《北美自由贸易协定》约束的部门将多于不受《美、加自由贸易协定》约束的部门。最后，《北美自由贸易协定》实施过程中出现的争端，因涉及三方利益，将比《美、加自由贸易协定》中的争端更难处理。

（二）关于包括《北美自由贸易协定》在内的区域性南北合作能否成为全球性南北经济关系的突破口，这也是值得探讨的问题。在过去一个相当长的时期内，南北经济关系一直停留在南北双方相互指责的阶段。然而，近年来，美国却愿意同墨西哥进行自由贸易，并且还同大多数拉美国家达成了促进双边经济合作的框架协议。为什么区域性南北经济合作能取得较快发展？笔者认为，全球性南北经济关系停滞不前的主要原因之一是，南北双方的利益及各自的期望值之间存在很大差异。而区域性南北经济合作则不然。这种合作以共同利益为基础，因而具有一定的现实性和可行性。此外，双方的期望也基本相同，并且是切实可行的。例如，美国希望从墨西哥和拉美得到市场和廉价劳动力；墨西哥和拉美则希望从美国得到市场和资本。然而，也应当指出，这种区域性合作无法在全球性南北经济关系中的其他领域都取得突破性进展。就此而言，被誉为"南北合作之榜样"的《北美自由贸易协定》的积极意义是有限的；南方国家不应以区域性南北合作来取代全球性南北合作。

（三）关于《北美自由贸易协定》对墨西哥工人是否有益的问题。这个协定的反对者认为：当美、加资本流向墨西哥时，受损失的不仅仅是美、加两国的失业工人，墨西哥工人也没有受益，因为美、加资本付给墨西哥工人的周工资额只相当于美、加工人的日工资额。由此他们指出，这是一种不人道的剥削行为。显然，这种指责是片面的。墨西哥和其他发展中国家的工资确实很低。这种状况是由复杂的历史原因和经济原因造成的。改变这种落后状况的有效途径之一，就是通过引进外资来开发和利用丰富的廉价劳动力资源。"亚洲四小龙"及世界其他一些发展中国家和地区都采取了这种发展战略。还应指出，外资企业中东道国工人的工资水平，一般都高于国内其他行业的工资水平。以墨西哥"客户工业"为例，工人的工资已从1987年的每小时0.9美元，提高到1991年的1.53美元。而在墨西哥中部地区，工人工资仍保持在每小时0.9美元左右的水平上。事实上，就墨西哥全国而言，"客户工业"的工资增长速度最快。可以预料，随着《北美自由贸易协定》的实施和外资企业的增加，到20世纪末，墨西哥工人的工资将增长2—3倍。[①] 这无疑是符合墨西哥工人利益的。

（四）关于如何处理经济民族主义同对外开放的关系问题。早在《北美自由贸易协定》谈判开始前，不少墨西哥人（主要是政界和知识界人士）就担心墨西哥的民族主权和文化特性会受到侵害。然而，萨利纳斯总统却大胆冲破了墨西哥悠久的防御性民族主义传统的束缚。

萨利纳斯总统采取的这种行动是明智的。众所周知，在"离上帝如此远、离美国如此近"的墨西哥，经济民族主义始终是经济发展的指导思想之一。但是，经济上的内向发展却使墨西哥在80年代初陷入了前所未有的债务危机和经济危机。面对这种现实，萨利纳斯认识到，停滞不前比跨越过时的政治禁区更加危险和可怕。

[①] Roberto E. Batres, "A Mexican View of the North American Free Trade Agreement", *The Columbia Journal of World Business*, Summer 1991, p. 81.

事实上，对于墨西哥等发展中国家来说，实行对外开放并非必然会使民族主权受到损害。墨西哥在石油问题上的立场充分说明了这一点。例如，在《北美自由贸易协定》谈判中，墨西哥根据1917年宪法关于外国资本不得进入石油生产部门的规定，拒绝了美国提出的关于把石油问题列入谈判日程的要求；而在其他问题上，则采取了灵活的态度。总之，墨西哥的经历表明，维护民族主权的最佳方法就是实行对外开放。

（五）关于《北美自由贸易协定》是否有益于拉美的问题。任何贸易集团都具有两种效应：一是贸易创造效应，即由于降低或取消进口关税，进口商品的价格会降低，从而促使这种商品的销售量上升；二是贸易转移效应，即由于进口关税的减免只适用于成员国，进口商将减少从其他国家进口同类商品。显然，《北美自由贸易协定》的贸易转移效应对拉美国家是很不利的。一方面，无论是墨西哥还是美国和加拿大，都会削减来自拉美的进口；另一方面，为避免这个协定的贸易转移所造成的损失，许多拉美国家都希望同美国达成双边自由贸易框架协议。据估计，拉美国家与美国进行的双边自由贸易，能使拉美出口每年增长8%—9%。然而，这种双边自由贸易又会产生"轮毂—轮辐效应"，从而阻碍拉美国家相互间的贸易。就此而言，《北美自由贸易协定》对拉美是不利的。

（原载《拉丁美洲研究》1993年第2期）

美国与古巴改善关系的动因及其影响

在当代国际关系的发展进程中，2014 年 12 月 17 日将是一个"里程碑"。是日，美国总统奥巴马与古巴国务委员会主席兼部长会议主席劳尔·卡斯特罗分别在华盛顿和哈瓦那发表讲话，宣布两国将就实现双边关系正常化进行磋商。奥巴马说，持续时间长达 50 多年的美国对古巴的政策"过时"了，而且未能促进美国的利益。因此，美国与古巴将开始启动双边关系正常化的进程。他还说，美古关系的改善有利于两国人民，也有利于在美洲国家之间开启新的篇章。① 劳尔·卡斯特罗说："奥巴马的决定值得我们的人民承认和尊重……古巴认识到古美两国在国家主权、民主、人权和国内政策等问题上有分歧，但我再次重申，我们愿意（与美国）就所有问题开展对话。"他还希望美国立即终止使古巴人民蒙受巨大损失的"经济封锁"。②

美古两国改善关系的动机和意图各不相同，但这一改善无疑是一种"双赢"。更为重要的是，美国关系的改善将对美拉关系以及古巴未来的发展进程产生重要的直接影响，甚至还会对俄罗斯、委内瑞拉和中国产生不容忽视的间接影响。当然，美古关系的进一步发展还面临着一些老大难问题。

---

① "Statement by the President on Cuba Policy Changes", Decmeber 17, 2014. http：//www. whitehouse. gov/the－press－office/2014/12/17/statement－president－cuba－policy－changes.

② "Transcript of Cuban President Raul Castro on US-Cuba Relations", December 17, 2014. http：//www. foxnews. com/world/2014/12/17/transcript－cuban－president－raul－castro－on－us－cuba－relations/.

一 美古改善双边关系的动因

据报道，美国和古巴为改善关系而进行了长达一年半的秘密磋商。在这一过程中，梵蒂冈和加拿大做了卓有成效的斡旋。

美古两国在经历了半个多世纪的对峙后愿意改善关系，可能与以下几个因素有着密切的联系：

第一，奥巴马总统认识到美国对古巴的制裁是不成功的。在2008年总统选举的竞选期间，奥巴马与其对手麦凯恩在辩论美国外交政策时较多地关注伊拉克战争和国际金融危机，很少提及拉美。但是，早在当年5月23日，在古巴裔美国人全国基金会（Cuban-American National Foundation）主办的一次演讲中，奥巴马就曾表示，如果他能当选总统，他将调整美国对拉美的政策。他说："现在是构建新的美洲联盟的时候了。过去8年的政策是失败的，我们需要为未来寻求新的领导。过去几十年的改革是顶层设计，现在我们需要的是一种能够推动民主和安全、能够抓住机遇的自下而上的议程。因此，我对拉美的政策将由这样一种原则指导：对美洲各国人民有利的，也会对美国有利。这意味着，衡量成功的标准不仅仅是政府间的协议，而是里约贫民窟中儿童的希望，是墨西哥城警察的安全以及哈瓦那监狱里政治犯人的呼吁得到的回应。"[①]

在这一演讲中，奥巴马较为全面地阐述了他在入主白宫后将对拉美实施的政策，其中包括放松对古巴的制裁。奥巴马认为，过去50年美国对古巴的政策是一种失败，现在应该谱写两国关系的"新篇章"，以推动古巴的自由和民主。为实现这一目标，美国必须摒弃党派利益，优先考虑美国国家利益。美国应该帮助古巴实现稳定的、民主的过渡，因为动荡会导致大量古巴人向外移民，并可能使古巴的"独裁"得以"苟延残喘"。

奥巴马还说，他在入主白宫后，将采取以下措施：使古巴人民获得

[①] 古巴裔美国人全国基金会是一个敌视古巴政府的政治组织。因此，奥巴马在这一场合发表一些攻击古巴政府的言论是不足为怪的。

权力,允许美籍古巴裔人不受限制地到古巴探亲和汇寄美元。他还表示,如果"后卡斯特罗政府"开始实施民主改革,释放"政治犯"和举行选举,美国就会为实现两国关系正常化采取措施,放松对古巴的禁运。

第二,美国不希望继续失去古巴市场。美国对古巴的经济封锁,是人类历史上持续时间最长的经济制裁。这一制裁在美国被叫作"禁运"(embargo),在古巴则被视为"封锁"(el bloqueo)。

国际上的任何一种制裁都是"双刃剑"。美国对古巴的制裁使古巴经济蒙受巨大的损失,同时也使美国的各个经济部门(尤其是旅游业、运输业、制造业和农业)失去了古巴市场。据美国商会估计,对古巴实施的制裁使美国经济每年蒙受的损失在12亿—36亿美元。[1] 还有人认为,这一损失可能高达48.4亿美元,大大高于古巴承受的损失。[2]

美国地质学家认为,古巴的海洋石油储量约为50亿吨,而古巴的估算可能高达200亿吨。这意味着,古巴有望成为与厄瓜多尔和哥伦比亚等国并驾齐驱的中等规模的石油出口国。[3] 由于美国与古巴的距离仅为150千米,美国从古巴进口石油的成本将大大低于从中东地区进口石油的成本。

此外,古巴还拥有丰富的镍矿资源。仅东部地区的奥尔金省的储量就占世界总储量的30%。[4] 近几年,古巴的镍产量在世界上排名第10位。[5]

第三,美国国内和国际上希望与古巴改善关系的呼声与日俱增。在美国,既有人要求美国政府继续实施以压促变的战略,进一步加强对古

---

[1] Daniel Hanson, Dayne Batten & Harrison Ealey, "It's Time for the U. S. to End its Senseless Embargo of Cuba", January 16, 2013. http://www.forbes.com/sites/realspin/2013/01/16/its－time－for－the－u－s－to－end－its－senseless－embargo－of－cuba/.

[2] Margot Pepper, "The Costs of the Embargo", Council on Hemispheric Affairs, March 3, 2009. http://www.coha.org/the－costs－of－the－embargo/.

[3] Nick Miroff, "Oil Discovery in Cuba gets US Notice", September 10, 2011. http://www.globalpost.com/dispatch/news/regions/americas/cuba/110909/oil－discovery－cuba－united－states.

[4] "Cuba to Cut Nickel Plant Output for Major Overhaul", February 3, 2014. http://www.reuters.com/article/2014/02/03/metals－cuba－nickel－idUSL2N0L812L20140203.

[5] http://www.statista.com/statistics/264642/nickel－mine－production－by－country/.

巴制裁；也有人希望美国政府敢于面对制裁失效这一事实，尽快改善与古巴的关系。如在 2009 年 3 月 30 日，美国国会参议院理查德·罗加致信奥巴马总统，要求他改变美国对古巴的政策，以达到改善美国与拉美国家关系的目的。这位共和党议员甚至认为，将于 2009 年 4 月 17—19 日在特立尼达和多巴哥召开的美洲国家首脑会议，能为奥巴马总统实现上述目标提供一个良机。①

2009 年 4 月初，美国国会黑人核心小组（Congressional Black Caucus）代表团访问古巴时，菲德尔·卡斯特罗曾问来宾："古巴怎样做才能帮助奥巴马总统改善美古关系？"② 回国后，这些国会议员向奥巴马总统表示，美国应该调整对古巴的政策，放弃经济制裁。③

在 2014 年 5 月 19 日公布的一封致奥巴马总统的公开信中，数十位各界名流要求美国政府采取以下措施：①进一步放松对美国人赴古巴旅行的限制，允许法律、不动产和金融服务等行业的专业人员以及非政府组织的工作人员不受限制地赴古巴旅行。②允许在古巴从事"独立活动"的美国人不受限制地向古巴汇款，允许美国的非政府组织向古巴的"独立"企业提供专业技术服务和信贷，允许美国的私人企业与古巴的"独立"企业开展贸易活动，允许美国学术机构向古巴学生提供奖学金；允许向古巴出口电讯硬件。③与古巴政府讨论相互关心的安全和人道主义问题，敦促古巴早日释放艾伦·格罗斯。④确保美国的金融机构能从事与上述得到批准的活动有关的金融交易。④

---

① 理查德·罗加（Richard G. Lugar）曾在 1985—1987 年和 2003—2007 年期间担任美国参议院外交关系委员会主席。（Karen DeYoung, "Lugar Urges Obama to Open Talks With Cuba, Ease Restrictions", *Washington Post*, April 2, 2009.）http://www.washingtonpost.com/wp-dyn/content/article/2009/04/01/AR2009040103777.html.

② "Fidel Asks how to Help Obama Improve Ties", *China Daily*, April 9, 2009. http://www.chinadaily.com.cn/cndy/2009-04/09/content_7660363.htm.

③ "Black Caucus to Obama: Lift Cuba Embargo", April 8, 2009. http://abcnews.go.com/blogs/politics/2009/04/black-caucus-to/.

④ 在这一公开信上签名的既有企业家，也有美国政府的前官员，既有学者，也有前国会议员。（见"Open Letter to President Obama: Ease Cuba Trade and Travel Embargo", Posted on May 19, 2014.）http://havanajournal.com/politics/entry/open-letter-to-president-obama-ease-cuba-trade-and-travel-embargo/.

美国国内的一些智库和非政府组织更是坚持不懈地积极地呼吁美国政府放弃制裁,实现与古巴关系的正常化。

国际压力同样不容低估。2014年10月28日,联合国大会以188票赞成、2票(美国和以色列)反对、3票弃权的绝对优势通过了《关于必须终止美国对古巴的经济、商业和金融封锁的决议》。① 这是联合国大会第23次通过这一不利于美国的决议。联合国拉美经委会执行秘书阿莉西亚·巴尔塞纳说:"我认为,今天美国对古巴实施的禁运使美国蒙受的损失大于古巴遭受的损失。"② 中国常驻联合国副代表王民在投票表决前发言说,中国政府一贯主张各国应在遵循《联合国宪章》宗旨和原则的基础上发展相互关系,尊重各国自主选择社会制度和发展道路的权利,反对有关国家单方面以军事、政治、经济或其他手段对他国进行制裁。同时,中国一贯严格遵守和执行联大有关决议。目前,中古两国保持正常的经贸和人员往来,各领域互利友好合作不断发展。这符合中古两国人民的愿望,也有利于古巴的经济和社会发展。中国希望美国依照《联合国宪章》宗旨、原则和联大有关决议,尽快终止对古巴的封锁,也希望两国不断改善关系,以促进拉美和加勒比地区的稳定和发展。③

古巴改善与美国关系的动机和意图更容易被理解。在美国的制裁下,古巴无法从美国这个世界上最发达的国家获取资本和技术,也无法向其出口。据估计,在美国对古巴实施制裁的半个多世纪中,古巴蒙受的经济损失累计达1.1万亿美元。④ 目前,古巴依然对食品和日用品实施定量供应。在导致这一短缺经济的各个因素中,美国的制裁导致古巴外部环境的恶化无疑是不容忽视的。

---

① "Necessity of Ending the Economic, Commercial and Financial Embargo Imposed by the United States of America against Cuba", Resolution adopted by the General Assembly on 28 October 2014. http: //www. un. org/en/ga/search/view_doc. asp? symbol = A/RES/69/5.

② 转引自 "UN Votes to Condemn US Embargo against Cuba", China Radio International, October 29, 2014. http: //english. cri. cn/12394/2014/10/29/3123s849871. htm.

③ http: //www. fmprc. gov. cn/mfa_chn/wjdt_611265/zwbd_611281/t1205068. shtml.

④ "Cuba Says Embargo Costs Nation \$3.9b", *China Daily*, September 11, 2014. 07: 12http: //usa. chinadaily. com. cn/world/2014 - 09/11/content_18585180. htm.

二 美古关系改善的影响

美古关系的改善已迈出艰难而重要的第一步。而且，两国都不会在这前进的道路上退缩。更为重要的是，美古关系的改善将美国与拉美国家的关系、对古巴自身的发展前景、对古巴与其他国家（尤其是俄罗斯、委内瑞拉和中国）的关系产生不容忽视的大影响。

（1）对美拉关系的影响。长期以来，拉美国家始终反对美国制裁古巴。尤其在2011年12月成立拉美和加勒比国家共同体以来，拉美国家要求美国放弃制裁古巴的呼声与日俱增。因此，美国对古巴政策的重大调整，不仅有利于美国进入古巴市场，而且有利于改善美国在拉美的形象。

2013年4月23日，美国国务卿克里在众议院外交事务委员会的会议上说，拉美是美国的后院。但在同年11月18日，克里却在美洲国家组织发表演讲时说："门罗主义时代一去不复返了。"奥巴马政府对古巴的"示好"，可被视为美国有意改善其与拉美国家关系的重大举措。因此，拉美国家的领导人都对奥巴马总统改善美古关系的讲话表示赞赏。委内瑞拉总统马杜罗甚至认为，愿意与古巴改善关系可能是奥巴马当政期间最了不起的举动。[①]

最近十多年，随着拉美左派的东山再起，拉美国家内部的分歧和不和时有所闻。尤其在如何对待美拉关系这个问题上，"反美"和"亲美"的立场十分明显。委内瑞拉等国与古巴联手，构筑了被西方媒体视为"反美轴心"的阵营。今后，随着美古关系的改善，这一阵营的反美力量可能会有所弱化，甚至可能会促使这些国家与美国的关系进入一个新的发展阶段。这在一定程度上意味着，随着美古关系的改善，美国与拉美国家在美洲国家组织内的分歧将减少，该组织在协调美拉关系和处理西半球事务中的作用将得到加强。

第七届美洲国家首脑会议于2015年4月10—11日在巴拿马举行。巴

[①] Kate Kilpatrick, "Latin America Celebrates New US – Cuba Era", December 17, 2014. http://america.aljazeera.com/articles/2014/12/17/latin-america-celebratesnewuscubaera.html.

拿马向古巴发出邀请。美古关系的改善为古巴领导人劳尔·卡斯特罗参加这一会议彻底扫除障碍。在峰会期间，劳尔·卡斯特罗与美国总统奥巴马举行了长达一小时的双边会晤。这是20世纪60年代初两国关系恶化以来两国最高领导人的首次会晤。

（2）对古巴的影响。美国对古巴实施的长达半个世纪的制裁，在古巴人民心中留下了难以磨灭的伤痕。因此，在可预见的将来，古美关系不可能恢复到1959年古巴革命胜利之前的那种状态，古巴也不可能成为美国在加勒比的"桥头堡"。

美古关系的改善不仅会提升古巴人民的胜利感和自豪感，而且还将有效地拓展古巴的国际空间，使古巴更好地融入国际社会。这有利于古巴在国际事务和拉美事务中发挥更大的作用，也有利于古巴扩大其国际影响力。尤其在七十七国集团、不结盟运动、拉美和加勒比共同体以及美洲国家组织等多边机构中，古巴将发出更大的声音。

美古关系改善后，古巴既能获得更多的外国投资（包括来自美国的投资），也能得到国际金融机构的更多的援助。此外，古巴还可能会加大改革开放的力度，尽快与世界经济接轨。这一切必将为古巴的经济发展创造有利条件，或许会加快其经济改革步伐，进而实实在在地提高古巴人民的生活水平。古巴是世界上少数几个对多种商品实行定量供应的国家。

在这一过程中，古巴不会放弃社会主义道路，也不会放弃共产党的领导。古巴人民认为，正是因为古巴坚持走社会主义道路和坚持共产党的领导，因此美国的制裁未能使其屈服。

当然，美古关系改善后，随着开放度的扩大，古巴政府对新闻和信息的控制的难度会增加，抵御和平演变的难度也不容低估。此外，在美国解除对古巴的经济制裁后，古巴无法将与经济困难息息相关的经济政策中的失误归咎于不利的外部环境。

（3）对古巴与俄罗斯关系的影响。1960年2月13日古巴与苏联签署的第一个双边贸易协定为此后数十年两国全方位关系的发展奠定了基础。毫无疑问，在苏联解体以前，古巴经济对苏联援助的依赖达到了无以复加的地步。苏联不仅以低价向古巴提供能源，而且购买了古巴盛产的蔗糖。作为回报，古巴甘愿为在西半球与美国抗争的苏联扮演"桥头堡"的角色。

苏联解体后，俄罗斯与古巴的关系发展缓慢。但在最近几年，俄罗斯对古巴战略地位的兴趣似乎在上升。2014年7月，俄罗斯总统普京在赴巴西出席金砖国家领导人第六次会晤的途中访问古巴。在普京访问古巴期间，双方签署了十多项合作协议。俄罗斯减免了古巴拖欠的约90%的债务。

一些国际媒体报道，由于近几年俄美关系陷入了困境，俄罗斯希望古巴同意俄罗斯军舰使用其港口，甚至还计划重新启用当年苏联在哈瓦那南郊洛尔德斯（Lourdes）建造的用于监听美国无线电信号的监听站。但普京否认俄罗斯有意重启这一监听站，认为俄罗斯的国防不需要这一设施。[①]

可以预料，美古关系改善后，俄罗斯与古巴的经贸关系还会继续发展。尤其在能源、制药和制造业等领域，两国会在各自比较优势的基础上扩大合作的广度。但在政治和军事领域，俄古关系不会取得实质性的发展，因为古巴必须考虑美国的反应。正如《拉丁美洲时报》指出的那样，"随着佛罗里达海峡两岸经贸关系的发展，哈瓦那与莫斯科之间的共生关系必将随时间的流逝而退化……俄罗斯不会指望古巴会如同当年在美苏两个超级大国对抗时支持苏联那样在政治和外交上再次支持俄罗斯"。[②]

（4）对古巴与委内瑞拉关系的影响。查韦斯就任委内瑞拉总统以来，古巴与委内瑞拉的双边关系发展迅速。根据两国共同实施的"石油换医生和教师的计划"，委内瑞拉向古巴提供廉价石油，古巴向委内瑞拉的贫

[①] "Putin Denies Russia Plans to Reopen Spy Base in Cuba", July 17, 2014. Last updated at 18：47http：//www.bbc.com/news/world-europe-28340888.

[②] Carol J. Williams, "U.S.-Cuba thaw could Erode Russian Influence with Havana Allies", *Latin American Times*, December 18, 2014. http：//www.latimes.com/world/europe/la-fg-cuba-us-russia-20141218-story.html.

困地区派遣医生和教师。① 这一合作既解决了古巴的能源短缺问题，也推动了委内瑞拉的社会发展，是一种实实在在的互利双赢的南南合作。

查韦斯本人十分敬仰菲德尔·卡斯特罗，甚至称其为"慈父"。在罹患癌症后，查韦斯曾多次赴古巴就医。由于查韦斯和卡斯特罗同样高举反美大旗，美国媒体将其视为"卡斯特罗第二"。马杜罗就任委内瑞拉总统后，第一个出访的国家就是古巴。

2004年12月14日，委内瑞拉与古巴在哈瓦那发表联合声明，宣布"玻利瓦尔替代计划"正式启动。2009年6月24日，根据委内瑞拉的倡议，该组织更名为美洲玻利瓦尔联盟。②

虽然它不是一个政治组织，但它的反美立场是较为鲜明的。

美国前驻委内瑞拉大使查尔斯·夏皮罗认为，古巴与美国改善关系的原因之一是古巴希望与委内瑞拉保持距离。③ 这一判断言过其实。美古关系的改善不会使委古关系倒退。一方面，古巴需要委内瑞拉的廉价能源；另一方面，美古关系和委古关系并不是一种非此即彼的关系，也不是一种"零和游戏"。但有两种可能性值得关注：在美洲玻利瓦尔联盟内或在其他场合，委古两国一唱一和地抨击美国的声音或许会有所减弱。此其一。其二，奥巴马总统在为改善与古巴关系作出努力的同时，加大制裁委内瑞拉的力度，从而加剧委内瑞拉政局的不稳定。④

马杜罗总统说，美国一方面承认了对古巴超过半个世纪的制裁已经失败；另一方面却不顾多个拉美国家人民的反对，对委内瑞拉实施新制

---

① 古巴向委内瑞拉提供了2300万人次的医疗服务，惠及1700万委内瑞拉的穷人。（引自奥斯瓦尔多·马丁内斯《垂而不死的新自由主义》，当代世界出版社2009年版，第43页）

② 目前，美洲玻利瓦尔联盟（The Bolivarian Alliance for the Peoples of Our America, Alianza Bolivariana para los Pueblos de Nuestra América, ALBA）共有9个成员国：委内瑞拉、古巴、玻利维亚、厄瓜多尔、尼加拉瓜、多米尼克、安提瓜与巴布达、圣文森特和格林纳丁斯。格林纳达、海地、巴拉圭和乌拉圭是该组织的观察员。洪都拉斯于2010年初退出。

③ Charles Shapiro, "Cuba: Obama Hit the Ball Out of the Park", January 15, 2015. http://www.huffingtonpost.com/charles-shapiro/cuba-obama-hit-the-ball-o_b_6478956.html.

④ 2014年2月，委内瑞拉发生大规模的反政府示威。马杜罗政府对抗议者实施了强有力的镇压，数十人死亡，数百人伤亡。2014年12月18日，即在奥巴马就改善美古关系发表讲话的翌日，他签署了一项对近50名委内瑞拉政府高官进行制裁的法案。受制裁的委内瑞拉政府官员将被禁止获得赴美签证，他们在美国境内的个人资产也将被冻结。

裁。"这种自相矛盾的帝国主义行径终将失败，我们的美洲不再是任何人的殖民地。"① 但是，可以肯定，美古关系改善，尤其是最近几年委内瑞拉经济陷入了严重的衰退，都会在一定程度上缩小马杜罗政府在外交上的回旋余地，反美的力度可能会有所减弱。

（5）对古巴与中国关系的影响。虽然中国正在与美国构建新兴大国关系，但是中国与古巴保持着特殊的友好关系，两国肝胆相照的友谊不断深化。古巴感谢中国坚定不移地为古巴仗义执言。此外，中国信奉和谐世界外交理念，反对霸权主义。因此，中国对美古关系的改善乐见其成。

随着美古关系的改善，今后中国在与古巴交往时可以不考虑或较少考虑"美国因素"。甚至在一些战略领域，中国也可以更加大胆地与古巴开展合作。就此而言，美古关系的改善有利于中国与古巴进一步发展双边关系。

因为美古关系的正常化将改善古巴的外部环境，并加快其与世界经济接轨的进程，所以，古巴的经济开放度将随之进一步扩大，投资环境也会进一步改善。这一切都将有利于中国扩大在古巴的经济存在。

但是，美古关系的改善将为美国企业进入古巴市场提供机遇和便利。可以预料，中国企业将与美国企业在古巴市场上展开竞争。受地理因素和历史因素的影响，美国企业在古巴市场上占有显而易见的优势。

三　有待解决的历史遗留问题

在长达半个多世纪的时间内，奥巴马之前的10位美国总统都试图推翻古巴政府。② 奥巴马总统终于认识到了美国的这一失败。这在一定程度上说明，古巴是不可战胜的。因此，在奥巴马和劳尔·卡斯特罗宣布两国将为改善关系作出努力的决定后，委内瑞拉总统马杜罗说："这是菲德

---

① 《马杜罗称美国制裁委内瑞拉官员"大错特错"》，新华网，2014年12月19日，http://news.xinhuanet.com/world/2014-12/19/c_1113706455.htm.
② 这10位美国总统是：艾森豪威尔、肯尼迪、约翰逊、尼克松、福特、卡特、里根、布什、克林顿和布什。

尔的胜利。"① 甚至一些敌视古巴的人也持相似的观点。例如，美籍古巴裔专栏作家卡洛斯·阿尔贝托·蒙塔内尔称，"在我看来，这无疑完全是古巴独裁政权的政治胜利"。但美国国防部主管西半球事务的助理部长、佛罗里达国际大学讲师弗朗西斯科·莫拉则认为，美古关系的改善"不是一盘决出赢家和输家的游戏"，因为奥巴马总统的意图是要把美国的国家利益置于政治和政策失败之上。莫拉还说，如果非要说有哪一方是直接赢家的话，那就是古巴人民。②

在奥巴马和劳尔·卡斯特罗宣布两国将改善关系的决定后，菲德尔·卡斯特罗并未立即发表评论，不少国际媒体曾猜测他是否认其弟的外交政策。但在2015年1月27日，古巴共产党机关报《格拉玛报》发表了菲德尔·卡斯特罗致古巴大学生联合会的一封信。在信中，他说："我不信任美国的政策，与它没有交往，但这并不意味着我反对用和平的方式解决争端和避免战争。捍卫和平是所有人的责任。"③

古巴人对古美两国改善关系表示欢迎。不少古巴人甚至认为，这是他们期盼多年的喜讯。但在美国，支持和反对的观点和评论则兼而有之。

赞成奥巴马政府改善美古关系的美国人认为，持续时间长达50多年的禁运是冷战的产物。这一制裁并未奏效，并未推翻卡斯特罗政府，因此没有必要指望它能继续发挥作用。而且，对古巴的制裁既打击了古巴人民，也损害了美国经济。他们还认为，美国与中国、委内瑞拉和越南保持着密切的经贸关系，因此美国应该一视同仁地对待古巴，况且古巴并没有对美国构成挑战。④

---

① John Paul Rathbone, US 'War' with Cuba Ends with no Clear Winners, Financial Times, December 23. http://www.ft.com/cms/s/0/f26cf146 - 89f8 - 11e4 - 9b5f - 00144feabdc0.html#axzz3QBsBvZ2c.

② 约翰·保罗·拉思伯恩：《美国和古巴谁赢了？》，《金融时报》2014年12月26日，http://www.ftchinese.com/story/001059854?full=y.

③ 美国国务院发言人帕萨基对菲德尔·卡斯特罗的表态表示欢迎。她说："美国与古巴是冷战时期的两个敌人，相互缺乏信任。但我们现在正在构建相互信任。"（转引自 Xinhua: "US Welcomes Fidel Castro's Comments on Thaw in Bilateral Ties", January 28, 2015. http://www.chinadaily.com.cn/world/2015 - 01/28/content_19425839.htm）

④ 2012年对1000位美国成年人所作的民意测验表明，62%的应答者认为美国应该与古巴恢复外交关系。

但反对奥巴马调整古巴政策的人也不在少数。他们认为，美国放弃制裁的前提条件是古巴政府释放政治犯、使各种政治活动合法化、举行自由而公正的选举、允许新闻自由、尊重人权和准许工会组织开展活动。但是，古巴政府尚未满足上述条件，因此，放弃对古巴的禁运必将传递这样一个信号："美国是软弱可欺的。"此外，放弃制裁还意味着为卡斯特罗政权"壮胆"，因此受益者不是古巴人民，而是古巴政府和军队。而且，美国的"屈服"可能会使古巴与反美的国家（如委内瑞拉、尼加拉瓜、玻利维亚和伊朗等）团结起来，在西半球推行社会主义。①

美国全国约有 200 万古巴裔人，其中 2/3 居住在佛罗里达州。② 1991年，87% 的美籍古巴裔人支持美国政府对古巴实施制裁。至 2011 年，这一百分比已下降到 53%。③ 2014 年 6 月佛罗里达国际大学所作的民意测验表明，68% 的美籍古巴裔人赞同美国与古巴的关系实现正常化，52% 希望美国放弃对古巴的制裁。④

无论如何，美古两国已为改善双边关系迈出了重大的一步。除了奥巴马总统和劳尔·卡斯特罗表达改善关系的良好愿望以外，两国还释放了各自关押的"犯人"。古巴甚至根据美国的要求，释放数十位"政治犯"。但在美古两国关系实现实实在在的或彻底的正常化之前，尚有不少棘手的历史遗留问题有待解决，其中最突出的是：

第一，美国能否尽快放弃对古巴的经济封锁。目前，共有 6 个美国的法律与其制裁古巴有关：1917 年的《对敌贸易法》(*The Trading with the Enemy Act*)、1961 年的《对外援助法》(*The Foreign Assistance Act*)、1963 年的《控制美国资产规则》(*The Cuba Assets Control Regulations*)、1992 年的《古巴民主法案》(*The Cuban Democracy Act*)⑤、1996 年的《赫

---

① http://cuba-embargo.procon.org/.
② Toluse Olorunnipa, "Cuban-Americans Gear Up for Business as Embargo Thaws", December 18, 2014. http://www.bloomberg.com/news/2014-12-17/cuban-americans-in-miami-gear-up-for-business-as-embargo-thaws.html.
③ http://cuba-embargo.procon.org/.
④ http://www.npr.org/blogs/thetwo-way/2014/06/17/323027358/most-cuban-americans-oppose-embargo-poll-finds.
⑤ 《古巴民主法案》又名《托里切利法》(*The Torricelli Law*)。

尔姆斯—伯顿法》(*The Helms-Burton Act*) 以及2000年的《贸易制裁改革及强化出口法》(*The Trade Sanctions Reform and Export Enhancement Act*)。在法律层面上，取消这些法律的权能在美国国会议员手中。因此，在共和党控制的美国国会中，奥巴马总统很难如愿以偿。

但不少人认为，既然奥巴马总统能不顾国会反对，在2014年11月通过颁布行政命令的方式实施移民改革计划，允许约500万非法移民获得美国的合法居住身份，那么，他也应该用这一方式避开国会的阻挠，满足古巴的要求，从而使美古关系向前跨出一大步。

第二，如何对待古巴革命胜利后两国相互没收的财产。古巴革命胜利后，古巴政府没收了大量美国资产。这些资产依然记录在美国财政部的有关档案中。① 事实上，为了报复古巴的这一行为，美国也冻结了古巴在美国的资产。② 因此，两国都希望对方能归还或赔偿被收归国有的资产。

相比之下，美国要求古巴归还或赔偿其资产的呼声更为强烈。而古巴则认为，半个多世纪美国对古巴实施的经济封锁是一种"经济战争"，因此美国应该向古巴支付"战争赔款"。可以预料，如何解决这一"陈年老账"，将是两国政治家的勇气和智慧面临的一大考验。

第三，美国是否同意将关塔那摩归还古巴。根据1898年美国与西班牙达成的《巴黎和约》，在美国—西班牙战争中取胜的美国获得了对古巴的控制。美国以每年2000美元的"租金"永久"租借"古巴领土关塔那摩湾。

---

① 《波士顿环球报》的一篇文章认为，当初被古巴政府没收的美国人的财产（别墅、糖厂、矿以及银行存款等）估计为18亿美元。如以6%的利率计算，这一财产目前约为70亿美元。在这些财产的所有者中，有人早已去世。(Leon Neyfakh, "Cuba, You Owe us ＄7 Billion", *Boston Globe*, April 18, 2014. http://www.bostonglobe.com/ideas/2014/04/18/cuba-you-owe-billion/jHAufRfQJ9Bx24TuzQyBNO/story.html.) 福克斯新闻网站的一篇文章认为，当年共有约6000个美国人的总额达19亿美元的财产被古巴政府充公。这一数额及利息合计高达60亿美元。(Kelley Beaucar Vlahos, "Cuba's ＄6B Debt to Americans for Seized Properties Hangs over US Talks", FoxNews.com, January 27, 2015. http://www.foxnews.com/politics/2015/01/26/cuba-6b-debt-to-americans-for-seized-properties-hangs-over-us-talks/.)

② 1963年7月，美国宣布冻结古巴人在美国的所有资产。

古巴在1959年革命胜利后从未领取这一"租金",也从未放弃要求美国归还这一领土的主张。虽然冷战结束后关塔那摩的军事战略地位有所下降,但它依然是美国控制加勒比海地区的最重要的"桥头堡"。因此,在可预见的将来,美国将其"完璧归赵"的可能性不大。

第四,古巴是否愿意在人权、言论自由和民主选举等政治问题作出让步。在过去几十年美国与古巴僵持的过程中,不同的美国总统曾为改善与古巴关系而作出过一些微不足道的让步。在作出一些让步后,美国总会提出希望古巴同样作出让步的要求,其中之一就是古巴必须改善人权状况、放松言论自由和实施民主选举。

在2014年12月17日的讲话中,奥巴马总统再次提出了希望古巴在政治上作出让步的要求。在同一天的讲话中,劳尔·卡斯特罗也表示,虽然古巴与美国"在主权、民主、人权和外交政策领域有着巨大的分歧",但古巴愿意与美国就这些分歧展开对话。①

应该指出的是,古巴领导人和古巴人民热爱社会主义,民族自尊心强,即便在20世纪90年代的经济困难中也未能屈服。诚然,2015年1月古巴释放53名"政治犯"可被视为古巴回应美国提出的政治条件的一个举措,但是今后古巴在政治领域对美国作出更大的让步的可能性不大,更不会为了修复与美国的关系而放弃共产党的领导或离开社会主义道路。正如劳尔·卡斯特罗女儿玛丽拉·卡斯特罗所说的那样,如果美国认为古巴在与美国实现双边关系正常化后古巴会搞资本主义复辟,那就表明美国在做梦。她认为,"古巴不会沦为美国这个最强大的金融集团的霸权利益的奴隶国家"。②

无论上述难题最终以什么方式解决、何时得到解决,美古关系的改

---

① "Speech by Cuban President Raul Castro on Re-establishing U. S. - Cuba Relations", December 17, 2014. http: //www. washingtonpost. com/world/full - text - speech - by - cuban - president - raul - castro - on - re - establishing - us - cuba - relations/2014/12/17/45bc2f88 - 8616 - 11e4 - b9b7 - b8632ae73d25_story. html.

② Telegraph Video, "Castro Daughter: US 'Dreaming' if They Think Cuba will Return to Capitalism", December 19, 2014. http: //www. telegraph. co. uk/news/worldnews/centralamericaandthecaribbean/cuba/11302936/Castro - daughter - US - dreaming - if - they - think - Cuba - will - return - to - capitalism. html.

善已迈出重要的一大步。更为重要的是，这一"里程碑"事件将对美国与拉美国家的关系、对古巴自身的发展前景、对古巴与其他国家（尤其是俄罗斯、委内瑞拉和中国）的关系产生不容忽视的重大影响。

（原载《国际问题研究》2015年第2期）

后　　记

　　本书一些论文的文字是我请多个学生用最终发表的成果（pdf 版）转换而来的，因此，这些论文基本上就是当初期刊发表的原稿。其他论文取自我在电脑上保存的原始文档（即投稿用的 Word 版），与期刊最终发表的文字可能有一些不同。

　　本书有幸被纳入中国社会科学院离退休干部工作局推出的"老学者文库"。因此，本书的出版离不开中国社会科学院离退休干部工作局以及中国社会科学出版社的大力支持。尤其要感谢中国社会科学出版社国际问题出版中心主任张林同志在编辑本书时付出的辛勤劳动。

　　今天正好是我母亲三周年忌日。她含辛茹苦地把我们弟兄四个扶养成人。在她健在时，作为长子的我，却未能少写一篇论文，多回老家探亲，多与她在一起，多关心她的健康。想到这里，心中甚为愧疚。但愿本书的出版能告慰她老人家的在天之灵。

江时学

2020 年 5 月 15 日